北京大学中国语言学研究中心

早期北京话研究书系

主编 郭锐

国家出版基金项目
NATIONAL PUBLICATION FOUNDATION

语言自迩集

19世纪中期的北京话（第二版）

［英］威妥玛 著
张卫东 译

卷一

北京大学出版社
PEKING UNIVERSITY PRESS

图书在版编目（CIP）数据

语言自迩集：19世纪中期的北京话：全三册 /（英）威妥玛著；张卫东译. —2版. —北京：北京大学出版社，2018.11
（早期北京话珍本典籍校释与研究）
ISBN 978-7-301-29949-4

Ⅰ.①语… Ⅱ.①威…②张… Ⅲ.①北京话–汉语史–史料②北京话–对外汉语教学–研究资料 Ⅳ.①H172.1

中国版本图书馆CIP数据核字(2018)第229138号

书　　名	语言自迩集——19世纪中期的北京话（第二版）（全三册）
	YUYAN ZI ER JI——19 SHIJI ZHONGQI DE BEIJING HUA (DI-ER BAN) (QUAN SAN CE)
著作责任者	［英］威妥玛　著　张卫东　译
责任编辑	宋思佳　胡双宝
标准书号	ISBN 978-7-301-29949-4
出版发行	北京大学出版社
地　　址	北京市海淀区成府路205号　100871
网　　址	http://www.pup.cn　新浪微博：@北京大学出版社
电子信箱	zpup@pup.cn
电　　话	邮购部 010-62752015　发行部 010-62750672　编辑部 010-62753027
印刷者	北京虎彩文化传播有限公司
经销者	新华书店
	720毫米×1020毫米　16开本　69.25印张　1021千字
	2018年11月第2版　2018年11月第1次印刷
定　　价	278.00元（全三册）

未经许可，不得以任何方式复制或抄袭本书之部分或全部内容。
版权所有，侵权必究
举报电话：010-62752024　电子信箱：fd@pup.pku.edu.cn
图书如有印装质量问题，请与出版部联系，电话：010-62756370

总 序

　　语言是文化的重要组成部分，也是文化的载体。语言中有历史。

　　多元一体的中华文化，体现在我国丰富的民族文化和地域文化及其语言和方言之中。

　　北京是辽金元明清五代国都（辽时为陪都），千余年来，逐渐成为中华民族所公认的政治中心。北方多个少数民族文化与汉文化在这里碰撞、融合，产生出以汉文化为主体的、带有民族文化风味的特色文化。

　　现今的北京话是我国汉语方言和地域文化中极具特色的一支，它与辽金元明四代的北京话是否有直接继承关系还不是十分清楚。但可以肯定的是，它与清代以来旗人语言文化与汉人语言文化的彼此交融有直接关系。再往前追溯，旗人与汉人语言文化的接触与交融在入关前已经十分深刻。本丛书收集整理的这些语料直接反映了清代以来北京话、京味儿文化的发展变化。

　　早期北京话有独特的历史传承和文化底蕴，于中华文化、历史有特别的意义。

　　一者，这一时期的北京历经满汉双语共存、双语互协而新生出的汉语方言——北京话，它最终成为我国民族共同语（普通话）的基础方言。这一过程是中华多元一体文化自然形成的诸过程之一，对于了解形成中华文化多元一体关系的具体进程有重要的价值。

　　二者，清代以来，北京曾历经数次重要的社会变动：清王朝的逐渐孱弱、八国联军的入侵、帝制覆灭和民国建立及其伴随的满汉关系变化、各路军阀的来来往往、日本侵略者的占领等等。在这些不同的社会环境下，北京人的构成有无重要变化？北京话和京味儿文化是否有变化？进一步地，地域方言和文化与自身的传承性或发展性有着什么样的关系？与社会变迁有着什么样的关系？清代以至民国时期早期北京话的语料为研究语言文化自身传承性与社会的关系提供了很好的素材。

　　了解历史才能更好地把握未来。中华人民共和国成立后,北京不仅是全国的政治中心,而且是全国的文化和科研中心,新的北京话和京味儿文化或正在形成。什么是老北京京味儿文化的精华? 如何传承这些精华? 为把握新的地域文化形成的规律,为传承地域文化的精华,必须对过去的地域文化的特色及其形成过程进行细致的研究和理性的分析。而近几十年来,各种新的传媒形式不断涌现,外来西方文化和国内其他地域文化的冲击越来越强烈,北京地区人口流动日趋频繁,老北京人逐渐分散,老北京话已几近消失。清代以来各个重要历史时期早期北京话语料的保护整理和研究迫在眉睫。

　　"早期北京话珍本典籍校释与研究(暨早期北京话文献数字化工程)"是北京大学中国语言学研究中心研究成果,由"早期北京话珍稀文献集成""早期北京话数据库"和"早期北京话研究书系"三部分组成。"集成"收录从清中叶到民国末年反映早期北京话面貌的珍稀文献并对内容加以整理,"数据库"为研究者分析语料提供便利,"研究书系"是在上述文献和数据库基础上对早期北京话的集中研究,反映了当前相关研究的最新进展。

　　本丛书可以为语言学、历史学、社会学、民俗学、文化学等多方面的研究提供素材。

　　愿本丛书的出版为中华优秀文化的传承做出贡献!

王洪君　郭锐　刘云

二〇一六年十月

早期北京话的语言研究价值
——"早期北京话研究书系"序

早期北京话指清中叶至民国时期的北京话。北京话在现代汉语中的地位极其特殊而重要，现代汉语的标准语——普通话——是以北京话为基础，普通话的语音标准是北京语音，普通话的词汇和语法也与北京话有密切联系。因此，要探讨普通话的语音、词汇、语法的来源，不能不涉及北京话。由于缺乏足够的材料，元明清初的北京话还无法进行系统的研究，与今天的北京话有直接的继承关系的北京话材料在清中叶才开始出现。但此时的北京话地位并不高，书面语传统也不够深厚，全国的通语是南京官话，而非北京官话。到1850年前后，北京话才取得通语的地位，并对日后的国语和普通话产生决定性的影响。

不过汉语学界对早期北京话的研究却相对薄弱。这一方面是因为过去对早期北京话材料了解不多，更重要的原因是重视不够。研究汉语史的，重视的是上古汉语、中古汉语和近代汉语；研究现代汉语的，重视的是1949年以后特别是改革开放以来的普通话语料；研究方言的，重视的是地方方言，尤其是东南方言，而北京话与普通话较为接近，晚清民国时期的北京话反倒少人问津，成了"三不管地带"。

随着清中叶至民国时期北京话语料的挖掘、整理工作的开展，早期北京话的面貌开始清晰地展现出来。根据初步考察，我们对这一时期北京话的语言研究价值有了大致的认识。可以说，清中叶以来的北京话是近代汉语过渡到现代汉语的桥梁。其中尤为重要的是，晚清民国时期，即19世纪40年代至1949年的一百多年间，北京话以及作为全国通语的北京官话、国语发生了一系列的变化，包括语音、词汇、语法，这些变化奠定了今天普通话的基本格局，而1950年至今的普通话则没有大的变化。

下面我们看看北京话在晚清民国时期发生的一些变化。

从语音方面看，变化至少有：

1. 庄组字翘舌~平舌交替

庄组字本来都读为舌尖后翘舌声母，其中大约30%今天读作舌尖前平舌音。但在晚清时期，有些字仍读作翘舌音，以威妥玛（Thomas F. Wade）《寻津录》（Hsin Ching Lu 1859）的记音为例："瑟"读shê、"仄"读chai。还有相当一部分字有翘舌和平舌两读，形成文白异读：所（so~shuo）、涩（sê~shê）、责（chai~tsê）。另外，有些字今天读作翘舌声母，当时却有平舌声母的读法，如：豺（ts'ai）、侧（tsê）。

2. 声母ng彻底消失

北京周边的河北、山西、山东方言，中古疑母字的开口呼一般保留ng[ŋ]声母，影母字开口呼也读ng声母。清末的北京话还保留个别的ng声母字，如：饿（ngê）、恶（ngê）[富善（Chauncey Goodrich）《华英袖珍字典》（*A Pocket Dictionary ⟨Chinese-English⟩ Pekingese Syllabary* 1891）]。普通话中，ng[ŋ]声母完全消失。

3. 见系二等字舌面音声母和舌根音声母的交替

见系二等字在全国多数方言中仍保留舌根音声母，当代普通话中大部分见系二等字读作舌面音声母，但有约四分之一的见系二等字保留舌根音声母的读法，如"隔、革、客、港、耕、衡、楷"等。普通话中读作舌根音声母的字，在清末的北京话中，有一部分有舌面音声母的读法，如《华英袖珍字典》（1891）的记音：楷（ch'iai~k'ai）、港（chiang）、隔（chieh~kê）、揩（ch'ieh）、耕（ching~kêng）、耿（ching~kêng）。今音读作舌面音声母的见系二等字在稍早还有保留舌根音读法的，如《寻津录》（1859）的记音：项（hang~hsiang）、敲（ch'iao~k'ao）、街（chieh~kai）。

4. o~e交替

今音读作e[ɤ]韵母的字，对应到《寻津录》（1859），有两个来源，一个是e[ɤ]韵母，如：德（tê）、册（ts'ê）、遮（chê）；另一个是o韵母，如：和（ho）、合（ho）、哥（ko）、刻（k'o）、热（jo）。从o到e的变化经历了多音并行和择一留存两个阶段，如：酌（chê～cho）、刻（k'o～k'ê）、乐（lo～lê）、洛（lê～lo）、额（o～ê）。在《华英袖珍字典》（1891）中，"若、弱、热"都有两读：jê或jo。最后择一保留的，有的是e韵母（刻、乐、热），有的是o韵母（酌、洛、若、弱）。

5. 宕江摄入声文白异读

《寻津录》（1859）中宕江摄入声文白异读主要是韵母o/io和ao/iao的差异，如：若（jo～yao）、约（yo～yao）、薄（po～pao）、脚（chio～chiao）、鹊（ch'io～ch'iao），这样的文白差异应该在更早的时候就已产生。二三等文读为üe韵母大约从1850年前后开始，《寻津录》（1859）中只出现了"学略却确岳"五字读üe韵母文读音。之后的三十来年间，短暂出现过üo韵母，但很快合并到üe韵母。üe作为文读音全面取代io韵母，大约在19世纪末完成。

晚清民国时期白读音的数量要明显多于当代的读音。如下面这些字在当代读文读音，而在当时只有或还有白读音：弱（jao）、爵（chiao～chio）、鹊（ch'io～ch'iao）、学（hsio～hsüeh～hsiao）、略（lio～lüeh～liao）。

6. 曾梗摄入声文白异读

曾梗摄入声字的文白异读，主要是e（o）韵母和ai韵母的差异，这样的格局自19世纪40年代以来没有改变，但清末北京话的文白两读并存要明显多于当代，如《华英袖珍字典》（1891）的记音：侧（ts'ê～chai）、泽（tsê～chai）、责（tsê～chai）、册（ts'ê～ch'ai）、拆（ts'ê～ch'ai）、窄（tsê～chai）、宅（chê～chai）、麦（mo～mai）、白（po～pai）、拍（p'o～p'ai）。

7. iai韵母消失

"解、鞋、挨、携、崖、涯"等蟹摄开口二等见系字在《音韵逢源》（1840）中，韵母为iai。到《寻津录》（1859），只有"涯"仍有iai的异读，其他字都读作ie韵母或ai、ia韵母。之后iai韵母完全消失。

8. 清入字声调差异

清入字在普通话中的声调归并分歧较大，但在清末，清入字的声调归并分歧更大，主要表现就是一字多调现象。如《寻津录》（1859）中的清入字声调：级（chi^2～chi^4）、给（chi^3～chi^4～kei^4）、甲（chia^1～chia^3）、节（chieh^2～

chieh³)、赤（ch'ih¹~ch'ih⁴）、菊（chü¹~chü²）、黑（hei¹~hei³）、骨（ku¹~ku²~ku³）、铁（t'ieh³~t'ieh⁴）、脱（t'o¹~t'o³），这些多调字在当代普通话中一般只有一种调类。

次浊入在清末民初时期读作非去声的情况也较多，如：入（ju³~ju⁴）、略（liao⁴~lio³~lüeh³）、麦（mai¹~mai⁴）。

以上这些成系统的语音变化有的产生更早，但变化结束并定型是在清末民初时期。

除此之外，一些虚词读音的变化也在晚清民国时期发生并定型。

助词和语气词"了"本读liao，在19世纪30年代或更早出现lo的读音，常写作"咯"，这应是轻声引起的弱化读法。此后，又进一步弱化为la（常写作"喇""啦"）、le[lə]。"了"的音变大致经历了四个阶段：

读音	liao	lo	la	le
开始时间	19世纪30年代前	19世纪30年代	19世纪50年代	1908

而语气词"呢"和助词"的"，也分别经历了ni——na——ne[nə]和di——da——de[tə]的语音弱化阶段。

语气词"啊"的语音变体，在当代普通话中有较为严格的条件，而晚清民国时期"啊"音变的条件与之有所不同。"呀"（ya）可以出现在：-ng后（请问贵姓呀？/《小额》），-n后（他这首诗不曾押着官韵呀！/《儿女英雄传》），-u后（您说有多么可恶呀！/《北京风俗问答》），舌尖元音后（拿饭来我吃呀。/蔡友梅《鬼吹灯》）。"哇"可以出现在-ng后（做什么用哇？湛引铭《讲演聊斋》）。这种现象与现在汉语学界所讲的语流音变条件似乎并不吻合，到底应如何分析，值得深入探讨。

此外，还有一些特殊的读音，也在早期北京话材料中有所反映。

"俩"读作lia，一般认为是"两个"的合音。但在晚清北京话材料中，有"俩个"的说法。这似乎对合音说提出了挑战，更合理的解释也许应该是"两"受到后一音节"个"的声母影响，导致韵尾脱落，然后是"个"的脱落，形成"俩"直接修饰名词的用法。

一些词汇的特殊写法，则反映了当时的特殊读音。有些是轻声引起的读音变化，如：知得（知道）、归着（归置）、拾到（拾掇）、额啦大（额老大）、先头啦（先头里）；有些则是后来消失的白读音，如：大料（大略）、略下（撂下）。

可以看到，北京话在清代发生了一系列的语音变化，这些变化到19世纪末或20世纪初基本结束，现代汉语的语音格局在这个时期基本奠定。那么这些变化过程是如何进行的，是北京话自发的变化还是受到南京官话或其他方言的影响产生的，这些问题都可以通过早期北京话的材料找到答案。同时，这一时期北京话语音的研究，也可以为普通话的审音工作提供重要的参考。

词汇方面，晚清民国时期的北京话有一些异于普通话甚至当代北京话的词语，如：颏膝盖（膝盖）、打铁（互相吹捧）、骑驴（替人办事时在钱财上做手脚以牟利）、心工儿（心眼儿）、转影壁（故意避而不见）、扛头（不同意对方的要求或条件）、散哄（因不利情况而作罢或中止）、胰子（肥皂）、烙铁（熨斗）、嚼裹（花销）、发怯（害怕）、多咱（什么时候）、晌午歪（午后）。

为什么有一些北京话词语没有传承到普通话中？究其原因，是晚清民国时期汉语共同语的词汇系统，经历了"南京官话——北京官话/南京官话——南北官话混合"三个阶段。根据艾约瑟《汉语官话语法》（1857）、威妥玛《语言自迩集》（1867）等文献记述，在1850年前后，通语由南京官话改为北京官话。当时的汉语教科书也由南京官话改为北京官话。不过，南京官话并没有消失，而是仍在南方通行。因此，南北官话并存成为晚清语言生活的重要特征。美国北长老会传教士狄考文编著的汉语教科书《官话类编》（1892）就是反映南北官话并存现象的重要文献。下面的例子是《官话类编》记录的北京官话和南京官话的词汇差异：

A		B		C	
北京官话	南京官话	北京官话	南京官话	北京官话	南京官话
白薯	山芋	耗子	老鼠	烙铁	熨斗
白菜	黄芽菜	脑袋	头	日头	太阳
煤油	火油	窟窿	洞	稀罕	喜欢
上头	高头	雹子	冰雹	胰子	肥皂
抽烟	吃烟	分儿	地步	见天	天天
扔	丢	自各儿	自己	东家	老板
馒头	馍馍	些个	一些	巧了	好像
多少	几多	姑爷	女婿	眭眛	留意

南北官话并存和对立的局面在民国时期演变为南北官话的混合，南北两种官话合并为一种共同语，即国语。作为国语的继承者，普通话的词汇，有的来自北京官话（如A列），有的来自南京官话（如C列），有的既来自北京官话，又来自南京官话（如B列）。普通话中与北京官话和南京官话无关的词不多见，如：火柴（北/南：取灯儿/洋火）、勺子（匙子/调羹）、本来（原根儿/起根儿）。那些在今天被看作北京土话的词汇，实际上是被南京官话挤掉而未进入普通话的北京官话词汇，如：胰子、烙铁、见天。

晚清时期北京话语法在研究上的重要性主要可以从两个方面来看。一是普通话的不少语法现象，是在这一时期的北京话中萌芽甚至发展成熟的。如兼表致使和被动的标记"让"的形成、受益标记"给"的形成、"程度副词+名词"格式的产生、协同伴随介词和并列连词"跟"的产生等。二是普通话的不少语法现象，与晚清北京话有差异。比如：

1. 反复问格式：普通话的带宾语的反复问格式有"V否VO"（吃不吃饭）、"VO否VO"（吃饭不吃饭）、"VO否V"（吃饭不吃）等格式，但在晚清时期北京话中没有"V否VO"格式。

2. 双及物格式：普通话有"V+间接宾语+直接宾语"（送他一本书）、"V给+间接宾语+直接宾语"（送给他一本书）、"V+直接宾语+给+间接宾语"（带一本书给他）、"给+间接宾语+V+直接宾语"（给他带一本书）四种常见格式,晚清时期北京话没有 "V+直接宾语+给+间接宾语" 格式。

3. 趋向动词与动作动词构成的连谓结构语序: 普通话可以说 "吃饭去",也可以说 "去吃饭",而晚清时期北京话只说 "吃饭去"。

4. 进行体的表达形式: 普通话主要用 "在VP" "正在VP",晚清时期北京话主要用 "VP呢"。

5. 被动标记: 普通话用 "被、让、叫、给",晚清时期北京话主要用 "让、叫"。

6. 协同、伴随介词: 普通话 "和、同、跟",晚清时期北京话主要用 "跟"。

7. 时间起点介词: 普通话主要用 "从、打",晚清时期北京话主要用 "打、起、解、且、由"。

8. 时间终点介词: 普通话用 "到、等到",晚清时期北京话用 "到、赶、赶到"。

可以看到,晚清时期北京话的有些语法形式没有进入普通话,如时间起点介词 "起、解、且";有些语法项目,普通话除了采用晚清时期北京话的语法形式外,还采用晚清时期北京话没有的语法形式,如反复问格式 "V否VO"、双及物格式 "V+直接宾语+给+间接宾语"、被动标记 "给"。这些在晚清时期北京话中没有的语法形式容易被看作后来普通话发展出的新语法形式。但如果联系到晚清南北官话的并存,那么可以发现今天普通话的这些语法形式,其实不少是南北官话混合的结果。下面看看晚清南北官话语法形式的差异:

	语法项目	北京官话	南京官话
1	反复问句	VO不V,VO不VO	V不VO,VO不VO
2	双及物格式	送他书,送给他书	送他书,送书给他
3	去VP	VP去	去VP
4	进行体	VP呢	在VP
5	被动标记	叫,让	被,给,叫(少见)
6	致使动词	叫,让	给,叫(少见)
7	协同介词	跟	和,同
8	并列连词	跟	和,同
9	工具介词	使	用
10	时间终点介词	赶,赶到	到,等到
11	时间起点介词	打,起,解,且,由	从

从上表可以看到，普通话语法形式与清末北京话的语法形式的差异，其实很多不是历时演变导致的，而是南北官话混合带来的。

普通话的语法形式与词汇一样，也是南北官话混合的结果。词汇混合的结果往往是择一，而语法混合的结果则更多是来自南北官话的多种语法形式并存。因此，要弄清今天普通话词汇和语法形式的来源，就必须对清末民初北京话的词汇和语法以及同一时期的南京官话的词汇和语法做一个梳理。

朱德熙先生在《现代汉语语法研究的对象是什么？》（1987）一文中认为，由于普通话，特别是普通话书面语是一个混杂的系统，应把普通话的不同层次分别开来，北京话是现代汉语标准语（普通话）的基础方言，因此研究现代汉语语法应首先研究清楚北京话口语语法，才能对普通话书面语做整体性的综合研究。朱德熙先生的观点非常深刻，不过朱先生在写作这篇文章时，主要是从方言成分混入普通话角度讨论的，还没有认识到普通话主要是北京官话和南京官话的混合，我们今天对早期北京话的研究为朱德熙先生的观点提供了另一个角度的支持。早期北京话的研究，也可以对朱德熙先生的观点做一个补充：由于普通话主要是北京官话和南京官话混合而成，所以研究现代汉语语法不仅要首先研究北京话语法，还需要对普通话中来自南京官话的成分加以梳理。只说北京话是普通话的基础是不够的，南京官话是普通话的第二基础。

此外，早期北京话文献反映的文字方面的问题也值得关注。早期北京话文献中异体字的使用非常普遍，为今天异体字的整理提供了很好的素材。其中一些异体字的使用，可以弥补今天异体字整理的疏漏。如：

> 有一天，一個狐狸進一個葡萄園裡去，瞧見很熟的葡萄在高架上垂掛著，他說："想必是好吃的。"就咂著嘴兒讚了讚，臁蹤了半天，總搆不着。（《伊苏普喻言》（1879））

"搆"在《第一批异体字整理表》中，处理为"构（構）"的异体字，但根据原注"搆：读上平，以物及物也"，不应是"构"之异体。查《华英袖珍字典》

(1891),"搆"释为"to plot, to reach up to","plot"可看作"构"的意思,而"to reach up to"的意思是"达到",因此,这种用法的"搆"应看作"够(伸向不易达到的地方去接触或拿取)"的异体字。"驫䠙",原注"驫:上平,驫也""䠙:去声,跳也",根据注释和文意,"驫䠙"应为"蹿纵",而《第一批异体字整理表》把"䠙"处理为"踪"的异体,未看作"纵"的异体,也未收"驫"字。

早期北京话呈现出来的语音、词汇、语法现象,也为当代汉语研究的一些疑难问题提供了一个解决的窗口。比如:"啦"到底是不是"了"和"啊"的合音?晚清民国北京话的研究表明,"啦"并不是"了+啊"的合音,而是"了"弱化过程的一个阶段。普通话的同义词和同义句式为何比一般方言多?这是因为北京官话和南京官话词汇和语法的混合形成国语/普通话,北京官话和南京官话中不同的词汇、语法形式并存于普通话中,就形成同义词和同义语法形式。"给"为何可表被动但不表致使?被动标记和致使标记有密切的联系,很多语言、方言都使用相同形式表达致使和被动,根据语言类型学和历史语法的研究,是致使标记演变为被动标记,而不是相反。但普通话中"给"可以做被动标记,却不能做致使标记,似乎违反了致使标记演变为被动标记的共性,这是为什么?如果从南北官话的混合的角度看,也许可以得到解释:南京官话中"给"可以表致使,并演变为被动标记;而普通话中"给"的被动标记用法很可能不是普通话自发产生的,而是来自南京官话。因此表面上看是普通话"给"跳过了致使标记用法直接产生被动标记用法,实质是普通话只从南京官话中借来了"给"的被动标记用法,而没有借致使标记用法。这些问题在本书系的几部著作中,都会有详细的探讨,相信读者能从中得到满意的答案。

早期北京话研究的先行者是日本学者。1876年后,日本兴起了北京话学习的热潮,出版了大量北京话教材和资料,为后世研究带来了便利。太田辰夫先生在20世纪40年代就开始早期北京话的研究,提出了著名的北京话的七个特征。其后辈学者佐藤晴彦、远藤光晓、山田忠司、地藏堂贞二、竹越孝、内田庆市、落合守和等进一步把早期北京话的研究推向深入。国内的研究起步稍晚，吕叔湘等老一辈学者在研究中已经开始关注《白话聊斋》等民初京味儿小说，可惜受制于材料匮乏等多方因素，研究未能延续。北京大学是北京话研究重镇，林焘先生对北京话的形成有独到的研究，20世纪80年代初带领北大中文系1979级、1980级、1981级汉语专业本科生调查北京话，留下了珍贵的资料。20世纪90年代以来，经蒋绍愚、江蓝生等先生倡导，局面有所改变。深圳大学张卫东，清华大学张美兰，厦门大学李无未，中山大学李炜，北京语言大学高晓虹、张世方、魏兆惠，苏州大学曹炜等学者在早期北京话的语音、词汇、语法方面都有深入研究。2007年，北京大学中国语言学研究中心将北京话研究作为中心的重要研究方向，重点在两个方面，一是深度挖掘新材料，即将面世的"早期北京话珍稀文献集成"（刘云主编）将为研究者提供极大便利；二是培养新生力量，"早期北京话研究书系"的作者刘云、周晨萌、陈晓、陈颖、翟赟、艾溢芳等一批以北京话为主攻方向的年轻学者已经崭露头角，让人看到了早期北京话研究的勃勃生机。希望本书系的问世，能够把早期北京话研究推向新的高度，为汉语研究提供新的视角，解决过去研究的一些疑难问题，也期待更多研究者来关注这座汉语研究的"富矿"。

郭　锐

2016年5月7日于北京五道口

目 录

序 / 1
第二版译序 / 3
译　序 / 21
凡　例 / 32
第二版序言 (*Preface to Second Edition*) / 34
第一版序言 (*Preface to First Edition*) / 40
学习指南备忘录 (*Memorandum for the Guidance of the Student*) / 60

第一章　发音 (*Pronunciation*) / 1
　　　　　声韵配合表 (*Sound Table*) / 12

第二章　部首 (*The Radicals*) / 21
　　　　　部首总表 (*General Table*) / 24
　　　　　部首测验表（一）/ 35
　　　　　部首测验表（二）/ 35
　　　　　部首测验表（三）/ 36
　　　　　口语部首练习 / 36
　　　　　部首练习答案 / 38

第三章　散语章（四十练习）(*The Forty Exercises*) / 52
　　　　　中国的度量衡 (*Chinese Weights and Measures*) / 243

第四章　问答章 (*The Ten Dialogues*) / 245

第五章　谈论篇 (*The Hundred Lessons*) / 297

第六章　秀才求婚，或践约传 (*The Graduate's Wooing, or the Story of a Promise that Was Kept*) / 398

第七章　声调练习 (*The Tone Exercises*) / 462
　　　　关于声调影响韵母的条例的注释 (*Notes on the Tone Rules Affecting the Finals*) / 466
　　　　练习燕山平仄编 (*Lien Hsi Yen Shan P'ing Tsê Pien*) / 471
　　　　声调练习 (*Exercises in the Tones*) / 490

第八章　词类章 (*The Parts of Speech*) / 587
　　1　绪论 (*Introductory Observations*) / 588
　　2　名词与冠词 (*The Noun and the Article*) / 591
　　3　汉语的量词 (*The Chinese Numerative Noun*) / 592
　　4　数，单数与复数 (*Number, Singular and Plural*) / 599
　　5　格 (*Case*) / 601
　　6　性 (*Gender*) / 604
　　7　形容词及其比较级 (*The Adjective and its Degrees of Comparison*) / 604
　　8　代词 (*The Pronoun*) / 606
　　9　动词的情态、时态和语态修饰 (*The Verb as Modified by Mood, Tense, and Voice*) / 615
　　10　副词，表时间、处所、数量、程度等等 (*The Adverb, of Time, Place, Number, Degree, etc.*) / 628
　　11　介词 (*The Preposition*) / 636

12　连词 (*The Conjunction*) / 638

13　叹词 (*The Interjection*) / 639

附录 (*Appendix*) / 641

1　北京话声韵配合表 (*Sound Table*) / 642

2　北京话音节总表 (*Peking Syllabary*) / 651

3　北京话异读字表 (*Table of Characters Subject to Changes of Sound or Tone*) / 832

序

　　近代汉语的语音研究长期以来主要依据的是《中原音韵》系列的韵书，但是，由于韵书经常有存古的内容，是否真实地反映了当时的语音面貌就有争议，再加上韵书只能告诉我们当时汉语语音系统的韵类和声类的概貌，而每个字的具体音值就完全要靠我们去分析推测，因此意见可能有分歧，而且很难取得共识。1960年吕叔湘先生指导我跟他一起研究《老乞大》和《朴通事》。吕先生的本意是想通过对这两部书语言材料的穷尽分析，建立一个新的汉语语法体系。当时他提出了关于"句段"的理论，认为西方语法的句子和句子成分分析不完全符合汉语特点，所以想以句段理论为基础建立一个崭新的汉语语法体系。很遗憾，由于种种原因，吕先生的这个愿望在他有生之年没有实现。在动手进行语法分析之前，他对我说，"你先把语音搞一下"。我当然立即着手去研究这两本谚解本的语音系统。大概花了近半年的时间，把谚解的对音系统搞出来了。吕先生看了说，"语音我不在行，得请陆志韦陆先生看看"。我写的稿子陆志韦先生很快就审读了，并且就在《中国语文》上发表了，这就是我写的第一篇这方面的文章《〈老乞大谚解〉和〈朴通事谚解〉中所见的汉语、朝鲜语对音》(《中国语文》1963年第3期)。由于我走的是一条捷径，只要把谚解本初版时谚文字母的大致读音弄清楚了，对音的结果也就出来了。陆先生很满意，还夸奖了我一番，而就我而言，实在是意外的收获，因为事先什么都没有想过，只是想完成吕先生交代的任务而已。这以后我还搞了这两部谚解本汉字下面右边的《通考》对音。再后来就什么都没有搞，又去干别的了。这期间倒不是想再根据其他拼音文字的对音来研究近代汉语语音，而是因为我本来就是一个半路出家的野狐禅，东一榔头，西一棒槌，没个准儿。在清史所的时候，我研究过明末清初来华传教士的历史，看过不少这方面的书，知道从利玛窦开始西方传教士就用拼音编过不少汉语词典，还有人写过汉语和满语的语法书。艾约瑟的《上海方言语法》我利用过，但《汉语官话语法》我没利用，金尼阁的《西儒耳目资》、威妥玛的《语言自迩集》，我都读过，还有不少明末清初的汉语拉丁语词典也翻阅过，但是都没有去研究，就因为我始终没有明确的专业思想，没有想在近代汉语语音领域下功夫。一次偶然机会，我把我的三册《西儒耳目资》给了张卫东同志，希望他去研究里面的语音系统，特别希望他把入声问题梳理一下，看看明末的官话究竟还有没有入声，另外看看北京话的读书音，如"学"xio → xue/xiao 等等是怎么回事，是哪儿来的。张卫东同志是科班出身，长期从事方言研究，条件比我好，他很快就写出了好几篇有分量的相关文章。最近，他又在研究《语言自迩集》，并且准备把全书翻译出来，这可是一桩功德无量的大工程。我一听就非常赞成，非常支持，当然只是空口说白话的支持。我自然盼望卫东同志不仅是翻译，而且要研究，因为威妥玛记录的是19世纪中期的北京话，有极高的语言史价值。我依稀记得威妥玛记录的北京音，当时像"何、河"这样的字还读 ho，可见这一类字元音演变离现在的时间不长，诸如此类，很多可以补充近现代汉语语音演变的历史。张卫东同志在韩国工作了一年，带回来大批珍贵的韩国早期的汉语课本。就《老乞大》而言，就有十来种不同版本。有这么多好材料，还不该好好研究？但是我们现在并不是人人都能自由阅读用英文写的书，卫东同志不想独自霸占这样的宝贵资料，而是要翻译出来供大家使用，这充分说明了他的为人。我国向来提倡要做学问先学做人，人品好才能再谈学问好不好，而且只有人品好才能真正把学问做好。我希望《语言自迩集》的中译本能早日出版。

胡明扬
2002年2月于北京

第二版译序

　　2014年3月下旬的一天，北京大学王洪君教授来信报告他们正筹划组织出版系列丛书"早期北京话珍本典籍校释与研究"，计划收集整理、汇集出版清代以来与北京话、京味儿文化有直接关系的语料，"希望能把您的《语言自迩集》再版并增加那个北京话异读字表的部分，也纳入我们的这个出版系列"。我当然完全赞成并毫无保留地支持。北京话的许多问题，特别是北京话史，的确需要组织力量、准备资料，来一轮新的研究。将《语言自迩集》纳入这一系列丛书出版计划，可以有力地推动北京话史的研究。

　　《语言自迩集》的中译本，2002年4月北京大学出版社出版之后，对于推动北京话研究，起了不小的作用。然而，也很快发现一些缺憾：第一，就是未能附上《北京话异读字表》；第二，就是由于个人的孤陋，"所翻译的外国人名，似除作者威妥玛外，一概都由译者自行音译，而全然不顾已有的习惯用法或西方人士的常用中文名"；第三，就是英译文中一些很有价值的小注，匆忙之间未及细嚼而轻率放弃。此次再版，首先是希望能弥补这三项遗憾。还有一大遗憾，就是在第一版的"译序"里没有感谢两位胡老师。一位是作序的胡明扬老师，一位是责编胡双宝老师。

　　胡明扬老师的"序"，是我接到后当即录入、电邮北京的。"译序"是先期写作的。我本应该在电邮胡老师序文的同时写好一段感谢的话请编辑加到"译序"中。可是，我非常不应该地给忘了！胡老师，是拙荆刘丽川的导师，也是近现代汉语语音史研究上引我上路的导师。她去见导师，常邀我陪同，我很愿意去，因为可以蹭饭又"蹭问"，借机讨教几个问题。我和胡老师常常谈得很投机，有时竟不免有喧宾夺主之嫌。1982年底的一次见面，胡老师指着书桌上的一套《西儒耳目资》，说："卫东，这套书送给你。你把它的入声系统研究一下……"此项研究，就是我近现代汉语语音史研究路上的第一步。1996年我在香港寻得《语言自迩集》，开始研读后，就经常向胡老师报告心得，特别是说到这样一份大部头文献一个人吃不透，应该有更多的人投入，于是萌发了一个近乎不自量力的想法：翻译出来！胡老师一听就非常赞成，大加鼓励。待到出版社说最好能请一位先生写个序，我第一个想到的就是胡明扬先生。而胡老师一接到我的信，第二周就把"序"从北京家中寄来了；两个月后，中译本就面世了，一切就是如此顺畅！尽管胡明扬先生已经离去，我仍然希望在世界的另一边，胡先生能听到晚生所说的这些话！

胡双宝老师，我读本科的时候，他就是系里的老师，1970年我毕业留校工作，又在一个教研室同事多年，我们多次一起带学生外出做方言调查实习。后来我离开北大，他调到北大出版社。千禧之年，双宝老师成了《语言自迩集》中译本的责任编辑。这期间，他打过两三次长途电话给我，主要是告诉我，有几处建议加个"译注"，有几处"译按"他觉得应该加几句话。我都同意，没有二话，请他"全权处理"。写"译序"的时候，按常理，应该写上一段话感谢责任编辑，然而，愣是给忘了！直至见到了书，才深深地感到一种沉重的歉疚。不过，那还只是一种道义上的遗憾。直到这次为再版而逐条校勘时，才发现中译本上多处"译按"，为原电子书稿所无——那都是胡老师加上的！例如：

"部首练习答案"之8.27，原文译出是："小米子 hsiao^3 mi^3 tzǔ^3，燕麦（oats）。"我是北方人，家乡话里有"小米子"，译时就觉得所指肯定并非"燕麦（oats）"，可是没时间去详加考证，也就由它了。这次才发现，后边跟了个"译按"："小米，通常指去皮的粟。又指小粒的米。《吕氏春秋·审时》：'小米钳而不香。'小米子指燕麦，不知所据。"这是胡老师加的！有此按语，读者就不致为那样的"直译"而困惑了。

又如：第五章《谈论篇》有两处有关满语的小注，都加了"译按"，也是胡老师所加，因为我手头当时没有《清史满语辞典》：

百章之七注 3：笔帖式 pi-t'ieh-shih，源于满洲语 *bitgheshi*（译按：商鸿逵等编《清史满语辞典》（上海古籍出版社，1990）作 *bithesi*），抄写员、书记员。

百章之十二注 1：章京 chang-jing，这个词据猜测是用来写音近的满语词 *changyin*，意思是"助理"。（译按：章京，《清史满语辞典》作 jang-jin），"将军"的译音，汉名为"参领"。

作为责编，双宝老师以"译按"的名义开列《清史满语辞典》的标音与解释，提醒读者留意原著的标音与释义信息可能有偏误。

双宝老师所加的译按，还有如下一些，大大提升了中译本的书卷气：

（1）第五章百章之八注 2"古儿词"有注：词 tz'ǔ^2，谈话的词语；古儿词 ku-'rh-tzǔ，说唱古人的故事；儿 êrh 即人 jên。（译按：当为"鼓儿词"之讹。"鼓儿词"，击小鼓等的演唱形式，也指这种演唱形式的唱本，如《红楼梦》第一一九回"没听见过鼓儿词"、《儿女英雄传》第九回"你这可是看鼓儿词看邪了"。）

（2）第六章第七段之注 2，原著对"佩服"一词有注：佩服 p'ei^4 fu^2，尊敬，敬重，信任：佩 p'ei，带在身上、衣服上；服佩 fu p'ei，佩带饰物。佩服 p'ei fu 一词源自一首古诗（译按：唐·钱起《美杨侍御清文见示》），诗人在诗中说，他将写出富于哲理的诗句，抄在佩带上，并且永远带在身上：愿言书诸绅，可以为佩服。（又见《礼记》经文，第一卷，160 页，4。译按：似指《礼记·曲礼下》："立则磬折垂佩，主佩倚则臣佩垂，主佩垂则臣佩委。"）

（3）第六章第二十三段之注 3，原著对"一席话"有注：一席话，漫谈，随意的谈话。对于这一短语的出处，没有一个公认的令人满意的解释。（译按：范成大诗句"无才解赋珠簟雨，谁肯相赊一席风"，指一阵，一番。盖由"席"的计量单位引申而来？《宋史·食货志》："席，百一十六斤。"）

（4）第六章第三十六段之注 6，原著对"马头"一词有注：马头，做生意的地方；又，码头，船靠岸的地方，栈桥。此语出处无人知晓（译按：胡三省注《资治通鉴》唐穆宗长庆二年"又于黎阳筑马头,为度河之势";"附河岸筑土植木夹之至水次,以便兵马入船,谓之马头"。明代以后多作"码头")。

这些译按,皆为晚生学养力有未逮者。而最重要的是,书名《语言自迩集——19世纪中期的北京话》,其点睛之笔、副标题"19世纪中期的北京话",也是双宝老师提议加的。

中译本的再版,给了我机会,向两位胡老师补致最诚挚的谢意!

希望在"第二版译序"不会再"忘了感谢"!

《语言自迩集》中译本85.1万余字,文字上的讹误极少,这多半也要归功于责编。此次提交出版社的第二版增加了约17万字。其中,第一章至第八章主要是从英文注释中捡回一些当年忽略掉的有用资料,补译了原著的部分英文小注,充实了若干译注、译按。中译本"凡例"曾确定一项原则:原著中文课文的录入,"不是一对一的繁简体、正异体,保留原字"。然而执行得不够彻底。此次就中文课文的一些繁体、异体字按"凡例"所定原则逐个校订,努力如实逼真地展现那个时代的语文、语用原貌,作为文献资料,尽可能让读者能放心阅读与引用。例如"里外"的"里",有"裏/裡"两种写法,似是"自由取用"。"看着"的"着",有"著/着"两种写法,前几章多用"著",到第六章《秀才求婚》便几乎全用"着"。"帐目"的"帐",有"帐/账"两种写法。第三章339. 有言:

账 chang⁴,账单;账目。这个字是"帐 chang⁴"(146.)的讹体;本地字典不认可;但它已被普遍使用,以致没法要求人们注意了。

"账"字,《康熙字典》贝部8画未收,然而"已被普遍使用"。《语言自迩集》注意到这一语用状况。原著中文课文里二字都用,此次准备第二版,严格依照原著所用,不擅作"规范整理"。

校勘《北京话音节总表》时,我们注意到,某些异体字亦收入表中,例如"12章 chang⁴"的"帐/账"。又有因简化而同形的字,若不恢复原本写法,也会给读者造成困惑。例如"弦/絃"二字,简化字合为"弦",首版录作"弦",结果造成"116 先 hsien"有两个"弦",其中一个带异读标记"弦*"。原来它本作"絃*",与"123 喧 hsüan"阳平之"絃*"是一对儿。"弦、絃"二字,那个时代是音义有别的。再以"23 吉 chi"音节为例:几/幾、机/機、极/極,这三组字,原来只注意了"几/幾"这一组,而另外两组皆录作"机、极",这次校勘发现,音节总表上都有它们的位置,并非"繁简关系",一查《广韵》,音义各异,所以必须按原字录入以便区别:

(1) 机　居履切,《说文》曰木也。《山海经》曰族蘭之山,多松柏机桓。
　　 機　居依切,会也。萬機也。

(2) 极　其辄切,驴上负版。又巨業切,极插。
　　 極　渠力切,中也。至也。终也。穷也。高也。远也。《说文》栋也。

又如:

(3) 体　(268 p'ên)并非"體"的简体。《广韵》混韵蒲本切,麤皃。又劣也。《康熙》与笨同。俗书四體之體,省作体,误。《国音字典》体,㊀ㄆㄣ笨去,同[笨]。㊁ㄊ丨體上,[體]之简寫。
　　 體　他礼切,體身也。又生也。

(4) 坏　(266 p'ei)并非"壞"的简体。《康熙》:《广韵》芳杯切,《集韵》《韵会》铺枚切,《正韵》铺杯切,并音胚。《尔雅·释山》山再成曰坏。一曰山一成。又山名。《吴会志》大坏、小坏山,在洮湖中。
　　 壞　胡怪切,自壞也。又古壞切,毁也。

(5) 圣　(163 k'u)并非"聖"的简体。《说文》:汝颍之间谓致力于地曰"圣"。《广韵》《集韵》并苦骨切。

原著中文课文"繁简正异"的校勘处理,工作量不小,可是对字数的影响不大。第二版增多的约 17 万字,主要是:

(1) 首版《北京话字音表》,再版更名为《北京话音节总表》,并做补充修订。

(2)《北京话异读字表》,首版未收;再版收其表并增加校注。

不止一次地听人说：这两个表"很乱，不敢用"。本次第二版的一个愿望，就是通过细致的校勘，使之成为可信、可用的字表。

这两个表，都有一些字，其音与义不见于我们手头的字书，如音节总表"10 斩 chan"中的阴平"章"，在异读字表里与"章 chang¹"为"异读"。我们没法确认"章 chan¹"的意义，也没有理由删除它。像这样的字，只得加"义不详"的小注，暂予"存疑"。此类加注"义不详"的共69处。

有些字音，可以比较肯定地确认为"有误"而"当删"，共23条，例如：

（1）音节总表"刚 148 kang"中的"将*"，小注：此"将*"当删。（理由见下文。）

（2）音节总表"後 101hou"中的阳平"侯*"，《勘误表》正为"候*"。原表字头本无误，《勘误表》反误，故本表侯、候二字之异读记号"当取消"；异读字表 101HOU 之候² | hou⁴. 当删。

（3）异读字表 24 ch'i 中的圻¹ | ts'ê⁴.，误将圻 ch'i¹ 与坼 ts'ê⁴ 混为"异读"。本条当删。

即使是这般确然讹误，"当删"而不删，以保持原书原貌，只以小注方式标明。

学者研究时，可以回避这类材料。不过话又说回来，我这里说人家"确然有误"，也许这又是一种误判亦未可知。也许，这些字，那时就是这么读的呢！所以，这些字也许正可构成一个新的探索切入点！因为，这两个字表中，今人乍看，性急的读者可能脱口而出："这是错的！"这样的字太多了，"嘲""慑"二字即属此类。

"嘲"，音节总表列为 chao¹；"慑"，音节总表列为 chê⁴。今音皆送气呀！其实，查查相关的韵书字书，就会发现，这些字的今音都有个演变过程：

先看"嘲"下所加小注：《广韵》《集韵》《韵会》《正韵》并陟交切，言相调也。《国音字典》谓以言相调笑。㊀ㄓㄠ招阴（读音）；㊁ㄔㄠ潮阳（语音）。

再看"慑"下所加小注：《广韵》之涉切，怖也，心伏也，失常也，失气也。《集韵》又失涉切。《国音字典》㊀ㄓㄜ折阳（入）；㊁ㄕㄜ设去（入）（又读）。

在《语言自迩集》(1867—1886)那个时代,"嘲"单音 chao¹,符合唐宋元明各代官修韵书;后到了《国音字典》(1949)时代,"嘲"字有了"ㄓㄠ招ᵃⁿ"和"ㄔㄠ潮ᵃⁿᵍ"的异读。请注意:前者阴平不送气的"招"音,是传统读法,并明确标示为"读音"(读书音),后者阳平送气的"潮",是个新音,明确标示为"语音"(口语音)。再到了《现代汉语词典》(1978,以下简称《现汉》)时代,其标示便是:嘲(謿) cháo (旧读 zhāo) 嘲笑。

"慑"字古音有章母、书母两读,《语言自迩集》随章母读;《国音字典》两读,正音随章母,"又读"随书母。《现汉》则将"又读""扶正",且单音 shè。

北京话的这类字,特别值得注意。在《语言自迩集》的北京话音节总表中,这类字俯拾皆是,其字音的历史考察,往往可能成为北京方言史、北京官话史研究的切入口。故在作校注时,凡遇此类字眼,都尽可能用最少的文字罗列尽可能多的相关信息,以显示其演变轨迹。有些地方需要讨论,就不能那么惜墨如金了,例如异读字表"28 CHIANG"中的"将¹│chiang⁴, kang¹."的小注①:

> 将,chiang¹ 与 chiang⁴ 为异读,但不与"刚 kang¹"构成异读。本书声调练习 148 刚 kang "刚纔"注云:"才刚;刚刚。有人认为'刚'字讹变于'将 chiang¹'。"译者认为,此观点有待商榷:将,精母字。精母字未有变 k- 的。即以宕江二摄精母字为例,"将ᵂᵃⁿᵍˡᵃⁱ浆蒋奖桨酱将ᵈᵃˢʰᵃⁿᵍ"等无一字有 kang 类之异读;而今音 chiang 的见母字则有"疆僵薑礓繈江豇讲耩降ˣⁱᵃʰᵉⁿᵍ虹"等众多二三等字。"刚 kang¹"是唐韵一等字,可以有 chiang¹ 音,今北京话"才刚"仍能听到口语异读音 cái jiāng。在一些北方话里还能听到 [ts'ai³ kiang¹],例如译者家乡胶东文(登)荣(成)话。而见母二等江韵有 kang、chiang 异读的,有"豇ⁱⁱᵃⁿᵍ豆虹"(异读字表本条:虹⁴│hung², kang⁴.);"港",《自迩集》时代尚音 chiang³,胶东文荣话有异读 [tsiang³│kang³],今《现汉》单音 gǎng。本条应改为:将¹(chiang¹)│chiang⁴,同时再增加一条:刚¹(chiang¹)│kang¹.。

近代汉语中的异读现象，特别是《中原音韵》里的三对"两韵并收"，早已被注意并曾有过长期的讨论。这是北京话语音史研究的一个关键问题。这些"两韵并收"是怎么来的？又是怎么变的？跟今天的北京音有怎样的关系？由于对"两韵并收"之语音性质认识有误，这些讨论，未曾获得令人满意的结果。自从有了《语言自迩集》，我们将元明清乃至民国反映北方官话的标音文献《蒙古字韵》、谚解《老乞大》、《语言自迩集》、《国音字典》等依历史顺序系联，必要时与反映南方官话的《西儒耳目资》《洪武正韵》《交泰韵》等进行比较，将《中原音韵》的"两韵并收"放到这种历史序列中进行考察、展开讨论，形成如下四篇研究报告：

1.《论〈中原音韵〉的萧豪歌戈"两韵并收"》，《语言学论丛》第四十一辑，2010；

2.《论〈中原音韵〉的鱼模尤侯"两韵并收"》，早稻田大学《开篇》VOL.31,2012；

3.《论〈中原音韵〉东锺庚青之"两韵并收"》，《语言学论丛》第四十八辑，2013；

4.《曾梗二摄德陌麦三韵入声字的"两韵并收"》，《语言学论丛》第五十三辑，2015。

"两韵并收"即文白异读，是近代汉语演变全程的伴生现象。《中原音韵》之后，北方官话又出现若干种"两韵并收"。中古曾梗二摄洪音入声字的"两韵并收"（如：伯 bó/bǎi，择 zé/zhái，色 sè/shǎi 等，我们借用《中原音韵》韵部的传统称法称之"皆来歌戈'两韵并收'"），就是一种。此即第四篇《曾梗二摄德陌麦三韵入声字的"两韵并收"》所讨论的对象。

这四组"两韵并收"，（1）萧豪歌戈、皆来歌戈的"两韵并收"，是南方官话叠加北京话所致；（2）通摄入声变同鱼模韵，是南北官话共同的；鱼模尤侯"两韵并收"，是西部官话（以武汉为代表）叠加于北京话；（3）东锺庚青之"两韵并收"，是北方官话音系自身历史演变过程中的新旧并存。第（1）类的"两韵并收"，其文白异读格局是：属于北方官话的萧豪、皆来韵读法，先为正音、读书音，而后其中一部分逐渐变为俗音、口语音；而歌戈韵读法，先为俗音、口语音，而后其中一部分逐渐变为正音、读书音，实现了"正俗颠倒、文白易位"。这是"两韵并收"第一轮的"文白易位"。其中的一部分，1949年之后又经历了第二轮的"文白易位"，如上文已经提到的"嘲""慑"二字：

　　　　《国音字典》　　　　　　　　　　　《现代汉语词典》
1. 嘲㊀ㄓㄠ招阴（读音）㊁ㄔㄠ潮阳（语音）　　cháo
2. 慑㊀ㄓㄜ折阳（入）㊁ㄕㄜ设去（入）（又读）　shè

第二轮的"文白易位"的字，还有不少：

3. 黑㊀ㄏㄟ嘿阴㊁ㄏㄜ喝去（入）（读音）㊂ㄏㄟ嘿上　hēi
4. 角㊀ㄐㄧㄠ饺上（语音）㊁ㄐㄩㄝ决阳（入）（㊀之读音）　jiǎo
5. 藥（药）㊀ㄧㄠ要去（入）㊁ㄩㄝ月去（入）（读音）　yào
6. 辙㊀ㄔㄜ彻去（入）㊁ㄓㄜ折阳（入）（语音）　zhé
7. 闯㊀ㄔㄣ趁去（入）㊁ㄔㄨㄤ窗上㊂ㄔㄨㄤ窗去　chuǎng
8. 储㊀ㄔㄨ除阳㊁ㄔㄨ楚上（又读）　chǔ
9. 踝㊀ㄏㄨㄚ话去㊁ㄏㄚㄞ槐阳　huái
10. 洽㊀ㄒㄧㄚ匣阳㊁ㄑㄧㄚ卡去（又读）　qià
11. 癣㊀ㄒㄧㄢ尟上㊁ㄒㄩㄢ选上（语音）　xuǎn
12. 嬛㊀ㄑㄩㄥ穷阳㊁ㄒㄩㄢ轩阴㊂ㄏㄨㄢ还阳　huán
13. 掖㊀ㄧ亦去（入）㊁ㄧㄝ夜去（㊀之语音）㊂ㄧㄝ耶阴　❶ yè ❷ yē
14. 液㊀ㄧㄝ夜去㊁ㄧ亦去（入）（读音）　yè
15. 腋㊀ㄧ亦去（入）㊁ㄧㄝ夜去（语音）　yè
16. 肉㊀ㄖㄨ入去（入）㊁ㄖㄡ柔去（入）❶（㊀之语音）　ròu
17. 秔（粳）㊀ㄍㄥ耕阴㊁ㄐㄧㄥ京阴（语音）　jīng
18. 蜗㊀ㄍㄨㄚ瓜阴㊁ㄨㄚ蛙阴（又读）㊂ㄨㄛ窝阴（又读）　wō

19. 刽㊀ㄎㄨㄞ快去㊁ㄍㄨㄟ贵去（又读）　　　　　　　guì
20. 缆㊀ㄌㄢ滥去㊁ㄌㄢ览上（又读）　　　　　　　　lǎn
21. 赁㊀ㄌㄧㄣ林㊁ㄖㄣ任去（读音）　　　　　　　　lìn
22. 六㊀ㄌㄨ鹿去（入）（读音）㊁ㄌㄧ又遛去（入）（语音）　liù
23. 绿㊀ㄌㄩ律去（入）㊁ㄌㄨ鹿去（入）（读音）　　　lù
24. 脉㊀ㄇㄛ莫去（入）㊁ㄇㄞ卖去（又读）　　　　　mài/mò
25. 我㊀ㄨㄛ窝上（语音）㊁ㄜ阿上。　　　　　　　wǒ
26. 盾㊀ㄕㄨㄣ顺上㊁ㄉㄨㄣ顿去❶（又读）。　　　dùn
27. 蹲㊀ㄉㄨㄣ敦阴（语音）㊁ㄘㄨㄣ存阳（读音）　　dūn
28. 麦㊀ㄇㄞ卖去（语音）㊁ㄇㄛ莫去（入）（读音）　　mài

有些字的异读，看上去没有发生"文白易位"，《国音字典》的"语音"，到《现汉》变"常用音"，"读音"变为"罕用音"，例如：烙，㊀ㄌㄨㄛ洛去（读音）烧，灼，熨；㊁ㄌㄠ潦去（语音）。《现汉》第5版（以下简称《现汉-5》）"烙luò"仅见于"炮烙"一词。酪，《国音字典》㊀ㄌㄨㄛ洛去（入）（读音）；㊁ㄌㄠ潦去（语音）。《现汉-5》"酪"已是单音lào。"烙酪"，中古宕摄铎韵字，从元末明初开始，在南方官话里一直是单音 lo 或 luo，而在北方官话里则是"萧豪歌戈'两韵并收'"，读书音曾经长期是 lào，口语音是 lo 或 luo，只在清中"文白易位"，"萧豪"降为口语音，"歌戈"升为读书音。1949 年到 1978 年间，一些字发生第二轮"文白易位"，虽然字数不多，但值得注意，不可忽略不计。人说"例不十，法不立"。例已过二十，法可立矣。第二轮的"文白易位"，发生在 1949 年《国音字典》到 1978 年《现汉》之间。这种变化标志着以北京音为标准的北方官话地位的提升，并开始主导异读音正音化的方向。"掖液腋"三字，今台湾地区仍以 yì 为标准音，只是自外于这一演变方向的一种挣扎而已。

胡明扬先生为本书作序时提及明末以来官话的"入声问题"，还特别提出入声字在北京话的读书音，"如'学'xio→xue/xiao 等等是怎么回事，是哪儿来的。"现在，我们可以向胡先生报告：中古宕江摄入声"学"等字，《蒙古字韵》

归萧豪韵，xiao 属北方官话底层；《中原》萧豪歌戈"两韵并收"，歌戈韵是南方官话的叠加；《翻译老乞大》(1517)"学"左音（正音）hhiaoω，右音（俗音）hio，跟《中原音韵》一致；直到 1795 年《重刊老乞大》，未有变化。到了《语言自迩集》，"学"成为多音字：hsio², hsüeh², hsüo², hsiao²。其声母由舌根音腭化为舌面前音；歌戈韵的异读又多了 hsüeh²、hsüo²；未明确指定其孰文孰白。《国音字典》二音：㊀ㄒㄩㄝ靴阳(入)；㊁ㄒㄧㄠ效阳(入)。虽然仍未指明文白，但是与今音相同的ㄒㄩㄝ靴阳(入)，摆到了前边。到《现汉》成了单音"学 xué"——元明清三代的"俗音/口语音"，终于成了"正音/读书音"。这就是"学"的"正俗颠倒、文白易位"。"学 xué"只是这类字的字音演变模式之一，即变为歌戈韵单音。另一种模式是变为萧豪韵单音，例如"酪郝敿勺芍药雹饺"。"藥（药）"，《语言自迩集》三音：yo⁴, yao⁴, yüeh⁴；《国音字典》"药"三音：㊀ㄩㄝ曰阴(入)；㊁ㄧㄠ要去(入)；㊂ㄩㄝ月去(入)。"藥"之简写。"藥"二音：㊀ㄧㄠ要去(入)；㊁ㄩㄝ月去(入)（读音）。到 1978 年《现汉》，"藥（药）"亦"文白易位"，与"学"不同的，只是"走向另一端"。第三种模式，仍有文白异读，例如：薄 bo/bao，落 luo/lao，烙 luo/lao，络 luo/lao，凿 zuo/zao，雀 que/qiao，嚼 jue/jiao，削 xue/xiao，着 zhuo/zhao，角 jue/jiao，瘧 nue/yao，约 yue/yao，钥 yue/yao，剥 bo/bao，壳 ke/qiao。这些文白异读，稳定了吗？将一成不变吗？不见得。1978 年《现汉》壳（殼），ké 为"白"；qiào 为"文"，举例为"鸡蛋～儿｜子弹～儿"。如今，还有谁把它说成"鸡蛋 qiào 儿｜子弹 qiào 儿"？知道"甲～儿｜地～儿"当说成"甲 qiào 儿｜地 qiào 儿"的人也越来越少了。雀之 qiǎo、瘧之 yào、约之 yāo、嚼之 jué、角之 jué、钥之 yuè，知道且会说的人，正日渐减少。这倒不是我们语文教学的过失，而是社会语用发展的结果。这些字，能维持目前这种文白异读的将越来越少，它们会逐渐分化、或归"萧豪"或归"歌戈"而成单音。

这种"正俗颠倒、文白易位"的历史语音现象，通过《语言自迩集》可以看到许多，不限于已讨论的上述四组"两韵并收"。关心社会语用现实的读者，不难发现："又读""口语音"变"正音""读书音"，异读变单音的过程仍在继续。它昭示着：从《语言自迩集》到《现汉》的这百余年里，"正俗颠倒、文白易位"之普遍性，可视为近现代北京话语音史的特征之一。

　　近现代北京话为什么会有这种"两韵并收""正俗颠倒、文白易位"现象呢？这得从两晋说起。"八王之乱""五胡乱华"导致西晋垮台，中原大乱，大批衣冠士族相率东渡南下，侨居长江中下游，拥戴东晋建都南京，将中原汉语带到吴楚旧地，"蚕食"出一大块，生成后来所谓的"江淮官话"区。随着长江流域经济文化短期内的长足繁荣发展，尽管南北对峙，北方民族上层和留在北方的汉族士民，皆尊南方的汉族政权与文化为正统。南下的中原汉语，虽然多少受到吴楚方言的影响，但绝对没有"变同吴语"，甚至许多北朝人承认比他们口中的北方汉语更标准、更正统。北方汉语因"胡言胡语"的影响，虽然说不上"面目全非"，但确实是变化很快很大，北方汉语古音的"瓦解"，即肇始于此。与此同时，中原汉语不仅在南方扎根，且其声调（平上去入四声）研究亦获突破，《切韵》因而得以诞生，后续的《广韵》更成为科考标准韵书。由于历史渊源关系，"江淮官话"与"中原官话"一直保持密切联系，它们构成了传统所谓的"南方官话"；在很长的一段历史时期，不仅通行区域最大，使用人口最多，且其文化地位也远高于以北京为代表的"北方官话"。吕叔湘先生关于北京话通行范围有过如下一个说法：

　　　　现代的官话区方言，大体可以分成北方（黄河流域及东北）和南方（长江流域及西南）两系……北宋的时候，中原的方言还是属于南方系；现在的北方系官话的前身只是燕京一带的一个小区域的方言。(《近代汉语指代词》第58页，学林出版社，1985)

　　其实，直到今天，"中原的方言还是属于南方系"。从"萧豪歌戈""皆来歌戈""两韵并收"这个角度来看，我的家乡胶东文（～登）荣（～成）威（～海）话，也属于南方官话。

　　元明清北京话的底层，可以以《蒙古字韵》为代表。《中原音韵》的萧豪歌戈"两韵并收"以及《中原音韵》之后的皆来歌戈"两韵并收"，都是南方官话叠加于北京话形成的。同时代的南方官话，却并不接受北方官话的影响，从《洪武正韵》到《交泰韵》，其宕江、曾梗摄入声字无一被"叠加"萧豪、皆来之类的异读音。在方言影响上，"作用力"与"反作用力"可不是"相等"的。这可以理解为，南方官话长期踞于强势地位，对于又小又弱的北京话，具有单向的影响力，元末《中原音韵》即反映了这种影响的结果。在那个时代，我们只见到"南"叠加于"北"，而不见"北"叠加于"南"。这种单向作用力之强大，使得本不具备条件的某些字也叠加上了"南音"。例如："耀、曜"二字，中古效摄笑韵字，光也，照也。《广韵》弋照切，《集韵》弋笑切，不是宕江摄入声字，故不当有 yo、yüeh⁴ 类异读，即不可能形成萧豪、歌戈"两韵并收"。然而《自迩集》异读字表却显示为：耀 yao⁴, yo⁴, yüeh⁴；曜 yao⁴, yüeh⁴。可能是因宕摄药韵字"躍""两韵并收"类推而误读。这一误读，在《国音字典》仍有反映（㊀ㄧㄠ要去，又读㊁ㄩㄝ阅去）。到《现汉》才回归单音 yào。

到 1860 年前后，南北官话的地位终于颠倒过来了。尽管北京话已经占据强势地位，已开始有了一些"对外"的影响力，即如威妥玛所说："不论是不是事实，据说北京话的特征正逐渐渗入官话通行区域的所有各地方言。"（第二版译本"第一版序言"44 页）然而，即使这样，南方官话对北京话的影响仍未曾停止，还沿着传统的方向继续着"惯性运动"。从《语言自迩集》到《国音字典》再到《现汉》的许多字音变化，正如我们前述"黑、储、癖、蹲"等字，可以为证。

从元末《蒙古字韵》和《中原音韵》、明中《翻译老乞大》到清代各版本谚解《老乞大》、清末《语言自迩集》、1949 年《国音字典》等历史文献所系联、所显示的，是同一个语言实体、同一个方言有机体，是它的动态演进过程。这些文献前后相承，记录并反映着各自所在时代的北京话。北京话是一个客观实在的生命活体，自然会留下自己的生命轨迹。其初始阶段，不妨假定它只是北方汉语的一个方言点，《蒙古字韵》是这一阶段的最后一个记录。随后，北京话进入一个新阶段，成为北方官话通语的代表；《中原音韵》为其初期语音记录。从《中原音韵》经 1517 年《翻译老乞大》到 1796 年的《重刊老乞大》，作为北方官话通语的代表，经历了自身的一系列变化，同时不断吸纳南方官话、西部官话及其他方言的影响,正所谓"海纳百川,有容乃大"。随着南京地位的衰落、北京地位的提升,持续的量变终于积累为质的突变,终于"大"到超越以南京为代表的南方官话,成为全国性的官话通语。《语言自迩集》就是这一质变的全面、忠实而且相当精确的记录。当然,此时的官话通语,还不能跟今日之普通话画等号,稍加观察、比较,就能发现从《语言自迩集》经《国音字典》到《现代汉语词典》一百年间,还有不少变化先后发生。这个最终成为全国通语——普通话的语言实体,就是这样"生命不息,演变不止",在北京这方热土上一步一个脚印地走出来的,绝非有人所谓的"文人头脑里的虚构",也不是1923年国语读音统一会"一省一票选出来的统一国语"。

加强北京话研究,意义是多方面的,相信对官话其他分支乃至整个汉语史的研究,都会有更多的贡献。能够反映元明清以来北京话史的文献材料,特别是标音文献,近年挖掘出来的越来越多,为北京话语音史的研究,提供了前所未有的有利条件,几乎可以说铺平了道路。《语言自迩集》正是其中最重要的一环。以北京音为标准音的普通话史的研究,就得从《语言自迩集》开始。对于已有文献的研究应更加深入细致,尤其注意拓展更多的领域,例如,《语言自迩集》里常见一种说法:某字"不见于字典",某字"不被字典所承认""未被字典所承认""本地字典不承认它",或者某音、某义、某个用法"不见于本地字典""本地字典不认可",等等。

这里所说的"字典""本地字典",看来多是指《康熙字典》。所说"不见于字典"的各字,一查,果然不见于《康熙字典》。有的字收了,或音、义有所不同,甚至相反。例如:

(1)傻 sha³,本指精明的家伙,但口语所指却正好相反。(第二版译本396页注3)《康熙字典》:傻,《广韵》沙瓦切,《集韵》《韵会》数瓦切,并沙上声。轻慧貌。《韵笺逸字》傻音灑。《韵会》傻俏不仁。

(2)懞懂 mêng²-tung³,失去了知觉,失礼了,不合时宜:懞 mêng,健忘的,愚笨的;懂 tung,亦有大体相同的意思;"懂 tung"的第二个义项的意思是"理解、明白",但不被本地字典所承认。(第二版译本418页注3)懂,《康熙字典》:《正韵》多动切,音董,懵懂,心乱也。

(3)抿著嘴儿 min³ cho tsui,合拢嘴唇;各字典不承认"抿"的这个意思。(第二版译本 437 页注 3)《康熙字典》:抿,《集韵》眉贫切,搱字省文。《说文》抚也。一曰搴也。

(4)篮 lan,一般比"筐子"小点儿,虽然字典上说得正相反。(第二版译本 458 页注 4)《康熙字典》:篮,《正韵》卢监切并音蓝,大笼筐也。

从一些小注还能看到某些字词定形的曲折过程,例如:今"崭新"一词,就曾几经周折:斩新 chan³ hsin¹,新制的,刚刚切下来的:湛 chan⁴,本书第一版用了这个字,卫三畏的字典(Williams's Dictionary)也收了这个字,但中国字典给的是前一个读音(译按:今作"崭")。(第二版译本 404 页注 9)

《语言自迩集》对这方面的观察是很敏锐的,并且会不厌其烦地记录下来,这是在引导学生学会观察、认识和把握活的动态的因而是地道的北京话。让我们再看一些例子:

(1)傢 chia¹,这个字不见于本地字典。(第二版译本 89 页 177.)

(2)伙 huo³,也不见于本地字典;二字合成"傢伙 chia¹-huo³"一词,指各种各样的厨具。随便儿说,小型武器也可以叫"傢伙 chia¹-huo³";如梭标、步枪,或任何随身用具。(第二版译本 89 页 178.)

(3)噗嗤 p'u¹ ch'ih¹,发笑的声音;前一个字不见于字典。(第二版译本 328 页注 6)

(4)惦 tien⁴,想念着:惦记 tien chi,出于好意地记挂着某人。字典里没有"惦 tien"字。(第二版译本 347 页注 2)

(5)嘟哝 tu¹ nang¹,轻声低语:哝 nang,或音 nung(译按:音节总表无此异读,但《广韵》《集韵》皆有泥母冬、江二韵异读),发出意义含糊不清的声音;"嘟 tu"字不见于字典。(第二版译本 447 页注 8)《国音字典》嘟、哝二字单立:嘟ㄉㄨ都阴,状声字。哝ㄋㄨㄥ农阳,哝哝,多言而声细,如"群司今哝哝",见《楚辞》。)

（6）账 chang⁴，账单；账目。这个字是"帐 chang⁴"（146.）的讹体；本地字典不认可；但它已被普遍使用，以致没法要求人们注意了。（第二版译本116页339.）

（7）愣 lêng⁴，发呆；这个字，字典不承认。（第二版译本335页注4）《国音字典》：愣㊀ㄌㄥ冷去 ①呆貌。②卤莽貌。③率意而行……㊁ㄌㄥ 棱阴 愣儿，犹言呆子……《现汉》单音 lèng，义同㊀。）

（8）蚝蚤 ko⁴-tsao³，或读 tsao¹，蚤目昆虫：蚝 ko，字典不承认的字；蚤 tsao，书面语单用。（第二版译本392页注2）《国音字典》：蚝ㄍㄜ各去(入)，蚝蚤，虫名，即蚤。语音似ㄍㄜ·ㄗㄠ。）

（9）镣铐 liao⁴ k'ao⁴，脚镣……铐 k'ao，铐在脚上的，通常叫"脚镣"；"铐"字，未被字典所承认。（第二版译本450页注2）《康熙》无"铐"字，《国音字典》：铐，考去，手铐，械手之刑具。）

（10）炸 cha⁴，是未被本地字典认可的字，由火 huo（火烛）乍 cha（突然）构成；炸炮 cha p'ao，炸弹；炸开，爆炸。（第二版译本618页9.110）《国音字典》：炸㊀ㄓㄚ乍去 ①谓火力爆发。②激怒，如"他听了登时炸了。"③喧噪哄散。㊁ㄓㄚ札阳(入)谓以油煎食物。

汉语发展的各个历史时期，都有新造字涌现。《语言自迩集》也"参与"了造字。我们现在来不及考察"铐"等字是不是《语言自迩集》造的，但可以肯定：那'(na³)、得'(tei³)，乃其"自创字"。当时表 what? where? anywhere 的新词 na³，表 must 的新词 tei³，一时都找不到合适的汉字，只得借用旧有的、音义有些关联的"那"和"得"加修饰符号，创造出"中西合璧"的"那'"与"得'"。其实，这不能算严格意义上的"汉字"。后来，假借了音义都不同的"哪"取代了"那'"，假借了音义有所联系的"得"取代了"得'"。得，曾摄德韵字，在入声消失过程中变化出 te 和 tei 二音，即"两韵并收"，是合乎历史音变规律的，以"得"取代"得'"，实为回归原点。

这类情况，正与现代汉语新语素、复音词大量涌现相关。《康熙字典》，据影印本出版说明，"依据明代《字汇》《正字通》两书加以增订"，

成书于 1717 年。其所"增"者，在很大程度上反映了明前期至清前二百年间官话语用情况的发展变化。例如心部五画"怎"字下将"始见"于《五音集韵》对"怎"的解释全文录入后，加"按"曰：此字《广韵》《集韵》皆未收，唯韩孝彦《五音集韵》收之。今时扬州人读"争"上声，吴人读"尊"上声，金陵人读"津"上声，河南人读如"楂"，各从乡音而分也。《语言自迩集》异读字表：怎 tsên³ | tsêng³；练习十六介绍说：怎 tsên³，如何？什么？在北京口语里总是随个"么 mo¹"(23) 说"怎么"，而且韵母里的 n 听不到了，双音节的发音变成了 tsêm³-mo，重音在第一个音节。(第二版译本 134 页 456.) 这是北京音。而异读"怎 tsêng³"可能是"扬州人读'争'上声"叠加于北京话的。

再如近指代词"这"。《康熙字典》辵部七画"這"：《广韵》鱼变切，《集韵》牛堰切，并音彦。《玉篇》迎也。《正字通》周礼有"掌訝"主迎。訝，古作"這"。毛晃曰：凡称"此箇"为"者箇"。俗多改用"這"字。這，乃迎也。《康熙字典》简要回顾"這"的音韵训诂史，正确地指出：近代汉语近指代词"這"，是假借古字"這"而音"者"。《语言自迩集》异读字表列出六个异读音：这 chai⁴ | chê⁴, chei⁴, tsê⁴, tsên⁴, tsêng⁴.，完全不睬其"迎迓"之古音古义。《国音字典》"这"近指代词的两个音，跟其中 chê⁴、chei⁴ 相同。(《国音字典》㈠ ㄓㄜˋ宅去(入)此，如"三十六峰犹不见，况伊如燕這身材"……按古用"者"作"此"字义，唐以後用"這"者始多。㈡ ㄓㄟˋ近指，盖"这一"之合。㈢ ㄧㄚˋ雁去迎也，见《玉篇》。) 而余下的四个异读除了 chai⁴，另外三个：(1) tsê⁴，可能来自没有卷舌音方言区、叠加于北京话；(2) tsên⁴、tsêng⁴，则见于语流音变。

从 1717 年到 1867 年，即从《康熙字典》到《语言自迩集》的一百五十年，正是北京话从近代演进到现代的最后的关键阶段。入声的阴声化，全浊声母的清化，尖团音的混一，异读的大量出现，量词、代词、助词、介词、叹词等各系统的成长与完善化，表述方式的改变与词法、句法结构的适应性变化等等，呈现出语音、词汇、语法、文字全面的大变化与细小微调并存的革故鼎新大局面。文字，是语言书写工具。语言与文字，于社会平稳发展时期，一般是大体平衡的。文字，一般会随语言的演进发生适应性的新陈代谢。第一性的"语"，第二性的"文"，二者同步互动发展，是最理想的。实际上，只能大体平衡。一般说来，文字的创新往往滞后，跟不上语音、词汇的发展变化。特别是语言剧烈变动期间，"语"与"文"的平衡，不仅会被打破，甚至会严重失衡。这个时候，在"新词"面前，读书人往往会自认"不会写"。然而，从总体上说，民间却不会那么消极。言语交际的需要，往往促成新词新字率先于民间诞生。民间造字，自古皆然。但是，教习语文的课本，能像《语言自迩集》这样不存在芥蒂地大胆、自然地启用民间造字与新词，却是极少见的。这样做，丝毫不存猎奇与哗众取宠之意，完全是为了让学生能学到即时鲜活道地的北京话。这样的教学取向，使得《语言自迩集》在成为当时最好的汉语课本的同时，更成为那个时代北京话语用状况敏锐观察之忠实记录。希望《语言自迩集》中译本的再版，能帮读者借原著的一双慧眼，借助它所做的那个时代北京话语用状况的忠实记录，将北京话语音史、词汇史和语法史研究推进到一个新阶段。

张卫东
2015 年 11 月于深圳

自 2014 年 3 月接到再版通知，到呈上修订稿，历经 20 个月。随后的近三年时间里，配合出版编辑工作，又做了难以计数的大大小小的修订与增补。《语言自迩集》这份书稿，本来就格式多，表格多，字码符号多，排版、编辑难度大。我特别感谢宋思佳老师，自今年一月接手本书责编，面对那些常常令人身心疲惫的修订与增补，小宋老师付出了大量心力，且不厌其烦，给了译者无尽的鼓励。令人欣慰的是，与小宋老师合作的这半年多，书稿的质量和水平都有了不小的提高。特别让人高兴的是，现已届八十六高龄的胡双宝老师，做了初版的责编，又做了本书二版的终审。得此眷顾，实在难得！在此，卫东要再次郑重地向责编宋思佳老师、复审张弘泓老师、终审胡双宝老师献上最诚挚的谢意！

张卫东
2018 年 8 月 10 日于深圳

译 序

一

关于《语言自迩集》,《辞海》《中国大百科全书》等都只在"威妥玛"或"威妥玛式"条中顺带介绍说是"1867年编的汉语课本"或"官话课本",基本上是互相照抄。一百多年来,中国学界似乎没人认真读过这部书。

它到底是怎样的一部书呢?

它的确是一部汉语课本,教西洋人学北京官话口语的课本,但绝不是普通学话课本:

(1) 这是汉语教育史上第一部以北京话口语为教学对象的汉语课本。

(2) 它的编写,体现了编者对19世纪中叶北京话高屋建瓴、细致入微的准确把握,是一部高水平的汉语教材;在世界汉语教育史上曾产生过广泛影响,至今仍有借鉴意义。

(3) 这是用威妥玛式拼音(Wade System)记录北京话的大部头资料集(大开本,1100余页),堪称百多年前北京话口语的精彩实录,19世纪西方描写语言学和比较语言学同北京话研究相结合的高品质结晶,第一部以当时北京话口语为对象的描写语言学巨著。书中对北京话语音、词汇和语法方面所做的记录与分析,精确可信,丰富多彩,学术价值极高。

可以断言,对于中国语言学史、北京话史、普通话史、近现代汉语史以及汉语教育史研究,《语言自迩集》都具有划时代意义。正是基于这一点,译本在原书书名下加了一个副标题:19世纪中期的北京话。

原书作者威妥玛（又译作韦德，*Thomas Francis Wade*，1818—1895），1841年来到中国，在英国驻华公使馆任中文秘书，负责海外雇员的汉语教学多年。1872年任驻华公使，1882年卸任回国，出任剑桥大学首任汉语教授。威妥玛是19世纪西方汉学家中的佼佼者，是那个时代汉语演变的权威见证人。读过《语言自迩集》的人，都会由衷地承认，威妥玛不愧为一位伟大的语言学家；亦会由衷地感谢威妥玛，感谢他为我们留下了这样一份宝贵的文献。

威妥玛的《语言自迩集》，前后出过三版：1867年第一版，四卷本；1886年第二版，三卷本；1902年第三版，简本二卷。书名中的"自迩"，取自儒学经典《中庸》的一节：

　　君子之道，辟如行远，必自迩；辟如登高，必自卑。

意思是：君子之道，有如外出旅行，欲远行的，须从足下开始；想登高的，当自低处起步。不论是谁，要想成为专家里手，都必须从基础开始。

《语言自迩集》作为一部优秀的汉语教材，其影响是世界性的。

《语言自迩集》是那个时代英美人普遍使用的课本。著名的"威妥玛式拼音"，正是借助这部课本推出并风行世界的。

日本的汉语教学，从江户时代到明治九年，无论官办民办，各学校教的都是"唐通事时代的南京话"。到了明治七年（1874），情况开始转变。这年三月日本首任驻华公使进驻北京后发现：清朝官场已改行北京话，各国公使馆皆有留学生在京请人教纯粹京话，因而要求外务省从汉语学校选派学生到京学习。是年四月得派两名，明治九年（1876）三月又增派3名。其中一人回忆说："来到北京一看，没有语学书，只有当时英国支那公使威妥玛编的大本的《语言自迩集》。这本书的确是珍贵的书，价钱非常高，买不起。于是，找支那的笔工抄写……"专攻日本汉语教育史的六角恒广教授说："那时候可以说，不仅在北京，即使在世界上，北京官话的教科书，除威妥玛的这本《语言自迩集》以外，再也没有了。"明治九年九月，日本的汉语教学，从官方到民间，同时由南京话转向北京话。威妥玛的《语言自迩集》（第一版），便成了此时日本汉语教育唯一可用的教材。1879年日本出版的北京官话课本《亚细亚言语集》，即以《语言自迩集》为蓝本。六角恒广的《日本中国语教育史研究》（王顺洪译，北京语言学院出版社，1992）一书，对这一过程有详细介绍。

跟"口语系列"(Colloquial Series)《语言自迩集》配套的，是"文件系列"(Documentary Series)的《文件自迩集》。去年译者在韩国奎章阁发现了它的一部手抄本（始第一卷，终第十六卷，中无第七、八、十一、十二、十三卷，但文件号未中断，仅自109至120百位之后缺编号；实有十一卷一百二十个文件），比日本所存的本子（七卷七十五件）要好。这表明，《语言自迩集》也曾在朝鲜半岛流传。

《语言自迩集》在欧洲、俄国也很有影响，直到1902年，俄国学者仍说："至今为止大家还是认为韦德(Wade)的课本是最好的。"（《汉语初级阅读——汉语口语（北京音）》序，俄国远东出版社，1902）

二

本译稿采用的是1886年的第二版。这是目前能见到的唯一的本子，从第二版序言推知，也是最好的本子。这部三卷本的汉语课本，共一千一百余页，容量极大。百余年前的这部北京话描写语言学巨著，在中国现代语言学史上，可能拥有多项"第一"：

第一个把北京话口语作为描写与研究对象；

第一个把北京话官话口语作为教学对象；

第一次用西文字母给北京话口语标记声韵调及变调、轻声、儿化等各种语流音变现象；

第一份北京话口语音节表（声韵配合表，声韵调配合总表）；

第一次归纳了北京话口语连读变调的部分规律；

第一次详尽描述声调对韵母元音的影响；

第一次成功地讨论了现代汉语的量词及其语法功能；

第一次讨论汉语的词类问题并依据语法功能为汉语作了词类划分；

第一个注意到"的"字结构、被动句式等等及其语法功能；

……

威妥玛式拼音跟国际音标的关系也值得注意：二者许多符号和标音法是一致的——1888年国际语音学协会制定出国际音标初稿时，威妥玛式拼音已借助《语言自迩集》第一版（1867）和第二版（1886）在世界上通行多年。

《语言自迩集》中的语音描写，注重实际，不少地方几近于今日严式标音，例如：

怎么 tsê^{n3} mo / tsê^{m3} mo　　　　言语（一声儿）yen-yü > yüan-i

跟班儿的 kên pan êr ti > kên-pa-'rh-ti　多少钱 to shao ch'ien > to-'rh ch'ien

河边儿 ho^2 pien^1-êrh^2 > ho^2 pie-'rh^1　　海边儿 hai^3 pien^1-êrh^2 > hai^3 pie-'rh^1

某些描写，如同一幅幅北京街头风俗画，例如有一节问答：

问：那花瓶儿他卖不卖？

答：卖他是一定卖；你要，可得花俩钱儿①，他不是贱卖的。

注①：花俩钱儿 hua^1 lia^3 ch'ien^2-'rh，北京人说这话的时候，手揣在兜儿里，一副满不在乎的样子。

更有一些表述，例如：连读变调中的两个上声相连，"声调的变化更加显著：第一个音节变得接近甚至变同第二声（*the first syllable is changed nearly, if not quite, to the 2nd tone*）"；将当时"帝国官话"定义为"净化了它的土音的北京话"；等等。其描写之精致，其表述之准确到位，实在令人惊讶佩服！

在语法方面，对于汉语跟英语的差异，威妥玛的表述清晰明确、一语中的，表现得冷静而客观，例如第一版序言中的一段话（下画线为译者所加）：

外国语言学家告诉我们，语法 (Grammar)，作为言语科学 (*the Science of Words*)，可分为语源学 (Etymology) 和句法 (Syntax) 两部分；而语源学规律又再分为屈折的和派生的 (*the laws of Inflexion and of Derivation*)。汉语服从这个规定，但只是有限度地服从。在派生规律 (*derivation*) 方面，它的语源学有些地方跟其他语言有某些共同点；而在屈折规律 (*inflexion*) 方面，它没有语源学。

至于派生规律，汉语所有单个词（*single words*）的词源，在很大程度上是可知的……

　　至于语源学的另一分支，即屈折变化方面，我再重复一遍，汉语语法完全不允许它占有一席之地；<u>汉语词的多功能性 (versatility)</u>——如果可以这样称呼的话，即汉语中对于这么多的词语（尤其是我们倾向于称之为名词和动词的词）有共通性，在有广泛差别的<u>语法功能的可容性</u>方面达到如此程度：任何把语言权威性地划分到像我们语言中"词性"的范畴里去的努力，都将枉费心机。而且，我们语言中的词类分析当然得有它们相对应的汉语说法，且不管能否对它们作词类分析；<u>在所有别的语言中用屈折变化生效而产生的大部分结果所需的那些方法，汉语自身也拥有</u>，否则汉语就不成其为一种语言。汉语并不打乱它的词语系统，也不是要把它的各部分——不论是现存的还是过时的——都合并到词语系统中去，从而实现我们用格、数、语气、时态、语态等术语或诸如此类的东西所表述的情况。<u>汉语通过词语的句法处理，几乎达到了这些现存的限定所能实现的一切，几乎全部保持了词语在别处整体或独立运用的能力。</u>

他敏锐地察觉到"汉语词的多功能性"，没有跌进"词无定类"的泥淖；他科学地论断"在所有别的语言中用屈折变化生效而产生的大部分结果所需的那些方法，汉语自身也拥有"，"汉语通过词语的句法处理，几乎达到了这些现存的限定所能实现的一切"，从而深刻地揭示了汉语的内在机制和语法特征。这些话说得何等好哇！一百多年前，一个接受欧洲语言学严格训练的西洋人，来到东方研究汉语，竟无一丝"生搬硬套"的味道。这跟早期留洋的不少中国人对自己母语所做的"生吞活剥"式的分析，形成鲜明对照。

现在让我们一起来看一下《语言自迩集》比较集中地讲语法的第八章（第一卷中文课文题为《言语例略》，第二卷英译文题为 *PART VIII THE PARTS OF SPEECH*。第一版序言说，对于这一章，编者用心良苦，却并不满意。为此，威妥玛特别声明："恳请读者牢记在心，该章不是讲语法，也没当语法来写。这仅仅是一项试验的结果，因为没有时间做精心准备，这项实验只是企图在有屈折变化（*inflected*）的英语和无屈折变化（*uninfected*）的汉语这一语法条件下，给学生提供一些主要的对照和类比。"

第二卷第八章与第一卷之第八章内容大体相同。第一卷为中文课文，分13段，无段名；第二卷为英译文和注释，亦分13段，但各有段名，借用西方语言学的概念，讨论当时北京话口语的语法。现将两章综合为一章，可从目录一睹其大概：

1. 绪论 (*Introductory Observations*)
2. 名词与冠词 (*The Noun and the Article*)
3. 汉语的量词 (*The Chinese Numerative Noun*)
4. 数，单数与复数 (*Number, Singular and Plural*)
5. 格 (*Case*)
6. 性 (*Gender*)
7. 形容词及其比较级 (*The Adjective and its Degrees of Comparison*)
8. 代词（人称代词，关系代词，物主代词，指示代词，个体代词，不定代词）(*The Pronoun* [*Personal, Relative, Possessive, Demonstrative, Distributive, Indefinite*])
9. 动词的语气、时态和语态修饰 (*The Verb as Modified by Tense, Mood, and Voice*)
10. 副词，表时间、处所、数量、程度等等 (*The Adverb, of Time, Place, Number, Degree, etc.*)
11. 介词 (*The Preposition*)
12. 连词 (*The Conjunction*)
13. 叹词 (*The Interjection*)

这13节并非以西语语法的框框套汉语，并非机械地"对照"与"类比"；所得汉语词类10种，跟我们今天的词类分析十分接近，而其中的某些成果，例如对量词的认识与表述，中国学者直到20世纪50年代初才达到同一水平（参见何九盈《中国现代语言学史》〈广东教育出版社，2005〉）。

据第二版序言所说，第一版有专门讲句法结构的一个章节，因初学者叫苦不迭而于第二版割爱。对于今天的语法史研究来说，这当然是非常可惜的。但从第二版的叙述与大量注释，仍可感受到威妥玛"北京话口语语法体系"的存在，把它归纳整理出来，不会太难。读者可以尝试跟《马氏文通》作一比较，自然就会产生这样一种感觉：这部书若能早些，哪怕早五十年被发现，现代汉语的研究，中国语言学史的叙述，很可能会是另一样局面，别一番景象。

三

《语言自迩集》原书第一卷前两章是英文，自第三章起是中文课文，繁体字直排，现改为简体横排；非一对一的繁简体、正异体，保留原字。第二卷始于第三章，是第一卷第三章至第八章的英译文和大量英文注释。英译文中用威氏音标给汉字词语标的音，一律照录过来。英文注释中的信息量很大。凡对中国读者有意义的，都按原文原意译出，必要时缀上英语原文。第二卷第三章每个单元的英译汉练习，英文从略，中文照录。原书中文课文用旧式句读（。、），今依其语气并参照第二卷英译文改为汉语现代标点符号。原书第三卷共245页，编有四个附录：一、英语词语汇编（第二卷之第三、四、五、六章）；二、汉字索引（第二卷之第三、四、五、六、七章，以部首为序）；三、北京话声韵配合表 (Sound Table)，北京话音节总表 (Peking Syllabary)，北京话异读字表 (Table of Characters Subject to Changes of Sound or Tone)；四、汉字书写练习。今译本只收其中附录三的声韵配合表和音节总表。

四

《语言自迩集》还透露了许多重要的历史信息，例如，19世纪中后期，围绕汉语官话标准音问题，在众多汉学家中，曾发生过激烈的争论。

这些汉学家的研究对象，多是"当时的官话口语"。但什么是"官话"？标准是什么？认识上却大有分歧。大体分为新老两派：老派认为应该继续以南京音为标准，新派则认为南京音属于"已废弃不用的"系统，应该以帝国朝廷和政府主要官员说的通行于各大都会的北京话为标准。对汉语方言最有研究的艾约瑟先生（*Mr. Edkins*），"把官话划分为三个主要系统：南方官话，北方官话和西部官话，他以南京、北京和成都（四川省省会），分别代表各个官话系统的标准。他认为南京官话通行范围比北京更大，尽管后者更为时髦；可是他又承认'那些想说帝国宫廷语言的人一定要学习北京话，而净化了它的土音的北京话，就是公认的"帝国官话"'。"威妥玛在1867年第一版序言中说："选择并确定一种话（*a dialect*），这大约是20年前的事。""20年前"，即《南京条约》（1842）签订之后。

威妥玛关于"北京话（*Pekingese*）是官方译员应该学习的语言"的观点，是他来到中国研究七八年汉语之后形成的。其论据简单明确——"它比任何其他语言都更重要"：(1)"在总理各国事务衙门服务的初学者，用不了多久就会发现，他正在学习的语言恰是帝国政府主要官员所说的话。"(2)"他的老师、仆人，他所接触的十之八九的人，都很自然地讲这种话。"(3)"不论是不是事实，据说北京话的特征正逐渐渗入官话通行区域的所有各地方言。学生可以放心，如果讲好了北京话，他跟任何讲官话的本地人之间，相互理解就不会有什么困难，只要对方的方言不是明显地偏离标准。"

自1864年，各国公使馆先后获准进驻北京。此前，他们不能直接接触清廷。日本首任驻华公使柳元前光较晚（1871）进驻北京。1874年3月17日，他给外务省的报告说："清朝建国后，苦于汉人吱唔不规则，另定北京官话，使满汉官吏一体遵用……始以官吏能京话方能上堂。""另定北京官话""能京话方能上堂"等语，以及日本汉语教育界于1876年几乎同时放弃南京话教育而改教北京话之史实，亦与威氏所说相契合。

威妥玛在《语言自迩集》第一版序言中继续说道：

那时没人把北京话作为写作对象，而各种表音法都声称描写的是南方官话（*the southern mandarin*）——诸如马礼逊博士（*Dr. Morrison*），即第一部汉英辞典的编纂者，麦都思博士（*Dr. Medhurst*）和卫三畏博士（*Dr.*

Wells Williams)等人——他们对于本地话系统的描写,远不是无懈可击的。对于马礼逊表音法,有人主张把它看作官话表音法,艾约瑟先生根本否定任何这类主张。他说:"马礼逊正在编撰他的很有实用价值的音节辞典(syllabic dictionary),却没有意识到他所列的音根本不是官话音,而是已经废弃不用的发音。"麦都思博士作了一些修订以求完善的表音法,几乎是马礼逊博士表音法的翻版;他辩解说,我没把它当作最好的,却因为它是最知名的。

这种官话标准音之争意味着什么?

这意味着,大约是1850年前后,北京音才获得官话正音的地位。20世纪50年代,前辈权威学者曾坚持说,"至少六百年来北京音一直是官话正音"。《语言自迩集》的发现,把近现代汉语史架构上的一个最基本的问题再次凸现出来——真的"至少六百年来北京音一直是官话正音"吗?这个问题,谁也不能再回避了。

如果"六百年来北京音"真的并非"一直是官话正音",那么,接下来就必须面对如下的问题:(1)此前的"正音"标准在哪里?(2)若是在"南京",那么南京音又何时、何以取得"正音"地位的?(3)这种"南京音"又是怎样形成的?汉语史应如何给它定位?(4)这对中古汉语史又意味着什么?

《语言自迩集》所引发的问题,可能"牵一发而动全身",带有全局性。就以上这些问题,译者已经发表了一些个人意见。如有兴趣,可以参看:

1.《威妥玛氏〈语言自迩集〉所记的北京音系》,《北京大学学报(哲学社会科学版)》1998年第4期;

2.《试论近代南方官话的形成及其地位》,《深圳大学学报(人文社会科学版)》1998年第3期;

3.《北京音何时成为汉语官话标准音》,《深圳大学学报(人文社会科学版)》1998年第4期;

4.《论19世纪中外文化交往中的汉语教学》,《北京大学学报(哲学社会科学版)》2000年第4期;

5.《近代汉语语音研究的现状与前瞻》，韩国外国语大学校《理论与实践》2000 年第 18 期。

《语言自迩集》曾为世界汉语教学做出过巨大的贡献，但遗憾的是，它在语音、词汇、语法等各方面对北京话所做的研究和所获得的成果，却没有引起中国语言学界注意，没有起到应有的作用。译者决意把它翻译出来，一是为了补偿这一遗憾，二是更相信老话说的"亡羊补牢，未为晚也"。认真地回顾一下这段历史，我们应该而且可以学到更多的东西。

1996 年译者从海外寻得《语言自迩集》第二版的前两卷后，用了一年时间研读，写了《威妥玛氏〈语言自迩集〉所记的北京音系》，后又在《论十九世纪中外文化交往中的汉语教学》一文中论及该书，先后在《北京大学学报》上发表，得到学界众多前辈、同道鼓励，便决意译出，以供学界共享。

商务印书馆前副总李思敬先生称，"这部书可列为语言学经典"。他在 1999 年 11 月 18 日的一封来信中说："关于中国现代语言学史的问题，正如文章所说，外国人的专业语言训练走在我们前边，有不少超前的研究，对于这个'富矿'，过去所知甚少。《自迩集》正宜深挖。先把这篇文章作好、作深，这应是你下一步的重点课题。中国人总爱吹自己，排斥外国人。这是个大毛病。没有胡僧，不会有等韵。等韵是佛家搞出来的，不是儒家搞出来的。这个道理，直到清代还有人搞不通。你一定要把这篇文章写好。"李先生的这些话，曾是译者在课余每晚翻译到两三点的动力来源。出版这部译稿，曾是李先生晚年的一大愿望。现在，这个愿望就要成为现实了，他却看不到这一天，令人痛惜者，莫大于此矣！

在北京大学出版社王春茂副社长和郭力主任的积极协助下，这一愿望终于得以实现。

在此，我还要郑重感谢香港的李志刚博士、刘小枫博士和邓瑞东馆长，没有他们，我与《语言自迩集》便无缘见面。《语言自迩集》第二版的头两卷，是李博士捐赠给香港道风山信义宗神学院图书馆的；邓馆长极具专业精神的热情接待与帮助，让我得见《语言自迩集》第二版的头两卷。为寻找第三卷而踏破铁鞋无觅处之时，李博士说：既然这样搜寻过了，那么可以说，在香港是找不到了。我的孩子正在英国，我让他去找，一定帮你和信义宗神学院图书馆把这部书凑齐！1998年11月再次路过香港时，李博士请客，小枫博士作陪，邓馆长驱车亲自送来第三卷复印本。我要衷心感谢香港汉语基督教文化研究所，感谢新鹏公司的郝福寨先生，感谢他们的慷慨款待与资助。最后，我还要感谢深圳大学刘英凯教授和赵东明老师，没有他们二位热心具体的指点，翻译上的许多难题便不会那么顺利解决。

2001年11月25日于深大新村

凡 例

一、《语言自迩集》第二版原书第一卷前两章是英文，自第三章起是纯中文课文。汉语字词的注音，都在第二卷。今译本将分见于两卷的汉字与注音集中到一起。

二、原书中文繁体字竖排，现改为简体横排。不是一对一的繁简体、正异体，保留原字。译者的翻译和注释均用简体。

三、原书有一些字词不严格分别，例如"准（～许）"与"準（～确）"、"託（委～）"与"托（～起）"、"凶（不吉）"与"兇（恶狠）"、"做"与"作"等，常常此处用前者，彼处用后者；大多数"著"相当于今天的"着"，还有"嘱付、澈底"之类。这些地方保留原貌，不以今日标准改动。"得'""那'"表示今日"得（děi）""哪（nǎ）"，亦不加改动。

四、第二卷始于第三章，是第一卷第三章至第八章的英译文和大量英文注释。英译文中用威氏音标给汉字词语标的音，一律照录。英文注释中的信息量很大，凡对中国读者有意义的，都按原文原意译出，必要时缀上英语原文。原书有些地方解释不确，部分以"译按"的形式指出，更多的地方不加。

五、原书英文用正体，汉语注音用斜体；今译本正文部分英文较少，改用斜体；而汉语注音较多，为醒目起见，改用正体。

六、第二卷第三章每个单元的英译汉练习，英文从略，中文照录。

七、原书中文课文用旧式句读，今据语气并参照第二卷英译文，改为汉语现代标点符号。

八、原书第三卷共245页，编有四个附录：（一）英语词语汇编；（二）汉字索引;(三)北京话声韵配合表(*Sound Table*),北京话音节总表(*Peking Syllabary*),北京话异读字表(*Table of Characters Subject of Sound or Tone*);(四)汉字书写练习。本书2002年第一版只收了附录三的声韵配合表和北京话音节总表,今第二版增收北京话异读字表。值得注意的是,首版"北京话音节表""北京话字音表"在再版中分别更名为"北京话声韵配合表""北京话音节总表"。

九、我们今天说"中文"的地方,原书都用"汉文",这大约是为了跟"清文""满文"相区别。今译文随现在习惯作"中文"。

第二版序言
(PREFACE TO SECOND EDITION)

题名为"自迩集"的这部书的性质,以这几个字作书名的理由,读者可以从1867年出版的第一版序言中找到解释。现在,当然是在我的朋友催促之下,这部书即将再版了。真的,一版序言中也许能找到一些对初学者有用的东西,当然,为省点儿事而不再去重复它,我也不反对。

本版做出的主要的变动如下。第三章四十练习,上一版有两处遭到大肆批评。年长的学者宣称许多例子的语言不自然,他们把书中采集的短语讥讽为"公使馆汉语"(Legation Chinese)。编写本书的时候,我是驻北京公使馆的秘书,又是中文秘书。措辞,虽然常常是润饰过的,对这个缺点的不满无疑是有几分公开的。年轻学者把这部书当作他们的入门课本,同时又抱怨《练习》的方法,每道练习都要查20到25个生词,查它们的字形、读音和义项,对于一般人的记忆来说,负担太重了。

不管怎样,我的初学者恐怕是对的,正如第三章一个小小的修改所显示的,未来的初学者的道路已变得平坦多了。修改之后,他们前进道路上每一步只有5到10个新词或新字;在面对难度更大的练习之前,他们的练习都是些很短的句子;而且,由于中文课文旁边都有了英译文,由于有了这种更加便利的印刷编排,他们会大大地松一口气。最后,第一卷的每一道汉译英练习之后都附有英译汉练习,每一道汉译英练习都呈上了英文答案,我相信,他们将从中获得许多好处。

这最后一条,我不能夸口说是自己独力完成的。主意是我的,工作也是我开始做的；可是，1882年回到英国时，我的体力和精力，已不能适应这样的工作，会严重滞碍我的任务的圆满完成，因为我的为人是，我不能让自己相信我对汉语的认识会跟我的中国老师一样好，而且，我自己编排出版的汉语课本，若没有一位合资格的审查人在我左右，那是我不能认可的。我有好运气拥有一些可贵的英国助手。禧在明先生 (Mr. Walter Hillier)，当时的助理中文秘书，现已荣升中文秘书，1883年他带回来了全套的新课文，有的完成了，有的尚未完成。"英汉练习"完全是他编写的。还有不少小型短句，打算用于新词汇表的举例说明，更短的章节替代了那些令学生烦恼的旧"四十练习"长栏目。所有这些应该做的，禧在明先生都代劳了，他之精通汉语有如一位汉语代言人，他这方面的能力，据我所知，没有一个英国人超过他，消除语言过失方面的指责也许应该主要归功于他。勘误，无疑是受谴责的主要之点；我一直希望"口语系列"的这一部分抓得更紧，有更大的改进。

我还要感谢施本思先生 (Mr. Donald Spence) 的帮助，他在归航途中使这些短句趋于完善，而我准备的只有四分之一多一点儿；可是，从时间和地点的细节来看，他的贡献不如禧在明先生。禧在明先生，是北京话声调方面的高级权威，他已经细心地校正了新版前七章里每个词的声调符号。

第四章即"问答章"，一段关于语言的句法结构的对话删除了，除此之外，保留原貌。我的全权委托人禧在明先生认为，压缩篇幅对问答篇十章有利。他已经用自己写的一段对话取代了它。这一段写的是在一间餐馆里两个朋友之间的对话，跟被压缩掉的那段对话相比，毫无疑问是个更有趣味的话题，已经听过不止一个认真的初学者抱怨说，原来的那段让人吃不消。

第五章即"谈论篇"，是老的第六章，有关的解释，请读者参见第一版序言。禧在明先生已经给注释中解释的词加了声调符号，但是，还没动译文，还没成为我心目中最好的译文。

第六章"秀才求婚"，是原第五章重新分配的一份材料，做了许多修正和增加。它本身还有一段故事。我曾用汉语写了一个简短的前言放在该章课文的前边，可是我发现，转递给我的校样里不见了它的踪影。我把我的译文誊录于此，谨以表示对中国学者的敬意，重新整理这篇中文课文的主要荣誉应归于他。我说应主要归功于他，是因为，在另一位学者的帮助下，我也为这篇中文课文增添了不小的篇幅。

二十多年来，我杂乱无章、时断时续地研究汉语，研究它的书面语，研究它的口语，已经编辑出版了两本关于汉语的基础著作，一本是词汇与短语集，另一本是公文集。随后的问题显而易见："口语系列"这两章中给出的句子，它们之间的全部关系查询起来令人烦恼，而要排除经常面临的这种困难，就必须找到一种连结形式以便一总儿解决。这时，在作者动手之前，于子彬 (Yü Tzǔ-P$_{IN}$)，一位满族学者，主动拿来《西厢记》(Hsi Hsiang Chi)，或曰"西厢房的故事"(Story of the Western Wing)，作为一个框架，填上本课程第三章和第四章的短语，并顺序地串连在一起——真正方便了未来的学生。这个主意最好，而作者从未想过自己独力承担，于是请来几位中国朋友帮忙，删节和修改故事的主要情节作为骨架，然后充实其他。

初始的概念，毫无疑议地应该完全归功于学者于子彬。一项改进的功劳，跟一项发明的功劳不可同日而语。不过，笔者仍然希望向参加修订工作并为之付出大量心血的那几位中国人士表示感谢。学生将会看到，要学习像在北京讲的那样的汉语口语，现在这篇作品，是一种扎扎实实的帮助。

翻译"秀才求婚"(The Graduate's Wooing) 的故事，或者用我选择的更确切的汉语说法，叫作"践约传"(Promise that Was Kept)，是我完成的。那是1881年，有一些在公使馆实习了两年的学生，为了向他们指明某些细节，需要提供解释。那些能够满足这种需要的大量注释，个个都出自禧在明先生的手笔。作为一则故事，我可以说，它不追求什么功利，然而它充分体现了一则爱情故事应有的中国思想。这比呆板的杜撰要好一些，当它紧扣章节解释的时候，由于带出相当多的彼此关联的短语，孤立学习它们时的疲倦为之顿消。

由于一个疏忽，课文第一行纪元被定为600—900年的唐代，那个时代打交道的西方国家不知为哪个，而且，也没有如第36段所讲述的那样事："外国猎人"在邻近中国码头的地方猎鹿。

还有第七章和第八章。在先前的声调练习里，我不时地看到禧在明先生修订的痕迹。禧在明先生为之题名的"词类章"(the Parts of Speech)，保留了这些修订，几乎原封未动。我也未做修改。在我看来，就其本身而言，其正确性是不用怀疑的。但是，修改得还不够多，按我的意图，修订的范围大得多。顺便说一句，教汉语语法，比教其他方面，例如会话，要难得多。例子，需要成倍地增加，眼下这一章，照我看来，这样的架构，正好提供了撷取例证的良机。无论何时，实现我心中的希望，关注它的进步，永远是我的特权，我很想承认眼下这是有疑问的。我之后，可能有一些年轻作者会乐意在我已奠定的基础上去建设，或许，听了关于它的缺点的告诫，他们或会另起炉灶亦未可知。

我认为，关于《语言自迩集》表音法的种种不同意见的争论，在细节上争持是不必要的。使用过这套课程的大部分英国人，从试用这套课程至今差不多有二十年了，而且，有相当数量的美国人，对这种表音法也大体上满意。某些语言专家总是指责我的系统中某些字母用一个变体，可是，他们推荐的替换物，据我看来是更复杂化了，不如简明的好。一两位地位显赫的作者，在这个问题上大费苦心，而据他们说他们有信心应该拥有权威资格了；但是，起码在一种情况之下，我敢断言我这样做是有道理的，我的批评家，实际上不听任何语言，自己禁闭自己；而语言中的一两样儿怪东西，那些参与评判字母表的人总不愿让我在他们评价的音或调上充满信心。我的字母表并非绝对无懈可击，可是，自从争论到这个我已参与的话题，我怀疑，关于表音法的任何可能成为发明创造的东西，都不会达成一致。这已经超越了我的以及比我老的汉学家的表音系统。用外国字母描写汉语语音——按照它的读法转写——是最好的，不过只是接近成功。而我就这样把这项事业留给新的一代，帮助他们在自己前进的道路上"自迩及远"(tzŭ êrh chi yüan)，由近及远 (*from what is near to what is far off*)，这套课程就是这样设计的。

第二个想法，我将允许我自己短暂返回，再提出一两条理由以回应对字母表有关规定的反对意见。对第五声即入声的失踪 (disappearance)，卫三畏博士最近已断然提出抗议。正如我在《寻津录》(Hsin Ching Lu) 或称"试验手册"(Book of Experiments) 中——我的字母表 1859 年第一次在那里发表——解释的，在北京话的口语中，这个声调已不复存在 (the non-existence any longer)，而第一次唤起我注意的是应龙田 (Y$_{\text{ING}}$ L$_{\text{UNG}}$-T'$_{\text{IEN}}$)，一位受过良好教育的北京人，一位令人钦佩的发音人，他已为我自行重新整理了一份词汇表，其中的调类是实际使用的。他的表中，所有第五声都并入第二声，而一年之后我住进北京的时候，我发现应龙田是对的。我听过一位非常有资格的鉴定专家表态说，他的声调分类"无懈可击"。

　　第五声在书面语中被学究式地承认，而卫三畏博士编辑字典时什么也没做，只是原封不动地保留了它。但他从未能弄明白，一个人朗读书面语时念一个字用不同的声调，跟他说话时用的调是有区别的。五个声调的法则更是约束着中国人，不论他讲什么方言——广州话里有八个调，在厦门话里我相信有十五个调——我认为，这个法则尤其束缚着他的诗歌或诗歌创作，而诗歌创作是中国人最值得骄傲的造诣。其实，在英国诗歌里，我们也有些体验，我们也会求助于韵律或别的格律条件。两个系统之间达到谐调的一个较好的例子，是近代希腊语习惯法提供的，它的一种语言的发音，比脱胎于拉丁语的意大利语更接近于它的古代形式——这是指他们说话的时候——完全受重音支配，但是，用古代希腊语摹仿荷马诗行的时候，谁也不会随便忽视韵律学的长短短格或扬扬格的要求。

　　我的表音法方案，我认为，它被反对的主要有三项。那些音节，起初我听着带有一个浊擦音 j，于是，我就写作 jan, jo, ju，而在我的一些朋友看来就该写作 ran, ro, ru。我不否认，耳朵非常灵的学生赞成后面这个系统。我不能承认他们是正确的。1793 年，马戛尔尼伯爵 (Lord Macartney) 访问北京的时候，我竭力用浊擦音 j 描写的这个音，在巴罗 (Barrow) 看来最好用 zh 来描写，对应物就是 contusion 中最后一个音节 sion 开始部分的辅音。这是很值得注意的。

确实，我们可以说有证据表明，这个世纪的各种语音，包括元音和辅音，已经变化了；可是巴罗的拼写值得留意。我再附带说一句，每当我试着让一位北京人跟着我说 ran, ro, ru 的时候，他总是把音节念成 lan, lo, lu。在我看来，舌头半悬着做两种不同的努力——一种是要说出浊擦音 j，另一种是要说出 r。

两位非常好的发音人争论说，我写作 kuang 的音节，发音的时候更像 kwang。现在我一定要引证巴罗来反对我自己了。清朝第二任皇帝的年号"康熙"，按照我的系统，应该写作 K'ang-hsi，巴罗写作 Kaung-shee。这再一次表明，没有受过严格训练的耳朵的印象，同样是很有价值的，我并且承认，虽然我把 a 记作 father 中的 a，不过它在许多情况下确实接近 awe 的发音。但是我不能用 long 中的 o 来描写它，除非它侵犯了我已分配给其他元音的功能。

最后一项，是 êrh 音。对这个音，上面提到的两位发音人中的一位已经花费了大量时间作了不少专题论述。假如把 ê 念成 merry 中的 e，那是对的；可是我规定它必须读成 merchant 中的 e。我不会像马礼逊博士 (Dr. Morrison) 和其他作者那样写作 urh，因为元音 u 在我的系统里念作意大利语的 u，那样的话，现在讨论的这个音节就会被念成 oorh 了。此后，我要跟这个讨论告别了。

搁笔之前，我还必须衷心地感谢驻中国的海关总督察罗伯特·哈特先生(*Sir Robert Hart*)，以及全体海关人员。承蒙罗伯特·哈特先生同意，新版已在上海的海关印刷厂印刷，而且不要我出一分钱。他的专员德鲁先生(*Mr. Drew*)，作为海关统计署负责人，监督印刷，他和他的下属帕雷蒙坦(*Palamountain*)、布赖特(*Bright*)，尽心竭力，在最后的两年里，由于有他们的精心呵护，新版才得以问世，我有义务对他们表示感谢，这项道义上的债务，我是无力偿还的。

雅典娜神殿俱乐部，伦敦
1886 年 7 月 4 日

第一版序言
(PREFACE TO FIRST EDITION)

"先生,您要学的是什么样的汉语?"我所讨教的第一位颇孚盛名的汉学家这样问我,"有古代汉语,有很现代的书面语,有官方公文语言和书信体语言,还有口头语言,而它们每一种又都有为数众多的方言;现在您想从哪一种开始?"《南京条约》签订时,掌握汉语的人士寥若晨星,这位学者先生就是其中之一,他的汉语知识更是独占鳌头,他因有这种特殊造诣而十分骄傲,情不自禁地对初学者故弄玄虚。然而,毫无疑问,他所问的那个问题,对于任何一个有志于学习汉语的人来说,都是必须回答的首要问题。汉语被分成书体和语体,又再细分为书面语和口语。这二者究竟意味着什么?构成汉语的多种形态,口语的方言分歧,到目前为止,连最高级的学者都解释不过来。

回答这些问题,必须依靠专业调查。一位地道的语言学家,一位依靠他的土著代理口述或书写、希望从事直接贸易的商人,或是一位进行传教工作的传教士,或是一位充当国际代理人的政府译员,直到他们自己能用汉语理解和翻译之前,都会依赖传译。但是,对于传教士的重要职责来说,这不是水平太低了吗?

笔者的责任是同刚刚提到的那些上进者在一起。笔者的一项职责,就是指导英国驻中国领事馆招募人员学习汉语;虽然这部著作现在已经提交给公众,用这部书的传教士和商人也许并不否认这部书的价值。它的基本功能是帮助领事馆的学员打好自己的基础,用最少的时间学会这个国家的官话口语,并且还要学会这种官话的书面语,不论它是书本上的、公文信件上的、抑或具有公众性质的文献资料中的官话。

本书主要分为两大部分，分别称为"口语（*Colloquial*）系列"和"文件（*Documentary*）系列"。书名所用的"自迩集 (Tzǔ Êrh Chi)"，也许译成"循序渐进的课程（*Progressive Course*）"更妥。中国经典云："行远必自迩"①，千里之行，始于足下。两部分课程称为"集"，其一属于资料汇编，冠以"语言"二字以示区别，所收的词汇与短语，都是口语的；而另一集，收的是"文件"，属书面语、公文课程。第一集，即本卷，正如前文所说，只是两集中的一集。这一集引导学习者"自迩"，即从近处开始，走出一段并非微不足道的距离（相对口语来说），而且，如果他有耐心在尝试"文件系列"之前彻底掌握这部分课文，他就能让自己熟悉那些书面语汇的形式和意义，就能极大限度地减少做翻译的困难。此外，口语不是"文件系列"的入门介绍，也不能说后者的16卷中的任何一卷是另一卷的前导；所以，把口语词汇用于文件卷的时候，总有点儿用词不当的味道。但这不要紧。那部文件集清楚地给出了最终答案，摆在学生面前的，是标准的样板，即一批中国文件作品的范本，并加了适当的标点。答案或解说（*Commentary*），已在其中，而且有尽可能配得上文件全文的英语译文相伴随。

我们当前要做的是学习"口语系列"。这一系列就在本卷内。附录（*Appendix*）里再次出现的所有词汇，都是在中文课文（*Chinese Text*）中见过的，按照它们第一次出现的顺序排列。答案（*Key*）构成另外一卷；音节表（*Syllabary*）②，是紧跟其后的另一部分；汉字书写法课程（*Writing Course*），是再后边的一部分。建议学生备齐这四卷单行本。

本系列的第一章讲"发音（*Pronunciation*）"；第二章，讲"部首（*The Radicals*）"，即常用汉字的书写构件；第三、四、五章和第六章，是练习，有些是这一种类型，有些是另一种类型，是通行于各大都市衙门的口语（*the oral language*），径称之为"北京话（*the Peking Dialect*）"；第七章，是一套练习，用以举例说明北京话里声调的影响；第八章及最后的"勘误与补遗"，称之为"词类章"（*Chapter on the Parts of Speech*），讨论汉语口语在某些条件下——

即便不是全部——类似我们用语法术语所描述的同类现象。关于这最后一章，将另作解释，向读者说明取这种谨慎迂回说法的理由。

"口语系列"的上述次序，基于如下考虑。人们所需要的，即初始目标，只是满足编辑之需，如我上文所说，对于领事馆学员来说，他们所必需的书面语知识，一点儿也不少于口语知识。他们不仅必须学习谈话，还要学习书面语的中译英、英译中。他们的首要职责，毫无疑问是运用口头语言；这并非意味着交给译员一项更重要的任务，让他做一个讲者而不是译者；正相反，"文稿"(litera scripta) 的某个错误也许确实具有重大意义，然而，因为文稿是凭经验而作，其所遇到的书面语上的困难，总会被发现，经过不断努力总会被克服；可是，除了讲的那种话既特别又吃力，听着又陌生之外，甚至比较地精通于讲话，都不是一般天资的成年人做得到的。另一方面，极少数外国人中的一部分，把自己局限于所学的方言方音，而讲得最好的一些人，其局限之大，以至于当他们最终转向书面语的时候，书面语的困难似乎加倍地令人沮丧。为什么会到这步田地，这无需打听；上述结论的论据，根本不充分；而在我看来，他们有能力证明此项建议，即：在指定时间内，只要承诺把改进其言语作为他的主要责任，便不必担忧没有词和短语加入他的词汇表，也不必对书面语放心不下。他完全不必听了这话就去研究汉语的结构。书面语和口语二者之间，不论属于哪一个部门，也不论是哪一种方言，都有显著差异；他只须留心观察他正在记忆的每个词或短语的构成。这就是承认，眼睛帮了耳朵的大忙，随着第一步的迈出，他自己便能认识书面语词的构造。学懂汉字部首之前，他还不能这样做。学生可以依以下次序去学习部首：译文、解说和各类考查表。这些内容都在第二章。这些部首就是索引 (indices)，中国现代辞书编纂者们把所有词都集中到它们之下：其中许多是独立自主的词，既用于口语，也用于书面语；有一些只用于书面语；另有一些，作为词，已废弃不用，而成为一个符号；可是，不论是词还是符号，它们当然一定保留自己的名称和读音，而且，当每一个读音被外国字母的结合体描述出来的时候，考虑到提供一个表音系统 (the orthographic system) 是很必要的。这一系统放在语音描写之后、部首学习之前；这一系统即因此而特地放到了第一章的"发音法（*Pronunciation*）"一节的后面。

发音方法，分为发音（*Sound*）、声调（*Tone*）和韵律（*Rhythm*）三部分。后两部分十分重要，因此对某些细节做了进一步的论述，这些内容放在第七章题解前面的数页。作为表音法来描述的第一部分，较为不重要。这种表音，充其量只是复制了中国方言音节的一种近似值。

发音符号的缺陷，在于它们不能绝对精确地表现元音和辅音的实际发音，不能承担赋予它们的全部职责。然而，学生在选定某种方言之后，不久他自己就会发现，如果他企图完全不顾任何表音系统，他将陷入困窘之中；如果在学习期间他企图再编造一个体系，而不是优先考虑采纳教学专家的课本，他对音和调的不解一定会在学习期间与日俱增。学生采用现在这部课本，自然就摆脱了对方言或表音系统的选择问题。本书提供这一系统，还包括非经常性的变化，音节数量因而由 397 个增加到 420 个。几乎相同的内容，已然包含在 1859 年我出版的初级读物《寻津录》（Hsin Ching Lu）一书中。这个系统并没有被普遍接受，然而对它表示异议的，通常来自那些在本书出版之前开始其研究的人；任何初学者，只要他采用这个系统并得到帮助，这种异议与声讨就会出现。不过，在把话题扯得更远之前，这也许正好解释了初学者为什么选择了这个特殊的方言。

某些标准是必需的。几乎所有外国人听人谈论汉语口语时，可能都会留意到其中的一种，即所谓"*the Mandarin Dialect*"。这就是"官话（*kuan hua*）"；严格说来，应译作"官府口头语言（*the oral language of Government*）"。"官"字，即"衙门（*official*）"，已通过葡萄牙语而被欧化为"*mandarin*"，而这个术语，正如艾约瑟先生（*Mr. Edkins*）所说⑧，作为"官"的等价物，已变得太合适方便了，以至于"*mandarin*"再也不能被轻易地放弃了；而"*dialect*"这个词则导致误解。"官话"作为口语媒介，不只是属于官吏和知识阶层，而且属于近五分之四的帝国民众。在如此辽阔的地域，伴随它的必是多种多样的方言（*dialects*）。艾约瑟先生，谁也不如他那么勤奋地去探究过这些不同方言的规则与界线,他把官话划分为三个主要系统:南方官话(*the southern*)、北方官话(*the northern*)和西部官话(*the western*),他以南京、北京和成都——四川省省会,分别代表各个官话系统的标准。他认为南京官话(*Nanking mandarin*)在更大的范围被理解,尽管后者更为时髦;可是他又承认"那些想说帝国宫廷语言的人一定要学习北京话,而净化了它的土音的北京话,就是公认的'帝国官话'(kuan hua *of the Empire*)"。

这里引证这种观点,只是要进一步证实我自己很久以前的一个结论,即北京话(*Pekingese*)是官方译员应该学习的语言。自从带有许多学生的外国公使馆在北京建立,不首先学这种语言那几乎是不可能的了,因为它比任何其他语言都更重要。在总理各国事务衙门服务的初学者,用不了多久就会发现,他正在学习的语言恰是帝国政府主要官员所说的话。同时,他的老师、仆人,他所接触的十之八九的人,都很自然地讲这种话。最后,不论是不是事实,据说北京话的特征正逐渐渗入官话通行区域的所有各地方言。学生可以放心,如果讲好了北京话,他跟任何讲官话的本地人之间,相互理解就不会有什么困难,只要对方的方言不是明显地偏离标准。这个标准属下的方言,有地理学家或语言学家确定并记录在案。我见过一位译员,他确实精通北京话,他在汉口跟在京师一样地被理解;我还认识另一位,大家认为他说的是官话区一种偏狭的方言,他讲得很流利,但是他无法跟其他任何官话沟通,除了一个因为某些特殊情况而会讲这种方言的人之外。

选择并确定一种话 (*a dialect*),这大约是 20 年前的事,其次就是建立表音法。那时没人把北京话作为写作对象,而各种表音法都声称描写的是南方官话 (*the southern mandarin*) ——诸如马礼逊博士(*Dr. Morrison*),即第一部汉英辞典的编纂者,麦都思博士(*Dr. Medhurst*)和卫三畏博士(*Dr. Wells Williams*)等人——他们对于本地话系统的描写,远不是无懈可击的。对于马礼逊表音法,有人主张把它看作官话表音法,艾约瑟先生根本否定任何这类主张。他说:"马礼逊正在编撰他的很有实用价值的音节辞典 (*syllabic dictionary*),却没有意识到他所列的音根本不是官话音,而是已经废弃不用的发音。"麦都思博士作了一些修订以求完善的表音法，几乎是马礼逊博士表音法的翻版；他辩解说，我没把它当作最好的，却因为它是最知名的。我相信，卫三畏博士正跟辞典编纂者的儿子、很有造诣的马儒翰先生（*Mr. John Robert Morrison*）合作，重订《音节辞典》（*the Syllabic Dictionary*）的语音系统，但是迄今只涉及了拼写方式。因而，这种表音法最后虽说更匀称整齐，在我看来，似乎并不比第一种更臻精确④。唯一一位讲北京官话的有名望的汉学家是罗伯聘先生（*Mr. Robert Thom*）。依照他的建议，密迪乐先生（*Mr. Thomas Meadows*）对北京话做了研究，并取得伟大成功。我很感激密迪乐先生，不仅是他从一开始就把我引上正途，后来又给我许多及时的援助与支持，而且是在我所能接触到的人中间谁也无法提供的。他的《杂录》（*Desultory Notes*）（译按：全名《关于中国政府和人民及关于中国语言等的杂录》*Desultory Notes on the Government and People of China and on the Chinese Language*, 1847）不久之后出版，书中涉及中国语言和中国行政的那几章使我大为受惠，在道义上我有责任表示感激。我认为，这些随笔包含了第一个公开出版的北京话表音方案（*the first published scheme of Pekingese orthography*），但是在一般性地承认作者对北京话特征的鉴别是正确的同时，我没有把它当作法则一样赞同他描述那些特征的手法；虽然在主要方面应归功于密迪乐先生的建议，使我走上了正确道路，但我仔细想过，除了辅音 *hs* 之外，我想不出从他的系统中采纳了什么。关于辅音 *hs*，在适当场合我们再谈。

　　我最初试图编制一个音节表（*Syllables*）的时候，困难在于，本地书籍中根本没有一个音节系统可以参照借鉴。如果你想学广东人讲的广州话，你可以买一份词汇表，可以让你极为准确而直接地掌握要学的语音。中国人有一种原始手段，有一个用滥了的术语，称之"反切"（*spelling*），一个多多少少认得些字的本地人，用这种手段，见到一个生字，他就能推测出它的读音。例如，一个"炮（p'ao）"字，就告诉他某个字的声母发音；一个"天（t'ien）"字，放在"炮"字下面，提供了韵母；然后 p'ao 跟 t'ien 一拼，就给他一个 p'ien 的音。广州话词汇表依声调分为几章，每章再按预先设定的声母的顺序排列，而韵母也按固定次序排列，在每一个声母下面罗列字词，找字词的时候就在它相应的韵母下面找。这中间当然要用到汉语书面语方面的一些初步知识。除了广州话，其他方言（有些是形形色色的有细微差别的官话）也有类似的标准词汇表；还有一些熟语集，附有精心制作的表音的图表，指导门外汉——多数是广州人——学习官话发音；但是，我发现后面这类几乎都有两个严重的缺点：他们企图摹仿的官话，无论其习语还是发音，都属于已经废弃不用的方言；其次，他们把声母和韵母一拼合就产生一个假冒伪劣的官话音节，却还在不停地教给乡间学生，教授自己已经讲惯了的这种话的残缺不全的音节，结果是学生既不能看也不能听。

直到 1855 年，那时我反复研究表音法大约已有八年，一位中国学者才出版了一个比较接近实际的北京声韵配合表（*Peking Sound Table*）。它在广州出版，可是我的老师应龙田（Y$_{\text{ING}}$ L$_{\text{UNG}}$ –T'$_{\text{IEN}}$）已经主动为我编制了一份词汇引得（*Index of Words*），我把它简化为按字母顺序排列的一个音节表，最终以北京话音节总表（*Peking Syllabary*）的名义附于《寻津录》。其基础是一部旧版《五方元音》(Wu Fang Yüan Yin)，语音是遵循帝国通语 (*general Language of the Empire*) 的诗韵 (*Rhymes*) ——一份附有非常有限的注释的词汇表，收有大约一万个通用汉字，这是书面语词汇，按五个调类 (*five tone divisions*) 排列，每个调类里的词再依 12 声母 (*initials*) 和 20 韵母 (*finals*) 的特定顺序归类。凡他认为对于学习口语并非必不可少的词语，全部删去，将剩余的部分重新归类，保留原来的声母和韵母，作为检索音节的类目，但是，对于大量词语的语音做了订正，有些是改变了发音或者声调，有些则是二者都改了，并且彻底清除了第五声即所谓入声 (*re-entering tone*)。我发现，他对声韵和声调两方面的判断，在整个七年中经受住了考验，被认为大体正确。对于一个人讲话所需词语数量，他的限制比较严格，这是很了不起的，因为他自己的用语，跟他选定的语汇一样丰富讲究。他死于 1861 年。为了弥补他所提供的字表之不足，从一个比他分析过的大得多的词汇表里进行独立的选择，从那时起已由另一些本地助手为我做起来了。当时对原来的音节表加工修订的成果，是一份新的版本及其附录，在普鲁士公使馆中文秘书璧斯玛先生 (*Mr. Charles Bismarck*) 的监督下，精心地准备好了。无论是讲发音还是做翻译，他都是一位非常有希望的学者。新的附录完全是他经手完成的。

音节表的价值实际上是这样的。请记住，眼睛和耳朵需合作到这样一种程度：任何一个词，都要直到确信学生弄清楚其书写形式之后，才算掌握了。书写形式，或曰"汉字"（*character*），由两部分构成：部首 (*radical*)，大致指明该词的意思；声旁 (*phonetic*)，大致指明它的读音。当老师用了学生不认得的一个生词时，学生就可以求助音节表（了解表音法之后，他的耳朵很快就会带领他找到那个音节），他会发现，在这个音节下面，在相应的声调组合里，不仅有他要找的词，印有它的规范形式，而且还有按尽可能同一的标准聚集在一起的全部同音词，它们的标音也相同。学生比较这些字，观察它们部首之间的不同，它们声调上的异同，就会大大有助于他把这个词连同它的书写形式、发音以及声调都深印在记忆中。老师不在的时候，通过参考音节表，学生会发现，自己对应该认识的汉字的记忆获得全面的加强，而且，特别是声调方面的知识更加巩固了，附录可让人明白相同词语所共有的发音和声调的异同，并唤起对这些差别的记忆。

本书采用的拼音方法，我在上文已说过，或多或少地受到过批评。要想精确是不可能的，我倾向于一种组合 (*combinations*)，这种方式在我看来能最为简单地复制音节，但又不忽视声调音阶 (*tone scale*) 这一重要方面；还有，既是为了印刷工人，也是为了学生，我总是尽可能采用字母符号 (*alphabetic symbols*) 而少用区分符号 (*diacritic marks*)。这样，在 *ship* 中 i 就用 ih 而不用 ĭ，如在 chih 和 shih 中那样。如果没有任何表音系统伴随的信息，chǐ 和 chih 都不算精确的发音，可是在我看来，字母的办法具有简明的优点。元音 u 在各种复合元音里，写起来更优于 w，因为正如第七章声调练习所显示的，其强音 (*emphasis*) 在某些声调落在 u 上，而在另一些声调则落在后面的元音上。音节 yu，在某些声调里，读音像 *yore* 中的 yo，但在别处却无可争议地是 *yu*，我们也让 yo 作为一个独特的音以表示 *yonder* 中的音节 yo。所以，iu 之于 liu, miu, niu 亦同此。这些 iu，在某些声调下，接近 *leyeu*，*meyeu*，*neyeu*；可是在第 2 声，学生会发现，他需要 —— 假使可以这么说 —— 更多的单音节的 liu。出于同样的理由，我用 ui 取代 uei。在我听着是 *perch* 中的 *er* 音或 *murrain* 中的 *ur* 音，艾约瑟先生写作 rï；我已经换作 êrh。声母 j，想让它接近 *fusion* 中的 *s*，*brazier* 中的 *z*，法语 *jaune* 中的 *j*。假如这些辅音在发音练习中被密切注意，其置于诸如 r 或 er 之类的拼写之前，看来是毫无疑问的；但是没有显著到被称为"特别标示"(special indication) 的程度。说话者若把 j 软化得像个法语音，他说 ju jo 时就肯定能被理解，即如他力求发出一种缓和的 ru ro 音一样；其实，做前一种尝试比做后一种努力更有把握成功。最后，声母 hs，一些人抱怨它容易跟 sh 相混。送气音 (aspirate) 先于咝音 (sibilant)；如果 *hissing* 中的第一个 *i* 脱落，你就得到了非常准确的汉语 hsing 音节⑤。在这些事情上，规则不能起很大作用。耳朵，必须靠实践来提醒它自己。

我标作 ssǔ，tzǔ 和 tz'ǔ 的音，几乎不需要说明。这些音节中的元音，比我们处理过的欧洲话字母表中的任何元音都更难控制，更具挑战性。马礼逊先生的 sze，被卫三畏博士修改为 sz'。多年来我也采用这种符号，可是我注意到一些人有把它发成 sizz 的倾向，使我决意调整这个元音。艾约瑟先生写作 sǐ，比之 ssǔ，无所谓好坏，或者就照旧音节表读作 szǔ。ǐ 或 ǔ 所代表的元音，应该认为是我们的语音系统中不存在的音，因此，用我们想用的字母来描写它，某种发音符号就是不可缺少的。

表音法无论多么科学也没法教会学生发音。出于实用的目的，身边有位本地人当老师的初学者会发现（我也相信这一点）：第一章伴随表音法的实例说明，以及第七章"答案"前面所给的进一步的资料，足够用以调校他的听力。直到有一部辞典，比迄今外国人出版的辞典更雄心勃勃地超越以往争论者造成的界限，否则，音节划分法方面的争论仍将继续。附在本书不同章节的注释，将让初学者几乎可以完全脱离辞典，而且我还要忠告他，眼下要相信这些注释所说的，直到他大大地超越注释的界限并从意义和发音两方面清除空谈理论的毛病为止。

答案第 3—6 页的提示，足以让任何人跟第三章同步前行，只要他能清楚地检查第二章中文课文的各个字表，并循序前进，直到第六章的末尾。本书的教导原则，尤其第三章，在很大程度上是安（Ahn）和奥林多夫（Ollendorff）在欧洲已经推广的方法。但只是"在很大程度上"而已。这种教学法的所有样本，我都仔细审查过，它们立刻就给学生带来有关词和句子的一定数量的语料；可是他们课程的顺序，受普通欧洲语法分类顺序所调节。欧洲的课程是从冠词开始，继之以名词词尾变化，再列举动词的词形变化，等等。我将不得不再次谈谈汉语无词形变化的机制（absence of inflexional mechanism in Chinese），以及由此而产生的不可能像在其他语言中为语源学(etymology)"立法"的情况。在此，只要说，语源规律的初步调查给我们的帮助，在这个语言中也许比其他任何语言都更少；深入到熟语集(phraseology)中，越早越好。第三章的"四十练习(The Forty Exercises)"是两年前准备的，最初每个练习的右侧列词汇表序列中的 50 个字。一位在某种欧洲语言上有着高于平均水平的先生，偶然做了"无偿实验品"（corpus vile）实验，他抗议说，给初学者的任务过于巨大了。词汇相应减少了，经过四次修订，余下的练习就是大家现在看到的。做为基础课程，领事馆学员采用这些练习的手稿所取得的进步，为基础课程的效用提供了很好的证明。

　　紧接着的第四章对话体的问答章(The Ten Dialogues)，由我口述给一位口语非常好的本地老师，对我所说的话，他当然是先行纠正再予记录。这些材料大部分很琐碎，微不足道；但是，它们为口译者尽其本分——有如对一位不愿作证的人进行盘问般令人烦恼——提供了一点提示。这些会话材料就是为这一目的而写的。

　　对话后面跟有 18 节 (Eighteen Sections)⑥，称之为"节"也没有什么理由，只是要把这第五章的内容跟前面各章以及后面一章相区别。所包含的短语，是几年前应龙田 (Y<small>ING</small> L<small>UNG</small>-T'<small>IEN</small>) 所做的大规模采集结果的一部分。我把它作为"中文课文"(Chinese Text) 印了出来，增益了 1860 年我自己做的一小部分。我发现用过这份材料的人，都很偏爱它，除了我所贡献的那些原始材料，或是我收集的在本书其他章节已做过解释的那些短语，我都予以保留，现在作为第三章的续编出版。该章内容用汉语称为"散语"(San Yü)，即独立的短语；其中第五部分是"续散语"(Hsü San Yü)，是那些短语的补遗。居间的对话"问答章"(Wên Ta Chang)，是一问一答的章节，排在第六章里的标题为"谈论篇"(T'an Lun P'ien)或曰"闲聊章"(Chapters of Chat)之后，为了突出起见，定名为"谈论百章"(The Hundred Lessons)。最后这部分，是大约两个世纪前为教满洲人学汉语、汉族人学满语而编的本地课本的几乎全部；其原本是1851年哈克神父(Abbé Huc)从南方带来的。它的各种术语，都太书生气了，不过已经被应龙田彻底修订过了，我把它加以删节印成《续散语》；但那以后已让胜任的本地人不止一次地仔细润色过。

最后两章的各章节和课文，优势在于拥有本地人说话的自然气质。因此，它们当然无可争议地比第三、第四章的练习和对话更符合语言习惯。

《练习燕山平仄编》(Lien Hsi Yen Shan P'ing Tsê Pien)，作为第七章的汉语篇名，灵活点儿可译作"北京及其所处的直隶府声调系统练习"(Exercises in the Tone System of Peking, and the prefecture in which it stands)。关于这些练习本身不需要再多说什么，打一开始，学生就要在老师指导下，每天拿一部分来作为功课，反反复复地朗读，应该设法以"口试"(viva voce)方式进行。对于许多人来说，这将是一种非常令人厌烦的作业，这些练习都予以翻译，也许可以使学生减少些全神专注于词的发音却全然不了解其意义的沉闷；可是，练习的主要目的是在声调的性质和规律上彻底训练学生，而且，他如果还记得它们的词义，就会发现一大批有用的东西进入自己的词汇，他会渴望从中获得关于重读音的控制和实践的正确概念，而重读音，正是这些练习所意欲展示的。他对说话的掌握会从本系列先前的各部分每天得到增强，对于本系列，他自然会投入更多的注意。本章的答案(Key)将告诉他这些声调练习的计划，这就是第一章所附声韵配合表(Sound Table)按字母表排列的音节顺序。

在同一时间里，他要特别注意如下原则：给汉字做的中文注释，构建起来本章的音节索引。

"字"(tzǔ),是写下来的汉语词,正如第一章所说,大约有几千个;而"音"(yin),被称之为"字"的,却只有几百个 (a few hundreds)。许多"字"在口语里也许永远碰不到,但学生或会在书面语中遇到,他的指导者应该通过它的"音"不断地查这个或那个"字",而且鉴于许多音之下各有一批字,对这些字,不仅要知道它的"音"(syllabic sound),更要知道该音同一"声"(shêng intonation) 所领"字"之间的区别以及其他同音异义的"字",除非第一种同音字的书写形式在听者看到之前就想象到了。说汉语遇到双音或多音组合时,说出来的"字"在其中常常扮演不同角色,这是困难所在。正如英语中,如果有必要特别指出同音的 wright, write, right 或 rite,我们的意思究竟是哪个的时候,就会通过上下文清楚地表明,它是我们说出的哪个音节:ship wright, to write letters, right and left, 或 rite of baptism,而中国人呢,就得解释他刚才说的"ai"是"哀求"的"哀","尘埃"的"埃","高矮"的"矮",还是"爱惜"的"爱";语音相近现象的规律,在他们的语言中跟我们一样是一种例外,只是他们要不断地求助于这种手段。

这些题外话的意思是说,学习汉语时,不论口语还是书面语,学生应经常努力把新发现的单音节词跟他最熟悉的词语联系起来,假使他的老师兴趣广泛的话,学生求助时总会随时道出;而且,又从不忘记:在一大批这种"字"的例子之中,不论它们会跟什么搭配,用过的字,要作为独立的单音节词或独特的组合,保持其应用能力,他就会发现,因渴望"初始印象"(prima faice) 即单音节语言之获得,困难便大大减少了。紧随其后的增补的第八章的对话,是对上述困难的例证,也是克服这一困难的办法。

现在来说本系列的第八章即最后一章。在上面谈论了语法分析的题目之后,对于第八章"汉语言语例略"(The Parts of Speech in Chinese) 大意的介绍,也许会被认为前后不协调。恳请读者牢记在心,该章不是讲语法,也没当语法来写。这仅仅是一项试验的结果,因为没有时间做精心准备,这项实验只是企图在有屈折变化 (inflected) 的英语和无屈折变化 (uninfected) 的汉语这一语法条件下,给学生提供一些主要的对照和类比。

外国语言学家告诉我们，语法 (Grammar)，作为言语科学 (the Science of Words)，可分为语源学 (Etymology) 和句法 (Syntax) 两部分；而语源学规律又再分为屈折的和派生的 (the laws of Inflexion and of Derivation)。汉语服从这个规定，但只是有限度地服从。在派生规律 (derivation) 方面，它的语源学有些地方跟其他语言有某些共同点；而在屈折规律 (inflexion) 方面，它没有语源学。

　　至于派生规律，汉语所有单个词（single words）的词源，在很大程度上是可知的，因为在书面语中它们每一个都有其典型 (representative)，罕有例外；而这些典型形态，被不太准确地称为"汉字"。外国汉学家都知道，汉字总是分为部首 (Radical) 和声旁 (Phonetic) 两个构成成分。部首指明意义范畴 (the category of sense)，声旁指明发音范畴 (the category of sound)，任何词皆可如此类推。实际上，无论部首和声旁，这二者并非总是让人可以立即识别的意义和发音的索引；消除融合在汉语中的别种语言的远古成分在很大程度上从未出现，同时，单音词在许多场合亦在减少，而且在部首和声旁、特别是声旁方面，有理由相信，有些已经发生讹变。还有，中国本地的各种字典为我们提供了十分充足的资料，这是历史遗存的数以千计的常用单词。在我们可称之为多音节复合词的内容方面，本书处理时显然较为容易，因为就其本原而言，每个音节原本就是一个词，一看到这类词，我们就会被引导到：解释了每个单独成分也就可以解释全体。但是要注意，将古代或较近代的字义考虑进去，引起我们注意的词语在它作为词或词的合成部分时是如何发挥作用的，这一点远非总是那么明白清楚的。现在用到的复合词 (compound) 的词义，无论是在口语还是书面语中，经常是按照它在经典著作中第一次出现时的原文，或是后世历史学家和作家以自己的方式引用时的原文才能得到其词义。而按照这个多音节合成词的构成成分进行理解，则常常被误导，这正像解释表人的 *Shakesperian* 一词时却建立在如下假设之上：*Shakesperian* 的构成成分 *shake* 和 *sperian* 这二者之间包含着词义的秘密！所以，常常会有些误解。

　　因此，学生有必要在审查复合词构成成分（没有这种审查就无法记住单个词语）时警惕过于急切地想从分解合成词推导得出似乎不言而喻的结论的诱惑。合成词很少保留其成分不变，以至迫使我们将其成分独立时的意义放在一起考虑，而涉及合成词以上特点的多音节语言中，这一告诫就不是完全没有价值的。对于汉语来说，这有双倍的必要，因为，从口语和书面语的联系，复合词中的音节，在其他任何形式中，没有一个比它作为独立的单音节词更能表现自我。有弱点的语源学探讨带给翻译人员的危险体验，肯定是我在这一问题上占用这么大篇幅的借口。

至于语源学的另一分支，即屈折变化方面，我再重复一遍，汉语语法完全不允许它占有一席之地；汉语词的多功能性 (versatility) —— 如果可以这样称呼的话，即汉语中对于这么多的词语（尤其是我们倾向于称之为名词和动词的词）有共通性，在有广泛差别的语法功能的可容性方面达到如此程度：任何把语言权威性地划分到像我们语言中"词性"的范畴里去的努力，都将枉费心机。而且，我们语言中的词类分析当然得有它们相对应的汉语说法，且不管能否对它们做词类分析；在所有别的语言中用屈折变化生效而产生的大部分结果所需的那些方法，汉语自身也拥有，否则汉语就不成其为一种语言。汉语并不打乱它的词语系统，也不是要把它的各部分——不论是现存的还是过时的——都合并到词语中去，从而实现了我们用格、数、语气、时态、语态等术语或诸如此类的东西所表述的情况。汉语通过词语的句法处理，几乎达到了这些现存的限定所能实现的一切，几乎全部保持了词语在别处整体或独立运用的能力。

现在，为了纯理论的目的，有几篇探讨官话语法的论文，尤其是托马斯·巴赞主教（*M. Bazin*）和艾约瑟先生的论文，程度高的学生细读之后，也许特别有益；不过，对这些论文或标榜有助于获得口语能力的语法，我都一律没有信心。我也曾想过：在现已出版的初级课程之后，如果能附以一套范文，而范文又能像我上面讲的那样，对于两种语言的对照和类比提供某些概念，它就可能有助于排除两种语言的初学者都常碰到的绊脚石，而又不使这些初学者太受制于严格按欧洲模式影响而形成的束缚，学习能够找到的最简单的语法。于是，我就同上面提到的那位有能力的教师一起研究词源学，"口试"式地将范文译给他听，并尽我所能解释这些例子意欲展示的规则和定义。我们的难处是没有一套共同的语法术语 (*a grammarian nomenclature*)。对于像中国这样一个没有科学语法学的国度，当然很难找到它的术语；而读者会看到：想成为语法学家的人在描述诸如名词的格时会沦落到何种困境之中！那位教师在我们继续读下去时便灌输、建议做些各色各样的扩大与缩小。课文最后提交给另一位有学问的中国人并获得通过，他建议把它定名为"言语例略"(Yen Yü Li Lüo)，或曰"言语条例概览（*Summary of the Laws of Phraseology*）"，用这多少有点儿自命不凡的标题，在《自迩集》中颇为突出醒目。这项试验进行得如此杂乱，以至于言语例略一章——我更喜欢叫它"词类章"(*The Chapter on the Parts of Speech*)，是如此粗糙，如此不完善，我几乎不愿意让它亮相成为多数人批判的靶子；然而即使改用朴素的标题，多数人也会像其作者一样难于对它满意。尽管如此，口语课的设计正是为了初学者，口语课程的课文和注释将会证明是有一定价值的，而且，它的材料和方法将会为初学者及其中国老师提供一种方法，即对本章并不声称过多提供的那类信息有所增益的方法。前面曾提到的《备忘录》（译按：即《学习指南备忘录》）会表明我是如何考虑让它的内容得到最佳利用的。

整个"口语系列"在过去的两年里或者编写或者改写，而在过去的几个月里在上海跟"文件系列"(*Documentary Series*) 一同付印了。五部印刷机，同时用来印刷现已出版的这些多卷帙的书籍，却几乎没有一部能适应大规模印刷的实施，这样，有的卷后附有一份长长的勘误表也就不奇怪了。倘若没有驻上海领事馆助理莫瓦特（*Mowat*）和詹姆耶森（*Jamieson*）二位先生的友好协助，已注意到的勘误数量会更大。莫瓦特先生很有希望成为声调系统方面的权威。我非常感激他提醒我注意第七章第三声调练习的结构上有严重疏忽，而且正是靠他的精确和勤奋，才有现在该章正确无误的答案，这应主要归功于他。

收尾时我如果贬低本书的价值，一如别的作者都有的谦虚谨慎的惯例，那并非因为我不知道它不完美。但是，一场持续了大约四分之一世纪的运动鼓舞了我，使我相信，本系列对于满足口译的需求是个不小的帮助，这就需要做更多的特殊安排以减轻压力。它所包容的基本资料的采集，要能让任何一个能力和努力程度一般的学生，从抵达北京的那一天起，在一年之内，对本地话有非常不错的认识。本课程远非详尽无遗，但是能读完本课程的学生会发现，他自己已到了一个无需惭愧的水平。至少在头一年半，他不要对本课程过于苛求，尤其是在这期间切忌异想天开地去寻求他自以为是的捷径，切忌实现体系化的企图。书面语对初学者也很有诱惑，他会轻视这种诱惑的严重性，而这并非不合情理，因为它看来并不可怕，无需太多的负担。一个耳朵灵敏的人会幻想，跟上一位本地教师学习书面语课文，老师的口头解释会带给他讲话的习惯，而不用费多大力气就可以有那本事，而他在阅读方面的进步又是如此明显，如此迎合他的得意自负，以至于让自己轻易相信最好是去从事那些似乎有了辛苦就立即有报偿的劳动。不会有比这更严重的错误。假如他受此诱惑，不改他在见习期间为了书面语而忽略了口语的毛病，那么，在整个一生中他会为他的错误而悔恨。他的口语课程，即使让一位称职的主考官满意，也绝不该自以为从此完事大吉。本课程声称给学生的全部内容是要让他打下个坚实的基础。要适应他自己要求的更高级的职位，他就必须大大地扩展自己的知识范围。为此，他可采用的较好的办法，莫过于读中国通俗小说。在适当的指导下，对话和描写可丰富他的词汇，他还将同时从中国思想和国民性这两方面获得知识。习俗的不同，使我们跟中国人的交往受到限制，而小说提供的中国思想和国民性比任何别的来源更令人愉快，更有用处。阅读中文作品，参阅一个好的译本——不论是何种语言的，最是节省时间；学生将会心悦诚服于戴维斯爵士（*Sir John Davis*）《好逑传》(*The Fortunate Union*)⑦的译本，或是最近由茹莲（*M. Stanislas Julien*）这位最伟大的汉学家出版的诸如《玉娇梨》(*Les deux Cousines*)⑧和《平山冷燕》(*Les jeunies Filles lettrees*)⑨的译本。但是，不论翻译的还是没翻译的小说，应该跟本地人一块儿读，这位本地人应该有学问，能解释其中的典故，并防止他的学生把小说里的短语当作口语而过分依赖。尽管中国的通俗语言深深地植根于她的文学，但是，我们正在论及的小说著作中仍有很多成分太古典了，并不适用于日常生活，而随意地使用半约翰逊式的措辞，在本地人听来就好像司各特先生（Sir Walter Scott）⑩的客人说着已复活的傅华萨（Froissart）⑪的话一样令人吃惊！⑫未来的口译译员应该记住：暗礁一旦绕过，其形式的改进是一种并不比扩大词汇量更次要的职责。

我提示这个意见，并非抱有学术纯正性的态度。外国跟中国官员的联系远非令人满意，这种特殊情况证明这种意见是正确的。中国官员起于受教育阶层，是这个帝国的实际统治阶层，是精通他自己国家的哲学、历史、法律和纯文学的人，除此而外没有什么能使他们的地位稳固不变，这使得外国代理商如此困惑，以至于深信要把"野蛮人"提高到中国人的教育水平简直是不可能的。我承认，事情的讨论常常是用比亚瑟·本丹尼斯的法语好不了多少的汉语来进行，而这似乎并没有立时造成可感知的损害。但是我认为，外国代理商所负的责任要超过日常生意上仅止为糊口的差事。让统治阶层改善其对外国人及外国事物的错误评价，对于中国和外国的利益是同样必要的。除了外国代理商之外，外国人影响中国统治阶层的可能性不是很多。根本没有谁拥有影响统治阶层的机会。我们的起步像我们大部分人一样太晚了，因此要超越有文化修养的中国人能得心应手的广阔领域是难于实现的——尽管这是我们所期望的。但是我们说话应当精良到足以使他们中有学问的人消除我们不堪教化的成见——却也绝不是痴心妄想。我认为，要开始消除他们的这一不良印象只能有赖于外国官员。我一直希望今年能出版一部简明中国历史，可以用来将学生译员的语言风格引向更高境界，我把学生译员向这一目标努力前进视为必须履行的义务。不过，还要为这些学生设计些别的课程，为此，还得慢慢来，在这些课程成熟之前，我建议学生译员对这一初级课程中的术语给予耐心的注意。

上海，1867年5月16日

注：

① 《中庸》，讲中庸之道或避免走极端之意。著名的儒学"四书"之第二部，中国道德的经典，包含如下一节：

　　　　君子 之 道，辟如 行　远，必自迩；辟如 登 高，必自卑。
　　　Chün tzǔ chih tao, pi ju hsing yüan, pi tzǔ êrh; pi ju têng kao, pi tzǔ pei.

意思是：君子（模范人士）之道（指学识上的），有如一个旅行者，要远行的，须从足下开始；想登高，须自低处起步。不论是谁，要想成为专家里手，都要从基本的东西开始。（译按：卑，原注音 pi，音节总表音 pei¹，并无 pi 异读，径改。）

② 第二版的音节表（Syllabary）将排在第三卷。

③ 《汉语口语（官话）语法》（*Grammar of the Colloquial Language, commonly called the Mandarin Dialect*），艾约瑟著（*by the Rev Joserph Edkins*）。上海，1864年。第二版，第7页。

④ 我说这些话，对于马礼逊博士（Dr. Morrison）的劳动似乎没有表示充分的尊重，我很是抱歉。当密迪乐先生（Mr. Meadows）已经做出评说，对一个如此剽夺其学生的辛劳又不表示感激的人，再表示尊重那是不可能的了。卫三畏博士（Dr. Wells Williams），这位最勤奋的汉学家，差不多已准备好出版一部辞典，是对大约10年前出版的那部非常有用的辞典的改进，这将是对汉语教育的值得注意的新奉献。

⑤ 这个声母 hs，正如声韵配合表（Sound Table）将显示的，只见于意大利语元音 i 或法语元音 u 之前，而用它开始的音节，有它自己的历史，需要做一讨论。许多词现在发音 hsi，而若干年前还是 hi，另有许多是 si；二者相似；现在发音为 hsü 的词，过去有些是发 hü 音，有些是发 sü 音。在一些非常现代的官话词汇表里，这些区别被保存下来了。它们的分化是有种种原因的。北京话音节总表（Peking Syllabary）修订的时候，我的朋友艾约瑟先生（Mr. Edkins）督促我将我的表音法做些变动，以适应如上所涉的词语中新旧异音的检索，也使这个音节表有了辞典学特征。我很愿意并接纳了他的建议。没有什么比给词语加标记符号更容易了，正如前面已做的，给所有 Hˢl 音的词加标 Hi，给所有 ᴴSI 音的词加标 SI；hü 和 sü 亦如此处理；对于语音学家来说，这种对源流历史的赏识具有相当的价值；可是，当学生学习北京话口语音节的时候，不论用 hsi 还是 hsü 来表达，或是用其他方式表达，在本地人所编制的音节表中，聚集其下的所有的词语仍然是一种共同的音。这种变动会使得所有相关音节表的表格成倍地增加，而且，现在所做的变动，实际上的一个音类却分成两个，在不使初学者发生混乱方面，是否就更优越，也是值得怀疑的。如果我真的发表一份词汇表（不是北京话的，而是一般官话 [mandarin in general] 的），为此，多年来我一直在搜集资料，而这样的怪物，没人会对它感兴趣的。声母 ch，通常出现在所有元音前面，但无论在哪儿，i 或 ü 的地位都高于其他元音，这已是事实，

而在其他方言，仍然是 k 或 ts，例如 kiang 和 tsiang，让北京人说，现在二者都发 chiang 音，kin 和 tsin，都已变成 chin 音。有些人发这些音，有时还在 ch 和 ts 之间摇摆不定，然而 ch 化作为一条规律已占优势；而且，你几乎听不到 k 了。这是方言里这些特殊突变的一个例子，其毗邻的天津话，甚至在 a 前的 ts 都成了 ch；"茶"这个词，音 ch'a 或 ts'a，上海话说得有点儿像 dzo；在福州是 t'a；在厦门是 t'i（我们英文的 tea）；而在广东，又是 ch'a。

⑥ 第二版合并到第六章。

⑦ 译注：《好逑传》，书名取自《诗经》第一篇《国风·关雎》中"窈窕淑女，君子好逑"之意。全书十八回，讲述的是铁中玉和水冰心的爱情故事。二人在患难相助之中，互通情愫，却又谨守礼义大防，最终御赐婚姻，终成"好逑"。在明清之际诸多才子佳人小说中属于上乘。清刊本题为"名教中人编次，游方外客批评"。著者批者俱不详。此书 18 世纪传入欧洲，有英、法、德文译本，得到德国作家歌德的赞赏，目前外文译本已达 15 种以上。

⑧ 译注：《玉娇梨》，又名《双美奇缘》，写青年才子苏友白与宦家小姐白红玉（又名无娇）、卢梦梨为爱情经历种种磨难最终大团圆的爱情故事。两个女主人公性格鲜明，各有特色；苏友白为求佳人，不惜一切，亦显示出独特的胆识和纯真的性格。此为明末清初才子佳人小说的代表作之一，且为此中最早的风格最为纯正的一部。鲁迅在《中国小说史略》中认为该书成于明朝，当时法文译本名为《两个表姐妹》，于 1826 年在巴黎出版。该书同《平山冷燕》（译本《两个有才学的年轻姑娘》）一起，名声在外，远过于其在中国的地位。德国大哲学家黑格尔在《历史哲学》一书中也提到了《玉娇梨》，可见它的影响。本书同《平山冷燕》，主旨均为"显扬女子，颂其异能"。

⑨ 译注：《平山冷燕》，主要描写"先朝"隆盛时的才子才女（平如衡、山黛、冷绛雪、燕白颔，书名即由四人的姓氏连缀而成）才华出众，深得皇帝赏识，最后双双成亲的故事。书中所写两个才女，一方面不但诗才卓异，而且机敏过人，老练成熟，令众多须眉自叹弗如；另一方面，又忠君孝父，恪守仁恕，是儒家伦理道德的化身和典范。全书情节，虽以爱情为主，却绝不涉及淫辞秽行，至其语言亦渐臻纯熟规范，达到"雅"和"俗"的统一，体现了东方美学所特有的风雅含蓄。《平山冷燕》是明末清初小说中较有影响的一部作品，共二十回，题为荻岸山人编次。荻岸山人何许人？历来未有定论。鲁迅《中国小说史略》曾予详细介绍，认为其主旨是"显扬女子，颂其异能，又颇薄制艺而尚词华，重俊髦而嗤俗士"。

⑩ 译注：沃尔特·司各特爵士（*Walter Scott* 1771-1832），英国著名的历史小说家和诗人。生于苏格兰的爱丁堡市，自幼患有小儿麻痹症，爱丁堡大学法律系毕业后，当过副郡长，

他以苏格兰为背景的诗歌十分有名,但拜伦出现后,他意识到无法超越,转行开始写作历史小说,终于成为英语历史文学的一代鼻祖。司各特的历史小说气势磅礴,宏伟壮丽,出色地反映了英格兰、苏格兰和欧洲历史重大转折时刻的矛盾冲突。在他的笔下,历史事件毫不枯燥,总是和故事人物悲欢离合的曲折遭遇有机地结合在一起。司各特的创作对欧洲历史小说起了开创作用,被尊为历史小说的创始人(如俄国评论家别林斯基把司各特看作"历史小说之父")。英国的狄更斯、斯蒂文森,法国的雨果、巴尔扎克、大仲马,俄国的普希金,意大利的曼佐尼,美国的库柏等著名作家都曾受到司各特的深刻影响。其中美国的库柏有"美国司各特"之称。

⑪ 译注:傅华萨(*Jean Froissart* 生卒年不详,约 1337—1405),法国著名编年史作家,他的 14 世纪《闻见录》文学性极强,始终是封建时代最重要和最详尽的文献材料。他作为有修养的学者,生活在若干欧洲宫廷的达官显贵之中。《闻见录》主要描写百年战争的"光荣业绩和武功"。他利用其特殊地位去询访关键人物,评述重要事件。他的第一手叙述包括 1325—1400 年间的婚丧和大战。傅华萨在书中引用了精确无误的对话和所有可以得到的事实,旨在使读者得出自己的结论。他的寓言诗颂赞典雅的爱情。他的谣曲和回旋诗揭示了诗人的个人感受。尽管他生前享有盛誉,死时却默默无闻;埋葬地迄今未被发现。

⑫ 译注:此话相当于我们所谓的"文白夹杂不伦不类"。司各特(英)跟傅华萨(法),不仅国别不同语种不同,且相距四百余年,语言之时代特征与个人风格都有明显差异。

学习指南备忘录
(MEMORANDUM FOR THE GUIDANCE OF THE STUDENT)

1. 学生应先找到第一卷第 351 页和第二卷第 521 页的勘误表，并据以校改全部课文（译按：第二版译本已经据以校改）。

2. 找一位可信赖的老师，请他把始于第 10 页（译按：第二版译本第一章第 12—20 页）的《声韵配合表》通读一遍；学生要对照第 3 页至第 7 页（译按：第二版译本第一章第 1—11 页）所解释的发音方法，小心记录每个元音和辅音的音值。

3. 与此同时，学生不妨开始学习汉字部首。在第 20 页（译按：第二版译本始于第 21 页）他可以找到进行这一课程所需的足够资料。

4. 为了学习这些部首，学生应把所学内容全部写出来；为了避免被误导，他最好把构成第三卷的"书写练习"（译按：第二版译本未收录该部分）的第一部分的内容先抄下来。老师会告诉他必须如何书写，同时会边说边举笔示范，这时候，学生要眼耳并用。

5. 一俟完全熟悉了各表（音节表、部首表等），又做了第 21—31 页（译按：第二版译本第 35—38 页）的练习，学生就可以进入第三章的学习。

6. 从读第一章的那一刻起，学生要每天至少拿出一小时来，请人读第七章的声调练习给自己听。他会看到第二卷里有这部分的全部译文；不过，正如我在前言所说的，他不必把声调练习看作词汇的辅助。在已经给出的表音法中，每个音节的声调标示方法在第一章第 8 页（译按：第二版译本第 9 页）上已有解释。这种声调标记会帮助学生的耳朵，同时，他必须耐心地随着他的老师大声朗读，直到能正确念出这些声调。学到第三章时，他就不光要注意每个单词、合成词的声调和短语的语调老师怎么发音，更要注意经常征求老师的批评。还要特别注意第二卷第 421 页（译按：第二版译本 463—464 页）有关那些短语或多音节组合的韵律的考查。直到学完第三章，他都不必为音节总表（在第三卷）烦恼。不过，此后应该经常查阅它，对于送气不送气的区别，应像对待声调一样留心。参见第一章第 7 页（译按：第二版译本 7 页）的评述。

7. 我建议：学生准备进入第三章时，要通读第八章的英语译文。第二卷相应的译文和注释，可以告诉学生该章练习中他想知道的几乎所有的东西；不过，他马上就要把自己从译文和注释中学到的东西运用于跟老师的会话，而第八章（第二卷）的课文、特别是从第 486 页（译按：第二版译本第 593 页）至结尾，对他来说无异于一份常用词汇表。精读第八章的中文课文，可以推迟到完成问答篇十章的课程之后。那时候，他会发现自己已经能够读出解说动词、副词等的全部简短对话。

8. 一般指导。要警惕因书面语的诱惑而放松了口语的训练。对于这种危险，我在第一版前言中已经讲了许多。学生必须充分警惕被"口语系列"中较为容易的部分所迷惑而放弃更容易使人疲劳的部分。一个悟性和能力正常的人，应该可以在几个月的时间内做完这四十个练习。然后，他将初识 1200 个汉字，包括部首的写法。在第四章的问答篇十章中，新字不超过 300 个，不消数日工夫，他就可以掌握。但我要力劝学生在迈出下一步之前把它再读上十遍八遍。第五章，有 100 课，包含一些对话，当然了，同第四章的对话类似，最好是请两位老师朗读这些对话。学完了这几章的注释和译文之后，学生应跟他的一位同学一块儿来做这些口语练习。听力的价值在任何语言中都得不到足够的重视。学生一般都过于急切地想开始谈话。第六章，可称之为"秀才求婚"（*Graduate's Wooing*），与前两章相同，不必另做说明。

最后，更要让求成心切的学生防止开头儿的过分性急，要求他们为整个学习进程、为不同章节的功课尽力安排好固定的时间。他们应要求自己首先掌握口语,再进而学习书写形式,以便在读到它们时能够认出并复写出来。就眼下而言,最后一个目标较为次要,而第一个目标与第二个目标是不大能分得开的。眼和耳的相对快慢,在不同人身上是如此之不同,故此在课时分配上,二者的比例必须因人而异。如果学生的耳朵反应慢,他就应该及早决定并毫不犹豫地更多地采用如下的学习方式 —— 听老师反复地讲解课文;如果他发现自己总是记不住汉字,那就要反复细读课文。任何情况下,每一阶段,都要让学生及时做一份时间分配表 —— 阅读多少时间,书写多少时间,听力练习多少时间,是听还是交谈;而且每隔几个月就要让他把进度调慢一点儿。没有哪种语言像汉语这样,其习得速度可因正确的方法而大大加快,而不大取决于记忆力的好坏。

第一章 发 音
(PRONUNCIATION)

1. **要准确地发中文语音**，必须满足三个条件，即必须念准声母，念准韵母，念准韵律。从音节和字母的拼写方面来看，声母念得准不准，对于意义的表达来讲是三个条件中最不重要的一个。如果声调正确，即使我们将 nan 念成 lan，也不会被误解。相反，如果将声调搞错，把 nan^1 发成 nan^2，虽然声韵都对，却很有可能被理解错。

另外，我们还必须对自己想发的音节有一个很清晰的概念。并且，跟我们的字母系统相比，中文本身为我们达到目标所提供的是一套最不完备的辅助系统。这就迫使我们拿出一套字母符号的组合系统来弥补这种不足，有时按照它们的规定性价值安排，有时用一些区别符号来强化它们，有时则硬性规定让它们承担它们从未担当过的职责。

2. **发音 (*Sound*)**。下面列出的字母表中的各字母，在音节拼写中，音值被认为是独立于声调（*tone*）的。然而，音节拼写采取尽量接近对口语发音充分描写的形式。同时，在构成音节的字母群无变化的情况下，考虑到把声调变化本身的曲折变化即"变调"（*a change of tone*）应用到音节上去。

单元音和复元音
(Vowels and Diphthongal Sounds)

a，即 *father* 中的 a；单独发音时，特别是在词尾出现时，有轻微的鼻化，

例如在 'ng 前。

ai，近似英语 *aye* 的发音。不过，说它像意大利语 *hái*, *amái* 中的 ai，则是更好的描写。

ao，如意大利语 *Aosta*, *Aorno* 中的 ao；不过，更倾向于 á-oo 而有如意大利语 *cauto* 中的 au。

e，在 eh, en 中，发音如 *yet*, *lens* 中的 e。

ei，近似于 *grey*, *whey* 中的 ey；不过，说它像意大利语 *lei*, *contei* 中的元音 ei 则更准确些。

ê，最接近英语 *earth*, *perch* 中元音的发音，或任何词中 e 后跟有 r 或其他辅音，例如 *lurk* 里的音。在 'ng 前面，不论单独出现，还是在词首出现，其鼻化都比 a 更明显。

êi，前述之 ê 后随 y，从 *money* 中排除 n，可得音节 mêi。假设 nêi 音节确实存在（有些中国人他们坚持念 nui），êi 最像 nêi 中的 êi。

êrh，如 *burr*, *purr* 中的 urr 音。

i，单独成音节，或作韵头，发音如同 *ease*, *tree* 中的元音；在 ih, in, ing 各韵中，变为短音，如 *chick*, *chin*, *thing* 中的 i。

ia，带清晰的元音，不是 ya，而像意大利语 *piazza*, *maria* 中的 ia。在有些韵里的 ia，如 iang, iao，这个 ia 在一定声调里几乎是 éa 或 eyah。这种情况更常见于声母 l, m 或 n 之后；不过，习惯上是无定的。

iai，发音如意大利语 *vecchiaja* 中的 iaj。

iao，其元音如 ia 和 ao 中的元音，带有 ao 尾部特色。这个音也会被声调改变。

ie，元音清晰，有如意大利语 *siesta*, *niente* 中的 ie。i 被改变，在类似环境下如同 ia 中的 i，即在一定声调下，ie 倾向于变成 éé 或 eyeh，在 lien, nien 里甚至经常变成 leyen, neyen。

io，比意大利语的 io 要短些，更接近法语 *pioche* 中的 io。

iu，作为一个韵母，更接近 eeyew 或 eeoo，在所有情况下都长于我们的

ew。chiu 不是 chew，却像 chyew 中的 yew，而且声调可使其元音更清晰。在 liu, niu 音节里，i 像 ia, ie 中的 i 一样受影响，变得几乎是 leyew, neyew。在 chiung, hsiung（这是我采用的 iu 后跟辅音韵尾的唯一一例）中，多数场合下它必须被接受——虽然不是所有场合——iung 与其说像 eeyōng，不如说更像 eeyoong。ō 代表 roll 中的 o。

o，这是介乎 awe, paw 中的 aw 跟 roll, toll 中的 o 二者之间的一个元音。单独发音时，它的开始部分有轻微的辅音，一些鼻音和腭音如 'ng 等不足以表现它，其后附 a 或 ah 的时候，就发生内部曲折变化。声调通常会改变这一音节。在韵尾，它的元音力量仍存在，正如同时有内部曲折变化一样，它的腭音特色并不同时脱落，而这一点已超出我们的音节表范围。可以让读者像读 law 试发 lo 音，在咽喉延长发 aw 这个音。

ou，实际上是个 êō 音，就是 burrow 这个词中所有辅音被移开后留下的元音；最接近的是英语 round, loud 中的 ou。

ü，单独发音时总是 yü，在韵尾出现时最接近法语 eut, tu 中的元音。在 ün 韵中，ü 的发音不如法语 une 中的长，但更接近德语 münchen 中的 ün。

üa，只出现在 üan 韵中，在有些声调条件下是 üen。ü 音如前所述，而 a 则比较像 an 中的 a，更接近 antic 中的 an。

üe，ü 音如前所述，e 像 eh 中的 e；用法语 tues 中的元音来描述这个复合元音，则更理想完满。

üo，这是个有争议的音，在某些音节里它通常可以跟 io 互相替换。

u，单念时（有时替换为 wu）及在某个韵母中，发音如 too 中的 oo；在 un 和 ung 韵中要短一些，如意大利语 punto, lungo 中的读法。后一个韵母 ung 的发音，摇摆于 ung 和 ōng 之间，收音时带有一些鼻化音，有如法语 long 和 longue 之间的一种音。

ua，像我们念 juan 时发出的 ua 音，近于 ooa，在许多场合变成 wa。在 uan, uang 韵中，受声调影响，有时还变成 óa 或 oá。

uai，有如意大利语 guai 中的 uai；其前部分音是 ua，附加的 i 是 ai 中的 i；

uai 中的 u 跟 ua 中的 u，发生同样的变化。

　　uei，u 像 ua，uai 中的 u，音值经常是 w；ei 跟 ei 韵母一样；uei 的发音跟法语 *jouer* 中的元音完全相同。

　　uê，u 同于 ua 中的 u，ê 则如前所述。uê 只见于韵母 uên，发音为 ú-ǔn 时通常写作 wên 或 wun。在许多情况下，要区分 uên 与 un 二韵，例如 kun 与 kuên，是相当困难的。

　　ui，u 音如前所述，后面紧跟着 i，发音如 oo-y；*screwy* 中的元音，比法语 *louis* 或意大利语 *lui* 中的元音更接近这个 ui。在某些声调里是 uei。

　　uo，u 音如前所述，o 音如 *lone* 中的 o，uo 音如意大利语 *fuori* 中的 uo，经常是 wo 音，有时接近于 ŏŏ。

　　ǔ，介于 *bit* 中的 i 和 *shut* 中的 u 之间的音；只见于声母 ss，tz，tz' 之后，从咽喉发出，好像说话者因打嗝而感内疚。我们没有合适的元音表示它。

辅　音
(Consonantal Sounds)

　　ch，可以出现在上述任何韵母之前，只有 ih 除外；发音如同 *chair*，*chip* 中的音。在 ih 之前，浊化为 dj；chih 在许多情况下发 djih 音。

　　ch'，在声母 ch 和元音之间有一股强送气气流，但并无元音重叠。去掉 *cháhá* 的第一个元音，或是去掉 *much-harm* 中的斜体字母而剩下的 *ch-ha*，将给予音节 ch'a 一个正确的概念。如果对照一下不送气的 cha 跟 tcha，就会感觉到发后一个音节时，要花更大的气力才能使送气音变得明显。ch' 有时会弱化得像 ih 前的不送气音 ch，但这种情形不多见。

　　f，如 *farm* 中的 f。

　　h，如苏格兰语 *loch* 中的 ch，像威尔士语 (*Welch*) 和盖尔语 (*Gaelic*) 的 ch。

　　hs，一种发音部位略微靠前的送气音和经过修饰的咝音，由两个较强辅音构成。发 hsing 音时，要让读者试着去掉 *hissing* 中的第一个 i。他会同时夸大送气音和咝音。不过，这一实验会给他关于这一发音过程的清晰概念。这个擦音是这样发出的：收紧舌面中部并抬起贴近上颚。它不同于 sh，尽管 sh 在复元音 ia, ie 之前跟 hs 的差异很难区分。

j，最接近法语 *jaune* 中的 j；我们的 *fusion* 中的 s 或 *brazier* 中的 z，是我们字母表所承认的最相近的仿制品。

k，像 *car* 中的 c，*king* 中的 k；不过，跟在别的音后边常常弱化为 g，有如 *go*, *gate* 中的 g。比如"个"(ko)——一个适用于许多名词的量词，当它前面出现指示代词"那""这"时，k 即被弱化，这两个音节就几乎念成 nago, chêgo。

k'，其送气成分同于 ch'。从 *kick-hard* 中去掉斜体字母 *kic-rd*，从 *kick-her* 中去掉斜体字母 *kic-r*，你将得到一个 k'a，一个 k'ê。

l，与英语的 l 同。

m，与英语的 m 同。

n，与英语的 n 同。

ng，这个辅音前面有元音的话，元音会部分地鼻化和部分地腭化。要发 nga 音，可取法语 mo*n ga*lant 中的斜体字母（译按：原文误为"斜体辅音"）*nga*；要发 ngai 音，则可取 mo*n gai*lard 中的斜体字母 *ngai*；要发 ngo 音，即可取 so*n go*sier 中的斜体字母 *ngo*。ng 的发音，无论是自成音节，还是在一个音节中，ng 后面的韵母又不论是元音收尾还是 n 收尾，都并无明显区别。

p，与英语的 p 同。

p'，其送气成分与 ch', k' 相同。其发音方法一如爱尔兰人念 *party*, *parliament*；或者，去掉 *sla*p-hard 中的斜体字母 *sla-rd*，就可以得到 p'a。

s，与英语的 s 同。

sh，与英语的 sh 同。

ss, ssǔ 是发现有这种声母的唯一的音节。用 ss 是为了确定 ǔ 元音的特色。如上文所示，这个 ǔ 是很难描述的。

t，与英语的 t 同。

t'，其送气成分与 k', p' 等相同，跟爱尔兰人念 *terror*, *torment* 中的 t 一样。

或者，去掉 *hit-hard* 中的斜体字母 *hi-rd*，你也就有了 t'a。

ts，如同 *jetsam*，*catsup* 中的 ts；在另一个词后边出现时，它经常弱化，如同 *gladsome* 中的 ds。

ts'，其送气音同于 ch' 和其他送气音声母。让读者去掉 bets-hard 中的斜体字母 *be-rd*，他就会得到 ts'a。

tz，用以标明韵母 ǔ 的特殊音色，发音力度稍大于 ts。

tz'，如同上述 tz。这个 tz' 和前述 ss 等，只用于 ǔ 前。

w，同于英语的 w，但在 u 前则非常弱——假设它真的存在。

y，同于英语的 y，但在 i 或 ü 前非常弱。

韵母 ao，我采取满文拼法，而不依马礼逊 (*Morrison*) 和卫三畏 (*Williams*)，他们分别写作 aou，áu。我所采纳的这种拼法，在一定声调下是一种近似的音。

韵母 eh，只用于 yeh，把它跟 ieh 分开也许没有必要。依我看，用辅音 y 表示它已经足够清楚了。而且，在音节里 yeh 的变调比之 ieh 并非更不可行。这种情形也见于韵母 ên。

韵母 ê 跟 o 有些相混是难以避免的。我曾用满语努力引导自己。但发现，尽管本地老师曾寄望区分这两个韵母，却未能成功：许多词既可以说 ê（或是 ngê），chê，jê，kê，lê，mê，tê，又可以说 o，cho，jo，ko，lo，mo，to，而且都符合表音法。同样的情况对送气音 ch'，k'，t' 也适用。要说出哪一组是正确的表音法几乎是不可能的。我认为，在送气音后面，一般说来，o 类韵更流行些。虽然以 ê 结尾的音节总难免从 ê 变为 o，但许多以 o 结尾的音节却从不变成 ê。人们还发现，一些本地人倾向于发 ê，而另一些人倾向于发 o。

韵母 êi 能否成立，也难以确定，甚至在 nêi 里，作为一个韵母，它的发音跟 lei，mei 中的 ei 韵多少有些不同。这些韵（êi，ei）已取代了 ui（如 lui，mui）。ui 韵属于南方官话的旧音。

ên，êng 两个韵母是被用来替代声母 f，m，p 音节中的 un，ung 的。这种情况最先见于在广东出版的教广东人学官话的本地课本。人们发现，这种演变已被北京人完全认可了。上个世纪满洲人的发音还是 fung, mung, 不过也经常是 fên, mên, pên。

u，在 iung, ung 韵中的 u，在 ua, uai 韵中的 u，以及其他韵中的 u，同时代表着 o 和 w。u 被保留下来，不过是因为用这种最简易的形式来表示这个元音也是最适宜的。而且，这也是显示声调变异而不改变音节写法的最合适的方法。为此，它对避免使用 hw, kw 这两个声母，也确实是一种权宜之计。

送气音
(Breathings)

送气音，插在声母 ch, k, p, t, ts, tz 和跟在它们后面的元音之间，正如前面所见到的，用一个单引号表示 h，以免英语读者被他们的拼音规则引导着把送气音发成如 *triumph* 中的 *ph*, *month* 中的 *th*，以及类似的音，因为那会是一种严重的错误。充分认识送气音的音值，是极为重要的；甚至声调与之相比都显得不那么重要了。一个人说话，该说 khan 的时候却说成 kan，就有如把 *London* 说成 *Loudon*。

3. 声调 *(Tone)*。——没有什么题目比声调更重要、更值得论述的了，也没有什么题目在讨论时比这个题目更难避免重复别人说过的话了。

一个中国人有本事用数以千计的汉字把他的思想写出来。这些汉字可以单个儿地用，也可以一个接一个地组合在一起。每个字的音，我们基本上根据实际称之为单音节。中国人把这个"单音节"称为"音"(yin)。在我们所知道的方言里，"音"的数量，没有一个是超过几百的，因此，在听觉上就会发生极大的混乱，要区分同一个"音"所代表的音与字、或音与义之间的关系时，我们就会遇到听觉上的混乱和记忆上的困难。在 i 音之下,《马礼逊词典》就收有形义不同的 1165 个汉字。然而，这个"音"还从属于不同的"声"(shêng)，就是我们所译的 *tones*，即标示声音高低的调，从而使字音的区分得以实现。它是如此地精巧，以至于一个外国人只有长期专注倾听才能学到。它又是如此地不可或缺，一个学生必须反复练习，他的声调才能准确，否则，外国人每时每刻都会闹出非常可笑的错误。一个外国人所说的很多话，无疑是可以被理解的。可是，无论他理论上如何，在他把声调念准之前，任何传教士或译员都别自以为他说的话都是可以让人理解的。

Tone 这个术语，作为汉语"声"的对应词，早已被人们所接受。如果试图打乱这个惯例，将是毫无价值的。也许即使提供再多的合适的符号，据我的音乐知识，可以肯定没有一种乐器能奏出"声"来（至多不过奏出一些近似的声音）。哈格博士 (*Dr. Hager*) 在他的《汉语基本特征》(1801)一书中试图把"声"理解为音符。我相信，著名汉学家迪尔博士 (*Dr. Dyer*) 最近又重复了这一尝试。

不同的方言，"声"的数量不同。书本上公认的是五个。北京话现在是四个：

第一声是"上平"(shang-p'ing)，或叫高平调 (*upper-even tone*)；

第二声是"下平"(hsia-p'ing)，或叫低平调 (*lower-even tone*)；

第三声是"上"(shang)，或叫升调 (*ascending tone*)；

第四声是"去"(ch'ü)，叫降调或去声 (*receding or departing*)。

第一声称"高平"(*upper-even*)，足以表明，一个词不论发音快慢，它的音既不升高也不降低。我们的一位汉学家已正确地称之为"肯定 (*affirmative*)"的声调。

第二声称"低平"(*lower-even*)，发音急拉上扬 (*the voice is jerked*)，很像说英语表示疑问或惊讶 (*doubt and astonishment*) 那样。

第三声称"升"(*ascending*)，发音近乎急而陡 (*the sound becomes nearly as abrupt*)，很像我们表示愤怒和否认 (*indignation and denial*) 的语气。

第四声称"降"(*receding*)，音被拖长，很像我们表示遗憾、懊恼 (*regretfully*) 的语气。

"入 (ju)"声，或称为 *entering*，是一种急促的声调 (*an abrupt tone*)，在研究书面语时，尚被承认，就是说，只用于背书——现在练习说北京话已不必管它了。这种入声字大部分都列在词汇表里，被分派到第二声①。但入声在其他一些方言里并未消失。

依照密迪乐先生的建议，用数码区别北京话的四声，是最简易不过的。我按下列方式给 pa 音节标声调：

$$pa^1 \quad pa^2 \quad pa^3 \quad pa^4$$

依此声调次序，反复吟诵不同音节的发音，可以形成一套和谐音。这只能靠耳听来学习。不过，这样学习并不困难。一俟学生捕捉到声调，他每学一个词组，都应将它拆成单字，逐字念准每一个声调，直到自己和老师都满意。只要他的老师不放过他的不正确的发音，他就必须反复重念[②]。老师不在的时候，他也能通过复习音节表来提高自己的听力。

在学生掌握四个声调的和谐音之前，存在一些误导学生的危险。而他一旦掌握了四声，他就可以不依赖音节表了。不论好坏，我们冒险做一个类似的尝试：让 A,B,C,D 四个人一起会话，由 B 提出问题，说出大家都熟悉的某人的命运。在下面的四行中，A 用第一声断言他"死了"；B 怀疑他是"被杀的"，用第二声；C 对此表示否定，用第三声；D 却伤心地证实这一点，用第四声：

1. 上平，A: *Dead.*（死了。）
2. 下平，B: *Killed?*（被杀了？）
3. 上，C: *No!*（不是！）
4. 去，D: *Yes!*（是！）

在这简短的对话中，或者说四人一组的会话中，讲英语的人通常是这么定调，以致发出一个整体上可以容忍的近似于学生应学到的四声和谐音。可是，如果他没记住上述四个词的语调要随情绪的变化而升降，那么，这种相似就会彻底误导他。而 pa^3, pa^4 的升降却独立于情绪这类因素。音节的声调跟词义之间几乎没有联系。在我们的歌曲里也大多如此。第二个值得注意的区别是，没有任何东西可以阻止同一个词语在不同的歌曲里配上不同的音符；但说汉语的时候，除少数例外，一个字的声调绝不可以替换成另一个。例如，

p'a,"害怕"的意思,总是念 p'a⁴;chiao,"教"的意思,总是念 chiao¹,有时念 chiao⁴;为了表示一个新词义,某个词会改变其声调,有时甚至会改变其发音。

然而,当学生被告知上述情况时,要正确地适应声调,只能靠对他的耳朵进行训练,而为了训练他的耳朵,在"口语系列"的另一章里已经准备好了一套声调练习。对此,学生应认真注意。

4. 韵律 (Rhythm)。——韵律之于句子,正如声调之于发音。像声调一样,韵律也只能从本地人的口中获得。学生必须小心注意重点所在。他对于发现以下一点不必惊讶:在某些场合,韵律跟声调明显对立,特别是形容词或动词重叠为一个词,加上一个附加的 ti(的),例如"鬆鬆的"(sung-sung-ti),"斜斜的"(hsieh-hsieh-ti),他的老师会拒绝解释这两个"斜 (hsieh)"音节有什么不同,虽然对于我们的耳朵来说,第二音节的声调大不同于第一音节。在这类多音节的组合中,有的取决于其中的一个音节,而有的则取决于另一个音节。

5. 现在,为了对每个音节的发音有一个正确认识,让学生跟随一位北京人小心地念完始于第 12 页的《声韵配合表》(Sound Table)。

译注:

① 这一说法(古入声字全归第二声)与当时北京音的实际不符。《语言自迩集》中,标明今声调的古入声字约 225 个,分派四声的统计如下:

阴平	阳平	上声	去声	小计
59	60	35	71	225
26.2%	26.7%	15.5%	31.6%	100%

② 此处原文有小注:

举个声调不准造成困窘的例子:一位先生的汉语讲得确实不错。1858 年,他问及供应北京市场的"盐"的产地,他发的音是 yen¹,他得到了答案。他得知后,惊讶不已:它们全部是外国进口的!他说不对,并解释说,他指的是新鲜的 yen¹,是每天都要食用的。让他更为惊讶的是,人家告诉他,那是从内地省份河南 (Honan) 运来的!双方反复盘问了数分钟之后,那位中国人才觉察到这位先生的错误,并纠正了他的发音,重复了一句:"当然是来自产盐省份。"这位外国人发 yen^2 这个音(它所领的许多词中有一个就是"盐"),就好像在发 yen^1;而 yen^1 所领的许多词中,有一个是"烟",那个中国人开始以为他说的是大"烟"即鸦片,而 yen^1 附加了若干条件后才指"本地烟草"。

声韵配合表（或，按四声排列的音节表）

SOUND TABLE (Or, List of Syllables distinguished as belonging to the 1st, 2nd, 3rd, and 4th Tone Classes)

注：下列各音，即 a, ai, an, ang, ao, ê, ên, êng, o, ou, 其发音经常是 ⁿᵍa, ⁿᵍai, ⁿᵍan, 等等。参见第 6 页（译按：第二版译本第一章发音第 5 页）声母 ng 条下的有关讨论。

		1	2	3	4			1	2	3	4
1	a, ⁿᵍa	阿	○	阿	阿	2	ai, ⁿᵍai	哀	埃	矮	爱
3	an, ⁿᵍan	安	○	俺	岸	4	ang, ⁿᵍang	腌	昂	○	○
5	ao, ⁿᵍao	熬	熬	袄	傲						
6	cha	渣	劄	拃	乍	7	ch'a	叉	茶	扠	权
8	chai	斋	宅	窄	债	9	ch'ai	拆	柴	册	○
10	chan	沾	○	盏	站	11	ch'an	搀	馋	产	忏
12	chang	章	○	长	账	13	ch'ang	娼	长	厂	唱
14	chao	招	著	找	兆	15	ch'ao	吵	巢	炒	钞
16	chê	遮	摺	者	这	17	ch'ê	车	○	扯	撤
18	chei	○	○	○	这						
19	chên	真	○	枕	震	20	ch'ên	嗔	臣	碜	趁
21	chêng	正	○	整	正	22	ch'êng	称	成	惩	秤
23	chi	鸡	吉	己	记	24	ch'i	七	奇	起	气
25	chia	家	夹	甲	价	26	ch'ia	掐	○	卡	恰
						27	ch'iai	○	○	楷	○
28	chiang	江	○	讲	匠	29	ch'iang	腔	墙	抢	呛
30	chiao	交	嚼	脚	叫	31	ch'iao	敲	桥	巧	俏
32	chieh	街	结	解	借	33	ch'ieh	切	茄	且	妾
34	chien	奸	○	减	见	35	ch'ien	千	钱	浅	欠

36	chih	知	值	指	志	37	ch'ih	赤	迟	尺	翅
38	chin	斤	○	锦	近	39	ch'in	亲	勤	寝	唚
40	ching	睛	○	井	静	41	ch'ing	轻	晴	请	庆
42	chio	○	角	○	○	43	ch'io	○	○	○	却
44	chiu	究	○	酒	救	45	ch'iu	秋	求	糗	○
46	chiung	○	○	窘	○	47	ch'iung	○	穷	○	○
48	cho	卓	浊	○	○	49	ch'o	掇	○	○	绰
50	chou	週	轴	肘	昼	51	ch'ou	抽	绸	醜	臭
52	chü	居	局	举	句	53	ch'ü	屈	渠	取	去
54	chüan	捐	○	捲	眷	55	ch'üan	圈	全	犬	劝
56	chüeh	噘	绝	蹶	倔	57	ch'üeh	缺	瘸	○	确
58	chün	君	○	菌	俊	59	ch'ün	○	群	○	○
60	chüo	○	爵	○	○	61	ch'üo	○	○	○	却
62	chu	猪	竹	主	住	63	ch'u	出	厨	处	处
64	chua	抓	○	爪	○	65	ch'ua	欻	○	○	○
66	chuai	拽	○	跩	拽	67	ch'uai	揣	○	揣	踹
68	chuan	专	○	转	传	69	ch'uan	穿	船	喘	串
70	chuang	装	○	奘	壮	71	ch'uang	窗	牀	闯	创
72	chui	追	○	○	坠	73	ch'ui	吹	垂	○	○
74	chun	○	○	准	○	75	ch'un	春	纯	蠢	○
76	chung	中	○	肿	重	77	ch'ung	充	虫	宠	铳
						78	ch'uo	掇	○	○	○
79	ê, ⁿgê	阿	额	我	恶	80	ên, ⁿgên	恩	○	○	摁
81	êng, ⁿgêng	哼	○	○	○	82	êrh	○	儿	耳	二
83	fa	發	法	髮	法	84	fan	翻	烦	反	饭
85	fang	方	房	访	放	86	fei	非	肥	匪	费
87	fên	分	坟	粉	分	88	fêng	风	缝	○	奉

89	fo	○	佛	○	○	90	fou	○	浮 否 埠
91	fu	夫	扶	斧	父				
92	ha	哈	蝦	哈	哈	93	hai	咳 孩 海 害
94	han	顸	寒	喊	汉	95	hang	砗 行 ○ 项
96	hao	蒿	毫	好	好	97	hê, hei	黑 ○ 黑 ○
98	hên	○	痕	很	恨	99	hêng	哼 恒 ○ 横
100	ho	喝	河	○	贺	101	hou	齁 侯 吼 後
102	hu	忽	壶	虎	户	103	hua	花 滑 话 话
104	huai	○	怀	○	坏	105	huan	欢 环 缓 换
106	huang	荒	黄	谎	晃	107	huei, hui	灰 回 悔 贿
108	huên, hun	昏	魂	浑	混	109	hung	烘 红 哄 汞
110	huo	劐	活	火	货				
111	hsi	西	席	喜	细	112	hsia	瞎 霞 ○ 夏
113	hsiang	香	详	想	向	114	hsiao	消 学 小 笑
115	hsieh	些	鞋	血	谢	116	hsien	先 闲 险 限
117	hsin	心	寻	○	信	118	hsing	星 行 醒 姓
119	hsio	○	学	○	○	120	hsiu	修 ○ 朽 袖
121	hsiung	兄	熊	○	○	122	hsü	须 徐 许 续
123	hsüan, hsüen	喧	悬	选	选	124	hsüeh	靴 穴 雪 穴
125	hsün	熏	巡	○	汛	126	hsüo	○ 学 ○ ○
127	i, yi	衣	一	尾	易				
128	jan	○	然	染	○	129	jang	嚷 瓤 嚷 让
130	jao	○	饶	绕	绕	131	jê	○ ○ 惹 热
132	jên	○	人	忍	任	133	jêng	扔 ○ ○ ○

#	syllable					#	syllable				
134	jih	○	○	○	日	135	jo	○	○	○	若
136	jou	揉	柔	○	肉	137	ju	如	如	入	入
138	juan	○	○	软	○	139	jui	○	○	蕊	瑞
140	jun	○	○	○	润	141	jung	○	荣	氄	○
142	ka	嘎	嘎	嘎	嘎	143	k'a	卡	○	卡	○
144	kai	该	○	改	概	145	k'ai	开	○	慨	○
146	kan	甘	○	赶	幹	147	k'an	看	○	砍	看
148	kang	刚	刚	堈	杠	149	k'ang	康	扛	慷	炕
150	kao	高	○	稿	告	151	k'ao	尻	○	考	靠

kê, k'ê; 参见 ko, k'o。

#	syllable					#	syllable				
152	kei	○	○	给	○	153	k'ei	刻	○	○	○
154	kên	根	哏	○	艮	155	k'ên	○	○	肯	掯
156	kêng	更	○	埂	更	157	k'êng	坑	○	○	○
158	ko, kê	哥	格	各	个	159	k'o, k'ê	磕	瞌	渴	客
160	kou	沟	狗	狗	彀	161	k'ou	抠	○	口	叩
162	ku	估	骨	古	固	163	k'u	窟	○	苦	裤
164	kua	瓜	○	寡	挂	165	k'ua	夸	○	侉	跨
166	kuai	乖	○	拐	怪	167	k'uai	○	○	擓	快
168	kuan	官	○	管	惯	169	k'uan	宽	○	款	○
170	kuang	光	○	廣	逛	171	k'uang	诓	狂	○	况
172	kuei	规	○	诡	贵	173	k'uei	亏	葵	傀	愧
174	kuên, kun	○	○	滚	棍	175	k'uên, k'un	坤	○	阃	困
176	kung	工	○	礦	共	177	k'ung	空	○	孔	空
178	kuo	锅	国	果	过	179	k'uo	○	○	○	阔
180	la	拉	邋	喇	臘	181	lai	○	来	○	赖
182	lan	籃	婪	懒	烂	183	lang	榔	狼	朗	浪

184	lao	捞	劳	老	涝	185	lê	勒	○	○	乐
186	lêi, lei	累	雷	累	类	187	lêng	○	棱	冷	愣
188	li	璃	离	礼	立	189	lia	○	○	俩	○
190	liang	量	凉	两	谅	191	liao	○	聊	了	料
192	lieh	咧	咧	咧	列	193	lien	连	怜	脸	练
194	lin	○	林	檁	赁	195	ling	○	零	领	另
196	lio	○	○	○	略	197	liu	遛	留	柳	六
198	lo	捋	骡	裸	骆	199	lou	搂	楼	篓	陋
200	lü	○	驴	屡	律	201	lüan	○	○	○	恋
202	lüeh	○	○	○	略	203	lün	抡	伦	囵	论
204	lüo	○	○	○	略	205	lu	噜	炉	橹	路
206	luan	○	○	○	乱	207	lun	○	轮	囵	论
208	lung	窿	龙	陇	弄						
209	ma	妈	麻	马	骂	210	mai	○	埋	买	卖
211	man	顢	瞒	满	慢	212	mang	茫	忙	莽	○
213	mao	猫	毛	卯	貌	214	mei	○	煤	美	昧
215	mên	扪	门	○	闷	216	mêng	蒙	盟	猛	梦
217	mi	眯	迷	米	密	218	miao	喵	苗	藐	庙
219	mieh	咩	○	○	灭	220	mien	○	绵	勉	面
221	min	○	民	悯		222	ming	○	名	○	命
223	miu	○	○	○	谬	224	mo	摩	麼	抹	末
225	mou	○	谋	某	○	226	mu	○	模	母	木
227	na	那	拏	那'[①]	那	228	nai	○	○	奶	耐
229	nan	喃	男	○	难	230	nang	嚷	囊	攮	齉

---

① 译按：原字"那"，应作"那'"，今径改。

第一章 发音　17

231	nao	挠	铙	恼	闹	232	nei	○	○	○	内
233	nên	○	○	○	嫩	234	nêng	○	能	○	泞
235	ni	○	泥	拟	匿	236	niang	○	娘	○	酿
237	niao	嬲	○	鸟	尿	238	nieh	捏	呆	○	孽
239	nien	拈	年	捻	念	240	nin	○	您	○	○
241	ning	○	宁	拧	佞	242	nio	○	○	○	虐
243	niu	妞	牛	钮	拗	244	no	○	挪	○	懦
245	nou	○	○	○	耨	246	nü	○	○	女	○
247	nüeh	○	○	○	虐	248	nüo	○	○	○	虐
249	nu	○	奴	努	怒	250	nuan	○	○	暖	○
251	nun	○	○	○	嫩	252	nung	○	浓	○	弄
253	o, ⁿᵍo	哦	讹	○	恶	254	ou, ⁿᵍou	殴	○	偶	呕
255	pa	八	拔	把	罢	256	p'a	趴	扒	○	怕
257	pai	掰	白	摆	拜	258	p'ai	拍	牌	蜾	派
259	pan	班	○	板	半	260	p'an	攀	盘	○	盼
261	pang	帮	○	绑	谤	262	p'ang	胖	旁	嗙	胖
263	pao	包	薄	保	抱	264	p'ao	抛	袍	跑	炮
265	pei	背	○	北	背	266	p'ei	披	陪	○	配
267	pên	奔	○	本	奔	268	p'ên	喷	盆	○	喷
269	pêng	绷	○	○	迸	270	p'êng	烹	朋	捧	碰
271	pi	逼	鼻	笔	必	272	p'i	批	皮	痞	屁
273	piao	标	○	表	鳔	274	p'iao	漂	嫖	漂	票
275	pieh	憋	别	瘪	瞥	276	p'ieh	擎	○	撇	○
277	pien	边	○	扁	便	278	p'ien	偏	便	谝	片
279	pin	宾	○	○	殡	280	p'in	拼	贫	品	牝
281	ping	兵	○	禀	病	282	p'ing	砰	凭	○	聘

283	po	波	驳	播	簸	284	p'o	坡	婆	笸	破
285	pou	不*	〇	〇	〇	286	p'ou	掊	〇	剖	〇
287	pu	不	不	补	不	288	p'u	铺	葡	普	铺

*原注："不"之pou音，只用于诗歌。

289	sa	撒	撒	洒	萨	290	sai	腮	〇	〇	赛
291	san	三	〇	伞	散	292	sang	桑	〇	嗓	丧
293	sao	骚	〇	扫	扫	294	sê	嗇	〇	〇	啬
295	sên	森	〇	〇	〇	296	sêng	僧	〇	〇	〇
297	so	唆	〇	锁	溯	298	sou	搜	〇	叟	嗽
299	su	苏	速	〇	素	300	suan	酸	〇	〇	算
301	sui	虽	随	髓	碎	302	sun	孙	〇	损	〇
303	sung	松	〇	竦	送						
304	sha	杀	〇	傻	煞	305	shai	筛	〇	色	晒
306	shan	山	〇	闪	善	307	shang	商	晌	赏	上
308	shao	烧	勺	少	少	309	shê	赊	舌	捨	射
310	shên	身	神	审	慎	311	shêng	生	绳	省	剩
312	shih	失	十	使	事	313	shou	收	熟	手	兽
314	shu	书	赎	数	数	315	shua	刷	〇	耍	〇
316	shuai	衰	〇	摔	率	317	shuan	拴	〇	〇	涮
318	shuang	双	〇	爽	双	319	shui	〇	谁	水	睡
320	shun	〇	〇	〇	顺	321	shuo	说	〇	〇	朔
322	ssǔ	丝	〇	死	四						

323	ta	答	搭	打	大	324	t'a	他	〇	塔	榻
325	tai	獃	〇	歹	代	326	t'ai	胎	抬	〇	太
327	tan	单	〇	胆	蛋	328	t'an	贪	谈	坦	炭
329	tang	当	〇	挡	当	330	t'ang	汤	糖	躺	烫
331	tao	刀	擣	倒	道	332	t'ao	叨	逃	讨	套

333	tê	叼	得	○	○	334	t'ê	○	○	○	特
335	tei	镝	○	得'*	○						
336	têng	灯	○	等	镫	337	t'êng	鼟	疼	○	凳
338	ti	低	敌	底	地	339	t'i	梯	提	體	替
340	tiao	貂	○	○	弔	341	t'iao	挑	条	挑	跳
342	tieh	爹	叠	○	○	343	t'ieh	贴	○	铁	帖
344	tien	掂	○	点	店	345	t'ien	天	田	舔	掭
346	ting	钉	○	顶	定	347	t'ing	听	停	梃	听
348	tiu	丢	○	铥	○						
349	to	多	夺	朵	惰	350	t'o	託	驼	妥	唾
351	tou	兜	○	斗	豆	352	t'ou	偷	头	○	透
353	tu	督	毒	赌	妒	354	t'u	秃	塗	土	唾
355	tuan	端	○	短	断	356	t'uan	○	团	○	○
357	tui	堆	○	○	对	358	t'ui	推	○	骽	退
359	tun	敦	○	盹	钝	360	t'un	吞	屯	○	褪
361	tung	冬	○	懂	动	362	t'ung	通	同	统	痛

*译按：第三声"得"当作"得'"。

363	tsa	臢	杂	咱	○	364	ts'a	擦	○	○	○
365	tsai	栽	○	宰	在	366	ts'ai	猜	才	彩	菜
367	tsan	簪	偺	攒	赞	368	ts'an	参	惭	惨	傪
369	tsang	赃	喒	○	葬	370	ts'ang	仓	藏	○	○
371	tsao	遭	凿	早	造	372	ts'ao	操	槽	草	○
373	tsê	○	则	○	○	374	ts'ê	○	○	○	策
375	tsei	○	贼	○	○						
376	tsên	○	○	怎	○	377	ts'ên	参	○	○	○
378	tsêng	增	○	怎	赠	379	ts'êng	蹭	层[①]	○	蹭

[①] 原书误作"蹭○层蹭"，今径改。

380	tso	作	昨	左	作	381	ts'o	搓	矬	○	错
382	tsou	○	○	走	奏	383	ts'ou	○	○	○	凑
384	tsu	租	足	祖	○	385	ts'u	粗	○	○	醋
386	tsuan	钻	○	纂	揝	387	ts'uan	镩	攒	○	窜
388	tsui	堆	○	嘴	罪	389	ts'ui	催	随	○	萃
390	tsun	尊	○	撙	○	391	ts'un	村	存	忖	寸
392	tsung	宗	○	总	纵	393	ts'ung	葱	从	○	○
394	tzǔ	资	○	子	字	395	tz'ǔ	龇	瓷	此	次

u; 见 wu

396	wa	挖	娃	瓦	袜	397	wai	歪	○	崴	外
398	wan	湾	完	晚	萬	399	wang	汪	王	往	忘
400	wei	微	为	委	位	401	wên	温	文	稳	问
402	wêng	翁	○	○	甕	403	wo	窝	○	我	卧
404	wu	屋	无	武	物						

405	ya	丫	牙	雅	压	406	yai	○	涯	○	○
407	yang	央	羊	养	样	408	yao	腰	遥	咬	要
409	yeh	噎	爷	野	夜	410	yen	煙	言	眼	沿
411	yi	揖	益	○	易	412	yin	音	银	引	印
413	ying	应	迎	影	应	414	yo	约	○	○	乐
415	yü	愚	鱼	雨	预	416	yüan	冤	原	远	愿
417	yüeh	曰	哕	○	月	418	yün	晕	雲	允	运
419	yu	忧	油	有	右	420	yung	庸	容	永	用

第二章 部 首
(THE RADICALS)

　　我们现在来说说汉字的书写。须请学生暂时接受这种说法：汉字由两部分构成，即部首(*Radical*)和非部首。非部首这一部分，许多汉学家都以很充分的理由同意叫它作"声旁"(*Phonetic*)。从某种程度而言，大多数词的声旁指示其读音。部首，也以某种程度为限，指示其意义范畴。

　　部首有 214 个。其中一些有变体，乃至整个儿改变其外形。下面的总表(*General Table*)显示它们分为 17 组，以部首笔画数为序；就是说，一画的部首在第一组，两画的在第二组，等等。大家将看到，靠后各组的许多部首是由笔画数较少的部首构成的，例如第 109 号的"目"，第 180 号的"音"，第 209 号的"鼻"。

　　每个部首前的数码，表示它在整个系列中的位置，部首汉字名称的编号及其声调亦如是。每个部首汉字的后面，是它的意义，然后是几个汉字，从不超过三个，是选来举例说明部首在汉字结构中的位置，及其通常扮演的角色，而不论是它的正体还是变体。部首有变体，加星号(*)表示，它们的变体，集中列在"总表"的末尾。该部首变体一览表,应该作为正在学习的部首来查询。

　　汉字，已如上文所述,由它的部首及其声旁构成。让学生翻到第 3 号部首，他会看到该部首在用于举例的那个汉字结构中的部位，该部首念 chu^3，是一个"点"，站在"主"字的顶上。余下的部分，三横一竖，是它的声旁（译按：依《说文》，主……从王，象形，从丶；丶亦声。威氏之说有误。以下"八"部"六兵典"，"手"部"拜"，"又"部"取"，都不是形声关系）。让他翻到第 12 号部首，读 pa^{12}，八，于是他会看到，在拿来举例的汉字里，它都放在声旁之下。第64号部首，读shou³，手，在相应的例字中，第一个是正体，在声旁的左边；第二个，是变体，也在左边；第三个是正体，在声旁的底下。

在字典里按部首排列顺序查字，当然首先是要正确地决定它放在哪个部首里。这一点确定了——而这种必要知识最终是靠实践而不是靠猜测获得的——声旁的笔画数必须准确计算，因为在字典里相同部首的字，还得按声旁的笔画数再分组。有了这些笔画数，字数再多，也不见得多可怕，学生一旦熟悉了部首，他就会看到，声旁既是可解析为别的汉字的部首，在有些情况下，又可以是由简单的单个部首汉字加部首构成；而且他一旦明白了，用不了多久，"总表"中任何位置的部首，他都会记住笔画数而不需每次麻烦地点算。

找到第85号部首shui（水），对应的第三个例字（灣）。这个部首本身就是"水"缩写而成：声旁"彎"可再分解为四个部首；上部的中心，是第149号部首（言），属七画；它的两侧各靠一个第120号部首（糸），属六画；再下面是第57号（译按：原文误作"59th"）的"弓"，属三画；总共是22画。第29号部首"又"的第二个例字"取"，其声旁无非就是第128号部首"耳"；第75号部首"木"的第二个例字"林"，其声旁与部首相一致。控制声旁构成的规律，不带严格的普遍性，不过初学者可以把它当作一般知识来接受。

为了帮助学生获得部首的实际操作知识，增补了三个测验表 (test tables)。

部首测验表（一），全是选出来说明"总表"(General Table)内各部首功用的汉字，放在一起，按照笔画数排列。如果学生已经查过总表里的头30个，或20个，甚至是10个部首，就让他搜寻本表右边的汉字纵列（译按：原书竖排，今改横排），尝试认出藏在汉字里的部首，忘了的话就翻回总表。这样他就会很快地了解部首及其最常扮演的角色。

部首测验表（二），包含了所有部首按属类的再分配，即按照每个部首的意义分。有一些则因故重复。例如，右侧纵列的上端，我们见到第72号的"日"，随后是第73号的"月"；然后第72号"日"再出现，作"一天"解，后面跟的是第36号"夕"，作"夜"讲。所希望的是，这个表可以帮助记忆和锻炼记忆；但是下面这个表即部首测验表（三）将提供更大的帮助。

表（三）将部首展示为三组，为简洁起见分别称为"口语的""古典的"和"已废弃不用的"。口语的，指那些在谈话时还经常当词用的；古典的，指谈话中已不常见，但见于书本或著作中的那些；列为"废弃不用的"，是指那些除了用作部首索引而外已弃置不用的，虽说字典还派给它们一个义项。"口语的"部首是142个，"古典的"是25个，"废弃不用的"是47个。

学生若想通过大量翻查总表，以便对表中用作部首的汉字的性质和功能建立巩固的概念，则建议他使用"口语部首练习"(The Exercises in the Colloquial Radicals)，该表紧接表（三）。在这些练习中，他将发现大量的词的短小的组合，所有这些组合，其中都有一个或两个字，选用了分开来讲是用作部首的汉字，按意义范畴排列，其组合有多有少。假使他能把这些练习坚持到真正懂得其中的每个汉字，他就是掌握了214部首中的138个，并且会很容易地征服剩下的76个。

总表中对应于每个部首的解释，可能会经常被发挥或修改，不过，就眼下而言，这些解释可谓充分足够了。

部首总表
(GENERAL TABLE)

一画（1 *Stroke*）

1. yi¹²⁴	一	（一；统一）	七不且

译注："一"有三个声调（即包括本调和变调），所以标上１２４。以下仿此。

2. kun³	丨	（一笔连接上下）	中
3. chu³	丶	（一点；句读号）	主
4. p'ieh³	丿	（向左斜去的笔画）	久乍乏
5. yi¹³	乙	（中国天干记时的一个字；也用作"一"）	九也亂
6. chüeh²	亅	（竖钩儿）	了事

二画（2 *Stroke*）

7. êrh⁴	二	（2）	五井
8. t'ou²	亠	（在上面）	交京亮
9. jên²	人*	（人）	今來你
10. jên²	儿	（人）	允兆兒
11. ju³⁴	入	（进，到……里；进入）	内全兩
12. pa¹²	八	（8）	六兵典
13. chiung³	冂	（边远荒野）	冒冕
14. mi⁴	冖	（覆盖）	冠
15. ping¹	冫	（冰）	冬准凑
16. chi¹³	几	（几案）	凡凴
17. k'an³	凵	（能容纳）	凸凹出
18. tao¹	刀*	（刀子；刀剑）	分别則

19. li⁴ 力 （力量） 助勁勒
20. pao¹ 勹 （包裹） 勺包
21. pi³ 匕 （羹匙或勺子；一种兵器） 北匙
22. fang¹ 匚 （箱子） 匠匪
23. hsi³ 匚 （能容纳或隐藏） 匹
24. shih² 十 （10） 千半南
25. pu³ 卜 （占卜） 占卡
26. chieh² 卩* （一节） 危却
27. han⁴ 厂 （可遮蔽之石崖） 厎厚原
28. ssǔ¹; mou³ 厶 （私人的；自私的） 去参
29. yu⁴ 又 （再） 反取叠

三画 (3 *Stroke*)

30. k'ou³ 口 （嘴） 可嗇嚷
31. wei² 囗 （包围） 回困團
32. t'u³ 土 （土地） 在墓壤
33. shih⁴ 士 （读书人） 壯壺壽
34. chih³ 夂 （跨步向前） 夆
35. ts'ui¹ 夊 （慢行） 夏
36. hsi¹ ² 夕 （夜晚） 外夜夢
37. ta⁴ 大 （大的） 太天奇
38. nü³ 女 （女子） 奶好姓
39. tzǔ³ 子 （儿子） 孔孫學
40. mien² 宀 （地窖之顶盖儿） 官家寒
41. ts'un⁴ 寸 （一寸） 專尊對
42. hsiao³ 小 （小的） 少尖

43. wang¹	尢*	（跛足曲胫）		就
44. shih¹	尸	（死尸）		尺屋層
45. ch'ê⁴	屮	（发芽；草木）		屯
46. shan¹	山	（小山）		峰嶺
47. ch'uan¹	巛*	（河川）		州巡
48. kung¹	工	（工作）		左巧差
49. chi³	己	（自己）		巷
50. chin¹	巾	（手帕；头巾）		布帳幫
51. kan¹	干	（盾；干犯）		平年幹
52. yao¹	幺	（小）		幻幾
53. yen³	广	（屋顶儿）		床店廚
54. yin³	廴	（持续的运动）		廷建
55. kung³	廾	（如致敬时双手抱拳）		弄
56. yi⁴	弋	（用弓射箭）		式
57. kung¹	弓	（弓子）		弔弟張
58. ch'i⁴	彐*	（弄尖了象猪头）		彙
59. shan¹	彡	（有条纹，如头发）		彩
60. ch'ih⁴	彳	（小步行走）		往後得

四画（4 Stroke）

61. hsin¹	心*	（心脏；心思）		必愛慢
62. ko¹	戈	（长矛；梭标）		成我或
63. hu⁴	戶	（房门）		房扁
64. shou³	手*	（双手）		拜換掌
65. chih¹	支	（支柱；支取钱款）		
66. p'u¹	攴*	（轻轻敲打）		改散敦

67. wên²	文	（条纹或纹理；修饰，跟无装饰相对；		
		文学；中国现金货币单位）	斌斑
68. tou³	斗	（中国量器；一斗大约 20 斤，参见		
		部首 69）	料斟
69. chin¹	斤	（中国重量单位，约等于英国的 1 又 1/3		
		磅；通常用"斤"；"斤"又指斧头）	斧斬新
70. fang¹	方	（方块儿）	旁旗
71. wu²	无*	（不）	既
72. jih⁴	日	（太阳；日子）	昂春晝
73. yüeh¹⁴	曰	（说）	更書替
74. yüeh⁴	月	（月亮）	有朋朝
75. mu⁴	木	（木头；树木）	本林柴
76. ch'ien⁴	欠	（欠帐；欠缺）	次欵
77. chih³	止	（停止）	正步武
78. tai³	歹*	（凶案腐尸；坏的）	死
79. shu¹	殳	（兵器，铁头木棍）	殺
80. wu²⁴	毋	（勿，甭，不要）	每
81. pi³	比	（比较；比邻）	
82. mao²	毛	（头发，皮毛）	毯
83. ch'i⁴	气	（蒸气）	氣
84. shih⁴	氏	（氏族；世家）	民
85. shui³	水*	（水）	永河灣
86. huo³	火*	（火）	炕炭然
87. chao³	爪*	（爪子）	爲爵
88. fu⁴	父	（父亲）	爺
89. yao²	爻	（交叉）	爽
90. ch'iang²	爿	（部首 91 的反向）	牀牆

91. p'ien⁴	片	（木片；一片儿）		牔
92. ya²	牙	（后牙）		
93. niu²	牛*	（公牛；母牛）		牲特牽
94. ch'üan³	犬*	（狗）		狗獣獸

五画（5 Stroke）

95. yüan²	玄	（黑色；本音 hsüan²，但现在不那么读）		玆率
96. yü⁴	玉*	（宝石）		玻瑞璃
97. kua¹	瓜	（葫芦）		瓢瓣
98. wa³	瓦	（瓦片）		瓶
99. kan¹	甘	（甜）		甚甜
100. shêng¹	生	（生活；生产）		產
101. yung⁴	用	（使用）		甬
102. t'ien²	田	（田野；耕地）		男留略
103. p'i³	疋	（整卷或整块的棉布或丝绸等）		疑
104. ni¹⁴	疒	（疾病）		疼病
105. po¹⁴	癶	（背靠背）		發
106. pai²; po¹²	白	（白色）		百的皇
107. p'i²	皮	（皮肤；树皮）		皺
108. min³	皿	（有盖儿的盘盂）		盅盆盞
109. mu⁴	目	（眼睛）		看盼直
110. mou²; mao²	矛	（长矛）		矜
111. shih³	矢	（箭）		知矩短
112. shih²	石	（石头）		破碎碎
113. ch'i²; shih⁴	示	（神灵之力；启示）		祖票禁
114. jou³	禸	（狐狸脚印）		禽

115. ho²	禾	（各种谷类作物）		秋秦
116. hsüeh²⁴	穴	（山边洞穴）		窄窮審
117. li⁴	立	（起立或站立）		站章竪

六画（6 Stroke）

118. chu²	竹*	（竹子）		等策算
119. mi³	米	（大米）		粗粱糞
120. mi⁴; ssǔ¹	糸	（蚕丝）		紅累絲
121. fou³	缶	（瓦器）		缺罄
122. wang³	网*	（渔网）		罔罕罷
123. yang²	羊	（羊）		美羞羣
124. yü³	羽	（羽毛）		翁翎習
125. lao³	老	（年老）		考者
126. êrh²	而	（与；但）		耍耐
127. lei³	耒	（犁）		耕耨
128. êrh³	耳	（耳朵）		聞聖聽
129. yü⁴	聿	（毛笔）		畫
130. jou⁴; ju⁴	肉*	（肉体；肉类）		服肯能
131. ch'ên²	臣	（大臣；家仆）		臨
132. tzǔ⁴	自	（自己；自从）		臭
133. chih⁴	至	（来去；到达）		臺
134. chiu⁴	臼	（石臼）		與舉舊
135. shê²	舌	（舌头）		舒
136. ch'uan³	舛	（不和；弄错了）		舞
137. chou¹	舟	（船；艇）		船

138. kên⁴	艮	（限制；记时汉字之一。译按：记方位。）	艮艱
139. sê⁴; shai³	色	（色彩）	艶
140. ts'ao³	艸*	（植物；草本植物）	花草葬
141. hu¹	虍	（虎纹）	虎虐號
142. ch'ung²; hui⁴	虫	（有脚的爬虫）	虱蜜蠢
143. hsieh³; hsüeh³ ⁴	血	（血液）	衆
144. hang²; hsing²	行	（音 hang，一排，如一排房屋；音 hsing，走，做）	街衒衝
145. yi¹	衣	（衣服）	衫哀表
146. ya⁴	襾	（覆盖；俗讹作 "西 hsi¹"，西方，严格地讲，它不是部首）	要

七画（7 Stroke）

147. chien⁴	見	（用眼、耳或心感受到；有时是被动或反身动词的标志）	規親覺
148. chio² ³; chiao³	角	（牛角；角落）	解
149. yen²	言	（话语）	訛說謬
150. ku¹ ³	谷	（山谷）	欲
151. tou⁴	豆	（豆子；木制祭器）	豈豐
152. shih³	豕	（猪）	象
153. chai⁴; ti³	豸	（没有脚的爬虫）	貌
154. pei⁴	貝	（龟；龟甲；引申为宝贵）	貧賊賓
155. ch'ih³ ⁴	赤	（肉色）	赦
156. tsou³	走	（行或跑）	起趕
157. tsu²	足	（脚；足够）	跨路蹇

158. shên¹		身	（身体）	躬躲
159. ch'ê¹; chü¹		車	（车辆；轿车）	輩載輕
160. hsin¹		辛	（苦味儿）	辜辭辯
161. ch'ên²		辰	（中国计时第五个时辰，每天上午7点到9点；又，纪年地支第五位）	辱
162. ch'o⁴		辵*	（行止）	迎送這
163. yi⁴		邑*	（任何人口聚居区）	那却郡（译按：却，已见26卩部）
164. yu³		酉	（第10个时辰，下午5点到7点；地支第十位）	酒醫釁
165. pien⁴		釆	（分别与辨别；别跟"采 ts'ai³,颜色"相混淆）	釋
166. li³		里	（25户为一里；中国长度单位，大约等于1/3英里）	重野量

八画（8 Stroke）

167. chin¹		金	（金属；金子）	針錯鑿
168. chang³; ch'ang²		長*	（生长；长短，长度）	
169. mên²		門	（大门；房门）	開間關
170. fu⁴; fou⁴		阜*	（土堆）	阿陋陪
171. li⁴; tai⁴		隶	（达到；到达）	隸
172. chui¹		隹	（短尾鸟）	隻雙雞
173. yü³		雨	（下雨）	雪雲
174. ch'ing¹		青	（天蓝色）	靖静

175. fei¹　　　非　　（否定的；错误的）　　　　　　　　靠
176. mien⁴　　面　　（脸面；表面）

九画（9 Stroke）

177. kê²; ko²　革　　（去了毛的皮革；皮去其毛；剥皮）　靴鞋
178. wei²　　　韋　　（熟皮子）　　　　　　　　　　　韓
179. chiu³　　 韭　　（韭菜）　　　　　　　　　　　　韭
180. yin¹　　　音　　（声音）　　　　　　　　　　　　韻響
181. yeh⁴　　　頁　　（首，头；书页）　　　　　　　　頂頭類
182. fêng¹　　 風　　（刮风）　　　　　　　　　　　　颭飄
183. fei¹　　　飛　　（飞行，如鸟般）
184. shih²　　 食　　（吃）　　　　　　　　　　　　　飲養餓
185. shou³　　 首　　（头）　　　　　　　　　　　　　馘
186. hsiang¹　 香　　（香味）　　　　　　　　　　　　馨馥

十画（10 Stroke）

187. ma³　　　 馬　　（马匹）　　　　　　　　　　　　騎騾驚
188. ku³　　　 骨　　（骨头）　　　　　　　　　　　　體髓
189. kao¹　　　高　　（高矮）
190. piao¹　　 髟　　（长发浓密）　　　　　　　　　　髮髯鬢
191. tou⁴　　　鬥　　（打斗；竞争）　　　　　　　　　鬧鬩
192. ch'ang⁴　 鬯　　（瓷制祭器；草木繁茂；满足）　　鬱
193. ko²; li⁴　鬲　　（曲足瓶形祭器）　　　　　　　　鬴鬻
194. kuei³　　 鬼　　（死者的精魂）　　　　　　　　　魁魂魔

十一画（11 Stroke）

195. yü²	魚	（鱼儿）	魯鮮鰲
196. niao³	鳥	（鸟类）	鳳鴨鷹
197. lu³	鹵	（天然盐）	鹹鹽
198. lu⁴	鹿	（鹿类）	麒麗麟
199. mai⁴; mo⁴	麥	（麦子）	麪
200. ma²	麻	（大麻）	麼

十二画（12 Stroke）

201. huang²	黃	（黄色；土黄色）	黈黂黌
202. shu³	黍	（小米）	黎黏
203. hei¹³; hê⁴	黑	（黑色）	點黛
204. chih⁴	黹	（刺绣）	黻黼

十三画（13 Stroke）

205. mêng³; min²	黽	（蛙或蟾蜍之类）	黿
206. ting³	鼎	（有双耳三足的祭器）	鼐
207. ku³	鼓	（各种鼓）	鼕鼗
208. shu³	鼠	（鼠类）	

十四画（14 Stroke）

209. pi²	鼻	（鼻子）	鼽
210. ch'i²	齊	（整齐）	齋齎

十五画（15 Stroke）

211. ch'ih³　　齒　　（前面的牙）　　　　　　　　齡齠

十六画（16 Stroke）

212. lung²　　龍　　（龙之族）　　　　　　　　　龔龕
213. kuei¹　　龜　　（乌龟，海龟，等等）　　　　鼈

十七画（17 Stroke）

214. yo⁴　　龠　　（笛、管等乐器）　　　　　　　龢

上表中带星号（*）的字，作为部首用于某些字的时候，有些一般是、有些经常是要改变形体。下面的变体是《康熙字典》所承认的。另有几个，允许用于手写体，学起来并不难。

人	亻		爪	爫
刀	刂		牛	牜
卩	㔾		犬	犭
尢	尣		玉	王
巛	川		竹	𥫗
彐	彑 彖		网	罒 罓
心	忄 㣺		肉	月
手	扌		艸	艹
攴	攵		襾	西
无	旡		辵	辶
歹	歺		邑	阝

水 氵氷　　　　長 镸
火 灬　　　　阜 阝

部首测验表（一）

七九了久也凡勺千不中乏五井今六分匹反太天孔少尺屯弔且主乍允内冬
凸凹出包北半占卡去可外左巧布平幼必本正民永交兆全匠危回孛奶好
尖州年式成有次死每百考那你兵別助却底困壯巡床廷弄弟往我改更步甬
男罕良卻阿事京來兒兩典卦取夜奇姓官店或房斧昂朋林武河炕狀狗的直
知罔者服肯花虍虱衫表迎陋亮冒冠則勁南屋巷建後扁拜春炭牲玻甚盅
盆看盼矜秋紅美耍耐臭虐哀要卻重准匪厚原夏孫家峰差料旁書柴殺氣特
茲留疼病矩破祖秦窄站缺翁耕能草豈起趕躬辱酒針陪隻送湊勒匙參專巢
帳張彩得斬既畫爽率瓶甜產略票章粗累羞翎習船規訛欲貧赦這野雪頂冕
壺寒尊就幾換掌散敦斌斑替朝欻毯然爲爺牽發短碎禽等策梁絲畫舒衆街
衙輩辜量開間雲飲疊嗇幹廚彙愛戡新瑞盞碎禁羣聖葬號解象賊跨路載靖
靴韭鳳亂漂團墓壽夢對慢旗獃豎算聞臺與蜜說貌實躲輕醉魁魂麼璃層窗
疑皺窮罷舞餓銜靠鞋颱養髮鬧黎學耨親錯隸靜頭鴨鼐嶺幫爵牆瓢糞馨舉
艱韓鹹鮮魽黏點黴黿齋竄舊謬豐蹙醫雙雞馥騎鼕壞獸臨關韻鬍魯麒麗龥
鼕駒類嚷瓣覺辭釋饗飄馨鹹鵝鏎黨齡蠱辯騾魘鰲齎齣聽鸚蠆龕穌鷲體髓
鬭麟艷鬢鷹灣鹽贙豐鑵鑒鬱

部首测验表（二）

1 日月曰夕　2 風雨气 氵水　3 鬼示卜鬯豆鼎鬲　4 金鼓龠音　5 干支乙辛子
酉艮爻　6 金木水火土　7 山川谷穴阜田门　8 玉石鹵水　9 色青黃赤白黑
玄　10 人儿氏自己父子女士臣　11 身心忄手足首頁而彡耳鼻面目見面　12
言曰口舌牙齒皮肉骨血气　13 力用工　14 尸首骨阝尢疒　15 入夂夊廴行走

辵隶彳 止立食 16 厶歹鬥攴 17 生長大小長幺 18 厂宀广襾囗里門户邑阜 19 衣巾黹 20 舟車皿几匕斗白瓦缶 21 魚网牛耒糸皮革韋 22 刀匕干戈弋弓矢矛攵斤 23 凵勹匚匸 24 艸木竹瓜鬯屮禾米韭麥麻黍 25 辛甘香 26 牛羊犬豕馬鹿鼠 27 鳥隹虫豸龍魚黽黾角貝 28 羽飛爪內采文彡虍影 29 疋斗斤寸方長 30 一二八十 31 片比爿 32 旡欠足齊 33 亠冖高彐聿 34 毋又爻舛非 35 丨丶丿

部首测验表（三）

1. 口语的（Colloquial）
一二人入八刀力十卜又口土士大女子小寸尸山川工己巾干弓心戈户手支文斗斤方日月曰木欠止歹比毛氏水火爪父片牙牛犬玉瓜瓦甘生用田疋白皮目矛矢石禾穴立竹米缶羊羽老而耳肉臣自至臼舌舛舟色虫血行衣見覺（译按：当是"角"之误）言谷豆貝赤走足身車辛辰酉里金長門雨青非面革韭音頁風飛食首香馬骨高鬥鬼魚鳥鹿麥麻黃黍黑鼎鼓鼠鼻齊齒龍

2. 古典的（Classical）
乙几匕夕弋旡攴毋爻玄皿耒聿艮豸邑阜韋鬯鬲鹵黹黽龜

3. 已废弃不用的（Obsolete）
丨丶丿亠儿冂冖凵勹匚匸卩厂厶囗夂夊宀尢屮幺广廴廾彐彡彳攴气爿疒癶示内糸网艸虍襾辵釆隶隹影龠

口语部首练习

1. 人氏[1]、門氏[2]、人口[3]、户口[4]、自己[5]、子女[6]、女子[7]、女人[8]、父子[9]、老子[10]、貝子[11]、臣子[12]、大臣[13]、士子[14]、白衣大士[15]、文士[16]、文人[17]、鬼子[18]

2. 人身[1]、己身[2]、人心[3]、心口[4]、手足[5]、耳目[6]、方面大耳[7]、牙齒[8]、門牙[9]、口舌[10]、口齒[11]、口音[12]、目力[13]、骨肉[14]、尸首[15]、骨血[16]、血心[17]、黑心[18]、

一生心血[19]、赤心[20]、二人一心[21]、鼻子[22]、骨尸[23]、手心[24]、手面[25]、面目[26]、見面[27]、面見[28]、一面[29]、面子[30]、面生[31]

3. 入門[1]、干支[2]、支用[3]、用力[4]、用人[5]、用心[6]、足用[7]、用工[8]、長工[9]、月工[10]、瓦木工[11]、土木工[12]、大工[13]、小工[14]、工人[15]、人工火食[16]、女工[17]、手工[18]、水手[19]、鼓手[20]、老手[21]、生長[22]、立止[23]、自立[24]、行止[25]、行走[26]、行香[27]、高香[28]、香片[29]、甘心[30]、鼎力[31]、人力[32]、一齊[33]、比齊[34]、食言[35]、比方[36]、小心[37]、齊心[38]、見長[39]、見小[40]、心高[41]、高見[42]

4. 大小[1]、子比父高[2]、父老子小[3]、老小[4]、心歹[5]、歹人[6]、小人[7]、高大[8]、身高力大[9]、又高又大[10]、人老又曰二毛[11]

5. 手巾[1]、雨衣[2]、皮衣[3]、女衣[4]

6. 舟車[1]、車馬[2]、二馬車[3]、車門[4]、水車[5]、小車子[6]、門戶[7]、大門[8]、小門[9]、二門[10]、門口[11]、門面[12]、土門土户[13]、車户[14]、走馬大門[15]

7. 刀子[1]、干戈[2]、矢石[3]、弓矢[4]、刀石[5]、一力弓[6]、十力弓[7]、牛角弓[8]

8. 西瓜[1]、黃瓜[2]、香瓜[3]、瓜皮[4]、瓜子[5]、禾黍[6]、黍子[7]、米麥[8]、麥子[9]、大麥[10]、小麥[11]、豆角[12]、黃豆[13]、黑豆[14]、小麻子[15]、竹子[16]、韭黃[17]、肉片[18]、用刀片肉[19]、牛肉[20]、羊肉[21]、鹿肉[22]、一方肉[23]、一斤生牛肉[24]、老米[25]、白米[26]、小米子[27]、老玉米[28]、黃米[29]

9. 牛羊[1]、牛馬[2]、魚虫[3]、草虫[4]、牙虫[5]、虫牙[6]、毛毛虫[7]、羽毛[8]、羊毛[9]、皮毛[10]、毛女[11]、飛鳥[12]、高飛[13]、大鹿[14]、鹿角[15]、金魚[16]、魚子[17]、比目魚[18]、石首魚[19]、走馬[20]、老馬[21]、小川馬[22]、竹馬[23]、口齒[24]、青牛白馬[25]、土牛木馬[26]、西口馬[27]、龍爪[28]、龍門[29]、鬥龍舟[30]、黃羊子[31]、小山羊[32]、羊皮[33]、香牛皮[34]、老鼠[35]、小犬[36]、犬子[37]、金龜[38]、龜卜[39]、長虫[40]

10. 金木水火土[1]、田土[2]、大田[3]、瓜田[4]、一田禾黍[5]、山水[6]、山川草木[7]、西山[8]、山谷[9]、谷口[10]、西方[11]、大風[12]、西風[13]、風水[14]、風言[15]、羊角風[16]、香風十里[17]、土音[18]、水音[19]、山音[20]、水色[21]、一色[22]、大雨[23]、欠雨[24]、雨水[25]、十日一雨[26]、土山子[27]、黃土[28]、黑土[29]、鬼火[30]、金鼓[31]、金瓜[32]、木瓜[33]、木耳[34]、木魚子[35]

11. 長一寸[1]、八寸二[2]、八斗豆子[3]、十斤米[4]、一二疋[5]、一二頁[6]、八十二里[7]、非止一人[8]、止欠一文[9]、八口人[10]、一方[11]、一寸見方[12]、斗方[13]、日用斗金[14]。

12. 日日[1]、月月[2]、一日一見[3]、山高月小[4]、月色[5]、月夕[6]、自辰至酉[7]、日子[8]、長至日[9]。

13. 青黄赤白黑[1]、青白[2]、黑白[3]、青黄[4]、赤色[5]、黄而黑[6]、香色[7]、月白色[8]、玉色[9]、女色[10]。

14. 火石[1]、山子石[2]、石臼子[3]、石門[4]、石人[5]、石馬[6]、白玉[7]、金口玉言[8]、瓦缶金玉[9]、瓦面[10]、瓦片[11]。

部首练习答案

1.

1. 人氏 jên[2] shih[4]，某人生于某处。例如：他是什么人？他是广州人氏。
2. 門氏 mên[2] shih[4]，丈夫和妻子组成的家庭的姓。通常用于已婚妇女。她丈夫姓什么（"門"），她自己姓什么（"氏"）?
3. 人口 jên[2] k'ou[3]，男人和女人；一家男女老少。
4. 户口 hu[4] k'ou[3]，家庭；字面上是：门户和嘴巴；用以指村镇街道的人口。
5. 自己 tzǔ[4] chi[3]，本人，自身。
6. 子女 tzǔ[3] nü[3]，儿子和女儿们。
7. 女子 nü[3] tzǔ[3]，女儿。
8. 女人 nü[3] jên[2]，妻子。
9. 父子 fu[4] tzǔ[3]，父亲和儿子。
10. 老子 lao[3] tzǔ[3]，父亲。一位古代哲学家的专用名。
11. 貝子 pei[4] tzǔ[3]，汉语说 bei tsê，满洲贵族的称号。
12. 臣子 chên[2] tzǔ[3]，政府官吏。
13. 大臣 ta[4] chên[2]，政府部门主管；也指特派高层官员。

14. 士子 shih⁴ tzǔ³，正经学生；读书人。

15. 白衣大士 pai² i¹ ta⁴ shih⁴，观音菩萨的俗名。

16. 文士 wên² shih⁴，有学问的学者。

17. 文人 wên² jên²（比"士子 shih⁴ tzǔ³"强）；学者。

18. 鬼子 kuei³ tzǔ³，魔鬼；只用于指称外国人。

2.

1. 人身 jên² shên¹，身体。

2. 己身 chi³ shên¹，某人所属的，包括事务、财产等等。

3. 人心 jên² hsin¹，心脏或思想。

4. 心口 hsin¹ k'ou³，胸部；字面上是：心的口。

5. 手足 shou³ tsu²，手和脚（不是字面义，而是比喻义）；喻指兄弟情义。

6. 耳目 êr³ mu⁴，监视与探听；比喻警探；侦探，不论公私。

7. 方面大耳 fang¹ mien⁴ ta⁴ êr³，方脸盘大耳朵；俊男相貌；也是贵人相儿。

8. 牙齒 ya² ch'ih³，一个牙；一口牙。

9. 門牙 mên² ya²，前面的牙。

10. 口舌 k'ou³ shê²，争吵；字面上是：嘴和舌头。

11. 口齒 k'ou³ ch'ih³，嘴和牙齿；特指说话发音准确与否。参见本节 9.24。

12. 口音 k'ou³ yin¹，口腔音；发音。

13. 目力 mu⁴ li⁴，视力。

14. 骨肉 ku³ jou⁴，骨头和肉（不是字面义，而用比喻义）；比喻亲密关系。

15. 尸首 shih¹ shou³，尸体；字面上是：尸体和头颅。

16. 骨血 ku³ hsüeh³，骨头和鲜血；喻指亲密关系。

17. 血心 hsüeh³ hsin¹，鲜血，心脏；忠诚于朋友、重诺、诚挚的品质。

18. 黑心 hei¹ hsin¹，黑色心脏；"血心"的反面。

19. 一生心血 yi⁴ shêng¹ hsin¹ hsüeh⁴，整个一辈子的心血；说的是持久专心的追求。

20. 赤心 ch'ih⁴ hsin¹，红色的心；指忠于职守。
21. 二人一心 êr⁴ jên² yi⁴ hsin¹，两个人一个心思；同心同德；齐心协力争取成功。
22. 鼻子 pi² tzǔ³，*the nose*（鼻子）。
23. 骨尸 ku³ shih¹，尸骨；字面上是：骨头和尸体。
24. 手心 shou³ hsin¹，手的掌心；字面上是：手的心。
25. 手面 shou³ mien⁴，手掌和手指内向的一面；比喻事情易于理解。
26. 面目 mien⁴ mu⁴，脸；字面上是：脸和眼睛。
27. 見面 chien⁴ mien⁴，对面相见；私下会见。
28. 面見 mien⁴ chien⁴，亲眼所见；确是亲身；可疑之事。
29. 一面 yi² mien⁴，同时，一齐；字面上是：一个面孔，一样的面孔；比喻受力相同的两个行为同时进行。
30. 面子 mien⁴ tzǔ³，表面或外表，例如衣服相对于衬或里的外层；又指事物的外观。
31. 面生 mien⁴ shêng¹，未曾见过的面孔；字面上是：面孔生疏或新鲜；但不能这么用。

3.

1. 入門 ju⁴ mên²，进门；比喻初学。另有一个短语表示"进门"的字面义。
2. 干支 kan¹ chih¹，主干和分支（译按：天干与地支的合称），即中国的纪时纪年系统。
3. 支用 chih¹ yung⁴，花费；字面上是：支出与消费。
4. 用力 yung⁴ li⁴，尽力；用劲。
5. 用人 yung⁴ jên²，按不同待遇雇用人手。
6. 用心 yung⁴ hsin¹，尽自己的力量；用脑筋。（译按：原文 hsin¹ 误作 hsin²。径改。）
7. 足用 tsu² yung⁴，够用；最常用于收入或进项。
8. 用工 yung⁴ kung¹，勤奋；使用劳力。
9. 長工 ch'ang² kung¹，长期雇用的劳力；长期雇用，跟所谓"月工"相对。

10. 月工 yüeh⁴ kung¹，按月雇用的工人。
11. 瓦木工 wa³ mu⁴ kung¹，雇来盖房子的工人；字面上是：瓦、木方面的工人，即瓦匠和木匠。
12. 土木工 t'u³ mu⁴ kung¹，雇的土、木方面的工人，即打地基的工人。
13. 大工 ta⁴ kung¹，技术熟练的雇用建筑工人。
14. 小工 hsiao³ kung¹，没什么技术的工人，搬运砖瓦泥灰的杂务工之类。
15. 工人 kung¹ jên²，家庭佣人；也指农场工人。
16. 人工火食 jên² kung¹ huo³ shih²，生活费用；字面上是：劳动与生活费用。
17. 女工 nü³ kung¹，针线活儿；字面上是：女人的工作。
18. 手工 shou³ kung¹，靠手的技能完成的工作，特指裁缝、细木工、雕刻工等等。
19. 水手 shui³ shou³，海员；船员。
20. 鼓手 ku³ shou³，打鼓的。
21. 老手 lao³ shou³，有经验的人；老练的。
22. 生長 shêng¹ chang³，生育繁殖；字面上是：生育和成长。
23. 立止 li⁴ chih³，停顿下来。
24. 自立 tzǔ⁴ li⁴，能够独自站立；靠着骨气和能力而独立自主。
25. 行止 hsing² chih³，行为举止（即不论是动是止，不论在外还是在家）。
26. 行走 hsing² tsou³，走动；受雇于官府。
27. 行香 hsing² hsiang¹，官员上庙进香。民间则另有称法。
28. 高香 kao¹ hsiang¹，高高的炷香。
29. 香片 hsiang¹ p'ien⁴，散发香气的薄片；有香味儿的茶叶。
30. 甘心 kan¹ hsin¹，情愿；字面上是：心里高兴。
31. 鼎力 ting³ li⁴，雄浑坚固，有如祭祀用的三脚鼎；用于赞美说话者所依赖的有地位有影响的人。
32. 人力 jên² li⁴，来自人自身能力的力量；字面上是：力气，相对的非人工的自然生长；多用于指旺盛之力，等等。
33. 一齊 yi⁴ ch'i²，全体在同一时间或在一起。

34. 比齊 pi³ ch'i², 使绳、杆等等同长等高；比 pi³, 紧挨着摆放；齐 ch'i², 使取齐。
35. 食言 shih² yen², 吃下所说的话；背信弃义。
36. 比方 pi³ fang¹, 举例；比较；也用于独立并存的情况。
37. 小心 hsiao³ hsin¹, 注意；当心！
38. 齊心 ch'i² hsin¹, 全体一致没有异议的。
39. 見長 chien⁴ chang³, 生长；应是感觉, 或是关于生长的话题；用于动物或植物；用于人, 则指精神或体力。见长 chien⁴ ch'ang², 用于指特殊卓越的才能或造诣。
40. 見小 chien⁴ hsiao³, 看着小的；接人待物吝啬小气。
41. 心高 hsin¹ kao¹, 目标极高；崇高的志向。
42. 高見 kao¹ chien⁴, 看得远, 用于政治的、家庭的事务, 等等。用于赞美别人的见解；字面上是：(您的)崇高的见解或主意。

4.

1. 大小 ta⁴ hsiao³, 大的和小的；引申为尺寸数码。
2. 子比父高 tzǔ³ pi³ fu⁴ kao¹, 儿子身材比父亲高。(译按：原文 pi³ 误作 pi²。径改。)
3. 父老子小 fu⁴ lao³ tzǔ³ hsiao³, 父亲年老, 儿子年轻；用于父已很老而儿子尚幼的场合。
4. 老小 lao³ hsiao³, 年老的和年轻的。
5. 心歹 hsin¹ tai³, 心地歹毒的。
6. 歹人 tai³ jên², 坏人, 诸如盗贼、凶手。
7. 小人 hsiao³ jên², 道德卑劣的人, 跟"君子 chün¹ tzǔ³ (道德和心智完美的人)"相对。
8. 高大 kao¹ ta⁴, 高的；崇高的。
9. 身高力大 shên¹ kao¹ li⁴ ta⁴, 身材高大且强壮有力。
10. 又高又大 yu⁴ kao¹ yu⁴ ta⁴, 既高且大。
11. 人老又曰二毛 jên² lao³ yu⁴ yüeh¹ êr⁴ mao², 人老了就被称为"二毛 êr⁴ mao²",

二毛，即头发有白有黑。

注：口语里"曰 yüeh¹"只有上面这种用法，表示出自谚语、经典等等。

5.

1. 手巾 shou³ chin¹，手帕。
2. 雨衣 yü³ i¹，雨天穿的衣服；防水的衣服。
3. 皮衣 p'i² i¹，兽皮做的衣服，或用兽皮做里子的衣服。
4. 女衣 nü³ i¹，女人的衣服。

6.

1. 舟車 chou¹ chü¹，（文雅的说法）船或车，陆上或水上的交通工具。
2. 車馬 ch'ê¹ ma³，车和马。
3. 二馬車 êr⁴ ma³ ch'ê¹，两匹马拉一辆车；"二马车 êr⁴ ma³ chü¹"，指一种水烟斗，更通常的叫法是"水烟袋 shui³ yen¹ tai⁴"。
4. 車門 ch'ê¹ mên²，（住宅门前有顶棚的）上下车的停车处；让车辆等出入的门道。
5. 水車 shui³ ch'ê¹，运水的车辆。
6. 小車子 hsiao³ ch'ê¹ tzǔ³，小的车辆，或独轮车，或手推车。
7. 門户 mên² hu⁴，供出入的大门，或房门。
8. 大門 ta⁴ mên²，较大的门；特指供出入的门。
9. 小門 hsiao³ mên²，较小的供出入的门。
10. 二門 êr⁴ mên²，进中国人的宅院，经过"大门 ta⁴ mên²"即过了主要的出入口之后的那道门，就是"二门"。
11. 門口 mên² k'ou³，住宅、房间的入口。
12. 門面 mên² mien⁴，店铺的前面；即其门口这边的门脸儿。
13. 土門土户 t'u³ mên² t'u³ hu⁴，泥土房子，即如穷乡僻壤的村舍；字面上是：门口和窗户都是泥土间隔。

14. 車戶 ch'ê¹ hu⁴，统称车老板；在北京不要用它来称男子。

15. 走馬大門 tsou³ ma³ ta⁴ mên²，任何大宅院一个间量的大门，可供骑马通行。

7.

1. 刀子 tao¹ tzǔ³，小刀儿。

2. 干戈 kan¹ ko¹，盾和矛；比喻战争。

3. 矢石 shih³ shih²，箭和石头；射箭和投石。

4. 弓矢 kung¹ shih³，弓和箭；射箭。

5. 弓刀石 kung¹, tao¹, shih²，弓箭，刀剑，石头。译按：原文 shih² 误作 shih³。径改。
   注：武秀才必须练出拉弓的劲儿，练习刀剑和举石头。

6. 一力弓 i¹ li⁴ kung¹，用一斤的力气就可以拉开的弓；最容易拉开的弓。

7. 十力弓 shih² li⁴ kung¹，用十斤力才能拉开的弓；虽说有号称十六力的强弓，而实际上十力弓已是最强的了。

8. 牛角弓 niu² chiao³ kung¹，用牛角做的弓。整个弓身用了牛角或钢铁使之强硬，然而后者（钢铁）只起装饰作用。

8.

1. 西瓜 hsi¹ kua¹，西瓜（*water melon*）；字面上是：西方的甜瓜。

2. 黃瓜 huang² kua¹，黄瓜（*cucumber*）；字面上是：黄色的甜瓜。

3. 香瓜 hsiang¹ kua¹，一般当水果吃的甜瓜；字面上是：有香味儿的甜瓜。

4. 瓜皮 kua¹ p'i²，任何瓜类的表皮。

5. 瓜子 kua¹ tzǔ³，任何瓜类结的籽儿。

6. 禾黍 ho² shu³，未收割的稻稷。

7. 黍子 shu³ tzǔ³，黍稷，小米。

8. 米麥 mi³ mai⁴，收割了的稻麦；如我们所说的"谷物（*corn or grain*）"。

9. 麥子 mai⁴ tzǔ³，小麦（*wheat*）。

10. 大麥 ta⁴ mai⁴，大麦（*barley*）。

11. 小麥 hsiao³ mai⁴，小麦（wheat）。

12. 豆角 tou⁴ chiao³，豆荚；字面上是：豆子一角儿。

13. 黃豆 huang² tou⁴，普通食用的豆子。

14. 黑豆 hei¹ tou⁴，黑色豆子。

15. 小麻子 hsiao³ ma² tzǔ³，土茴香 / 土茴香子（cumin）。译按：北方指胡麻，用以制食用植物油。

16. 竹子 chu² tzǔ³，竹子。

17. 韭黃 chiu³ huang²，韭菜；字面上是：黄韭菜。

18. 肉片 jou⁴ p'ien⁴，肉的薄切片；"片 p'ien⁴"在这里作名词用。

19. 用刀片肉 yung⁴ tao¹ p'ien⁴ jou⁴，用刀把肉切成薄片儿；这裏的"片 p'ien⁴"是动词。

20. 牛肉 niu² jou⁴，牛肉（beef）。

21. 羊肉 yang² jou⁴，羊肉（mutton）。

22. 鹿肉 lu⁴ jou⁴，鹿肉（venison）。

23. 一方肉 yi⁴ fang¹ jou⁴，一大块或一厚片肉。方 fang¹，字面上是：方块。

24. 一斤生牛肉 yi⁴ chin¹ shêng¹ niu² jou⁴，一斤新鲜的（或未熟的）牛肉。

25. 老米 lao³ mi³，陈米；米在店铺里已经有些日子了。

26. 白米 pai² mi³，新（字面上是"白 pai²"）米；或指比"黄米 huang² mi³"好得多的米。（参见 29.）

27. 小米子 hsiao³ mi³ tzǔ³，燕麦（oats）。译按：小米，通常指去皮的粟。又指小粒的米。《吕氏春秋·审时》："小米钳而不香。"小米子指燕麦，不知所据。

28. 老玉米 lao³ yü⁴ mi³，某一时节的玉米。

29. 黃米 huang² mi³，糙米；不供应北京。

9.

1. 牛羊 niu² yang²，羊和牛。

2. 牛馬 niu² ma³，牛和马。

3. 魚虫 yü² ch'ung²，喂鱼的小虫儿；小昆虫的幼体，等等。
4. 草虫 ts'ao³ ch'ung²，青草与昆虫，即植物与昆虫；也指在青草植物中发现的任何昆虫。
5. 牙虫 ya² ch'ung²，牙齿上的虫子。中国人相信牙痛就是牙虫造成的。
6. 虫牙 ch'ung² ya²，被牙虫蛀了的牙齿；牙疼。
7. 毛毛虫 mao² mao² ch'ung²，有茸毛的虫子；蠋一类的毛虫。
8. 羽毛 yü³ mao²，羽纱（*camlet*）；又指翎羽和毛发；鸟儿全身的羽毛。
9. 羊毛 yang² mao²，羊的毛（*wool*）。
10. 皮毛 p'i² mao²，兽皮上的毛；又，比喻不太严重的疾病；应该说只是侵袭表面而已。
11. 毛女 mao² nü³，未婚女子；额头前的头发尚未挽扎起来的女孩子；多用于未到结婚年龄的年轻女子。
12. 飛鳥 fei¹ niao³，鸟儿；字面上是：飞着的鸟。
13. 高飛 kao¹ fei¹，高高地飞翔。
14. 大鹿 ta⁴ lu⁴，红鹿；字面上是：体形大的鹿。
15. 鹿角 lu⁴ chiao³，鹿的角。
16. 金魚 chin¹ yü²，金鱼（*gold fish*）。
17. 魚子 yü² tzǔ³，鱼卵；鱼产下的卵子。
18. 比目魚 pi³ mu⁴ yü²，对儿鱼（*pair-fish*），意味着分不开；比喻已婚夫妻。
19. 石首魚 shih² shou³ yü²，石首鱼科的一种；俗称"黄花鱼 huang² hua¹ yü²"，有黄色斑纹的鱼。
20. 走馬 tsou³ ma³，行走轻快的马；中国官员喜欢骑这种马。
21. 老馬 lao³ ma³，年纪大了的马。
22. 小川馬 hsiao³ Ch'uan¹ ma³，四川矮种马。
23. 竹馬 chu² ma³，用竹子扎的马。
24. 口齒 k'ou³ ch'ih³，嘴里的牙齿；即马的牙齿，通过看它的牙齿可以知道它的年龄。

25. 青牛白馬 ch'ing¹ niu² pai² ma³，灰色的牛，白色的马；照字面意义使用；也可用于比喻，指占星术认为命相不宜的婚姻。

26. 土牛木馬 t'u³ niu² mu⁴ ma³，泥土捏的牛，木头做的马；比喻蠢笨的人。

27. 西口馬 hsi¹ k'ou³ ma³，从西部边境来的马；字面上是：西边的口，即西部边关。

28. 龍爪 lung² chao³，龙的爪子；常见于刺绣或绘画。

29. 龍門 lung² mên²，龙的大门，即考场大门，合资格赶考的人通过这个大门进入考场。

30. 鬥龍舟 tou⁴ lung² chou¹，龙舟竞赛；每年五月节人们划这种船比赛。

31. 黃羊子 huang² yang² tzǔ³，羚羊的一种。

32. 小山羊 hsiao³ shan¹ yang²，山羊羔。

33. 羊皮 yang² p'i²，羊的皮。

34. 香牛皮 hsiang¹ niu² p'i²，俄罗斯皮革，即发出香味的牛皮。

35. 老鼠 lao³ shu³，耗子。

36. 小犬 hsiao³ ch'üan³，小狗儿，指称自己的儿子。

37. 犬子 ch'üan³ tzǔ³，狗，用法与36.相同。

38. 金龜 chin¹ kuei¹，一种小型旱地乌龟。

39. 龜卜 kuei¹ pu³，占卜；字面上是：参照龟甲上的征兆进行占卜。

40. 長虫 ch'ang² ch'ung²，蛇；字面上是：长长的爬虫。

10.

1. 金木水火土 chin¹, mu⁴, shui³, huo³, t'u³，金属、木头、水、火、泥土；中国哲学五大要素。

2. 田土 t'ien² t'u³，土地；田野。

3. 大田 ta⁴ t'ien²，秋季作物，其数量之大、价值之高，跟春天形成强烈对照。

4. 瓜田 kua¹ t'ien²，种植葫芦、甜瓜等等的田地。

5. 一田禾黍 yi⁴ t'ien² ho² shu³，满眼稻谷的田野；富饶的田野。

6. 山水 shan¹ shui³，风景；字面上是：山和水；又，山上流下的水；洪水。
7. 山川草木 shan¹, ch'uan¹, ts'ao³, mu⁴，风景；景物；字面上是：丘陵，河流，花草（或植物），树木。山川，指一个地区的水系。
8. 西山 hsi¹ shan¹，在西边的山。
9. 山谷 shan¹ ku³，山和谷；山中峡谷。
10. 谷口 ku³ k'ou³，峡谷，狭窄的隘口；字面上是：山谷的嘴。
11. 西方 hsi¹ fang¹，西部地区；西方国家；常特指西藏 (Thibet)，佛门乐土。
12. 大风 ta⁴ fêng¹，强风；八级风。
13. 西风 hsi¹ fêng¹，从西边来的风。
14. 风水 fêng¹ shui³，空气和水；作为一种迷信，对于选择宅基地等具有某些影响。
15. 风言 fêng¹ yen²，随风传播的话；谣传。
16. 羊角风 yang² chiao³ fêng¹，一种旋风；指小儿惊风。
17. 香风十里 hsiang¹ fêng¹ shih² li³，香气飘出十里远。
18. 土音 t'u³ yin¹，地方性的语音；区域方言。
19. 水音 shui³ yin¹，水声；字面上是：流水淙淙的声响；比喻乡音引发的游子思乡之情，似乎应该说是为饮用他乡之水所引发。
20. 山音 shan¹ yin¹，山的声音；回音。
21. 水色 shui³ sê⁴，水的色泽；春江秋水，尤其令人愉快；也用于描述女子清秀的容颜肤色。
22. 一色 yi² sê⁴，一致的颜色。
23. 大雨 ta⁴ yü³，降雨量大的雨。
24. 欠雨 ch'ien⁴ yü³，雨水不足。
25. 雨水 yü³ shui³，降雨带来的水；"雨水"也是中国一年二十四节气中的一个。
26. 十日一雨 shih² jih⁴ yi⁴ yü³，十天下一场雨；前面加另一句："五日一风，十日一雨"，是让农民高兴的好天气。

27. 土山子 t'u³ shan¹ tzǔ³, 花园里的假山之类的;"土山", 用土堆成的山, 跟石头假山相区别。

28. 黄土 huang² t'u³, 泥土。

29. 黑土 hei¹ t'u³, 黑色土壤; 北京特指脏土。

30. 鬼火 kuei³ huo³, 魔界的火, 磷火, 鬼火儿。

31. 金鼓 chin¹ ku³, 锣和鼓; 字面上是: 金属和鼓; 比喻战争的声音; 锣声一般是撤退的信号, 鼓声则表示进攻。

32. 金瓜 chin¹ kua¹, 一种红色葫芦, 不能食用; 把它固定在长杆顶上, 作为一种仪仗, 出殡的时候或是国家某些典礼上用。

33. 木瓜 mu⁴ kua¹, 番木瓜, *BRIDGMAN* (?)(译按:原文如此。) 在北方指一种香瓜, 不能吃, 但入药。

34. 木耳 mu⁴ êr³, 树木的"耳朵"; 一种可食用的地衣。

35. 木魚子 mu⁴ yü² tzǔ³, 一种中空的木器, 庙僧诵经或化缘的时候就敲响它。

11.

1. 長一寸 ch'ang² yi² ch'un⁴, 1 寸长。

2. 八寸二 pa¹ ch'un⁴ êr², 8 寸 2 (分)。

3. 八斗豆子 pa¹ tou³ tou⁴ tzǔ³, 8 斗 (中国量器) 豆子。"子"作名词后缀很常见。
   译按:原文斗 tou³ 误作 tou⁴。径改。

4. 十斤米 shih² chin¹ mi³, 10 斤大米。

5. 一二疋 yi¹ êr⁴ p'i³, 一捆或两捆布、织品, 等等。

6. 一二頁 yi¹ êr⁴ yeh⁴, 书中一页或两页。

7. 八十二里 pa¹ shih² êr⁴ li³, 约等于 27 英里。

8. 非止一人 fei¹ chih³ yi⁴ jên², 不止一个人。

9. 止欠一文 chih³ ch'ien⁴ yi¹ wên², 只欠一个小铜钱。

10. 八口人 pa¹ k'ou³ jên², 八个人; 即"八口之家"的家庭。而在我们, 最有代表性的说法大约是"半打儿 (*half a dozen*)"。

11. 一方 yi⁴ fang¹，整个儿四邻。
12. 一寸见方 yi² ch'un⁴ chien⁴ fang¹，即一平方寸。在这里动词"见"是反身动词（*reflective*）。
13. 斗方 tou³ fang¹，字面上是：升斗—方块；中国窗户经常留出正方或长方形空间，以便采光；其名称源于保留空间的大小而非形制。
14. 日用斗金 jih⁴ yung⁴ tou³ chien¹，每天花费成斗的黄金；花钱大方的富人。比较：我们所说的"大把的钱（*pot of money*）"。

12.

1. 日日 jih⁴ jih⁴，每天。
2. 月月 yüeh⁴ yüeh⁴，每个月。
3. 一日一见 yi² jih⁴ yi² chien⁴，每天都见面或探访。
4. 山高月小 shan¹ kao¹ yüeh⁴ hsiao³，山峰高耸月儿小；月儿从高耸的大山背后升起；用于描述此类美妙如画的景色。
5. 月色 yüeh⁴ sê⁴，月光；多用于明亮的满月。
6. 月夕 yüeh⁴ hsi¹，月光明亮的夜晚；常作为夸张的短语描述春夜美景。
7. 自辰至酉 tzǔ⁴ ch'ên² chih⁴ yu³，大约从上午8点到下午5点。在中国，一昼夜分为12个时辰，每个时辰两小时。辰时，午夜后的第四个时辰；酉时，午后第三个时辰。
8. 日子 jih⁴ tzǔ³，一天。
9. 长至日 ch'ang² chih⁴ jih⁴，冬至日过后白天渐长的日子。

13.

1. 青黄赤白黑 ch'ing¹, huang², ch'ih⁴, pê², hê⁴（白，黑，北京或音 po², ho⁴）；天蓝或深绿，黄色，血红色，白色，黑色。
2. 青白 ch'ing¹ pai²，蓝一白 = 浅蓝色。
3. 黑白 hei¹ pai²（北京话口语就是这么发音），黑色和白色，像国际象棋的棋盘；

也用于说那种分不清黑白的极度愚蠢。

4. 青黄 ch'ing¹ huang²，绿色和黄色。青黄相杂，指庄稼还没到成熟的时候儿。"青黄"这个短语，也用来说病人的脸色。

5. 赤色 ch'ih⁴ sê⁴，明亮的鲜红色，正如庙宇等所用的颜色；又指血红色，像人的肤色。后一种情况下，北京音是：ch'ih⁴ shai³。

6. 黄而黑 huang² êrh² hei¹，黄中带黑；说病人的脸色。

7. 香色 hsiang¹ sê⁴，"香 hsiang¹"的颜色，中国的"香"，我们称为"佛香 *joss-sticks*"；染作淡黄色，色如黄丝、黄布等等。

8. 月白色 yüeh⁴ pai² sê⁴，月一白（=淡蓝色）的颜色。

9. 玉色 yü⁴ sê⁴，玉石的颜色，接近"月白色 yüeh⁴ pai² sê⁴"。

10. 女色 nü³ sê⁴，对女人的强烈贪欲。

14.

1. 火石 huo³ shih²，打火石。

2. 山子石 shan¹ tzǔ³ shih²，假山；堆砌假山用的石头。

3. 石臼子 shih² chiu⁴ tzǔ³，石头碓臼子。

4. 石门 shih² mên²，石头的大门或门洞儿；穿过假山的通道；小山之间的通道。

5. 石人 shih² jên²，石头刻成的人像。

6. 石馬 shih² ma³，石头（雕刻的）马。

7. 白玉 pai² yü⁴，白色的玉石。

8. 金口玉言 chien¹ k'ou³ yü⁴ yen²，嘴如金子言语如玉；与欧洲人的说法相同：威严的确认或论断。用于否定、拒绝别人对你说的话，视为并非一贯正确。你说的，或他所说，并非出自金口，等等。

9. 瓦缶金玉 wa³, fou³, chien¹, yü⁴，瓦片，陶器，黄金，玉石（或宝石）。瓦缶比金玉好卖；节俭强于挥霍。

10. 瓦面 wa³ mien⁴，瓦的正面＝屋顶。

11. 瓦片 wa³ p'ien⁴，一片瓦。

第三章 散语章（四十练习）
(THE FORTY EXERCISES)

译按：本章大体上是原书第一卷第三章中文课文跟第二卷第三章英译文的合并。第一卷第三章为中文课文；第二卷第三章是英译文及其附注，每课练习之后，又有"英译汉"练习，其中文答案附在第一卷第三章中文课文的每个练习后面。

第二卷第三章又有1080个单位穿插其间，第1至8列于卷首，从第9分列于各课"英译汉练习"之后（今附于"答案"之后）；第1至50主要是讲词类和语法，自第51开始主要是实词及其用例。若将这1080个单位汇集成册，则相当于一部小型的北京口语常用单音词词典。

1. 基数词 (*The Cardinal Numbers*)

从1到10的基数词：

1，一 yi^1 6，六 liu^4
2，二 êrh^4 7，七 ch'i^1
3，三 san^1 8，八 pa^1
4，四 ssǔ^4 9，九 chiu^3
5，五 wu^3 10，十 shih^2

其中的1（一），2（二），8（八）和10（十）见于部首表（*Radical Table*）。

两 liang^3，一对，一双，经常用如基数词"2"，但在特殊情况下要用"两"。

俩 lia^3，从"两"变来的口语词，意思相同，但使用上有更大的限制。参见练习1。

2. 从 11 到 19，都包含一个"十 shih²"，后面再加个位数。即如：shih²-yi¹, 11；shih²-pa¹, 18；等等。

3. 从 20 到 99，其构成很像英语：

20, êrh⁴-shih²   67, liu⁴-shih²-ch'i¹
21, êrh⁴-shih²-yi¹   78, ch'i¹-shih²-pa¹
34, san¹-shih²-ssǔ⁴   89, pa¹-shih²-chiu³
45, ssǔ⁴-shih²-wu³   92, chiu³-shih²-êrh⁴
56, wu³-shih²-liu⁴   93, chiu³-shih²-san¹

4. 汉语计数，再就是百，千，万：

100, 百 pai³   1,000, 千 ch'ien¹   10,000, 万 wan⁴

在百和千之间，百位数的说法跟我们一样；但是，1,100 则是"一千一百"；11,000 是"一万一千"。汉语不说"十一百""十一千"等等。

5. 零 ling²，表示有零数。数数儿超过 100 的时候，我们得'加一个"O(*a zero*)"，中国人发明了一个词"零"，用法是：

303, san¹ pai³ ling² san¹   2,005, êrh⁴ ch'ien¹ ling² wu³

也可以用动词"有 yu³"（参见 8.）表示万、千、百之后有零头儿；又，如果数目超过 10 又不到 30，就可以说：一百有零 yi¹ pai³ yu³ ling²。

6. 第 ti⁴，表顺序，序列。

序数词 (*The Ordinal Numbers*)。任何基数，前面只要加上"第 ti⁴"，就变成为序数词。例如：

6, liu⁴；ti⁴ liu⁴，第六（*6th*）

302, san¹ pai³ ling² êrh⁴；ti⁴ san¹ pai³ ling² êrh⁴，第三百零二（*302nd*）。

7. 为了计数，下面这些词会常常使用：

幾 chi³，一些；多少？　　　　**多** to¹，许多；更多。

数 shu⁴，数儿；几个；一些；但读 shu³ 时，是查点数目（动词）。

少 shao³，不多；更少。　　　**些** hsieh¹，少量。

多少：不表示疑问语气时，重音在"多"上，"少"要弱些，但都保持原调。

8. 在练习 1 里,举例说明了计数的方法,所用的词,也已在部首表 (the Radical Table) 中学过。现在再学点儿新的:

有 yu³,是 (to be);有 (to have)。

不 pu⁴, not;在不同的词前面声调不同。

来 lai², to come;计数时作状语,表示接近于一个整数,但属小于,不是超过。

好 hao³, good;作状语,表示非常;计数时很可能表超过。

個 (个),箇 ko⁴,一个,或一个人或一个东西;这是适用面最大的量词,可用于一大批可作名词的词;"箇"为正体。

下面解释一下**陪衬词** (量词 *The Numeratives*)。

陪衬词 (*The Numeratives*) ——汉语里可作名词的词,在很大程度上靠这些陪衬词跟其他可作名词的词发生关系,在这里被称为"陪衬词",是因为它们自己跟所联系的两边,在意义上有一种亲合性。这可以是普通的,或特殊的,外在的,实质的,而且有时是如此难以界定,以致从类属上看是那么不相同的东西,却可能用同一个陪衬词。陪衬词,就是靠着这种亲合性,作了这些组合、个体或其他复数形式的结构元件,而这个复数也许就是通过名词来体现的。因此,应该想到,一大批陪衬词从不单独用于联系那些名词。我们英语里的一些名词也有差不多相同的作用。我们说"这么多头牛 (*so many **head** of oxen*)";"那么多支军队 (*so many **stand** of arms*)";"船上那么多个水手 (*a crew of so many **hands***)";"舰队有那么多艘船 (*a fleet of so many **sail***)"。这些都是复数或集合名词。我们说到牛,也说"一头不剩 (*there was not a **head** left*)";说到军队,就说"每一支都被摧毁了 (*every **stand** was destroyed*)"。在上面的例子里,你会发现汉语陪衬词扮演了两种角色;可是,它自身仍是一个独立的角色。不论在哪儿,在数词和名词之间所用的陪衬词,都是没法翻译的。例如,"一个人 yi² ko⁴ jên²"①,"三个人 san¹ ko⁴ jên²"这样的话,让广州人用通行于中国各开放口岸的蹩脚的洋泾浜英语一说,就成了"*one piece man*""*three piece man*"。在我们的语言里,还没有任何类似于此的东西。

第三章 散语章（四十练习） 55

也有许多名词没有陪衬词，特别是在诸如应用于时间、空间、热量等的测量方面。

正如上文所说，陪衬词本身就是个名词，但在句法结构中，却经常是相当于我们的 *one or ones*，勉强算个代词性的形容词。

第八章列有一个陪衬词表。

注：① 一 yi¹，在"个 ko⁴"和其他（第四声）陪衬词前面变调。

练习一
(EXERCISE I)

1.1 十六。十九。二十。三十四。五十七。六十八。

1.2 第十七个。二三百。二三千。两三千。三两个。三五个。①五六百个人。

　　注：① 汉语也说"三四个 *(three or four)*""四五个 *(four or five)*"。

1.3 第一。第二十七。第一千八百六十五。

1.4 第一百万零三百个。五十七万零六百一十①。七十万零二十。

　　注：① 六百一十："一"在"十"前不能省略。数大数时，"一"用与不用都可以。你可以说"十万""十八万"；也可以说"一十万""一十八万"。

1.5 一百万。三十五万。五百万零一。六万零五百零七。十万。

1.6 七万零一百九十一。千万。四十六万一千。

1.7 五万零八十八。九万八千四百零二。一千零五。四千零七十二。八千三百六十七。一万零六。一百零三。

1.8 一百一十八。二百五十四。九百九十九万三千。

1.9 有几个人来。有些个人。有好些个人。有多少人来？三万多人。

1.10 数十个。几十个①。十几个。两个。几个。不止十个。八九个。十来个②。九个。十个。二百多。五千多。

　　注：① score，汉语没有跟 score 相应的词，但这也不合英语说"几十个 *some tens*"的习惯。注意：十几个，是假定不超过十五个。译按："数十个。几十个"，英译原文是：*Several score (lit., tens); some score.*

② 十来个，是接近十个但不到十个；来，只用于十或十的倍数。
1.11 长三寸四①。一身一口②。有幾口人。五斤牛肉。六斤羊肉。幾斤鱼。
　　注：① 三寸四，应理解为三寸四分；分，即寸的十分之一，用在"四 ssǔ"之后。
　　　　② 口 k'ou，属于个体，不论男女。
1.12 七斗麦子。九斗米。一斗黍子。
1.13 幾个牙。长幾万里①。至多四万里。有山足高二百里②。三百斤有零。
　　注：① 译按："幾个牙。长幾万里。"英译文各译两句，即一句叙述语气，一句疑问语气，中文亦应作"幾个牙。幾个牙？长幾万里。长幾万里？"
　　　　② 足，参见部首157。中国人计量山高，确切地说，是指爬山所走的路的长度。

练习一答案
(EXERCISE I KEY)

1 十二。十四。九十。七十三。四十五。一百九十九。
2 四万零一百六十八。三百万零一千二百二十四。八百二十九。二百九十二。
3 第二十一。第三百四十二。第八十。第六十七。有八九个人来。
4 第九百九十九。第七百万零六千五百四十三。第三百万零四千五百六十七。
5 五百万零二百零一。三百万零二十七。六千零四十。九十九万九千九百九十九。
6 有好些个马。有多少牛。牛马有五十六。
7 有幾斤鱼。有七斤零幾两。六斗小米子。有十八斗米。十四斗豆子。
8 有十幾个人来。有五十多人来。有一百多个人来。一身一口。
9 有十来斤鱼。十九斤牛肉。十七斤鹿肉。十四斗米。十八斗豆子。十斗小米子。
10 长多少里 li。长好些里。足一千七百里。足九百里。有山足高八里。

9. 冠词 (*The Article*)

正如我们从上文练习 1.11 看到的，我们的不定冠词（*a*），在汉语里会是"一"，（一身一口：*A single individual.*）不用任何量词。可是，如果这个名词可以配上量词的话，它通常就出现在"一"和名词二者之间。有时，量词前的"一"

可以不说，例如：有一个人来，就可以说成"有个人来"。

10. **定冠词** (*The Definite Article*) *the*，由指示代词"这 chê⁴""那 na⁴"来转译，是很普遍的；但前提是，所说的物或人，听者必须事先知道，或刚刚提到过的。不过，"这"和"那"并非唯一的对应词。

11. **名词性的名词** (*The Noun Substantive*)

我们已经介绍过了汉语名词中一个有特色的类——即其本身就是名词，数量很大，跟其他名词有密切关系，而正是基于这种最突出的功能，它们被命名为"陪衬词 (*Numeratives*)"。也有人把它们命名为"量词 *Classifiers*"，认为跟其他名词拥有一般意义上的共性，并附属于修饰语，或者再从修饰语分离出来，归到他们所声称的别的什么词类。

让这些修饰语独立，汉语的名词就既单纯又和谐了。

所谓单纯，部首表中的任何名词都跟另一个名词一样地典型，例如"人 jên²""身 shên¹""马 ma³"等等。

所谓和谐，是跟口语部首练习 (vol.i, p.34。译按：第二版译本 36—38 页) 中都是一个例子的情况相比，现在有了更多类型的例子，例如"尸首 shih¹-shou³""口舌 k'ou³-shê²""干戈 kan¹-ko¹"。这就足以显示，复合词可以形式相似而意思却大不相同。在上面的练习里，会发现"臣子 ch'ên²-tzǔ³""士子 shih⁴-tzǔ³"。"子 tzǔ³"这个词可以加到许多名词上。

儿 êrh²，跟"子 tzǔ³"意思相同，用法相同，使用频率也差不多；北京话里，"儿"更常用①。但是，不论是"儿"还是"子"，都不是可以随意乱加的。有些名词此时用这个，彼时用那个；而许多名词是哪个都不用。

复合词 (*combination of words*)，诸如我们的"造船木工""马夫""地主"等等，在汉语里也一样地普遍；可是，几乎每一个被看作独立个体的汉语词，在多数情况下，说话人对于前一个词跟后一个词的属性关系都缺乏把握，更不要说作为名词组合 (*a compound substantive*) 的一部分了。

某些英语名词 (*substantive*)，我们不久就会看到，它们派生意思的时候需要用短线把词和词联起来。例如"驾车人 (*driving-cart-one*)"，虽说不是复合词

(combination)，然而这样对指明名词组合（compound substantive）会方便些。

注：① 这个"儿"有时也用于副词结构，特别是表时间、处所的副词。

12. 数 (Number)

复数名词可由单词重叠而成，但这不是没有限制的；也可以给一个单词加一个集体名词，或前加，或后附；或者，在某些情况下，加词缀"们 mên^1"，解释如下（见 13.）：

13. 们 mên^1，在口语里指示表人的名词或代词的复数，显然没有别的目的。例如：

$$\text{大人 ta}^4 \text{ jên}^2, \rightarrow \text{大人们 ta}^4 \text{ jên}^2 \text{ mên}^{①}$$

经验告诉我们，这只限于指人的名词。

注：① 在"大人们"一词中，"们 mên^1"的声调符号删除了：mên。凡声调符号被删除时，就须理解为那个字要轻读 (so little emphasised)，就像不带声调一样 (as to carry no tone)。

14. 形容词性的名词 (The Noun Adjective)

形容词跟名词一样，可以是单音节词，例如练习一里的"好 hao^3 (good)"，也可以是多音节词的组合，组合成分的含义可以相同也可能不同。

15. 人称代词 (The Personal Pronoun)

单数的人称代词有：

我 wo^3，第一人称；你 ni^3，第二人称；他 t'a^1，第三人称。

16. 它们的复数，由附加词缀"们 mên^1"构成，正如上文 13. 所述。

复数的人称代词有：

我们 wo^3-mên；你们 ni^3-mên；^{①} 他们 t'a^1-mên。

注：① "你们 ni^3-mên"常用作第二人称单数的敬称。

17. 僭，咱，tsa^2，本音 tsan，是北方汉语特有的第一人称代词，但从来不用于单数。复数"咱们 tsa^2 mên"，指你和我，或你和我们，说到的人当时都在场；这些人是在做同一件事儿，或是一伙儿的。"咱"仅仅是"僭"的简体。

18. 说到有生命的对象时，不论是男是女，是人还是动物，会用一个"t'a^1"来表示"他 (he)"或"她 (she)"，用"t'a^1-mên"代表第三人称复数 (they)。但是讲到无生命的东西时，就很少用"t'a¹"。

英语里非人称代词结构中的代词"*it*"，在汉语里可以说是没法儿表现的。

19. 的 ti¹。这个词，本是个名词，指箭靶上的靶心，现在担任了多种角色。作为一个非重读后接成分 (*appended enclitically*)，它附在名词和代词后面，构成了我们说的生格或所有格 (*the genitive or possessive case*)。形容词或形容词性结构之后附加了"的 ti¹"，它们就状语化了 (*it adverbialises them*)。它有时是关系代词 (*relative pronoun*)，有时是不定代词 (*indefinite pronoun*)，诸如英语的 *one*, *some*, 等等。

总之，它大概已经夺取了别的一些词——值得注意的是动词"得 tê²"——的位置，请注意随后的 21.（译按：应包括 20.、21.、22.、30.）。

20. 现在，请注意怎样让"的"跟名词或代词构成所有格 (*the possessive*)：

自己的 tzǔ⁴-chi³-ti, *of or belong to oneself*

他人的 t'a¹-jên²-ti, *his excellency's*

我的 wo³-ti, *mine*

我们的 wo³-mên-ti, *ours*

你的 ni³-ti, *thine*

你们的 ni³-mên-ti, *yours*

他的 t'a¹-ti, *his*

他们的 t'a¹-mên-ti, *theirs*

21. 下面简单的例子，可以帮助学生巩固刚刚学过的 10.—19. 的知识：

这个 chê⁴ ko⁴ 那个 na⁴ ko⁴ 这儿 chê⁴-'rh 那儿 na⁴-'rh

你我他 ni³ wo³ t'a¹ 你的 ni³ ti 他们的 t'a¹ mên ti

咱们两个人 sta² mên liang³ ko⁴ jên² 咱们俩 sta² mên lia³

咱们这儿的马① sta² mên chê⁴-'rh ti ma³

我自己的马 wo³ tzǔ⁴-chi³-ti ma³

注：① 没有任何东西显示这个例子中的"马"是单数还是复数。

22. **关系代词** (*The Relative Pronoun*)

上面 19. 刚刚介绍过，"的 ti"有时充当关系代词。在诸如"这个人是干什么的""这事儿是谁干的"这样的结构中，"的"被认为具备这种特点。但为了谨慎起见，脑子里要想到，如果不换个方法的话，汉语可能不大容易接受我们的分词、过去式或现在式 (*participle, past or present*)。

23. **疑问代词** (*The Interrogative Pronoun*) who, which, what, 一些语法学家将它们描写为搜寻先行词的关系词 (*a relative in search of an antecedent*)，在口语里一般表现为下列形式。还有其他更高的形式。

谁 shui^2, 只能用于人而不能用于别的。

甚 shên^2 么 mo^1, 吗 ma^1。

复合词"甚么 shên^2-mo^1", 发音是 shê^{n2}-mo^1, 单用，相当于英语的 *what*, 但可以用在表人的名词的前面，例如"甚么人？""甚"字本是"极端"的意思，念 shên^4；但是如果把"甚么"念成 shên^4 mo^1, 那就错了。"么"是个消极的疑问词缀 (*a negative interrogative particle*)；有时它也充当连接词 (*conjunction*), 例如"那么多""这么少"。"吗 ma"是个地道的口语疑问词 (*colloquial interrogative*)。

什 shih^2, 汉字意思是"十", 有时也被用来替代"甚 shên^2", 写作"什么", 但不论写成什么样，发音都至少是 shê^{n2}-mo 或 shê^2-mo 之类的。

那 'na^3, 加上"个 ko^4"或别的陪衬词（插不插入"一 yi^1"都可以），表示疑问：哪个人？哪个东西？①

注：① 注意：是 na^3 而不是 na^4, 上文 10. 讨论指示代词时已经遇到过的。译按：此处原文作"那", 今补加"'", 中文课文里表疑问的 na^3 都写作"那'"。《康熙字典》有"哪", 但音义皆不同于今日表疑问的"哪"。今表疑问的 na^3 中译文均作"哪", 中文课文里仍作"那'"。

24. 这样，相当于英语的 *Who? Whom? What person?* 我们就有了"谁 shui^2？""甚么人 shê^{n2}-mo jên^2？"或"哪一个人 na^3 yi^2 ko^4 jên^2"或者"哪个人 na^3 ko^4 jên^2？"

至于问 *What*, 可以单用"甚么 shê^{n2}-mo"; 也可以加上表示所问对象的那个名词，不过不要插入量词。

而 which，假如涉及许多对象中的一个，有生命的也好，无生命的也好，都用"哪 na³"表示，如上所说，后面跟上"一 yi¹"和相应的量词，或者用量词而不用"一 yi¹"。

25. **动词** (*The Verb*) —— 目前把汉语动词暂且分为单纯 (*simple*) 动词和复合 (*compound*) 动词就足够了。复合动词，有些就是单纯动词的重叠，有些是意思相同或相反的单纯动词的组合，有些又是由动词跟它的宾语组成。

这样说还不如把动词分为及物的 (*Active*) 或不及物的 (*Neuter*)。对应于我们的被动形式，是把动词加在相关的动词前面，以表明承受、接受、感知，等等，视情况而定。

有些无可争辩的及物动词，又被别的动词补充，结果就像法语的 *faire*，既表主动，也可以表被动。

26. 上面 8. 我们已经遇到过两个动词：有 (yu³)，从意思上来说，是个及物动词，相当于英语的 *to have* 和存在动词 *to be*；来 (lai²)，就是英语的 *to come*。"来"，经常用作助动词 (*an auxiliary*)，而即使作助动词的时候，也还有些动词 *to come* 的意味儿。动词"有"也一样，虽然它的助动词功能有限。

27. 上面的这些动词，加上下面将讨论的动词，虽然它们在功能上都是独立的，可以充当助动词，这在很大程度上跟我们的动词内部屈折相对应。

28. 在 tsai⁴，相当于英语的 *to be*（是），*to be at*（在，动词），*at*（在，介词），*in the act of*（正在，副词），*in*（在，介词）。

29. 是 shih⁴，相当于英语的 *to be*（是），*to be what ought to be*（应是），*that is*, *right*（正是）。因此，若回答某个问题，"是 shih⁴"等于 *yes*，"不是 pu² shih⁴"等于 *no*；若问事儿，说"是不是 shih⁴ pu shih⁴"，等于英语的 *is it so or not? is it right or not?* 合成词"不是 pu² shih⁴"经常以一个名词的身份出现，表示"错误""缺点"（译注：是我的不是，还是你的不是？）；或者以形容词、副词的身份出现，表示"错了""错误地"。这很容易记住，然而，不论是否定地还是肯定地回答问题，汉语都更常用重复或部分重复的方式，即在问题前面加上否定或肯定，而不是单独否定或肯定。例如：

他来不来？t'a¹ lai² pu lai²?　　　　　　他不来。t'a¹ pu⁴ lai².
是他不是？shih⁴ t'a¹ pu shih⁴?　　　　　是他。shih⁴ t'a¹.

如果回答第一个问题时，只简单地说个"不"，回答第二个问题时，只简单地肯定"是"，我们就不能不因为说话粗俗而感内疚。参见练习 3.10。

30. 得 tê², (*to get; to have; to possess; to accomplish*)。参见上面 19."的 ti¹"。作为一个词缀，"得"跟在动词后面，并归属于这个动词，有时表示前一个动词所代表的动作完成了 (*the action of the first verb is completed*)，但更常见的是动作完成的可能性 (*the possibility of its completion*)。它所履行的义务，也许超过了汉语里任何其他动词。我们认为，"得"的功能很像我们的 *can* 和 *cannot*。这样说更直接些。

31. 了 liao³, 咯 lo¹ (*to end, or be ended*)，跟在动词后面，表示动作完成，表示事件出现。也许，把它称为过去时的一个标志 (*a sign of the past tense*) 更为确切。它还自由地充当句尾语助词 (*a final expletive*)。口语句尾多用"咯"(*as a colloquial termination*)。

否定词"不 pu⁴"（参见 8.）插入一个动词和"了 liao³"之间所形成的结构，几乎——如果不是绝对的话——就是我们的可能补语 (*the potential auxiliary*) 所体现的功能。

例如：来不了 lai² pu liao³，意思是"他来是不可能的"。然而，这只是说，说话者对"他不能来"抱有较大的把握。如果他说"来不得 lai² pu tê"，就是断言这是很肯定的了。

要记住，在别处，跟在这儿一样，"得 tê²"和"了 liao³"虽然都表示"完了 (*completion*)"或"完成 (*achievement*)"，但并非意味它们作为补助语的功能是相同的。

"得了 tê² liao"这个组合，是表示"完了"或"完成"，"了 liao³"是"得 tê²"的助词 (*the auxiliary*)；正如我们要说的，它把过去时态 (*the past tense*) 赋予了"得"。

32. 要 yao⁴，即英语的 *to want; to desire; to be about to*。"要"是用来表示

将来时 (the future time) 的，但意义并非千篇一律。动词的时态并非总单靠上下文体现。但是从它 to want 的意思，"要"体现了我们的助动词 must（必须）的意思，而不论它是单个的时候还是在组合之中。

对于以上这些词中的任何一个，学习北京话的学生不可能很快地把握。从"得 tê²"和"要 yao⁴"里面，还讹变出来一个"tei³"（译按：原误作 têi³，今径改），它是北京口语里最有用的助动词之一。它当然还没有获得中国词典编纂者承认，在这种情况下，本书为它选用了"得 tê²"字，在它右肩上加一个汉语声调符号 (a Chinese tone mark) 以示区别。（译按：这里说的可能指的是拼音方式：tei³；中文课文里是在字的右肩上加一个反逗号：得'。）

另一个讹变是从"不要 pu⁴ yao⁴"来的"别 pieh²"，相当于英语的祈使语气动词 do not。

33. 没 mo⁴ 或 mu⁴，用得远不如"不 pu⁴"普遍，但有些场合是不用"不"的。例如，从来不说"不有"，也从来不说"没是"。

跟"有"在一块儿的有个讹变单音节 mei²，然而，我们会发现，它在动词"有"的前面，作了一个单纯否定词。例如：

没有好的 mei² yu³ hao³ ti: *there are not any good ones*.

当 mo⁴ 或 mei² 出现在任何动词前面的时候，那个动词一般说来是过去时态的。例如：

他来了没有？t'a¹ lai² liao³ mei² yu³? (*is he come or not?*)

他没来。t'a¹ mei² lai². (*he is not / has not come.*)

如果你的问题是：*Is he coming or not?* 你就应该说"他来不来？t'a¹ lai² pu lai²?"而否定的回答就是"他不来。t'a¹ pu⁴ lai²."(*he will not come / is not coming.*)

34. 扼要重述一下，刚刚学过的 21.—33. 的单词，有如下这些：

在 tsai⁴, *to be; to be at; at*　　　　　　谁 shui², *who?*

是 shih⁴, *to be; to be right*　　　　　　那 'na³, *what?*

得 tê², *to possess; to obtain; to achieve*　　甚 shên⁴, 极端；但带"么 mo¹"，即疑问代词，音 shên²。

要 yao⁴, *to want; to will*

得 'tei³ (tê² yao⁴), *must*

了 liao³, *to end; ended*

没 mo⁴, mu⁴, mei² (= 没有 mo⁴ yu³), *not to be*.

什 shih², "十"; 后面跟上"么 mo¹", 发音即变为 shên², 表示"what?"和"any"。

么 mo¹, 否定的疑问词缀(*a negative interrogative particle.*)

35. 下面几个也学一学:

很, 狠 hên³, 一个加强语意的副词 (*an intensive*), 例如"很好 hên³ hao³"。"狠"是个讹体 (*a corrupt form*)。

东 tung¹, *east*; 西 hsi¹, *west*(参见部首146)。合成词"东西 tung¹-hsi¹", 表示"事物"(*a thing*)。例如:

很好的东西 hên³ hao³ ti tung¹-hsi¹ (*very good thing / or things*)

买 mai³, *to buy*; 卖 mai⁴, *to sell*. 合成词"买卖 mai³-mai⁴", 意思是"交易 (*trade*)", "生意 (*business*)"。例如:

大买卖 ta⁴ mai³-mai⁴ (大笔生意)

练习二
(EXERCISE II)

2.1 我们俩人。偺们俩。这么大。那么大。①

注: ① 这么 chê-mo, 那么 na-mo 中的 mo, 已没有疑问的意味; 这个音节有时写作"们 mên", 如"这们""怎们", 然而发音还是 mo。

2.2 甚么人? 甚么东西①?

注: ① 东西, 相当于英语的 *thing*, 喻指从"东"到"西"之间的任何事物 (*everything*)。

2.3 那个人是谁? 那个人是个好人。他是个买卖人。卖甚么的?①卖好些个东西。

注: ① 更准确的说法是"他卖的是甚么? t'a mai ti shih shêⁿ mo?"

2.4 我要好的有没有？没有了①。这个很好，那个不好。这个人很好，那个人很不好。

注：① 了 liao，含有"原本有一些，但现在已经没有了"的意思。

2.5 他来了没有？他没来。有甚么人来？没有人来。有人来了。他是那'儿的人？他不是这儿的人。①

注：① 最后两个例子中的"这儿 chê êrh""那'儿 na êrh"发音是 chê-'rh, na-'rh。把"的 ti"当作所有格的标志 (the sign of the possessive case)，这是最简明的解释。"他是哪儿的人？"就是说：he is what place's man?

2.6 他们来了多少人？他们来了好些个人①。有多少人在那儿？有十几个人。

注：① 回答第一个问题时，更准确的说法是省掉"他们 t'a mên"一词。

2.7 这个是我们的。那个是他们的。这个是甚么人的？这个东西是谁的？是我们的。这个东西你们有多少？有不多的。

2.8 我不要这个，他们要这个。他们的不大好。你们那儿有好的没有？没有好的。没有很好的，我们不要了①。你们有这个东西没有？我们不要这个东西。我买不了②那么些个③。

注：① 注意"了 liao"作为句尾语助词的用法。
② 我买不了：我不能买；"了 liao"，可能语气助词。
③ "那么 na-mo"，相当于 that, those；"些个 hsieh ko"，是个概数词。

2.9 这个了不得。那个了不了①。

注：① 第一个"了 liao"，是动词，表完毕、完成；第二个"了 liao"，虽然字面上意思相同，起的作用却相当于动词"能"或"不能"。

2.10 这个东西很好。这个东西好得很①。

注：① 好得很 hao tê hên：感觉不到这两句话的意思（很好，好得很）有什么不同。

2.11 你要买马，得'①买个好的。那马买不得，毛长得不好②。

注：① 译按：得'，音 tei³。下同。
② 长 chang³，是生长的长，不是长短的长 ch'ang²（参见部首 168）；请看下一个例子。得 tê²（长得不好），在这里是使动词"长 chang³"所代表的动作得以完成的语助词；参见 30.。

2.12 那竹子长得很长①。他来了你得'走。

注：① 竹 chu（部首 118），竹子；子 tzǔ（部首 39）。长得很长：chang³ tê hên ch'ang²。

2.13 那个人比我的儿子高八寸多①。你们是幾口人？我们是十来口人②。

注：① 直译是：那个人跟我儿子相比，他高八寸还多。

② 参见"口语部首"里的"口 k'ou"；"来 lai"，见上文 8。

练习二答案
(EXERCISE II KEY)

1 你的马。我的羊。他的车。你们的米。我们的手巾。他们的刀子。

2 你们买，我们卖。他们要买东西。要买甚么东西？要买好东西。我们这儿卖很好的东西。

3 这么小，那么大。这些山不是那么高。

4 你有好马没有？我没有。我们这儿卖好车、不卖马。这个车不是好的。

5 这个马是谁的？是我的。你有多少马？我有三个马。这儿有多少车？不狠多。

6 你是那'儿的人？我是这儿的人。那个买卖人是那'儿的人？他不是这儿的人。他卖的东西好不好？不很好。这儿的买卖人没有很好的东西。我们俩买卖人卖好东西。

7 我要买东西。这儿有卖东西的没有？不很多。有多少？有五个。我要买好些东西，你卖不卖？你要甚么东西？要好东西。

8 他有多少儿女？他有四个女儿、五个儿子。他五个儿子在这儿，他的女儿在那儿。我走了一百里。他是卖瓦（部首 98）的。我要买的是幾斗麦子。

9 你要得'多少日子？我要得'三个月。你用的是麦子是黍子？这是甚么东西？这是黑豆。这儿鱼不少。

10 那个东西是金的么？不是金的，是黄（部首 201）土的。他鼻子很小。那鹿肉是很好。那黄羊子是这儿的么？是这儿的。这儿的山水很好。

11 那个人长得很高。那长虫有三寸多长。他来了我得'见他。

36. 我们再回来看动词和动词性结构。请注意：

拿 na², 简单地说, 是"抓住一个人或东西"。例如：

拿人 na² jên², 拘捕一个人。

拿这个东西 na² chê⁴ ko⁴ tung¹-hsi¹, 抓住这个东西。

37. 去 ch'ü⁴, 简单地说, 往 (to go), 跟"来 lai²"相对。例如：

我来 wo³ lai²。(I come.)　　　你去 ni³ ch'ü⁴。(You go.)

38. 把上面谈到的动词组合一下, 我们就得到了"拿来 na² lai²"(to bring) "拿去 na² ch'ü⁴"(to take away)——宾语, 当然可以出现, 也可以不出现。宾语出现的时候, 若是个简单的短语, 就放在 na² 和附属它的 lai² 或 ch'ü⁴ 的中间。例如：

拿水来。na² shui³ lai².

拿这个东西去。na² chê⁴ ko⁴ tung¹-hsi¹ ch'ü⁴.

这条结构规律有一些例外, 将在适当场合介绍。

39. 参考 30. 和 31., 用中文写出下列短语：

na² tê², 拿得　　　　　　　na² pu⁴ tê², 拿不得

na² tê² lai², 拿得来　　　　na² pu⁴ lai², 拿不来

na² tê² ch'ü⁴, 拿得去　　　 na² pu⁴ ch'ü⁴, 拿不去

观察：拿得了 na² tê² liao³, 拿不了 na² pu⁴ liao³。二者中, 前者跟 na² tê² 没有什么不同; 但会发现 na² pu⁴ liao³ 比 na² pu⁴ tê² 有更多的意思和更大的范围。

40. 跟下面的动词结合, 再加上 na², "来 lai²"和"去 ch'ü⁴"就会有了相同的功能：

进 chin⁴, 进门 *to enter (as a door)*

过 kuo⁴, 过河（山，街）*to pass over (as a river, hill, street)*

出 ch'u¹, 出门 *to go out of (as a door)*

往 wang³, 往前, 或往什么方向 *to move towards, or in the direction of*

41. 请看下面的例句：

进门来。chin⁴ mên² lai².　　出门去。ch'u¹ mên² ch'ü⁴.

过山去。kuo⁴ shan¹ ch'ü⁴.　　　　往这儿来。wang³ chê⁴-'rh lai².
过来过去。kuo⁴ lai² kuo⁴ ch'ü⁴.

42. 过 kuo⁴，经过 (to pass)，作为助动词，多用于过去时态的动词性结构。

43. 起 ch'i³，后随"来 lai²"，可以简明地表示从较低处上升；起立。但合成词"起来 ch'i³-lai²"却有独立的功能。

在上面 26. 里已经提及，"来 lai²"时常充当助动词，表示行为在进行。"起来 ch'i³-lai²"本身也是一个助动词，必须依照不同情况处理。

44. 到 tao⁴，到达 (to arrive)；他到了 t'a¹ tao⁴ liao³；他没到 t'a¹ mei² tao⁴。这是把一个真正表动作的动词当作助动词来用，但是，在这一点上，南方官话比北方官话更自由。

45. 著，着 cho¹，又音 chao²，这里给了两个字形。然而，用"著"的地方，是不会用"着"的。除了其他用法之外，这个词最重要的功能就是作助动词。

读 cho¹ 的时候，附在某些动词后面，它就发生特殊变调。在其他情况下，今后就解释为 cho 读作 cho²。例如：

走着 tsou³- cho, *walking, going on foot*
但这绝不是任意使用的。

至于 chao²，它的意思类似 tê² 和 liao³，并且经常带有不期而遇的意思，或是偶然得了（例如感冒），等等。详见练习四十答案之 6 注①。

我们可以说"拿不得 na² pu⁴ tê²""拿不了 na² pu⁴ liao³"，或"拿不着 na² pu⁴ chao²"，然而这里再一次表明，选择助动词必须顾及环境。

46. 学习下面的名词：

房 fang², *a house*　屋 u¹, 或 wu¹, *a room*　铺 p'u⁴, *a shop*
这些词后面带"子"不带"子"的频率差不多。例如：
房子 fang²-tzǔ　屋子 wu¹-tzǔ　铺子 p'u⁴-tzǔ

47. 间 chien¹，分开，或空间；屋或房的量词。（参见练习 40.3 注②）。例如：
一间房子 yi⁴ chien¹ fang²-tzǔ　两间屋子 liang³ chien¹ wu¹-tzǔ

注：一 yi⁴，本音是 yi¹；子 tzǔ，本音是 tzǔ³。"子 tzǔ³"像现在这样用作非重读后接成分时，就变为非重读音节 tzǔ。

再来观察：三个舖子 san¹ ko⁴ p'u⁴-tzǔ。

间 chien¹，还会发现它也作时间词、处所词的前置成分；在这种情况下，它跟在它的宾语后面。

48. 学习下列各词：

家 chia¹, *house, home; also family*　　外 wai⁴, *outside of*

城 ch'êng², *city wall; city*　　上 shang⁴, *above; towards; to ascend*

街 chieh¹, *street*　　下 hsia⁴, *below; to descend*

道 tao⁴, *road, way; also, to say*　　头 t'ou², *head; end; side*

（稍后会见到）　　住 chu⁴, *to stop oneself; to stand firm;*

裏 li³, *inside of*　　　　*to reside at*

49. 下面是上边这些词的一些最简单的用例：

家裏。chia¹ li³.　　城外。ch'êng² wai⁴.

裏头。li³ t'ou².　　外头。wai⁴ t'ou².

街上。chieh¹ shang⁴.　　上街。shang⁴ chieh¹.

下雨。hsia⁴ yü³.　　住家儿的。chu⁴ chia¹-'rh ti.

道儿上。tao⁴-'rh shang⁴.

注意"上、裏、外"，用法像介词，置于宾语后面。而"下"应该是个介词，在这里却只是用作动词。

50. 再增加几个词：

做 tso⁴，做事 tso⁴ shih⁴。（事 shih⁴，参见 252.）

开 kai¹，打开，开放；在复合词中，表示移动，使距离变大或变小。例如：开门 kai¹ mên²。

练习三
(EXERCISE III)

3.1 有人拿了东西来了①。有人来要拏(译按:"拿"的旧体)那东西去。那东西很多,一个人拏不了去②。

  注:① 如果句尾没有"了 liao",意思就可能是"有人来拿东西 a man was come for the things"。(译按:原句"有人拿东西来了",勘误要求在"拿"后插入"了"。而原注看来是针对原句 [有人拿东西来] 的,故未能一致。)

  ② 注意"不了 pu liao",插到"拿 na"和"去 ch'ü"之间,表示"不可能"。此句也可以说成一个人"拿不了那东西去 na pu liao na tung-hsi ch'ü"。

3.2 那人是拏不得。那人是拿不著的。那人是拿不了的。

3.3 屋裏。进屋裏来。这个屋子没有人住。

3.4 住房子。这个房子比他①那个房子好多了②。

  注:① 这个"他 t'a",相当于"他的 t'a ti"。

  ② 这个在句尾的"了 liao",仅仅是个语气词。

3.5 你们那儿有多少房子?有三十五间①房子。你住的房子大小?②我住的是三间小房子。

  注:① 间 chien,参见练习 40.3 注②。

  ② 这句话逐字对译就是:你住着的那个房子,是大的,还是小的?

3.6 他在家裏做麽?他没在家。上那'儿去了?上街去了。街上走着。街上的人很多。①外头土大。

  注:①上 shang:动词和介词。

3.7 你在那'儿住?我在城裏头住。是东城住着好,是西城住着好①?他那人开的舖子在那'儿?是做甚么买卖的?

  注:① 如果此句去掉"好 hao"字,就会这么继续谈话:(您)是东城住着 chu cho?西城住着 chu cho?

3.8 他那舖子①东城有三个,西城有四个,我们②这儿没有那么大的③买卖。那个舖子是我的。那舖子裏买东西的人很多。

  注:① 等于说"他的那些舖子"。

② 我们：跟外人称自己的时候用"我们 mo-mên"(the person addressed being an outsider)。

③ 的 ti：在这里除了韵律功能，大概没有别的作用。

3.9 他来了没有？他来了。他没进来，过去往西去了。他上街买东西去了。他来过没有？

3.10 这个道儿过得去么？过不去。你上那'儿去？我不上那'儿去。①你上那儿去过没有？我没去过。

注：① 那'儿 na-'rh：第一个是疑问代词，第二个是不定代词——任何地方 (anywhere)。

3.11 你做甚么来着①？他没起来。你这个人得'起来了②。那东西拿不起来。风起来了。起了大风。

注：① 注意"来 lai"加"着 cho"，标志着过去时态。

② 说"这个人 chê ko jên"可以附带生气的语气，也可以不附带；"这个人"只是强调它是个单数人称代词，既可以用于第一人称、第二人称，也可以用于第三人称。得', tei³, 了 liao, 在这里只起韵律作用。

3.12 要下雨。下过了大雨了。这么大雨住不了。雨住了。这个东西拿得住拿不住①？拿得住。你小心②拿住了。

注：① 在表可能或不可能的结构里，分别由"得 tê"和"不 pu"插在"拿 na"和"住 chu"的中间。但你说"拿住东西 na chu tung-hsi"，却绝不能说"拿东西住 na tung-hsi chu"。

② 小心：稍许注意。

3.13 他那门开得开开不开？开不开①。

注：① 如果回答说"开不了 k'ai pu liao"，不可能的意味肯定强于"开不开 k'ai pu k'ai"。

练习三答案
(EXERCISE III KEY)

1 你住在城裏头。我在城外头住。房子有六间。你在那'儿开铺子？在那'儿住家？

2 这个房子比那个房子大多了。这个房子有十间，那个房子有四间。大街上住房不很多，铺子不少。

3 他住家在那'儿?他在西城一个小小儿的①房子裏住。他在那儿开铺子是不是?他不是买卖人。

注：①小小儿的 hsiao hsiao-'rh ti，非常小。

4 进屋裏来！街上有土。那房门儿开了。他开着幾个铺子。他开着三四个铺子。开在那'儿?开在东城。他的买卖大不大?不很大。

5 他在家裏做甚么?他没有甚么做的。他出城去了。往那'儿去了?往西去了。他要做甚么?他要买车买马。

6 我要买他的东西的那个买卖人往那'儿去了?我住的房子他知道不知道?他没进过你的屋子，他是不知道。

7 他那个人的房子比你我的房子好多了。他那房子有多少间?有八间。我的房子有六间，你的房子有四间。他那房子的口面①大。

注：①口面 k'ou³ mien⁴，(建筑物的)正面(*frontage*)。

51. 知 chih¹，通常跟"道 tao⁴"(说 *to say*，参见 48.)结合，例如：
我不知道。wo³ pu⁴ chih¹ tao⁴。

52. 爱 ai⁴ 或 ⁿgai⁴，表示爱或喜欢。例如：
你不爱他么?ni³ pu⁴ ai⁴ t'a¹ mo¹?

53. 话 hua⁴，说出来的话，口语，跟"文 wên²"(书面语言)相对(参见部首 67)。例如：
他的话好。t'a¹ ti¹ hua⁴ hao³。

54. 说 shuo¹(*to say*)，如"我说 wo³ shuo¹"= 这是我的意见。又"讲"(*to speak*)，如说话 shuo¹ hua⁴，即"讲话"，或"讲出来的话"，相对于"文 wên²"。但是，如果后面跟一个人称代词，"说"就有了"责怪(*to blame*)的意思，如"他说我 t'a¹ shuo¹ wo³"，即"他责备我"。

55. 举例：
你知道不知道?ni³ chih¹ tao⁴ pu⁴ chih¹ tao⁴?

我不知道。wo³ pu⁴ chih¹ tao⁴.

你爱他不爱他？ni³ ai⁴ t'a¹ pu² ai⁴ t'a¹?

不大①爱他。pu² ta⁴ ai⁴ t'a¹.

那人说甚么？na⁴ jên² shuo¹ shê^{n2} mo¹?

他说的很是②。t'a¹ shuo¹ ti hên³ shih⁴.

他说的话好③。t'a¹ shuo¹ ti hua⁴ hao³.

注：① 大 ta：用如副词 (used adverbially)。

② 很是 hên³ shih⁴：很对，很正确。

③ 说的话好：指发音、说话方式和语调等。

56. 叫，叫，chiao⁴，"呼""请"之意。如"叫他来 chiao⁴ t'a¹ lai²"，就是"请他来"；"唤他来"。"叫"这种写法更普遍。下文将会看到，这个词有时有"遭受 (to cause)"的意思，作为一个助动词，可以表示动词的被动语态 (active verb passive)。

57. 回 hui²，返回，如"他回来了 t'a¹ hui² lai² liao"。又表"次数"，如"两回 liang³ hui²"。

58. 乏 fa²，疲劳，如"我身子乏了 wo³ shên¹-tzǔ fa² liao"（我累了）。

59. 站 chan⁴，立着，跟"坐着""躺着"相区别。

60. 躺 t'ang³，斜倚；躺下。

61. 坐 tso⁴，坐下，坐着。

62. 举例：

他走①回去了。t'a¹ tsou³ hui² ch'ü⁴ liao.

叫他回来。chiao⁴ t'a¹ hui² lai².

走道儿②乏了。tsou³ tao⁴-'rh fa² liao.

你站起来。ni³ chan⁴ ch'i³ lai².

站着。chan⁴ cho. 坐着。tso⁴ cho. 躺着。t'ang³ cho.③

注：① 走，在这儿是"用脚步"，步行。

② 走道儿 tsou tao-'rh：在路上走着；可能是用脚步行，但也不一定。

③ 着 cho：在作为分词的动词后面，发生音变 (inflecting these verbs participially)。

63. 关 kuan¹，关闭，关上；如"关门 kuan¹ mên²"。又，海关或军事边界上的关卡；重要之处 (important point)（译按：关头、关节、关键）；此外（稍后可看到）还有"有关 (to bear upon)"、"关涉 (to concern)"。

64. 窗 ch'uang¹，口语里经常跟一个"户 hu⁴"字（参见部首 63）。例如：关窗户，kuan¹ ch'uang¹ hu⁴。

65. 楼 lou²，一层楼；又指一座多层建筑物。如：楼上 lou² shang⁴。
注：作为多层建筑物的"楼"，量词不是"间"而是"座"。参见第二版译本 598 页。

66. 衙 ya²，办公处所，或官邸；口语里不单说，要带个"门 mên²"字。例如：上衙门，shang⁴ ya²-mên²。

67. 地 ti⁴，土地，地面。地下 ti⁴ hsia⁴，是"在地面上"的意思。

68. 举例：
关门开窗户。 kuan¹ mên² k'ai¹ ch'uang¹ hu⁴.
楼上坐着人。 lou² shang⁴ tso⁴ cho jên².
有人上楼去。 yu³ jên² shang⁴ lou² ch'ü⁴.
我要上衙门。 wo³ yao⁴ shang⁴ ya²-mên².
在地下躺着。 tsai⁴ ti⁴ hsia⁴ t'ang³ cho.
人躺在地下。 jên² t'ang³ tsai⁴ ti⁴ hsia⁴.
在楼上坐着。 tsai⁴ lou² shang⁴ tso⁴ cho.①

注：① 着 cho：表示现在时 (making present time)。

69. 步 pu⁴，一脚跨出的长度。如"步下"pu⁴ hsia⁴（48.），用脚；"步下走 pu⁴ hsia⁴ tsou³"，用脚步行。又跟"行 hsing²"（部首 144）构词，如"步行 pu⁴ hsing²"、"步行走 pu⁴ hsing² tsou³"。

70. 骑 ch'i²，跨乘；如"骑马 ch'i² ma³"，骑在马背上。

71. 轿 chiao⁴，轿子。如"坐轿 tso⁴ chiao⁴"，坐在轿子上。

72. 顶 ting³，轿子的量词，如"三顶轿子 san¹ ting³ chiao⁴-tzü"。也是"帽子"的量词。顶，头顶的意思，随后会再讨论。

73. 车 ch'ê¹（部首 159），车辆或车厢；如"坐车 tso⁴ ch'ê¹"，坐在车上。

74. 辆 liang⁴，车 ch'ê¹ 的量词；如"四五辆车 ssǔ⁴ wu³ liang⁴ ch'ê¹"。

75. 马 ma³（部首 187），一匹马。

76. 匹 p'i¹³，马 ma³ 的量词，如"八匹马 pa¹ p'i¹ ma³"。

注：匹，有一、三两个调，故标作 p'i¹³。

77. 骡 lo²，骡子。它的量词是"头 t'ou²"（参见 48.）；如"三头骡子 san¹ t'ou² lo²-tzǔ"。"个 ko"（参见 8.）也可以用。

78. 驴 lü²，它的量词是"头 t'ou²"，如"两头驴 liang³ t'ou² lü²"；骡子和驴，口语叫"骡子驴 lo²-tzǔ lü²"，"个 ko"也能做"驴"的量词。

79. 举例：

我是坐车来的。 wo³ shih⁴ tso⁴ ch'ê¹ lai² ti.

他是步下走的。 t'a¹ shih⁴ pu⁴ hsia⁴ tsou³ ti.

我要买顶①轿子。 wo³ yao⁴ mai³ ting³ chiao⁴-tzǔ.

他卖骡子驴。 t'a¹ mai⁴ lo²-tzǔ lü².

他是骑马来的是骑骡子来的？ t'a¹ shih⁴ ch'i² ma³ lai² ti shih⁴ ch'i² lo²-tzǔ lai² ti?

我买了两辆车②。 wo³ mai³ liao liang³ liang⁴ ch'ê¹.

注：① 顶 ting，等于说"一顶 yi ting"。

② 不说"二辆 êrh liang"。

80. 快 k'uai⁴，那匹马快 na⁴ p'i² ma³ k'uai⁴。

81. 慢 man⁴，那骡子慢 na⁴ lo²-tzǔ man⁴。

82. 前 ch'ien²，前面，用于时间或处所。

83. 後 hou⁴，後面，用于时间或处所。

84. 都 tou¹（本音 tu¹），如：那些人都好 na⁴ hsieh¹ jên² tou¹ hao³。在某些情况下，tou¹ 和 tu¹ 二者都说，或说哪个都可以。

85. 举例：

我那匹马快。 wo³ na⁴ p'i² ma³ k'uai⁴.

那头骡子慢。 na⁴ t'ou² lo²-tzǔ man⁴.

那些骡子驴都好①。 na⁴ hsieh¹ lo²-tzǔ lü² tou¹ hao³.

我走得快。 wo³ tsou³ tê² k'uai⁴.

他走得慢。 t'a¹ tsou³ tê² man⁴.

前头後头都不②是。 ch'ien² t'ou² hou⁴ t'ou² tou¹ pu² shih⁴.

他後来③比头裏④好。 t'a¹ hou⁴ lai² pi³ t'ou² li³ hao³.

注：① "些 hsieh"可以省略；骡和驴若是单数，"都"就是指二者 (=both)。

② 都不 tou pu"，就是"全不 all not"，在此上下文环境，就相当于英语的 neither。

③ 後来 hou lai：可以指（如此处）某个日子以来的时间，或指今后。合成词"前来 ch'ien lai"不是口语词；跟"後来"结构也不相类。在书面语里，"前来"是"进行"或"向前走"的意思。它也有前置词的意味。

④ 头裏 t'ou li：开始，最初。又，前边。参见练习四答案之1注①（"我在头裏 t'ou³ li³ 坐车"，注：in front）。相当于英语 before 的合成词还有许多，其中一些由"前 ch'ien"充当构成成分的词，不久即可看到。

86. 把 pa³，握，抓住。经常放在我们所说的及物动词的宾语前头。例如：
把那门关上，pa³ na⁴ mên² kuan¹ shang⁴.

作为一个词，"把"有多种用法；其中一个就是作量词。

87. 给 kei³（本音 chi³），如：你给我一个 ni³ kei³ wo³ yi² ko⁴。它经常起英语 to 或 for 的作用；照我们说，它参与构成" 与格"(the dative case)。例如：

你给我拿一个来 ni³ kei³ wo³ na⁴ yi² ko⁴ lai²。（拿一个给我）

88. 跑 p'ao³，在人是"奔走"，在马是"疾驰"，如：跑去了 p'ao³ ch'ü⁴ liao。

练习四
(EXERCISE IV)

4.1 有人说那个地方儿住不得。是谁说的？是我说的。你那'儿知道？

4.2 这是谁家的房子？谁知道？我做不出来。他说不出来①。他做过多少回②？他做了一回。

注：① 出来 ch'u-lai：作为助动词让动词"做"和"说"的行为得以完成。

② 几回 chi³ hui²（译按：原文如此）：（这样的提问）要求回答相当准确。

4.3 外头来了五六个人。是甚么人？我不知道。

4.4 大人进来你们都得'站起来①。我在楼上坐著，他是地下②躺著。

注：① 如果在第一个"来"后面插入"了 liao³"，句子意思就变成"大人已经进来了"之类的。

② 不要把"地下 ti hsia"理解成"底下 (below)"。不久我们就要解释"底下 ti³ hsia"。

4.5 你爱这个不爱？我不大爱。

4.6 你快些儿走，城门一关，你回不了家了。我身子乏，走不了①。

注：① 字面意思是，我身体很累，不能走了。

4.7 把门开开。门开了。关上窗户①。把窗户关上。窗户关上了。

注：① 上 shang⁴，作为助动词，让动词"关 kuan"所代表的行为得以完成。

4.8 他在道儿上躺著①，叫他起来。把门关上。

注：① 跟一个动作动词在一起，"道儿上 tao-'rh shang"意味着正在旅行的某人，正在路上，在行程中。

4.9 走著来的①。步下走著。他走了来的，我是坐车来的②。他是步行来的。我在前头走。他在后头走。快走③！我快走了④。慢慢儿的走。

注：① 的 ti：这个 ti，很可能被讹用成 tê，作为助词补足"走来"的行为。

② 的 ti：这个 ti 如果不换成 tê，就必须理解为，在 ti 的后头要跟一个表明方式的词。

③ 快走 k'uai tsou：用作祈使语气和另一种情况时，二者有不同。

④ 注意"了 liao"表明将来的行为 (future action.)。

4.10 他那个人回来了没有？他没回来。他上那'儿去了？上衙门去了。他去是坐轿子是坐车？坐顶①小轿去的，他不大爱坐车。是他那顶轿子好。

注：① 顶 ting：量词，在口语里，"一顶"的"一 yi"省略了。

4.11 是这儿的骡子好，是那儿的骡子好？这儿骡子没有那儿的好。这儿骡子比那儿的慢。那儿骡子驴都快。

4.12 他买的是马么？不是，他买的是骡子驴。他买了多少？买了三头骡子七个驴。

4.13 你是步行来的是骑马来的？我是骑马来的。我那匹马跑得很快。

89. **请** ch'ing³，请求；邀请。引申为表祈使语气的"请"：请坐，ch'ing³ tso⁴。

90. **教** chiao¹，教导；如：他教我说话，t'a¹ chiao¹ wo³ shuo¹ hua⁴。

91. **看** k'an⁴，见到；认为。如：我看他好，wo³ k'an⁴ t'a¹ hao³。看 k'an¹，注视（参见 526.）。"见 chien⁴"（部首 147），看见；发觉。经常跟"看 k'an⁴"结合，例如：我没看见，wo³ mei² k'an⁴ chien⁴。

92. **书** shu¹，书籍；书写。如：看书，k'an⁴ shu¹，指读书或学习。

93. **找** chao³，寻找；搜查。如：找匹好马 chao³ p'i¹ hao³ ma³。

94. **字** tzǔ⁴，写出来的词；汉字。

95. **典** tien³，章程；法规。加上"字"（94.），就是"字典"，即"字的法规"。例如：

拿字典找字，na² tzǔ⁴ tien³ chao³ tzǔ⁴。

注："拿"在前构成工具格 (instrumental case)。

96. **学** hsiao²，又音 hsio²，hsüeh²，hsüo²，学习。又，摹仿；追随一个榜样。跟"生 shêng¹"（部首 100）结合为"学生"，音 hsio²-shêng¹ 或 hsüeh²-shêng¹。

97. **认** jên⁴，认识。随个"字 tzǔ⁴"（94.），就是"能读"；例如：他不认得字 t'a¹ pu² jên⁴ tê² tzǔ⁴，即：他不能读书。

98. 举例：

他要请人教他看书。t'a¹ yao⁴ ch'ing³ jên² chiao¹ t'a¹ k'an⁴ shu¹.

有字我不认得，请拏字典给我①找找。yu³ tzǔ⁴ wo³ pu² jên⁴ tê², ch'ing³ na² tzǔ⁴ tien³ kei³ wo³ chao³ chao³.

这个字是"学"字。chê⁴ ko⁴ tzǔ⁴ shih⁴ hsio² tzǔ⁴.

那学生认得字多。na⁴ hsio²-shêng¹ jên⁴ tê² tzǔ⁴ to¹.

注：① 给我 kei wo，即"为我"；找找 chao chao，是"找一找 chao yi chao"的简式。

99. **先** hsien¹，在前（指时间）；如"先生 hsien¹-shêng¹"（部首 100），老师；例如：

请先生 ch'ing³ hsien¹-shêng¹，聘请老师。

100. **抄** ch'ao¹，誊写。如：抄书 ch'ao¹ shu¹。经常跟"写 hsieh³"成对儿出现。

101. 写 hsieh³，书写；如：写字 hsieh³ tzǔ⁴。

102. 真 chên¹，真实的；确实地；如：这是真话，chê⁴ shih⁴ chên¹ hua⁴。

103. 正 chêng⁴，垂直的，正确的；如：口音正，k'ou³ yin¹ chêng⁴，即发音准确。

104. 肯 k'ên³，希望，喜欢；如：他不肯来 t'a¹ pu⁴ k'ên³ lai²，即他不愿意来。

105. 还，本音 huan²，返回。口语里是：han²，hai²，尚，仍；例如：我还有一个 wo³ hai² yu³ yi² ko⁴，我仍然有一个；我只有一个了。

106. 举例：

请先生进来①。 ch'ing³ hsien¹-shêng¹ chin⁴ lai².

先生还没来。 hsien¹-shêng¹ hai² mei² lai².

他不肯抄写。 t'a¹ pu⁴ k'ên³ ch'ao¹ hsieh³.

说的是真话。 shuo¹ ti¹ shih⁴ chên¹ hua⁴.

你口音不正。 ni³ k'ou³ yin¹ pu² chêng⁴.

还有比他好。 hai² yu³ pi³ t'a¹ hao³.

肯不肯都好。 k'ên³ pu⁴ k'ên³ tou¹ hao³.

注：①如果"请"放在"先生"后面，意思就是"先生您请进。"

107. 瞧 ch'iao²，望，看；如：没瞧过 mei² ch'iao² kuo⁴，类似"看"（91.），常跟"见"（部首109）组词，如：瞧不见，ch'iao² pu² chien⁴。"看见 k'an⁴-chien⁴"跟"瞧见 ch'iao²-chien⁴"语气上小有不同，后者似乎更常用于对象小到足以被忽略的情况。

108. 告 kao⁴，宣布；口语里最常见跟"诉 su⁴"（109.）配对儿。跟"示 shih⁴"（部首113）配合成"告示 kao⁴-shih⁴"，公告。

109. 诉 su⁴ 或 sung⁴，说道；抱怨。告诉 kao⁴-su⁴，也说成 kao⁴-sung⁴；例：你告诉我，ni³ kao⁴-su⁴ / -sung⁴ wo³。

110. 问 wên⁴，问道；查询。例如：我问他你是谁，wo³ wên⁴ t'a¹ ni³ shih⁴ shui²。

111. 记 chi⁴，用笔写下来；但口语意思是"记忆"。例如：我不记得，wo³ pu² chi⁴ tê²。

112. 呢 ni¹，语助词，一般是，但并非总是表示疑问语气。

113. 举例：

请你告诉他。　ch'ing³ ni³ kao⁴-su⁴ t'a¹.

还①没看见过。　hai² mei² k'an⁴-chien⁴ kuo⁴.

你瞧瞧好不好。　ni³ ch'iao² ch'iao² hao³ pu⁴ hao³.

你记得不记得？　ni³ chi⁴ tê² pu² chi⁴ tê²?

不大很②记得。　pu² ta⁴ hên³ chi⁴ tê².

这是甚么话呢？　chê⁴ shih⁴ shê^{n2} mo⁴ hua⁴ ni¹?

请③问那'个好呢？　ch'ing³ wên⁴ na³ ko⁴ hao³ ni¹?

注：① 还 hai：仅以加强语气。

②注意"大很 ta⁴ hên³"双重加强语气。

③"请 ch'ing³"放在"问 wên⁴"前面，询问时表尊敬；有时也表挖苦。

练习四答案

(EXERCISE IV KEY)

1 他在楼上坐著，叫他快往这儿来。他不快来，来的很慢。我在头裏①坐车，他在後头坐轿子。

注：① 头裏 t'ou² li³，在前头（*in front*）。参见 85. 注④。

2 叫他买两辆车、四匹马。他说这儿没有马。他说骡子比马好。他买了骡子没有？买了。他买了多少骡子？买了四头。他买了驴没有？他没买，你没叫他买驴。

3 他上衙门去是坐轿子是坐车？他是步行去的，他说是坐车坐轿子都不爱。他回来的不快。他在地下躺著，起不来。

4 那匹马比这匹快。马比骡子快，骡子比驴快。他到了没到？没到。他做甚么？他慢慢儿的走著。叫他快来。

5 你有幾顶轿子？有两顶。你的骡马驴有多少？有四匹马、三头骡子、五个驴。你有车没有？没有，我的车都卖了。你站著做甚么？你爱坐著，我爱站著。

练习五

(EXERCISE V)

5.1 我要请先生教书，你给我找了先生没有？找著了，他不来，他说学生那么多不肯来①。先生请坐。请教②，这是甚么字？

注：① 字面上是，他说学生太多，他拒绝来（当老师）。

② 请教 ch'ing³ chiao⁴：是个敬语形式，向一位平等的或地位高的人问事的时候用。

5.2 叫人把那字典拿来。请先生找出那个字来。要找甚么字呢？要找"瞧 ch'iao²"字。

5.3 请问：这个字①你认得不认得？这个字我还②没看见过呢。这个字你看见过没有？那个字你还没有看见过么？③真④没看见过。

注：①"这个字"放在动词前头，只是为了强调。

② 还：尚，仍然；音 hai 或 han。

③ 这两个问题不相同。前一个，说话者表示疑问；后一个，是假定一个事实。

④ 真 chên¹：的确，确实。

5.4 你告诉我，他那个人的口音，有你的好没有？我的口音不大甚么好①，他认得的字比我认得的多。

注：① 你可以很平等地说：没甚么很好 mei shên mo hên hao。

5.5 这个字你见过没见过？见过了。你告诉我是甚么字。我不记得那个字了。还有不记得的字么？那'儿没有呢①！记得的少，不记得的多。

注：① 等于说"当然有啦！"那'儿 na-'rh：这种表示肯定的疑问形式使用得非常普遍。

    114. **纸** chih³，纸张。

    115. **张** chang¹，本义是：开，展开；引申为纸的量词：一张。也是桌子、椅子等的量词；又是个普通的姓。

    116. **笔** pi³，毛笔；如：拿笔写字 na² pi³ hsieh³ tzǔ⁴。

    117. **管** kuan³，管子；笔的量词。例如：两管笔 liang³ kuan³ pi³，又，监管；看护。参见练习 15.6 注①。

118. 墨 mê⁴, mo⁴, 墨水; 如: 笔墨 pi³ mo⁴ (比喻写作)。

119. 块 k'uai⁴, 中国墨的量词, 墨是一小块一小块的, 例如: 三块墨, san¹ k'uai⁴ mo⁴。

120. 本 pên³, 书的量词; 例如: 三本书, san¹ pên³ shu¹。本, 本义是树干, 树在地面以上的部分; 引申为基本, 初始; 再引申, 在适当情况下, 作指事指人的代词 (this, self)。

121. 举例:

买的是三十张白纸十管笔两块香墨。mai³ ti shih⁴ san¹ shih² chang¹ pai² chih³ shih² kuan³ pi³ liang³ k'uai⁴ hsiang¹ mo⁴。

这书多少本？chê¹ shu¹ to¹ shao³ pên³？

抄字"用①笔""拿笔"都说得。ch'ao¹ tzǔ⁴ yung⁴ pi³ na² pi³ tou¹ shuo¹ tê²。

注：①"用"（部首 101）, 这里与"拿"相似, 在这里跟它的宾语构成我们所说的工具格 (instrumental case)。

122. 念 nien⁴, 关心; 记挂; 大声读; 学习。例如: 念书 nien⁴ shu¹, 汉语初学者念他们的书。

123. 完 wan², 结束; 有时用作助动词, 含有动作完成的意思, 如: 看完 k'an⁴ wan²。

124. 可 k'o³, 对; 能够。可, 又有种习惯用法, 即用作副词或转折连词, 以减弱肯定语气。当然还有其他用法, 例如:

可不是？k'o pu shih？怎能不是？（当然是; 的确是）

可是。k'o shih. 也许是; 但是。

125. 以 i³, 本义是"用"; 引申为一个工具格介词。前面加上"可", 用于肯定地回答问题, 有时有保留, 有时没有; 或简单地表示"能够""可能"的意思。跟在一个真正的动词之后作状语, 如"是以 shih⁴ i³"(34.), 因此, 从而。

126. 举例:

他念过三个月的书。t'a¹ nien⁴ kuo⁴ san¹ ko⁴ yüeh⁴ ti shu¹。

那本书没看完。na⁴ pên³ shu¹ mei² k'an⁴ wan²。

他的笔墨还可以①。　t'a¹ ti pi³ mo⁴ hai² k'o³ i³.

那可是真话②。　na⁴ k'o³ shih⁴ chên¹ hua⁴.

可用不可用我不好说。　k'o³ yung⁴ pu⁴ k'o³ yung⁴ wo³ pu⁴ hao³ shuo¹.

注：① 注意"还 hai"的用法，它弱化了"可以 k'o i"的肯定意味。

② 如果没有"可 k'o"，肯定语气会强些。

127. **官** kuan¹，官员。当它充当定语时，"官"属于政府；例如"官话 kuan¹ hua⁴"，就是政府所用的语言，通常称作 mandarin dialect。

128. **民** min²，人民；说"官民 kuan¹ min²"，就是指政府（或官员）和百姓。

129. **会** hui⁴，作动词时，是相遇相聚的意思；还有能胜任、知道、懂得的意思。例如：会说，hui⁴ shuo¹。作为一个名词，表示时刻；或一段时间。例如：一会子 yi⁴ hui³ tzǔ，一会儿 yi⁴ hui³-'rh，注意声调变换。不要跟"回 hui²"（57.）相混淆。

130. **分** fên¹，分开；一小部分；又特指十分之一。如"十分 shih² fên¹"，就是全部；进而作副词，相当于"非常"的意思，例如：十分好 shih² fên¹ hao³。fên⁴，一份，一套（参见 153.）。

131. **听** t'ing¹，听见。如：听话 t'ing¹ hua⁴，听他所说 = 服从。又有"顺从""遵从"之意。

132. **明** ming²，眼睛亮，视力好，看得清。如：明白 ming² pai²，即聪明的，易懂的。

133. 举例：

官住的是衙门①。　kuan¹ chu⁴ ti shih⁴ ya²-mên².

民人住的是民房②。　min² jên² chu⁴ ti shih⁴ min² fang².

那人十分好。　na⁴ jên² shih² fên¹ hao³.

不会说官话。　pu² hui⁴ shuo¹ kuan¹ hua⁴.

他说的官话我听不出来③。　t'a¹ shuo¹ ti kuan¹ hua⁴ wo³ t'ing¹ pu⁴ ch'u¹ lai².

都说不明白④。　tou¹ shuo¹ pu⁴ ming² pai².

注：① 这句话可用来回答"什么是衙门？"在官府的许多人没有衙门。

② 民房、衙门以及其他类似"房 fang"的词，放在"住的"后面就好懂。

③ 出来 ch'u lai: 在这里不止是时间补语，它还影响"听 t'ing¹"的意思。他说的话不好懂，可能有两方面的原因，一是发音不准，或是不懂他讲的道理。

④ 这里的"不明白"，或许因为话不好理解，或许方式有错误。

134. 也 yeh³，同样 (also)，甚至 (even)。例如：这个也好 chê⁴ ko⁴ yeh³ hao³，这个也是好的；或，这个也会好。

135. 懂 tung³，明白，理解。如：懂不懂？tung³ pu⁴ tung³?

136. 声 shêng¹，声音；特指声调，如：四声，ssǔ⁴ shêng¹。

137. 平 p'ing²，平坦的，水平的，处于平静状态；又，平常的，普通的（稍后会看到）。

138. 忘 wang⁴，忘记，如：忘不了，wang⁴ pu⁴ liao³。

139. 错 ts'o⁴，不对，错误。如：听错了，t'ing¹ ts'o⁴ liao。"错"跟在一个一般行为动词后面的时候，它的作用就像我们的前缀音节 *mis*；不过一般说来，如果不是经常的，这种"错"是无意的。

140. 举例：

那管笔也好。 na⁴ kuan³ pi³ yeh³ hao³.

土话也懂得。 t'u³ hua⁴ yeh³ tung³ tê.

那四声是上平、下平、上声①、去声。 na⁴ ssǔ⁴ shêng¹ shih⁴ shang⁴ p'ing², hsia⁴ p'ing², shang³ shêng¹, ch'ü⁴ shêng¹.

那不错②。 na⁴ pu² ts'o⁴.

这字我忘了，真是不记得。 chê⁴ tzǔ⁴ wo³ wang⁴ liao³, chên¹ shih⁴ pu² chi⁴ tê.

注：①"上"在"上声"里读第三声：shang³ shêng¹。

②"不 pu"在"错 ts'o""是 shih"和其他第四声字前变调 (*pu changes its tone before ts'o, shih, and other words in the 4th tone*)。

练习五答案
(EXERCISE V KEY)

1 我请了先生来教我说话。你还要学写字不要？请先生告诉我，我的口音正不正？不很正，你认得的字还不多。

2 那字典在那'儿？在先生的屋裏，他那儿找字呢。他找的字，你请他给抄下来。先生不肯来。他告诉我，你的口音很不好，说话又①不真。

    注：① also（参见部首29）。

3 我的先生你见过没有？我见他骑著马，那马跑的很快，他没瞧见我。请拿字典找"记"字。我找著了。那个字你认得不认得？那个字我还没瞧见过。

4 这幾个学生学甚么？学写字、学认字。他们的先生是谁？我不知道是谁。你见过没有？见过，他在这儿教学生。那字你抄了没有？还没抄哪。要快抄。

5 你爱骑马不爱？马跑得快，我不爱骑他。这个马好不好？不很好，他跑得慢。骑住了。

练习六

(EXERCISE VI)

6.1 他说的官话还可以，可是没有你的好。他说的官话，还有土音。①听见说你得了幾本书，都看完了没有？得是得了②，看了不过一两本。

    注：① 这两句里的"还 hai / han"，都是减弱肯定语气。（译按：对了一半。后者作"仍然"解）土音 t'u yin，指地方性的或乡下语音。

    ② 得是得了 tê shih tê liao：得，表示拥有；是，表明"拥有"是真的，是事实。

6.2 我听见说你学著官话呢，学得很好，那四声你分得出分不出？都还可以分得开①。

    注：① 分得开：即"能区分"。注意：还 hai / han，是"仍然 *still*"的意思。（译按：错了。是减弱肯定语气的。）

6.3 那一本书你看完了没有？十分裏看了有七八分。明白不明白？有幾分不大明白，也有幾个字不认得。

6.4 你念了多少日子的书？我念了十个月的书。那书上的字都记得么？记不了那么多。忘了好些个了，还有记错了的。

6.5 他那个人懂得官话不懂？我听见人说他不懂得。他认得字不认得？字还认得,认过四五千字。你那'儿知道呢?上月我们在一块儿看书①。我叫他抄写。他行不行②?没有甚么不行的。

注:① 在一块儿 tsai yi k'uai-'rh:在一起。上月:过去的一个月;下月 hsia yüeh:下一个月。

② 行不行 hsing pu hsing:能做不能做?(行,部首 144)

6.6 你告诉我,他的话你听得出来听不出来?

6.7 你念过的书,千万不可①忘了。不错,你说的很是。

注:① 千万不可 ch'ien wan pu k'o:决不可以;"千万"带一个否定词"不可"。

6.8 你会用我们这儿的字典么?会用是会用,找字可①得'慢些儿。

注:① "可 k'o"修饰"得'tei",必须 (must)。

141. 炕 k'ang⁴,一种暖床,用砖砌成。

142. 铺 p'u¹,本义是像一块布一样展开。炕 k'ang⁴ 的量词,如:一铺①炕 yi⁴ p'u¹ k'ang⁴.

注:① 不要跟一个写法相近的"舖 p'u⁴(46.),店舖"混淆了。

143. 盖 kai⁴,覆盖;盖子。跟"铺 p'u¹"构成"铺盖 p'u¹-kai⁴",指被褥等床上用品,不是铺的,就是盖的。又作动词,从它本义"覆盖"引申为"建造",如:盖房子 kai⁴ fang²-tzǔ.

144. 蓆 hsi²,草蓆,铺在床上或地上的。如说:铺蓆子 p'u¹ hsi²-tzǔ.

145. 床 ch'uang²,床铺。它的量词是"张 chang¹"(115.),也可以是"个 ko⁴",如:一张床 yi⁴ chang¹ ch'uang²,或一个床,yi² ko⁴ ch'uang².

146. 帐 chang⁴,帐子 chang⁴-tzǔ. 另外,"帐户"的"帐"字相同,不久即可见到。

147. 举例:

那铺炕上铺着蓆子。 na⁴ p'u¹ k'ang⁴ shang⁴ p'u¹ cho hsi²-tzǔ.

把铺盖铺上①。 pa³ p'u¹-kai⁴ p'u¹ shang⁴.

床上没帐子。 ch'uang² shang⁴ mei² chang⁴-tzǔ.

把盖儿盖上。 pa³ kai⁴-'rh kai⁴ shang⁴.

地下铺蓆子。 ti⁴ hsia⁴ p'u¹ hsi²-tzǔ.

注：① 上 shang，使动词所代表的动作得以完成。

148. **桌，卓** cho¹, cho²，桌子。量词是"张 chang¹"（115.），如：三张桌子 san¹ chang¹ cho¹-tzǔ。卓 cho²，是"桌"的本字。

149. **椅** i³，椅子。它的量词也是"张 chang¹"。

150. **灯** têng¹，灯盏；烛台。不是 a lantern（灯笼），加上"笼 lung²"才是。

151. **盏** chan³，是灯 têng¹ 的量词，如：六盏灯 liu⁴ chan³ têng¹。

152. **蜡** la⁴，烛，用动物油或植物油做的。后者是从油脂巴豆中提炼的，称为"白蜡 pai² la⁴"，蜂蜡做的叫"红蜡 hung² la⁴"。

153. 举例：

那一分桌椅是一张桌子四张椅子。 na⁴ yi² fên⁴ cho¹ i³ shih⁴ yi¹ chang¹ cho¹-tzǔ ssǔ⁴ chang¹ i³-tzǔ.

桌上那两盏灯都是蜡灯。 cho¹ shang⁴ na⁴ liang³ chan³ têng¹ tou¹ shih⁴ la⁴ têng¹.

在那张椅子上坐的是谁？ tsai⁴ na⁴ chang¹ i³-tzǔ shang⁴ tso⁴ ti shih⁴ shui²?

154. **酒** chiu³，中国酒，烧酒。

155. **杯** pei¹，喝酒用的杯子，如：酒杯 chiu³ pei¹。

156. **盅** chung¹，杯子，喝酒饮茶都可以。其量词是"个 ko⁴"。盅，南方用得比北方少。

157. **茶** ch'a²，茶叶，茶水。

158. **碗** wan³，钵或杯，可以喝茶，也可以盛饭；茶碗 ch'a² wan³，喝茶的。

159. **饭** fan⁴，本来指做熟的米饭；一般指任何做熟的食物；某人的饭。

160. **喫**或**吃** ch'ih¹，吃饭 ch'ih¹ fan⁴.

161. **喝** ho¹，饮。

162. 举例：

他吃饭去了。 t'a¹ ch'ih¹ fan⁴ ch'ü⁴ liao.

吃过三碗饭。 ch'ih¹ kuo⁴ san¹ wan³ fan⁴.

喝过三碗茶。 ho¹ kuo⁴ san¹ wan³ ch'a².

拿个茶碗来。　na² ko⁴ ch'a² wan³ lai².

两个酒盅儿。　liang³ ko⁴ chiu³ chung¹-'rh.

喝过三杯酒。　ho¹ kuo⁴ san¹ pei¹ chiu³.

好吃不好吃？　hao³ ch'ih¹ pu⁴ hao³ ch'ih¹?

163. **弄** nung⁴，正音 lung⁴，耍弄。口语里用于表示有许多程序、花好多精神或材料的事情，如后面随个"菜"。这个字还经常用来写北京话 lung² huo³（生火）的 lung²，可采纳的是另一个 lung² 字（笼，198.）。

164. **菜** ts'ai⁴，本指蔬菜，但一般用于可食用的；例如：弄菜 nung⁴ ts'ai⁴，指备饭。

165. **厨** ch'u²，烹饪；但是，口语最常见的是作名词的一部分，如：厨房 ch'u²-fang²，厨子 ch'u²-tzǔ。

166. **煎** chien¹，油煎，如煎鱼 chien¹ yü²。

167. **炒** ch'ao³，油煎或烤炙，干焙的过程长于油煎的过程。如，炒肉 ch'ao³ jou⁴。

168. **煮** chu³，煮沸，如：煮菜 chu³ ts'ai⁴，煮蔬菜，也泛指吃的东西。

169. **烧** shao¹，燃烧；烹饪上指烧制。如：烧肉 shao¹ jou⁴。

170. **坏** huai⁴，精神的或物质的糟蹋；可跟其他各种动词结合，表示不好的结果。

171. 举例：

那厨子把菜都弄坏①了。　na⁴ ch'u²-tzǔ pa³ ts'ai⁴ tou¹ nung⁴ huai⁴ liao.

不分烧肉煮肉都坏了②。　pu⁴ fên¹ shao¹ jou⁴ chu³ jou⁴ tou¹ huai⁴ liao.

这厨子很会煎炒。　chê⁴ ch'u²-tzǔ hên³ hui⁴ chien¹ ch'ao³.

"饭得了"是饭菜都弄好了③。　fan⁴ tê² liao, shih⁴ fan⁴ ts'ai⁴ tou¹ nung⁴ hao³ liao.

注：① 弄坏 nung huai，可以用于各种操作行为的失败。

② 不分 pu fên：一样地，即煮肉、烧肉不加区别地全都弄坏了。"坏 huai"的主语被显示是"厨子 ch'u²-tzǔ"。

③ 饭 fan，米饭；菜 ts'ai，指"饭"以外的食物。好 hao，在这里让"弄 nung"的

行为得以完成；但是，"弄不好 nung pu hao"，说的是另一回事，除了语气强度之外，跟"弄坏 nung huai"还略有不同。弄 nung，可以用于烹饪，还可以用于商量事、盖房子、打仗等等。

172. 锅 kuo¹，用于煮食的大锅，主要是做饭的，如：饭锅 fan⁴-kuo¹。

173. 刀 tao¹（部首 18），刀子 tao¹-tzǔ。

174. 镲 ch'a¹，镲子 ch'a¹-tzǔ. 刀和镲的量词是"把 pa³"。

175. 勺 shao²，本指小于"锅（172.）"的器皿。如：勺子 shao²-tzǔ，羹匙；饭勺儿 fan⁴ shao²-'rh，从锅里起饭的勺子。

176. 匙 ch'ih²，比勺小的一种羹匙。它们的不同，请参见下面练习 7.8 的解释。

177. 傢 chia¹，这个字不见于本地字典。

178. 伙 huo³，也不见于本地字典；二字合成"傢伙 chia¹-huo³"一词，指各种各样的厨具。随便儿说，小型武器也可以叫"傢伙 chia¹-huo³"；如梭标，步枪，或任何随身用具。

179. 举例：

饭锅是煮饭用的。 fan⁴-kuo¹ shih⁴ chu³ fan⁴ yung⁴ ti.

家裏用的傢伙。 chia¹ li³ yung⁴ ti chia¹-huo³.

买的是一把刀子一把镲子三把勺子两把匙子①。 mai³ ti shih⁴ yi⁴ pa³ tao¹-tzǔ yi⁴ pa³ ch'a¹-tzǔ san¹ pa³ shao²-tzǔ liang³ pa³ ch'ih²-tzǔ.

注：① 注意量词。匙子 ch'ih-tzǔ，天津话叫"调羹 t'iao²-kêng¹"或"羹匙 kêng¹-ch'ih²"。

练习六答案
(EXERCISE VI KEY)

1 拿那一管笔给我。这个笔不好。还有好的没有？好的没有了，不好的还有两三管。

2 拿一张纸、一块墨、一管笔，写字。你要我写甚么字？这书上不认得的字都写。

3 我听见说你学官话呢，你懂得不懂得？我不大懂，念的日子不多。
4 四声你会分不会①？都会分。肯字是那'一声？是上声。不错。你拿这张纸，写那个字。你写错了。

  注：①会 hui，能。参见 129.。

5 那一本书你看完了没有？看完了，也很明白。有不认得的字没有？那'儿没有呢，不认得的多、认得的少。
6 我的话你懂不懂？你的口音这么正，我很懂得。
7 我给你买一张纸、一管笔，可以不可以？可以。你还要墨不要？不要，要五张纸、两管笔，明白不明白？都明白了。

练习七
(EXERCISE VII)

7.1 厨房。一把刀子。一把锤子。一把炒勺。一个饭锅。一个锅盖。一个茶碗。一个茶盅。一个酒杯。一个酒盅子。
7.2 他要上炕躺著。我在床上躺著。你快把铺盖铺上。那个人快上床了。

  注："床上 ch'uang shang" 我们会说 *lying down on the bed*，而"上床 shang ch'uang"的"上 shang"是动词，翻译时"上"在这个短语中只用它特定的意义。"上炕 shang k'ang"，用我们的话说是"上床"(*to ascend the stove-bed*)，指一个人要上床睡觉。

7.3 那床上有帐子没有？他在床上躺著，我在椅子上坐著。
7.4 这屋裏黑了，快拿灯来。桌子上的那腊灯是谁拏了去了？是我给厨子拏过去了。厨房的火弄①上还没著②呢。

  注：① 弄，音 lung²，参见 163.。
    ② 著，音 chao²，在这里不是助动词，跟练习 5.1 中的不同，而是一个独立的动词，表示使之燃烧。

7.5 饭锅 fan⁴-kuo¹ 是煮饭的，锅盖 kuo¹-kai⁴ 就是饭锅的盖儿。茶碗 ch'a² wan³ 茶盅 ch'a² chung¹ 也有有盖儿 kai-'rh 的。

  注：也有 yeh yu：也可以有；有盖儿的 yu kai-'rh ti，有盖子的东西。

7.6 酒杯 chiu³ pei¹ 酒盅子 chiu³ chung¹-tzǔ 这两个东西不大很分，可也分得出来①，本是②酒杯比酒盅儿大。

注：① 分得出来 fên tê ch'u lai，可以用"区别(distinguished)"或"能区分(distinguishable)"替代；动词的语气和时态完全由上下文决定。回答问题时，"你分得出来分不出来？Can (or do) you distinguish or not?" "分得出来 fên tê ch'u lai. I can (or do) distinguish." 跟我们说的话一样，用陈述语气现在时态。

② 本 pên³，实际上，参见 120.；是 shih⁴，事实上。在这个意义上，"本 pên³" 是各种副词性结构中的一个成分。

7.7 那屋裏那些桌子椅子都坏了。说桌椅"两分"，是两张桌子八张椅子。

7.8 那个勺 shao² 本①大。勺子 shao²-tzǔ 比勺小。匙子 ch'ih²-tzǔ 比勺子还小。说的是一把勺子一把匙子 yi⁴ pa³ shao²-tzǔ yi⁴ pa³ ch'ih²-tzǔ，这都是京话这么用②。

注：① 译按：此句的"本"，词义与 7.6 的"本"同。此处今说"本来"。

② 字面上是：这些都是在北京说话这么用的。

7.9 你们屋裏有蓆子没有？我们屋裏炕上都有蓆子。

7.10 你们那儿也用蜡灯么①？我们黑下②也是用蜡灯。

注：① 字面上，你们那儿 ni mên na-'rh，是"你们那个地方"；腊灯 la têng，即"烛台"。

② 黑下：夜色降临的时候。黑，音 hei，部首 203。

7.11 你买了那么些蜡是作甚么用①？都是家裏用。是厨房用么？不是，都②是黑下看书用的③。

注：① 这个问句从结构上看相当于两个句子，或者说，把第一个从句看作动词"是"的主语。"那么 na mo"，参见 23.。"作甚么 tso shê" mo"，相当于"为什么 (why)"，十分常用；这里跟"用"连用，问"为了什么目的"。

② 回答问题的两句中的"都 tou"，确切地讲，在于加强语气。我们英语不必翻译它。

③ 最后回答问题的一句，在句尾"的"之后省略了"蜡"。

180. 凳 têng⁴，长条的凳子。量词是名词性的"条 t'iao²"，如：两条凳子 liang³ t'iao² têng⁴-tzǔ，你也同样可以说：两个凳子 liang³ ko⁴ têng⁴-tzǔ。

181. 条 t'iao²，分枝；细枝。是长凳和许多长而窄的东西的量词。也是其他条款项目的量词。

182. 倒 tao⁴,倾注,主动语态;如:倒茶 tao⁴ ch'a²。(参见下面的练习8.4)又,颠倒,翻转,相反;如:倒不是 tao⁴ pu² shih⁴,正相反,事情不是那样的;倒过来 tao⁴ kuo⁴ lai²,头尾颠倒。读 tao³ 的时候,意思是翻倒,弄翻。

183. 壶 hu²,一种可以沏茶或温酒用的罐状器皿,如:茶壶 ch'a² hu²,它的量词用 " 把 pa³"用 " 个 ko⁴" 都可以。

184. 花 hua¹,花朵;也用作 " 花费 ",滥用金钱、时间等,或挥霍,随后会见到这些用法。

185. 瓶 p'ing²,如花瓶 hua¹ p'ing²。

186. 破 p'o⁴,爆裂,损坏。如:破坏 p'o⁴ huai⁴。

187. 收 shou¹,接受;取得;存放。单用,或在组词中,它还有其他意思。

188. 拾 shih²,捡起;整理;放在 " 收 shou¹" 之后,有 " 修理 " 的意思。合成词 " 收拾 shou¹ shih²",有好多别的用法。

189. 举例:

三条长凳。 san¹ t'iao² ch'ang² têng⁴.

那花瓶倒了①。 na⁴ hua¹ p'ing² tao³ liao.

把水壶拿来。 pa³ shui³ hu² na² lai².

把壶里的水给②倒了。 pa³ hu² li³ ti shui³ kei³ tao⁴ liao.

这傢伙都破了,有人会收拾没有? chê⁴ chia¹-huo³ tou¹ p'o⁴ liao, yu³ jên² hui⁴ shou¹ shih² mei² yu³?

注:① 了 liao,发 lo 音,仅仅是个语助词。

② 留意 " 给 kei³",相当于英语的 for。

190. 盘 p'an²,盘子。量词是 " 个 ko",如:一个盘子 yi² ko⁴ p'an²-tzǔ。

191. 碟 tieh²,碟子,浅盘,比盘子小。量词是 " 个 ko",如:四个碟子 ssǔ⁴ ko⁴ tieh²-tzǔ。

192. 点 tien³,相当于 a point;微量;加标点;点燃,例如:点灯 tien³ têng³。" 微量 " 的意思,可以说 " 一点儿 yi⁴ tien³-'rh",作状语,表示量少而轻。

193. 吹 ch'ui¹,如:吹灯 ch'ui¹ têng¹,把灯或蜡烛吹灭。

第三章　散语章（四十练习）　93

194. **灭** mieh⁴，使熄灭，如灯，如火；加上"吹"，"吹灭 ch'ui¹ mieh⁴"，就是吹熄。

195. **使** shih³，用。如：使得 shih³ tê²，可用的，适合使用；使不得 shih³ pu⁴ tê²，不能用。

196. 举例：

盘子大碟子小。p'an²-tzǔ ta⁴ tieh²-tzǔ hsiao³.

幾个盘子幾个碟子。chi³ ko⁴ p'an²-tzǔ chi³ ko⁴ tieh²-tzǔ.

快点灯。k'uai⁴ tien³ têng¹.

那灯是谁给灭了？na⁴ têng¹ shih⁴ shui² kei³ mieh⁴ liao?

厨房火灭了。ch'u²-fang² huo³ mieh⁴ liao.

这些话都使得。chê⁴ hsieh¹ hua⁴ tou¹ shih³ tê².

197. **炉** lu²，火炉。量词是"个 ko"，如：一个炉子 yi² ko⁴ lu²-tzǔ.

198. **笼** lung²，本义是"笼子"，加上"灯 têng¹"，就是"灯笼 têng¹ lung²"，中国提灯；跟一个"火"，"笼火 lung² huo³"，就是生火，点燃。参见 163.。

199. **空** k'ung¹，空的；读作 k'ung⁴，就是"空闲"的意思。

注：注意声调的变换。

200. **满** man³，满的，足的。

201. **同** t'ung²，相同；和，跟。如：这两个同不同？chê⁴ liang³ ko⁴ t'ung² pu⁴ t'ung²? 他同我去。t'a¹ t'ung² wo³ ch'ü⁴.

202. **算** suan⁴，计算，用算术方法计算；又，认为。例如：这算好 chê⁴ suan⁴ hao³，这一个可以看作是好的。

203. **碎** sui⁴，碎块；破碎。零碎 ling² sui⁴（参见 5.），细碎的；零散的和残余的。

204. 举例：

炉子是烧火用的。lu²-tzǔ shih⁴ shao¹ huo³ yung⁴ ti.

快烧火①。k'uai⁴ shao¹ huo³.

快笼炉子。k'uai⁴ lung² lu²-tzǔ.

那壶是空的这壶倒满②。 na⁴ hu² shih⁴ k'ung¹ ti chê⁴ hu² tao⁴ man³.

他是同我来的。 t'a¹ shih⁴ t'ung² wo³ lai² ti.

算算数目。 suan⁴ suan⁴ shu⁴ mu⁴.

那是零碎东西。 na⁴ shih⁴ ling² sui⁴ tung¹ hsi¹.

没空儿。 mei² k'ung⁴-'rh.

注：① 烧火 shao huo，只能用于炉子，用木柴或黍秸等作燃料在炉子里烧。

② 那壶是空的，这壶却是满的（倒 tao⁴，参见 182.）。

练习七答案
(EXERCISE VII KEY)

1 炕上的蓆子他给拏了去了。叫他给我拏来。这床上的铺盖在那'儿？他也拏了去都卖了。

2 蜡灯在那'儿？在椅子上。把那蜡灯拿了去。拏个灯来。那灯你找著了没有？这屋裏这么黑，看不见灯在那'儿。给我那蜡灯，我找去。

3 酒盅子 chiu³ chung¹-tzǔ 比酒杯 chiu³-pei¹ 小。茶碗 ch'a² wan³ 茶盅 ch'a² chung¹ 都可以说。盖 kai⁴ 儿有大的有小的，饭锅的盖儿比茶碗的盖儿大。

4 那屋裏帐子蓆子都坏了。你快去买帐子铺盖，把铺盖铺好了。

5 给我一把刀子一把锤子一把勺子。桌子上有刀子锤子，没有勺子。叫厨子给你一把勺子。

6 厨子煮饭用的饭锅他那个人拏了去了，厨子说那饭他煮不了。我问那个人饭锅是谁拏了去了，他说不知道是谁。

7 你那话说错了。我没说我看见他做的，我说的是你告诉我是他做的。你没明白我的话。我明白不明白不用说，你找我的错儿做甚么？谁找你的错儿？你做你的，我做我的。

8 我要分这块纸给那五个人，给他的可得'比那四个人的分儿大。你去请他把拏了去的我那两本书还（105.）给我。

练习八
(EXERCISE VIII)

8.1 "一条凳子""一个凳子"都说得。分的是长的多说"条 t'iao²",方的多说"个 ko⁴"。"话条子"①是学话用的。

注：① 话条子 hua⁴ t'iao²-tzǔ,字面上是：记有口语的纸条。

8.2 花瓶。酒瓶。酒壶①。茶壶。盘子。碟子。

注：① 中国人喝酒要温酒。

8.3 点灯。吹灯。烧火。灭火。

8.4 倒水。你把这个水给倒了。他倒水去了。倒茶来①。这东西站不住,倒②下来了坏了。

注：① 倒 tao⁴ 茶来：把茶（壶）拿进来给茶杯斟满。
② tao³,翻倒。

8.5 "空 k'ung¹"是没有东西在裏头,"空手 k'ung¹ shou³"也说得。"壶满了 hu² man³ liao"是把壶倒满。茶壶空了。酒壶满了。那酒壶是空的是满的？是空的。

注：注意"了 liao"的确切意思。译按：三个带"了"的句子,英译均用现在完成时。

8.6 那花瓶是甚么人弄破了的？那是我弄破的,可没有坏,收拾收拾①还可以使得。那傢伙弄坏了,使不得②。

注：① 收拾收拾：动词和定语的重叠（原文如此：the reduplication of verbs and attributives,"定语"疑是"形容词"之误）,是非常口语化的说法。它没有特殊意味 (It has no special significance)。
② 通常,甚至在那些我们认为是被动的或非人称动词的结构裏,把动词看作受制于事或人的影响 (As a rule, even in what we consider passive or impersonal constructions, construe the verbs governed by a cause or personal agent)。

8.7 那刀子、鑪子、勺子、盘子、碟子、饭碗、酒杯,这些个都是吃饭的傢伙 chia¹ huo³。

8.8 花瓶也算是"傢伙"么？花瓶也可以算是"傢伙"。

8.9 炉子 lu²-tzǔ 有大小不同。厨房裏做饭用的是炉子,炕裏烧的是炉子,屋裏烧的也是炉子。

8.10 叫人"倒茶 tao⁴ ch'a²",是叫人把茶拿来倒在茶碗裹头。你点了灯没有？我点上了①,他给吹灭了②。

注：① 点上了："点 tien"的动作靠"上 shang"帮助完成。

② "给 kei"在"吹灭 ch'ui mieh"之前,很合于语言习惯,表示所说的那个人的行为并不是人们所期待的。如果省略掉"给",两个动作就会明显不同。(英语两种表述也不同：I lit it, but he blew it out. / I lit it; he blew it out.)

8.11 "吹灯 ch'ui¹ têng¹"是人把灯吹灭了。"灯灭了 têng¹ mieh⁴ liao",火灭了 huo³ mieh⁴ liao",是灯、火自己灭了。

8.12 那俩壶裹有水没有？一个是空的,一个是满的。你把那空的倒满了水。

205. 今 chin¹,现在；眼前。

206. 年 nien²,一年。

207. 时 shih²,时间。

208. 令 ling⁴,命令；一个命令；又,可尊敬的。前面加"时"构成的"时令 shih² ling⁴",指普遍的天气景象；季节决定的天气情况。

209. 暖 nuan³,又音 nan³,温暖。

210. 和 ho²,huo²,huo⁴,hai⁴,和平；搀和到一起；又,温柔优美的。跟"暖 nuan³ 或 nan³"结合,表"温暖"；如屋里屋外温度不同。读 huo⁴,搀和,如用水把粉末或面粉等和到一起。

211. 昨 tso²,昨天。

212. 天 t'ien¹,天空；一日。

213. 举例：

今年。chin¹ nien².

明年。ming² nien².

後年。hou⁴ nien².

去年。ch'ü⁴ nien².

前年的时令暖和。ch'ien² nien² ti shih² ling⁴ nan³ huo².

昨天。tso² t'ien¹.

昨儿。tso²-'rh.

前天。ch'ien² t'ien¹.

前儿。ch'ien²-'rh.

"多少日子""多少天"都可以说。to¹ shao³ jih⁴-tzǔ to¹ shao³ t'ien¹ tou¹ k'o³ i³ shuo¹.

注：留意用了"前""後"的这些短语的特别之处。

214. **就** chiu⁴，作为结果随即（发生）；结果（是）；然后，接着，表时间或原因。

215. **定** ting⁴，安装，使固定；引申为确凿的，必然的。如：一定 yi² ting⁴.

216. **昼** chou⁴，白天。

217. **夜** yeh⁴，晚上。

218. **晴** ch'ing²，晴天。

219. **亮** liang⁴，像白天般明亮。

220. 举例：

我来他就走。 wo³ lai² t'a¹ chiu⁴ tsou³.

没有定日子。 mei² yu³ ting⁴ jih⁴-tzǔ.

昼夜的都走道儿。 chou⁴ yeh⁴ ti tou¹ tsou³ tao⁴-'rh.

天亮就起来。 t'ien¹ liang⁴ chiu⁴ ch'i³ lai².

昨儿晴天今儿下雨。 tso²-'rh ch'ing² t'ien¹ chin¹-'rh hsia⁴ yü³.

夜裏可以到。 yeh⁴ li³ k'o³ i³ tao⁴.

221. **鐘** chung¹，铜鐘；在现代汉语里 (in modern Chinese)，也指时鐘。

222. **表** piao³，表面，外面的，跟"裏面"相对；引申为表象。在现代汉语里，也指手表。

223. **刻** k'ê⁴，雕刻；很短的时间；在现代汉语里，也指一小时的四分之一。又，压制，此义随后即可见到。

224. **候** hou⁴，等待；跟"时 shih²"结合，指时间。

225. 举例：

是甚么时候？ shih⁴ shê^{n2} mo¹ shih² hou⁴?

看鐘就知道了。k'an⁴ chung¹ chiu⁴ chih¹ tao⁴ liao.

这鐘是时辰鐘。chê⁴ chung¹ shih⁴ shih² ch'ên² chung¹.

那表是时辰表。na⁴ piao³ shih⁴ shih² ch'ên² piao³.

"三点鐘""三下鐘"都说得。san¹ tien³ chung¹ san¹ hsia⁴ chung¹ tou¹ shuo¹ tê².

四点三刻。ssŭ⁴ tien³ san¹ k'ê⁴.

226. 冷 lêng³，寒；如：今天冷 chin¹ t'ien¹ lêng³.

227. 热 jê⁴，如：不冷不热 pu⁴ lêng³ pu² jê⁴.

228. 雪 hsüeh³，如：下雪 hsia⁴ hsüeh³.

229. 凉 liang²，如：凉水 liang² shui³. 经常跟"快"结合：凉快 liang² k'uai⁴.

230. 刮 kua¹，（用工具）挫、切、削。

231. 颳 kua¹，颳风。

232. 气 ch'i⁴，气息，空气；这是自然的物质的影响；道义上指情绪，愤怒；又（在适当情况下，在复合词里）面貌，表现，爱好，以及风味。如：天气 t'ien¹ ch'i⁴，气象，温度。

233. 举例：

天气冷。t'ien¹ ch'i⁴ lêng³.

天气热。t'ien¹ ch'i⁴ jê⁴.

颳起大风来了。kua¹ ch'i³ ta⁴ fêng¹ lai² liao.

风住了下雪。fêng¹ chu⁴ liao hsia⁴ hsüeh³.

下了半夜的雪。hsia⁴ liao pan⁴ yeh⁴ ti hsüeh³.

今儿天凉快。chin¹-'rh t'ien¹ liang² k'uai⁴.

我和他说了半天的话。wo³ hai⁴ t'a¹ shuo¹ liao pan⁴ t'ien¹ ti hua⁴.

234. 初 ch'u¹，开端；开始的时候。如：起初 ch'i³ ch'u¹."起 ch'i³"，参见43。

235. 次 tz'ŭ⁴，一次即一回；如：初次 ch'u¹ tz'ŭ⁴，就是第一回。在一个序列中，无论在哪儿，只要是第一的，就是"初次 ch'u¹ tz'ŭ⁴"。

236. 半 pan⁴，一半。

237. 举例：

两个人初见是他们初次见面。 liang³ ko⁴ jên² ch'u¹ chien⁴ shih⁴ t'a¹ mên² ch'u¹ tz'ǔ⁴ chien⁴ mien⁴.

上月。本月。下月。 shang⁴ yüeh⁴. pên³ yüeh⁴. hsia⁴ yüeh⁴.

上半月。下半月。半个月。 shang⁴ pan⁴ yüeh⁴. hsia⁴ pan⁴ yüeh⁴. pan⁴ ko⁴ yüeh⁴.

一个半月。 yi² ko⁴ pan⁴ yüeh⁴.

正月①初一初二。 chêng¹ yüeh⁴ ch'u¹ yi¹ ch'u¹ êrh⁴.

两点半鐘。 liang³ tien³ pan⁴ chung¹.

注：① 正月 chêng¹yüeh⁴：第一个月；相对于正月，其他月份都是从属的。正 chêng¹，参见 103.。注意"正 chêng¹"的声调。

练习八答案
(EXERCISE VIII KEY)

1 我真不知道你要那么些椅子做甚么。

2 你还算算，请了二十五个人来吃饭，你想，我们用的那幾张椅子，二十五个人还坐得下么？

3 二十五个人坐不下，厨房裏的凳子很使得。

4 有了凳子可坐开了，请问凳子在吃饭的屋子还好看不好看？还有碟子饭碗，得'找幾个，可不知道往那'儿去找去。

5 我们这儿有三十个饭碗。

6 那饭碗使不得，又有六个破的。

7 我不管破不破，叫人来收拾就得了。

8 我买了他一桌傢伙，还有厨房用的些零碎东西，同烧火使的，他开的帐，你给算一算错不错。

9 我不会算帐（参见 146.）。这是那'儿的话，那先生还没教给你认数目字么？

10 那小写的数目字我认得了，这都是大写的我还不懂。

练习九
(EXERCISE IX)

9.1 前儿 ch'ie^n-'rh^2 就是前天 ch'ien^2 t'ien^1，昨儿昨天，今儿今天，明儿明天，後儿後天，都是那么着。

9.2 天气分得是天冷、天热、天凉、天暖和、颱风、晴天、下雨、下雪，这些都在裏头。

注：最后一句的"裏头"英译作: all are inside, are all included.

9.3 一点半鐘就是一点鐘两刻。一下鐘 yi^2 hsia^{4}chung^1 就是一点鐘 yi^4 tien^3 chung^1。

9.4 他那个人念过二十多年的书，不过做了五六个月的先生。这个人白日①爱骑马，黑下回家看书。

注：① 白日 pai jih: 相当于英语 by day，在白日里，置于动词前。爱（参见 52.）：喜欢，这里等于说"习惯于"。

9.5 我今儿走，下月可以回来。你这个人①今儿八下鐘还没起来么？

注：① 你这个人：带责备意味。

9.6 "前年 ch'ien^2 nien^2""後年 hou^4 nien^2"说得，"前月 ch'ien^2 yüeh^4""後月 hou^4 yüeh^4"不大很说。这儿天热的时候儿下雨，天冷就下雪。

9.7 前四天颱北风，第二天天气很冷。昨儿黑下下雨，夜裏住了，今儿天晴了。

9.8 今年天气暖和得很，没有去年那么冷。今年的时令不正①，这幾年谁见过四月裏还下雪呢？

注：① 不正 pu chêng: 不合时令 (not seasonable)。

9.9 我们①俩到这儿好些年了。他是去年来的，我是上月到的，他们俩去年来过了。

注：① 我们：不说"咱们 tsa mên"（参见 17.），除非讲到的人都在场 (unless the addressed is present)。

238. 更 ching¹，正音 kêng¹，变更；夜间分五更。读 kêng⁴ 的时候，是个比较级的形容词 (adjective of comparison)，如：那更好 na⁴ kêng⁴ hao³。

239. 夫 fu¹，男人，特指丈夫；俗称任何做工的人。如：轿夫 chiao⁴-fu¹；马夫 ma³- fu¹。加上"工"（部首 48）成"工夫 kung¹-fu¹"，即功课，工作。参见练习 10.1。

240. 每 mei³，每个，如：每一个 mei³ yi² ko⁴。

241. 打 ta³，打击，如：他打我 t'a¹ ta³ wo³。（他在打我／他打了我）依语言习惯，"打"可以跟许多行为动词结合。它还可以用作介词。例如：

打昨天到今天，ta³ tso² t'ien¹ tao⁴ chin¹ t'ien¹。

打那'儿过。 ta³ na³-'rh kuo⁴。

242. 罢 pa⁴，结束；停止。在一句话的结尾，说"说到这儿罢"；可是有时用来表示疑问，如同我们说 Eh?（啊！是吗？）或者，用于命令。

243. 举例：

夜裏分五更。 yeh⁴ li³ fên¹ wu³ ching¹。

更夫是打更的。 ching¹-fu¹ shih⁴ ta³ ching¹ ti。

每夜打五回更。 mei³ yeh⁴ ta³ wu³ hui² ching¹。

打他做甚么？ ta³ t'a¹ tso⁴ shê ⁿ² mo¹?

不能不打。 pu⁴ nêng² pu⁴ ta³。

他有不是①你说他罢了。 t'a¹ yu³ pu² shih⁴ ni³ shuo¹ t'a¹ pa⁴ liao。

注：① 不是 pu shih：错误。（译按：这句的"罢了"是一个词，跟 242. 所说的"罢"不同。）

244. 早 tsao³，如：早饭 tsao³ fan⁴。

245. 晚 wan³，如：晚饭 wan³ fan⁴。

246. 晌 shang³，正午；口语里后面连个"午 wu³"，而发音经常是 shang² hu⁴。 半晌 pan⁴ shang³，指下半天，或者指好大一会儿时间；晚晌 wan³ shang¹，即夜晚。注意声调的变换。

247. 午 wu³，正午。参见"辰 ch'ên²"（部首练习 7.7）。一天 24 小时，汉语分为 12 个"时辰 shih² ch'ên²"。其中的"午"，指上午 11 点至下午 1 点的两个小时。

248. 喒 tsan¹，时间的多少；民间认为是"早晚 tsao³ wan³"的紧缩形式。如：多喒 to¹ tsan¹，就是一个问"甚么时候儿"的短语。

249. 举例：

他早起起来晌午出门去下午①没回家。 t'a¹ tsao³ ch'i³ ch'i³ lai² shang³ wu³ ch'u¹ mên² ch'ü⁴ hsia⁴ wu³ mei² hui² chia¹.

晚饭多喒吃的②？ wan³ fan⁴ to¹ tsan¹ ch'ih¹ ti?

早晚都不定。 tsao³ wan³ tou¹ pu² ting⁴.

他来的早我来的晚。 t'a¹ lai² ti tsao³ wo³ lai² ti wan³.

你走你的罢③。 ni³ tsou³ ni³ ti pa⁴.

注：① 下午，经常说"後半天 hou⁴ pan⁴ t'ien¹"。

② 的 ti：也说"得"(ti=tê)。

③ 你走你的：你走你的路；或，你管你自己的事。罢 pa：命令式。参见 242.。

250. 件 chien⁴，本义是区分（动词）（译按：《说文》：件，分也。从人，从牛。牛，大物也，故可分。）；差别（名词）；但最为人熟悉的是量词；在名词中，它作"事"的量词（参见 252.）。

251. 情 ch'ing²，感情；情况；经常跟"事 shih⁴"组合。

252. 事 shih⁴，事务；事情。参见 257.。

253. 搁 ko¹，这是一个来路可疑的汉字；最初意思是"耽搁 (to delay)"，而今口语里作"摆放 (to put)""安置 (to place)"讲。如：搁在这儿 ko¹ tsai⁴ chê⁴-'rh。

254. 各 ko⁴，每（个）。

255. 样 yang⁴，种类；式样。如：各样 ko⁴ yang⁴，每一种，每一样。

256. 短 tuan³，不长。如：长短 ch'ang² tuan³，引申指长度。

257. 举例：

这件事我不明白。 chê⁴ chien⁴ shih⁴ wo³ pu⁴ ming² pai².

那件事情不好说①。 na⁴ chien⁴ shih⁴ ch'ing² pu⁴ hao³ shuo¹.

那椅子搁在那'儿？　na⁴ i³-tzǔ ko¹ tsai⁴ na³-'rh?

把那桌子搁开些。　pa³ na⁴ cho¹-tzǔ ko¹ k'ai¹ hsieh¹.

各样各样的都有。　ko⁴ yang⁴ ko⁴ yang⁴ ti tou¹ yu³.

各样的事都懂得。　ko⁴ yang⁴ ti shih⁴ tou¹ tung³ tê².

那东西长短不同。　na⁴ tung¹ hsi¹ ch'ang² tuan³ pu⁴ t'ung².

注：① 所说的那件事情不好。

258. **雲** yün²，通常跟"彩"配对儿，如：雲彩 yün² ts'ai³. 字面上是：彩色的雲。

259. **彩** ts'ai³，彩色。如：五彩 wu³ ts'ai³，指蓝、黄、红、白和黑五色。彩，又指运气，随后会见到。

260. **阴** yin¹，自然界两大对立面的阴性的一面；黑暗；黑色的。太阴 t'ai⁴ yin¹（264.），指月亮，但不是口语。

261. **阳** yang²，自然界阳性的一面；光明；亮的。太阳 t'ai⁴ yang²，指日头。

262. **雾** wu⁴，雾气。下雾 hsia⁴ wu⁴，指起雾，雾霭来临。

263. **怕** p'a⁴，害怕；引申为怀疑；再引申为可能、也许。

264. **太** t'ai⁴，本义是"大 ta⁴"的最高级；既作形容词，又作副词。

265. 举例：

满天的雲彩怕飓风①。　man³ t'ien¹ ti yün² ts'ai³ p'a⁴ kua¹ fêng¹.

太阳平西②的时候。　t'ai⁴ yang² p'ing² hsi¹ ti shih² hou⁴.

白日说阴天是看不见太阳。　pai² jih⁴ shuo¹ yin¹ t'ien¹ shih⁴ k'an⁴ pu² chien⁴ t'ai⁴ yang².

下③的雾很大太阳看不出。　hsia⁴ ti wu⁴ hên³ ta⁴ t'ai⁴ yang² k'an⁴ pu⁴ ch'u¹.

注：①"满天的雲彩"是结构不完全从句。（译按，原注补作：*[there being] a full heaven's clouds*。怕：人们担心会飓风。）

② 平西：贴近西方；但日落景象有别样的写法。

③ 下的 hsia ti：降，下来；ti =tê（得）。

练习九答案
(EXERCISE IX KEY)

1 你那'一年到京裏来的？

2 我是今年到的。来的日子不多，不过有半年。

3 你的京话说的到很不错。(译按：英文 But you speak Mandarin very correctly. 以 Mandarin 对译 "京话"。)

4 那都是我在南方就学过的。(译按：英文 That is all owing to my having learned Chinese in the South.)

5 那就是了。你看这儿水土好不好？

6 这水土没甚么不好，时令很和平 ho² p'ing²，热到没甚么热，我在这儿没过过年，不知道冷怎么样。

7 在屋裏到很暖和，可是这么说，要①在外头走幾天可了不得。

  注：① 要 yao⁴，如果 (*if*)。通常说 "要是 yao⁴ shih⁴"（32., 39.），文一点儿就说 "若 jo"。

8 听见说这儿的雪很大。

9 不是，雪到少，一年不过 pu² kuo⁴ 下一二寸。我说的是颶风吹的冷。

10 你天天都做甚么？

11 我天天七点半钟起来，就喫点心①，回头②请先生，念三点半钟的书，就喫饭咯，回来骑马出去。

  注：① 点心 tien hsin，在北京，早餐，午饭，或任何非正餐，都叫 "点心 (*little heart*)"，"以点饑心" 之意。"布丁 *puddings*" 也叫 "点心"。

    ② 回头 hui² t'ou²，少等一会儿；过段时间以后。

12 那们今儿喫完了饭，你来和我骑马去，行不行？

13 你瞧天气凉了，要下雨，晴不了。

14 可不是么？那们还是明儿个去好。明儿定甚么时候儿去？

15 定一亮就走。凉到没甚么凉，快跑点儿就得了。

练习十
(EXERCISE X)

10.1 工夫①。"每年 mei³ nien²"不是年年 nien² nien² 么②？"每月 mei³ yüeh⁴"就是月月，"每天 mei³ t'ien¹""每日 mei³ jih⁴"还是那么样。

注：① 工夫 kung-fu，指一个人花在工作上的时间；引申为空闲；花在任何事情上的时间。"工夫"一词中的"夫 fu"，是无法解释的。

② 不是……么？疑问式的肯定句（译按：反问句），汉语中常用。

10.2 他是早起起来，晌午上街，晚晌回家看书，到夜裏三更天就在炕上躺著①。天天都是这么样。

注：① 在炕上躺著：不说"上床 shang ch'uang²"；"上床"指临终病人躺的床。参见练习 7.2 注。

10.3 "各自各儿 ko⁴ tzǔ⁴ ko³-'rh"，就是自己一个人。这个事情得'①你各自各儿去。那房子就是他各自各儿住著②。

注：① 得 'tei：必要的（参见 30., 32.）。

② 他各自各儿：他自己一个人。要么他是主人或长者，要么没外人住在那儿。注意第二个"各 ko"的声调。

10.4 上半天下了雨，下半天晴了①。前半夜还暖和，後半夜冷。"三更天"就是半夜。

注：① "前半天 ch'ien pan t'ien""後半天 hou pan t'ien"也同样说得。

10.5 夜裏那打更的打更，一夜有五更，头一更就是"定更"。

10.6 天长做事的工夫多，天短没有空儿①，事情得'搁著罢②。

注：① 空儿 k'ung⁴-'rh：空闲。注意声调的变换。参见 199.。

② 得'搁著 tei ko cho：只好等待。得' tei, 必须；搁著 ko cho, 放置，或被放在一边；罢 pa, 就这么回事儿。很难精确地解释清楚"著"在这里的作用。汉语似乎只是把它看作语助词。

10.7 他多喒回来？他明儿回来罢。那茶壶搁在那'儿了？搁在屋裏桌子上了。

10.8 天上的雲彩满了就是阴 yin¹ 天。今儿早起下的雾很大，那么大的山都看不见了。

10.9 你在那儿站著做甚么？快去罢。

10.10 那饭得了罢①？还没得 tê², 得'tei³ 一会子②呢。那么偺们还上街走一走罢。

  注：① 我想那饭做好了罢？罢，这在里等于英语的 "*Eh?*" 参见 242.。

    ② 一会子，参见 129.。

266. 衣 i¹（部首 145），衣服；古代指上衣。

267. 裳 shang¹, 古代指裙、裤；口语把"衣 i¹"放在前面，泛指衣服。

268. 腌 a¹, ⁿga¹, ang¹, ⁿgang¹, 肮脏。口语里不单用，除非跟着下面的"脏"构成复合词。

269. 脏 tsa¹, tsang¹, 肮脏；前头加 ang¹ 或 a¹, 但也可以不加。双音词经常发的音是把 a¹-tsa¹ 发成 ang¹-tsang¹。

270. 换 huan⁴, 调换。

271. 乾 kan¹, 干燥。

272. 净 ching⁴, 清洁。复合词"乾净 kan¹-ching⁴"，意思却简单化了，只是"清洁"；脏东西洗过就"乾净"了。

273. 举例：

你的衣裳腌脏的了不得①。 ni³ ti i¹-shang¹ ang¹-tsang¹ ti liao³ pu⁴ tê²。

你快去换乾净的。 ni³ k'uai⁴ ch'ü⁴ huan⁴ kan¹-ching⁴ ti.

这个厨子弄饭弄的②乾净。 chê⁴ ko⁴ ch'u²-tzǔ nung⁴ fan⁴ nung⁴ ti kan¹-ching⁴.

给我换一条乾净的手巾③来。 kei³ wo³ huan⁴ i⁴ t'iao² kan¹-ching⁴ ti shou³ chin¹ lai²。

水腌脏了把他④倒出去罢。 shui³ ang¹-tsang¹ liao pa³ t'a¹ tao⁴ ch'u¹ ch'ü⁴ pa⁴。

  注：① 了不得：字面上是，在某种意义来说决不会做的事。参见练习 2.9。

    ② 注意：此处用"的 ti"替代了"得 tê"。

    ③ 毛巾也叫手巾 shou-chin；但丝手巾有特别叫法。

    ④ 注意：借用"他 t'a"指称一个无生命的宾语。

274. **刷** shua¹，如刷帽子或衣裳。刷洗靴子、鞋或家具等，要用水。

275. **洗** hsi³，洗涤，如洗衣服、洗手、洗脸；后面连上"澡 tsao³"，就是洗浴。

276. **澡** tsao³，洗澡。

277. **脸** lien³，面。

278. **盆** p'ên²，盆子，如洗澡盆 hsi³-tsao³ p'ên²。

279. **胰** i²，肥皂，从猪油中提炼出来；后面经常缀"子 tzǔ"。粗劣的肥皂是从豆类中提炼的，叫"肥皂 fei²-tsao⁴"，也有把二者混称"胰皂 i²-tsao⁴"的。生字"皂"将在后面遇到。

280. **最** tsui⁴，非常；甚，极其 (much; very.)。

281. **温** wên¹，暖；经常跟"和 ho²(210.)"结合，但发音是 huo²（译按：原作 huo¹）。

282. **梳** shu¹，梳子；梳头。作名词用的时候，或者前头加"木"，或者后面跟"子"，即如：木梳 mu⁴ shu¹；梳子 shu¹-tzǔ。妇女的梳子叫 lung³-tzǔ，用 lung³-tzǔ 梳头，"头"即头髮。

283. **髮** fa³，头髮；口语里，前边加"头"，即：头髮 t'ou² fa³。重音必须放在头一个字上。

284. 举例：

脸盆是洗脸用的。 lien³ p'ên² shih⁴ hsi³ lien³ yung⁴ ti.

洗手用胰子就①洗得乾净了。 hsi³ shou³ yung⁴ i²-tzǔ chiu⁴ hsi³ tê² kan¹-ching⁴ liao.

前儿②个最热我洗了六回脸。 ch'ien²-'rh ko⁴ tsui⁴ jê⁴ wo³ hsi³ liao liu⁴ hui² lien³.

给我一把木梳梳梳③头髮。 kei³ wo³ i⁴ pa³ mu⁴ shu¹ shu¹ shu¹ t'ou² fa³.

早起洗澡最好。 tsao³ ch'i³ hsi³-tsao³ tsui⁴ hao³.

刷子。 shua¹-tzǔ.

注：① 留意"就 chiu"的词义（相当于英语 then）。

② "前儿 ch'ien-'rh"后面的"个 ko"，必须看作北京口语特有的单纯后缀；"儿

êrh"很可能是由"日 jih"讹变过来的。

③注意动词的重叠；梳梳 shu shu，是"梳一梳 shu i shu"的简式。

285. 针 chên¹，缝衣针。

286. 线 hsien⁴，棉线；量词是"条 t'iao²"。复合词"针线 chên¹-hsien⁴"指缝纫活儿。

287. 缝 fêng²，缝合。读 fêng⁴，则指接缝儿或裂缝儿。参见 737.。

288. 补 pu³，修补；引申为填补空白，使之补足。

289. 举例：

一个针。一条线。 i² ko⁴ chên¹. i⁴ t'iao² hsien⁴.

这个针眼儿①太小。 chê⁴ ko⁴ chên¹ yen³-'rh t'ai⁴ hsiao³.

女人都学针线。 nü³ jên² tou¹ hsiao² chên¹-hsien⁴.

你的衣裳破得很得'缝补了。 ni³ ti i¹ shang¹ p'o⁴ tê² hên³ tei³ fêng² pu³ liao.

注：①"针眼儿"又叫"针鼻儿 chên¹ pi²-'rh"；"针眼"不带"儿"，指眼上的麦粒肿，而"针"必须重读。

290. 穿 ch'uan¹，穿过；穿衣。

291. 鞋 hsieh²，鞋。

292. 脱 t'o¹，脱掉。后面经常跟个"下 hsia⁴"，如：脱下 t'o¹ hsia⁴，脱下来。

293. 靴 hsüeh¹，靴子。它的后面带"子 tzǔ"。

294. 双 shuang¹，一对。

295. 襪，韈 wa⁴，袜子。它的后面带"子 tzǔ"。这个字见于两个部首。

296. 举例：

一双袜子。 i⁴ shuang¹ wa⁴-tzǔ.

穿鞋。 ch'uan¹ hsieh².

脱靴子。 t'o¹ hsüeh¹-tzǔ.

你穿那么大的靴子走不了一百步了。 ni³ ch'uan¹ na⁴ mo⁴ ta⁴ ti hsüeh¹-tzǔ tsou³ pu⁴ liao³ i⁴ pai³ pu⁴ liao.

脱一身的衣裳。 t'o¹ i⁴ shên¹ ti i¹ shang¹.

穿雨靴①雨衣下雨就不怕了。　ch'uan¹ yü³ hsüeh¹ yü³ i¹ hsia⁴ yü³ chiu⁴ pu² p'a⁴ liao.

注：①"雨靴"，叫"油靴 yu² hsüeh¹"的更普遍。"油 yu²"字随后会见到。

练习十答案
(EXERCISE X KEY)

1 昨儿晚上我听见街上有好些个声儿。你听见是甚么样儿的声儿？
2 就在门口儿①有打木头的声儿。

注：①门口儿 mên k'ou-'rh，门外。

3 那就是更夫打更的声儿。每夜分作五更，头一更是定更，第三更就是半夜。这打更的白日裏没事，到夜裏就一点空儿也没有。他就在那小房子裏各自各儿住著，也没女人也没儿子。不管晴天阴天都得'出来，不能说今儿我搁著不管罢。一年到头都是一样。
4 今儿个满天都是雲彩，阴的什么都看不见了。
5 可不阴了么？早起下大雾来著，到晌午可就晴了一会子。到黑上来，还不定晴不晴呢。
6 这时候一天比一天短了，偺们的夜书是打多早晚 to¹ tsao³ wan³ 儿念起？
7 这会子不得工夫、先搁著罢。我打算 ta³ suan⁴ 过幾天再说。

练习十一
(EXERCISE XI)

11.1 腌臜。乾净。衣裳。靴子。鞋。袜子。把衣裳穿上。把靴子脱下来。一双靴子。

11.2 那一双靴子得'补上一点儿皮子。他买了十双袜子，一条手巾。那也①不算多。洗靴子温和水使不得。

注：① 也 yeh，毕竟，终究。注意"也"的确切意义。

11.3 这盆水腌脏了，换乾净的拏来我洗脸。那衣裳腌脏了，拏刷子给刷一刷。

11.4 这件衣裳破了，叫人来给补补罢。不用补罢①，缝一缝也行了。一个脸盆。

注：① 第二个"罢 pa"字表示疑问。

11.5 你快起来罢，穿上衣裳。他脱了衣裳躺著。那一件衣裳他穿了好些日子没换呢。

11.6 今儿个天冷，你得'多穿一件衣裳。你见他的时候儿他是穿靴子是穿鞋呢①？

注：①"你见他的时候儿"，字面上是"当你见到他的时候"；注意"呢 ni"：疑问的标志。

11.7 这条手巾不乾净，搁在脸盆裏洗一洗罢。你爱穿的是靴子是鞋？那都①看我是做甚么，在家裏没事我就穿鞋，上衙门的时候儿可得'穿靴子。

注：① 那都，依情况而定。

11.8 你那一双皮靴子这么些日子老在那儿搁著，得'刷一刷罢。不错，你给刷罢。

11.9 你洗手是爱使凉水是爱使开水？两样儿都不好，凉水太凉开水太热。最好的就是温和水儿。

11.10 你快把这水倒在锅裏温一温罢。那火要灭了。这水温了半天老开不了。

297. 儘 chin³，到最大限度；副词性前置成分。

298. 摘 chai¹，采摘，例如摘果子，等等（但不包括花儿）。

299. 戴 tai⁴，戴在头上。

300. 撢（掸）tan³，轻拍；去掉灰尘。加"子 tzǔ"，掸子。

301. 帽 mao⁴，通常后面带"子 tzǔ"，帽子。

302. 中 chung¹，中部，当中。经常跟"间 chien¹"构成"中间"，表示区域或场所（47.）；如：中间儿 chung¹ chien⁴-'rh，"当中"或"在当中"的意思。注意声调的变换。中，也可以作动词用，意思是"达成"（愿望）"实现"（目标），不久我们就会见到这种用法。读 chung⁴，中举，即通过了考试。

303. 举例：

儘裏头。 chin³ li³ t'ou²。

儘前头。 chin³ ch'ien² t'ou².

正中间儿。 chêng⁴ chung¹ chien⁴-'rh.

戴帽子。 tai¹ mao⁴-tzǔ.

摘帽子。 chai¹ mao⁴-tzǔ.

拿掸子掸掸土。 na² tan³-tzǔ tan³ tan³ t'u³.

你一进屋里把帽子摘下来。 ni³ i² chin⁴ wu¹ li³ pa³ mao⁴-tzǔ chai¹ hsia⁴ lai².

我的帽子叫风飐下去了①。 wo³ ti mao⁴-tzǔ chiao⁴ fêng¹ kua¹ hsia⁴ ch'ü⁴ liao.

注：① 注意"叫 chiao"（喊；使；to call or cause）的用法。作为一个助词 (auxiliary)，让"飐 kua"成为被动语态。还有一些动词具有这种功能，此后会遇着更多。参见 56。

304. **砍**，**坎**，k'an³，劈斩；用刀剑或类似兵器劈击（不是用棍棒、长矛、徒手，等等）。"坎"是正字（译按：不知所据），但"砍"则常用。

305. **肩** chien¹，肩膀；跟前面的"砍"组成"砍肩"，是指背心，马甲。

306. **汗** han⁴，汗水。

307. **衫** shan¹，衬衫；衬衣。一般用于词语的后部。

308. **单** tan¹，单数的；可用于许多文件的称呼。单，还有"仅、只"的意思。

309. **夹** chia²，双数的；读 chia¹ 时，指处于两物中间，参见下面的举例。

310. 举例：

一个砍肩儿。 i² ko⁴ k'an³ chien¹-'rh.

一件汗衫儿。 i² chien⁴ han⁴ shan¹-'rh.

单衣裳。 tan¹ i¹ shang¹.

夹衣裳。 chia² i¹ shang¹.

昨天我出了一天的汗。 tso² t'ien¹ wo³ ch'u¹ liao i⁴ t'ien¹ ti han⁴.

写一个收单给他。 hsieh³ i² ko⁴ shou¹ tan¹ kei³ t'a¹.

开一个单子。 k'ai¹ i² ko⁴ tan¹-tzǔ.

把纸夹在书里。 pa³ chih³ chia¹ tsai⁴ shu¹ li³.

311. **棉** mien²，棉花 mien² hua¹.

312. **裤** k'u⁴，裤子，量词是"条 t'iao²"（181.）；"裤"后面要跟"子 tzǔ"。

313. 裁 ts'ai², 剪裁, 像一个裁缝 ts'ai²-fêng² 那样做衣裳。

314. 褂 kua⁴, 外套, 如：马褂子 ma³ kua⁴-tzǔ, 或马褂儿 ma³ kua⁴-'rh, 骑马穿的夹克，或短外套。

315. 袖 hsiu⁴, 袖子。后面要跟"子 tzǔ"。

316. 举例：

棉衣裳。 mien² i¹ shang¹.

一条裤子。 i⁴ t'iao² k'u⁴-tzǔ.

这一条裤子是单的是夹的？ chê⁴ i⁴ t'iao² k'u⁴-tzǔ shih⁴ tan¹ ti shih⁴ chia² ti?

一件褂子。 i² chien⁴ kua⁴-tzǔ.

袖子。 hsiu⁴-tzǔ.

裁衣裳。 ts'ai² i¹ shang¹.

裁缝。 ts'ai²-fêng².

练习十一答案
(EXERCISE XI KEY)

1 老太太①告诉我说你今儿起的不大早。

注：① 老太太，您母亲；老年妇女或夫人。太太 t'ai-t'ai, 是对官员妻子和上年纪女人的尊称。这是个比较时尚的称呼，可是关于它的由来却一无所知。

2 不错，昨儿晚上在外头喫饭，回来晚了。道儿真不好走，不用说靴子衣裳都弄脏了，就是脸也都脏的看不得。回家时就叫人拏温和洗脸水儿来，把衣裳靴子都脱了，一看，袜子也破咯，得'补咯。叫人拏双鞋来，搁在炕炉子那儿，换了一身乾净衣裳。哎呀！这靴子著 chao² 了雨 yü³, 不好脱，在我说还是穿鞋好。喫了碗茶，心裏就好点儿。可是夜裏的雨下的很可怕。你也出门来著吗？

3 我是穿了一身好衣裳来著，不肯弄坏了，没出门儿。

4 请喝茶。这话都不用说了。

5 这茶水开不开？

6 水在火上搁了半天，可不是①开的吗？

注：① 可不是 k'o pu shih，当然。参见 124.。

练习十二
(EXERCISE XII)

12.1 女人们小的时候儿学针线，他们多一半①不认得字。帽子是说"一顶 ting³"。裁缝裁衣裳缝衣裳都行。

注：① 多一半：字面上是超过一半；真正对等的是"大半 ta pan"。

12.2 你洗澡的时候儿不要把头髮搁在水裏，头髮一着①水，老乾不了。

注：① 着 chao²：进入接触。参见 45.。

12.3 单 tan¹ 衣裳是就有一面儿没有裏儿的，夹 chia² 衣裳是有裏儿有面儿的。棉衣裳是夹衣裳中间有棉花的。出汗。

12.4 砍肩 k'an³ chien¹ 儿是有前後没有袖子的那一件衣裳。汗衫 han⁴ shan¹ 是儘裏头穿的单衣裳。

12.5 褂子 kua⁴-tzŭ 是儘外头穿的衣裳，短的就叫马褂 ma³ kua⁴ 子。这一条裤子是棉的是夹的？

12.6 帽子有小帽儿官帽儿两样儿，官帽儿也分凉帽暖帽。

12.7 你会做针线不会？我不会。那么着我就叫一个裁缝来把我那一件汗衫补了。

12.8 那一件砍肩儿裁了还没缝呢。那一件破马褂子得'补了。拏掸子掸一掸衣裳上的土。

12.9 那一把木梳是谁梳头①的？洗澡 hsi³-tsao³ 是一身都洗。天天儿洗澡很好。

注：① 梳头 shu t'ou，梳理头髮；髮 fa，可以省略。

12.10 你老先生①头髮短得很，顶儿②上也就没有了。我有五十多了③，是没头髮的时候儿了。

注：① 你老先生：对上了年纪的老者的尊称。
　　② 注意"顶 ting³"，头顶；"头 t'ou"可以省略。参见72。
　　③ 五十多了：加上"岁 sui⁴"（952.）字可能更好些，可是，它被省略了，就好像从未加进来过。

12.11 今年棉花多不多？少是不少，可没有去年那么多。

317. **金** chin¹（部首167），金属，特指金子；金子也称"黄（部首201）金 huang² chin¹"。

318. **银** yin²，银子。

319. **铜** t'ung²，铜。

320. **铁** t'ieh³，生铁。

321. **钱** ch'ien²，货币，特指现金。

322. **吊** tiao⁴，在北京，500现金银票为一吊；在其他地方，用绳儿串起来的1000个铜子儿为一吊。又，悬挂；暂停。

323. **票** p'iao⁴，印刷的单据，或为钱立的字据（银票）；又，警察的传票。

324. 举例：

三十两①银子。　san¹ shih² liang³ yin²-tzǔ.

金子。　chin¹-tzǔ.

三吊钱。　san¹ tiao⁴ ch'ien².

三两银子的票②。　san¹ liang³ yin²-tzǔ ti p'iao⁴.

这一百个钱儿裹头我分不出那'个是铜做的那'个是铁做的。　chê⁴ i⁴ pai³ ko⁴ ch'ien²-'rh li³ t'ou¹ wo³ fên¹ pu⁴ ch'u¹ na⁴ ko⁴ shih⁴ t'ung² tso⁴ ti na³ ko⁴ shih⁴ t'ieh³ tso⁴ ti.

注：① 两 liang³：重量单位，一般叫银两；10两为一斤(chin)。
　　② 在北京，银子的票叫"票 p'iao"，而铜钱的票叫"票子 p'iao-tzǔ"。

325. **杆** kan³，本义指任何直的柱子棍棒；作矛、枪的量词。

326. **秤** ch'êng⁴，衡器；称重量的。磅秤叫"天平 t'ien¹-p'ing²"；小提秤有另外的叫法。

327. 称 ch'êng¹, 称重量；引申为估价。在适当的组合中，表示"谈及"；表示"把甚么叫作甚么"；表示"说话"。称 ch'êng¹, 是用秤去约重量；"平一平 p'ing² i p'ing²", 是用天平去称重量。小提秤另有叫法。

328. 举例：

称东西。 ch'êng¹ tung¹ hsi¹.

拏一桿秤来。 na² i⁴ kan³ ch'êng⁴ lai².

做甚么？ tso⁴ shê^{n2} mo?

称一称①昨天买来的米。 ch'êng¹ i⁴ ch'êng¹ tso² t'ien¹ mai³ lai² ti mi³.

这一桿秤太小，称不了那么多的米。 chê⁴ i⁴ kan³ ch'êng⁴ t'ai⁴ hsiao³, ch'êng¹ pu² liao³ na⁴ mo to¹ ti mi³.

注：① 也可以说"约一约 yao¹ i yao¹", 而且这样说也许更流行些。

329. 价 chia⁴, 价格；价值。

330. 值 chih², 值得。如：价值，价格合适或物有所值；说"价钱 chia⁴-ch'ien²"(321.) 更普遍。

331. 贵 kuei⁴, 索价高的；值钱的；地位高的；有价值的。

332. 贱 chien⁴, 廉价的。

333. 便 p'ien², "方便、便利"的"便 pien⁴"的一种流行发音；读 p'ien² 的时候后面只跟 i²（宜）；请看下文。fang¹-pien⁴（部首70）就是便利；近便。

334. 宜 i², 适宜；有道义的，基本的。如：便宜 p'ien²-i², 廉价的；有利的；好处。

335. 轻 ch'ing¹, 分量小。

336. 重 chung⁴, 沉，分量大。读 ch'ung², 是重复，再次的意思（参见问答章之九，29）。

337. 举例：

这一匹马值幾两银子？ chê⁴ i⁴ p'i¹ ma³ chih² chi³ liang³ yin² tzǔ?

不贵很便宜。 pu² kuei⁴ hên³ p'ien²-i².

铁是重的木头是轻的。 t'ieh³ shih⁴ chung⁴ ti mu⁴ tou² shih² ch'ing¹ ti.

那个铜壶的价钱贱得很。 na⁴ ko⁴ t'ung² hu² ti chia⁴-ch'ien² chien⁴ tê² hên³.

酒瓶子不值钱①。 chiu³ p'ing² tzǔ pu⁴ chih²-ch'ien².

注：① 不值钱 pu chih-ch'ien：也可以表示在小事上花钱费事。

338. 借 chieh⁴，借给；借用。

339. 账 chang⁴，账单；账目。这个字是"帐 chang⁴"(146.) 的讹体；本地字典不认可；但它已被普遍使用，以致没法要求人们注意了。

340. 该 kai¹，欠任何东西都叫"该"；道义上有责任；应该。经常跟"当 tang¹"(342.) 组合。

341. 费 fei⁴，花钱；操心，等等。

342. 当 tang⁴，扮演；代表。音 tang¹，担当，尽责；合适的；恰当的；应该做的事。音 tang⁴，典押或抵押。tang¹ 或 tang⁴，又是时间副词 (adverb of time)。

343. 於 yü²，在……裏；在……情况或事情中；从……中进行。只用于一定的组合。

344. 好 hao⁴，非常喜爱；爱好。不同于"好 hao³"。

345. 举例：

我的钱都借出去了。 wo³ ti ch'ien² tou¹ chieh⁴ ch'u¹ ch'ü⁴ liao.

他这一本书是借了来的。 t'a¹ chê⁴ i⁴ pên³ shu¹ shih⁴ chieh⁴ liao lai² ti.

他该了好多帐。 t'a¹ kai¹ liao hao³ to¹ chang⁴.

过於费钱。 kuo⁴ yü² fei⁴ ch'ien².

费心费心①。 fei⁴ hsin¹ fei⁴ hsin¹.

当铺。 tang⁴ p'u⁴.

当票。 tang⁴ p'iao⁴.

他好看书。 t'a¹ hao⁴ k'an⁴ shu¹.

这件事该谁做？ chê⁴ chien⁴ shih⁴ kai¹ shui² tso⁴?

是他该当做的。 shih⁴ t'a¹ kai¹ tang¹ tso⁴ ti.

我是当天儿去的。 wo³ shih⁴ tang⁴ t'ien¹-'rh ch'ü⁴ ti.

他当②厨子。 t'a¹ tang¹ ch'u²-tzǔ.

注：① 这话通常限于对别人的帮忙（侧重在心意而不是体力）表示谢意。

② 当 tang，在这里的含意是，他先前干别的什么事儿，或是厨师只是他会干的一种活儿。

练习十二答案
(EXERCISE XII KEY)

1 裁缝来了。

2 叫他进来。

3 您①要做的都是什么衣裳？

　注：① 您 nin²，是第二人称代词"你 ni³"礼貌语。

4 要褂子裤子砍肩儿，还要做穿在儘裹头的那个甚么。

5 您说的是小褂儿不是？

6 不错，还要好幾件汗衫儿。

7 那个褂子您要棉的要夹的？

8 两样儿都不要，天气太热了。你做个单的就得咯。

9 袖子是做什么样儿的？

10 比我这个要长点儿。

11 你小心点儿这衣裳，都要比著身子裁，穿著就有样 yang⁴ 儿了。我还告诉你，不要一穿就坏了。

12 您要是天天儿到晚上把衣裳撣乾净了就老不坏了。

13 这衣裳得'幾天就得了？

14 我很会做针线，不多日子就得了。

15 这个裁缝脏①的看不得，他有点儿老不用胰子的样儿，头髮也不梳。

　注：① 脏 tsang，经常单说而不带"腌 ang"字（腌脏）。

16 那是他没有木梳罢。

练习十三
(EXERCISE XIII)

13.1 账目。花钱。花费。四吊钱的票子。不知道那个东西的轻重,得'拏秤称一称。

> 注:账,正如已经解释过的,本地字典不承认它;然而,却用得非常普遍,已经取代了正体"帐"(146.),而且,照一位老师说,是开支备忘录的意思。目 mu,本义是眼睛,跟"账 chang"结合,就有点儿像英语"项目 *(heads)*"的意思,在一篇论文里,表示条款,或其他分出来的更细的部分。

13.2 他欠人的账目不少。他该的账不下一千两银子。他还不了那么些个罢。

13.3 我借钱①是我把人家②的钱拏来我使。我借给人钱是把我的钱拏给人使。

> 注:① 我借钱 wo³ chieh⁴ ch'ien²;借给人钱 chieh⁴ kei³ jên² ch'ien²。
>
> ② 人家 jên-chia:家,使"人"一般化,而且有了英语"类 *(kind)*"的一些意思,虽说"人家"还不能像"人类"这个词那样承担那么广泛的意义;"人们 *(folks)*"这个词还可能跟它更接近一些。

13.4 我们家裡天天儿的花费不很多。他"爱 ai⁴ 花钱""好 hao⁴ 花钱"都说得。他那个人过於花钱①,他的本钱快完了罢。

> 注:① 过於花钱:过、过分,或超过;於 yü,在(花钱这个事情)上。

13.5 那个房子价钱不贵。这一件皮褂子价值(译按:此处用"价值"不当。参见 330)很便宜。那个花瓶不值钱。今年的棉花很贱。他家裹一个大钱都没有①。

> 注:① 等于说他家陷入很大的困境;如果所说对象换成个体,就可以用"手裏 shou³ li³"取代"家裹 chia¹ li³"。

13.6 那当十的大钱裹头,有七分是铜的有三分是铁的①。黄金比银子重,铁比银子轻。

> 注:① 第二个"的 ti"像最简单的英语不定代词 *ones* 结构;不然就得'说:有七分铜在那当十的大钱裹头,有三分铁在那当十的大钱裹头。这个意思可以有各种表述:你可以省略"裹头 li-t'ou"然后接着说"都是七分铜三分铁 tou shih ch'i fên t'ung san fên t'ieh";或者恢复"裹头",再接着说"有七分铜三分铁 yu ch'i

fên tʻung san fên tʻieh"。

13.7 票子是一张纸上头写著钱数儿，买东西同银子钱一个样儿①。那褂子他当了十吊钱的票子。

注：① 一个样儿 i² ko⁴ yang⁴-'rh，你也可以说：是一个样 shih⁴ i² ko⁴ yang⁴。

13.8 那花瓶儿他卖不卖？卖他是一定卖；你要，可得'花俩钱儿①，他不是贱卖的②。

注：① 花俩钱儿 hua¹ lia³ chʻien²-'rh，北京人说这话的时候，手揣在兜儿里，一副满不在乎的样子。

　　② "的 ti" 在这里代表 "得 tê"。

13.9 该当①花钱的时候儿，谁怕花个一二两？你这个人一开口，就是十两八两的话。

注：① 该当：注意这两个相近动词的用法。该 kai，单用也可以，但力量可能小点儿；当 tang，也能单用。

346. 煤 mei²，煤块。

347. 炭 tʻan⁴，木炭。

348. 柴 chʻai²，木柴；说"柴火"的时候，它可以是秸秆或芦苇，刨花儿等等。

349. 论 lun⁴，讨论。说"不论 pu² lun⁴"，是"没关系""不要紧"的意思。

350. 石 tan⁴，"石 shih²"（部首 112）的讹体；通常说 100 斤为"一石 tan⁴""一担"。

351. 举例：

煤炭出在那'一块儿①？ mei² tʻan⁴ chʻu¹ tsai⁴ na³ i² kʻuai⁴-'rh?

出在山裡。 chʻu¹ tsai⁴ shan¹ li³.

柴火。 chʻai² huo³.

煤炭是过秤卖的。 mei² tʻan⁴ shih⁴ kuo⁴ chʻêng⁴ mai⁴ ti.

米是论石卖的。 mi³ shih⁴ lun⁴ tan⁴ mai⁴ ti.

不论多少。 pu² lun⁴ to¹ shao³.

不论轻重。 pu² lun⁴ chʻing¹ chung⁴.

注：① 那'一块儿 na i k'uai-'rh：说"那'儿 na³-'rh"也对，但也许不那么明确。注意，na³ i² k'uai⁴-'rh 的发音是 na³ k'uêrh.

352. 麫 mien⁴，麫粉。

353. 油 yu²，食油。

354. 芝 chih¹，本指一种不朽的植物；加上下面的汉字"麻"，就是指脂麻，发音是 chih¹-ma²，重音在 chih¹。

355. 麻 ma²（部首200），大麻。

356. 糖 t'ang²，食糖。

357. 盐 yen²，食盐。

358. 粗 ts'u¹，粗的；粗糙的。

359. 细 hsi⁴，细的；精美的。

360. 举例：

菜油。 ts'ai⁴ yu².

芝麻。 chih¹ ma.

乾麫①。 kan¹ mien⁴.

我们这儿的盐粗没有你们的细。 wo³ mên¹ chê⁴-'rh ti yen² ts'u¹ mei² yu³ ni³ mên¹ ti hsi⁴.

白糖是好吃的。 pai² t'ang² shih⁴ hao³ ch'ih¹ ti.

麻绳儿粗棉线细。 ma² shêng²-'rh ts'u¹ mien² hsien⁴ hsi⁴.

注：① 注意："麫 mien"在口语里单说的时候，经常是指"麫条"。

361. 汤 t'ang¹，餐汤。

362. 鸡 chi¹，公鸡母鸡；鸡子儿① chi¹-tzǔ³-'rh，鸡蛋。

注：① 注意：重音在"子 tzǔ³"上。

363. 奶 nai³，牛奶。

364. 果 kuo³，水果。另外，在适当的组合里，表示强有力的肯定；果真；如果。

365. 馒 man²，团子。通常带个"头 t'ou²"；馒头 man²-t'ou，中国面包，或叫蒸团子。外国的一般叫"面包 mien⁴-pao¹"。"馒头"叫法，在中国历史上还有段小故事，说是在中国南方要过一条江的时候，按照惯例，要以人头作为牺牲供给野蛮部落，有一位将军为此塑了麵人儿替代人头，馒头就是他那时候儿开始做的。

366. **熟** shu², 煮熟了。引申为习惯了；熟悉的。口语音 shou²。

367. **端** tuan¹, 在组合中, 惯常表示正的, 直的; 安置稳当。

368. **撤** ch'ê⁴, 退回。

369. 举例：

鸡汤。 chi¹ t'ang¹.

山羊奶。 shan¹ yang² nai³.

饭好了端进来。 fan⁴ hao³ liao tuan¹ chin⁴ lai².

"开饭来"①也可以说。 k'ai¹ fan⁴ lai² yeh³ k'o³ i³ shuo¹.

这书甚么的都撤下去。 chê⁴ shu¹ shê ⁿ mo ti tou¹ ch'ê⁴ hsia⁴ ch'ü⁴.

那果子熟了摘②下幾个来。 na⁴ kuo³-tzǔ shou² liao chai¹ hsia⁴ chi³ ko⁴ lai².

水果子③。shui³ kuo³-tzǔ.

乾果子。kan¹ kuo³-tzǔ.

糖果子。t'ang² kuo³-tzǔ.

注：① 端饭，严格地说，是"服侍上菜 (serve up)"；开饭，是"把菜盛到盘子里端上餐桌 (dish up)"。"开饭来"的"来"，就是表示送上桌子。

② 摘 chai¹, 采摘（298.）。

③ 在北京，水果 shui³ kuo³ 只是指李子 (plums)。（译按：原注如此。）

练习十三答案
(EXERCISE XIII KEY)

1 我打算 ta³ suan⁴ 上口外①去，听见说票子不好使，还是用银子方便，还有那小铜钱儿，也得'要点儿。

注：① 口外 k'ou wai, 在北京, "口外 k'ou wai" 是指长城以外地带。

2 要是一定要，可是他们用的那个钱不是京裏使的那个钱罢。

3 不错，京裏使的钱是一个当十个的大钱。这银子到口外换著很费事。不用说银子的价钱不同，就是平 p'ing（译按：秤。天平。参见 327.）的大小也不一样。

4 听见说出了关（关卡。参见 63.），那儿的火食（食物。部首 184）贱多了。

5 火食是贱，要是①把这个车钱房钱算起来，花费可也不少呢。你回来的时候儿怕要该下好些账。

    注：① 要是 yao shih，如果（*if it be that*）；要 yao(32.) 讹变的另一个词"若 jo⁴"（*if*），稍后会见到。

6 要该账是一定得'还的。还不了，请你借给我点儿钱就是了 chiu shih liao。

7 你还打算借呢！先头裏你短我好幾两银子老没还我，还借这不太过於点儿①吗？

    注：① 太过於点儿 t'ai kuo yü tien-'rh，有点儿过分了。

8 那就罢了 na chiu pa liao。今儿银子换多少钱。

9 今儿银子换十七吊 tiao 多钱。

10 那么你给我平 p'ing（称。参见 327.）二十两银子罢。

11 平得了，拏了去罢。你这一道儿上太太平平的。

练习十四
(EXERCISE XIV)

14.1 鸡子儿。牛奶。灯油。香油。这菜弄得吃不得，快撤了去罢。灯油是豆子做的，香油是芝麻做的，火油出在地裏。

14.2 我昨儿买了三百斤煤五十斤炭八十斤柴火四石米二百斤麪。天冷的时候儿煤炭用的多。

14.3 炕炉子是烧煤的多，火盆是用炭。火盆是屋裏用的，不是做饭做水的。

14.4 菜有生 shêng¹ 的有熟 shou² 的，在火上做的都是熟 shou² 菜，生菜①在地下长出来就可以吃得。

    注：① 生菜 shêng¹ ts'ai⁴，在北京，指那些从来不用于煮食的蔬菜。

14.5 你去给我买一个小鸡子三四个鸡子儿。还要牛奶不要？牛奶便宜，我就要幾斤。我们这儿买牛奶不论斤数儿，都是论碗论瓶。

14.6 买果子是论个儿的多。你快弄饭去，饭得了就端上来①。

注：① 弄饭：做饭，备饭；得 tê²：完成了要做的事情；得了 tê² liao，也可以用于其他一些表示完成的场合。

14.7 你爱吃馒头爱吃饭①？两样儿都不爱，我爱喝汤。爱喝甚么汤呢？肉汤鸡汤都好。

注：①"你爱吃甚么"也可以换个说法，即"你习惯吃甚么？"

14.8 我明天要请人吃饭，给他们什么菜好？不论甚么菜都可以，他们都是偺们本家①的人。

注：① 本家 pên chia：只用于有血缘关系的亲属。

370. 京 ching¹，不论古今，都指首都所在地。

371. 远 yüan³，不近。

372. 近 chin⁴，不远。远近 yüan³-chin⁴，表示距离；多远 to¹ yüan³，问"距离多少"。

373. 路 lu⁴，道路。

374. 直 chih²，不弯。

375. 绕 jao⁴，迂回曲折。

376. 举例：

到京城有多远儿①？ tao⁴ ching¹ ch'êng² yu³ to¹ yüan³-'rh?

有八十多里路。 yu³ pa¹ shih² to¹ li³ lu⁴.

北京南京东京。 pei³ ching¹ nan² ching¹ tung¹ ching¹.

近得很。 chin⁴ tê² hên³.

远不远？ yüan³ pu⁴ yüan³?

叫他一直进来告诉②我。 chiao⁴ t'a¹ i⁴ chih² chin⁴ lai² kao⁴ su⁴ wo³.

偺们这么绕着走罢③。 tsa² mên² chê⁴ mo jao⁴ cho tsou³ pa⁴.

注：① 多远儿：距离短的时候，不管是陆路还是水路，经常用"有多少路 yu³ to¹ shao³ lu⁴"，或者"几里路 chi³ li³ lu⁴"。

②"诉 su⁴"后面跟"说 shuo¹",说话。

③在这个句子末尾,"罢 pa⁴"有"你认为如何?"的意味,就是说,提出问题的同时又高兴地提供一个可行的建议。

377. **河** ho², 河流。

378. **海** hai³, 大海。

379. **边** pien¹, 边上。

380. **深** shên¹, 不浅;精神上的,深奥。

381. **浅** ch'ien³, 不深。精神上的,平凡;肤浅。

382. **隻** chih¹, 船的量词,也可以用于其他东西,例如牛,羊,鸡。

383. **船** ch'uan², 海船或渔船。

384. 举例:

海面儿①上有三隻船。 hai³ mien⁴-'rh shang⁴ yu³ san¹ chih¹ ch'uan²。

我在海边儿上就看见了。 wo³ tsai⁴ hai³ pien¹-'rh shang⁴ chiu⁴ k'an⁴ chien⁴ liao。

那一条河有浅的地方有深的地方。 na⁴ i⁴ t'iao² ho² yu³ ch'ien³ ti ti⁴ fang¹ yu³ shên¹ ti ti⁴ fang¹。

海裏头有多少样儿的鱼? hai³ li³ t'ou² yu³ to¹ shao³ yang⁴-'rh ti yü²?

注:① 海面儿 hai³ mien⁴-'rh, 含有距离的意思。

385. **客** k'ê⁴, k'o⁴, 陌生人;又,客人;乘客;游客。买客 mai³ k'o, 即顾客。

386. **店** tien⁴, 大商店;小旅店。

387. **掌** chang³, 手掌;主管。

388. **柜** kuei⁴, 柜台;柜台上放钱的抽屉即钱柜;小橱;衣柜。

389. **计** chi⁴, 算账;计数。

390. 举例:

来往的客人。 lai² wang³ ti k'o⁴ jên²。

饭店。 fan⁴-tien⁴。

茶店①。 ch'a²-tien⁴。

衣柜。 i¹ kuei⁴.

钱柜。 ch'ien² kuei⁴.

掌柜的。 chang³ kuei⁴ ti.

手掌。 shou³ chang³.

手心。 shou³ hsin¹.

算计帐目②。 suan⁴ chi⁴ chang⁴ mu⁴.

注：① 茶店 ch'a-tien，不是"茶房 (tea-house)"。

② 你也可以说"算账 suan chang"。

391. 能 nêng²，能够。

392. 南 nan²，南方。

393. 北 pei³，北方。

394. 受 shou⁴，接受；承受；用于许多被动结构。

395. 累 lei⁴，连累；受牵连；折磨。

396. 苦 k'u³，苦味；痛苦；不幸；精神上或身体上遭受的痛苦。

397. 歇 hsieh¹，休息。

398. 连 lien²，连接；联系；连……都……。经常用如连词"和"(conjunction and)。

399. 举例：

你去年走海①受了累了么？ ni³ ch'ü⁴ nien² tsou³ hai³ shou⁴ liao lei⁴ liao mo?

一路真是辛②苦。 i² lu⁴ chên¹ shih⁴ hsing¹ k'u³.

歇歇乏儿罢③。 hsieh¹ hsieh¹ fa²-'rh pa⁴.

连茶也不能喝。 lien² ch'a² yeh³ pu⁴ nêng² ho¹.

连一个人也看不见。 lien² i² ko⁴ jên² yeh³ k'an⁴ pu⁴ chien⁴.

一连④下了三天的雨。 i⁴ lien² hsia⁴ liao san¹ t'ien¹ ti yü³.

注：① 走海：在海上旅行。

② 辛，音 hsin¹ 或 hsing¹（部首 160）。

③ 罢，在这里是个请求；"歇歇"或"歇着"也都可以接受。

④ 一连：就是没有间断。

练习十四答案
(EXERCISE XIV KEY)

1 我今年的煤火钱花的不少。那煤的价儿一天比一天贵，柴火 ch'ai huo 又 yu 出的不多，每月花的至少 chih⁴ shao³ 也得'十三块。

2 那是你烧那顶好的煤，都是口外来的。我烧的是炭，贱多着呢 chien to cho ni，厨房裹也好使。

3 听见说你的厨子弄的菜倒 tao⁴ 不错。

4 是，他做的汤和奶油点心 tien³ hsin¹ 很好吃。你今儿在我这儿吃饭罢，好不好？来！把家伙端上来。告诉厨子做那个生菜小鸡儿，用鸡子儿香油和①在一块儿 i k'uai-'rh，教他使那个细盐不使粗盐。还要各样儿的果子，叫他小心点儿买熟分②的。

注：① 和 huo⁴，搀和，搅拌使混合。

② 熟分 shou² fên⁴，熟的，成熟的。

5 这个饭倒是不错。我那个厨子不行，一点儿弄菜的本事 pên³ shih⁴ 都没有。

6 那是他学的不好。请你喝点儿黄酒 huang² chiu³，我记得你不爱喝水。

7 今儿这个饭喫的很好酒也喝得很足，这火也烧的顶暖和的，偺们俩还要甚么咯。

练习十五
(EXERCISE XV)

15.1 算计道路的远近，直走近，绕着走远①。东西南北。坐船。过河。那船上的客不少。

注：① 字面上是：如果你算计 suan-chi 着道路距离（远近 yüan-chin），直着走比绕着走近。注意汉语列举迁回点的次序。

15.2 我们明天一早开船①往南边去。河裹的水浅，没有海水深。他是南边人。

注：① 一早：早上第一件事，早上第一时间。开船：驾船，从停泊处起锚。

15.3 你去年进京的时候儿在那'儿住著呢？在客店裏住。我听见说城外头客店有不大好住的。那都看掌柜的好不好，在我说人乏了那'儿都好，到店裏不过①歇着罢了。

注：① 不过：字面上是，没有什么比歇着（休息）更重要的。

15.4 你走路爱坐车爱坐船？那是看地方儿，南边没有车，走道儿的客人都是坐船。走河路都是小船儿，走海的船大。

15.5 你老①前年坐海船不是受了累了么？不错，是颳大风，船在山东海边儿上搁了浅，我们那些人辛苦的②了不得。

注：① 你老 ni lao：先生；是"你老先生 ni lao hsien-shêng"的缩略。缩略形式的称呼礼貌上略微弱些，但用得非常普遍。学生要记住，单数代词"你 ni"只用于称呼下属，或者讲话对象跟他关系亲密；在北京说"您 nin"比用"你老"更常见。

② "的 ti"使形容词"辛苦"变为动词 (The adjective hsing k'u is verbalised by ti).

15.6 船上吃饭是甚么人管？也是船家管①。船上的头儿叫管船儿的 (kuan³-ch'uan²-'rh-ti)，南边就叫老大 (lao³-ta⁴)。

注：① 船家 ch'uan chia：船上的人，那些以船为家的人。也 yeh：暗示跟其他事情一样，管饭也是船家的事情。注意：管 kuan³，照料（117.）。

15.7 你算计是坐船贵是坐车贵？坐车比坐船花的①钱多。没有的话②，那'儿有车价比船价还贵呢？你不知道，北边的车多是在车店裏搁着的,你要坐车,那掌柜的也要使③幾个钱，还有天天儿住店的盘费④没算。

注：① 花的：虽然普遍发音是 hua ti，不过应该写作"花得 hua tê"，字面结构是：坐车比乘船花钱"花得"多。

② 没有的话：你所说的是不存在的。

③ 使：本义是使用，在这里的意思就是"用（赚）别人的钱"，当然就不地道了。

④ 盘费 p'an² fei⁴：盘，本指圆形碟子，钵子或盆子；又指盘旋前行；装货卸货之后的来回往返。所以"盘费"是指从某地出发旅行的花费，也指一般旅行的花费。

400. **李** li³，李子；但在"行李 hsing²-li³"一词中，大约是误用为另一个字了。

401. **箱** hsiang¹，皮箱；箱子。单用时后面要带"子 tzǔ"。

402. **包** pao¹，包儿 pao¹-'rh。包成一个包裹，是说：包上包儿 pao¹ shang⁴ pao¹-'rh，包上 pao¹ shang⁴，包起来 pao¹ ch'i³ lai²。

403. 袋 tai⁴，袋子；提包。通常说"口袋 k'ou³ tai⁴"。

404. 氈，毡，chan¹，毛毡或类似的棉毛织品。

405. 毯 t'an³，毛毯或小地毯；如毛毯子 mao² t'an³-tzǔ。

406. 布 pu⁴，棉织品。随后将会看到，布，又作"传播"，"布置"，"散布"讲。

407. 举例：

李子。li³-tzǔ.

皮箱。行李。p'i² hsiang¹. hsing²-li³.

包起这个衣裳来①。 pao¹ ch'i³ chê⁴ ko⁴ i¹ shang¹ lai².

毡帽便宜。 chan¹ mao⁴ p'ien² i².

本地布是粗的。 pên⁴ ti⁴ pu⁴ shih⁴ ts'u¹ ti.

三口袋小米儿。 san¹ k'ou³ tai⁴ hsiao³ mi³-'rh.

把毯子铺在炕上。 pa³ t'an³-tzǔ p'u¹ tsai⁴ k'ang⁴ shang⁴.

注：① 注意"这个 chê ko"后面跟一个复数名词（衣裳）。译按：本句英语是 *Wrap up these clothes*. 故有此说。

408. 餧 wei⁴，餧牲口。

409. 骆 lo⁴，本地字典说是黑鬃白马（译按：《康熙字典》引《玉篇》：白马黑鬃）；口语里只用于"骆驼"。

410. 驼 t'o²，双峰骆驼；我们所知道的巴克特里亚骆驼。通常叫"骆驼 lo⁴-t'o²"，背上驮东西，是驮兽。

注意：重音在"骆 lo⁴"上。

411. 牲 shêng¹，家畜；驮兽。极少单用，一般是说"牲口 shêng¹ k'ou³"。

412. 举例：

叫马夫来餧马。 chiao⁴ ma³ fu¹ lai² wei⁴ ma³.

那一个骆驼驮着四百斤煤。 na⁴ i² ko⁴ lo⁴ t'o t'o² cho ssǔ⁴ pai³ chin¹ mei².

这牲口是长骑的得'好好儿的餧他。 chê⁴ shêng¹ k'ou shih⁴ ch'ang² ch'i² ti tei³ hao³ hao¹-'rh ti wei⁴ t'a¹.

骆驼一年脱一回毛儿。 lo⁴-t'o i⁴ nien² t'o¹ i⁴ hui² mao²-'rh.

413. **跟** kên¹，脚后跟；引申为跟随，伴随。经常用于使用介词 with 的地方，例如：跟我去（go with me），kên¹ wo³ chü⁴。

414. **班** pan¹，本指任何把人聚到一块儿干事的组织，例如戏班，轿班，警卫班，等等。"跟班的 kên¹ pan¹-ti"或"跟班儿的 kên¹pa¹-'rh-ti"，指服侍人员或官员的服务扈从队伍；一般的佣人或仆从，又叫"下人 hsia⁴ jên²"。跟班儿的 kên¹ pa¹-'rh-ti，通常指在北京的外国人的服务人员；家庭服务人员有另外的称呼，随后就会见到。(译按：注意"跟班儿的 kên¹pa¹-'rh-ti"，标音反映儿化对韵母的影响。参见 16.6 注①）

415. **装** chuang¹，装卸；容纳。

416. **带** tai⁴，腰带，带子 (tai⁴-tzǔ)；带领；带来；随后还将看到讲土地的"片"或"地带"的用法。

417. **驮** to⁴，牲口驮着的货物。

418. **举例：**

我的跟班的打①口外带了一匹马回来。wo³ ti kên¹ pan¹-ti ta³ k'ou³ wai⁴ tai⁴ liao i⁴ p'i¹ ma³ hui² lai²。

你跟我上衙门去。ni³ kên¹ wo³ shang⁴ ya² mên² chü⁴。

这个箱子装不下那么多的东西。chê⁴ ko⁴ hsiang¹-tzǔ chuang¹ pu² hsia⁴ na⁴ mo to¹ ti tung¹ hsi¹。

那一隻船装好了②没有？na⁴ i⁴ chih¹ ch'uan² chuang¹ hao³ liao mei² yu³？

注：① 打 ta，在这里是介词，从。
　　② 好了 hao³ liao，做完了，完成了。

419. **追** chui¹，追随；追赶；追究，例如要求或打听。追上 chui¹ shang，就是赶上。

420. **赶** kan³，也是追。"赶"出现的场合，好多跟"追"是一样的，但它还有个意思是"驾驭"，如：赶车 kan³ ch'ê¹（驾驭大车）；赶驴 kan³ lü²（驭使毛驴）。

421. **唤** huan⁴，大声叫喊；通常跟"叫"结合：叫唤 chiao⁴ huan⁴。

422. **无** wu²，不是；没有。相对的是"有 yu³"。

423. 利 li⁴，常见的意思是：利益；优势。本义是：刀锋利；引申用法，是跟下面的词构成"利害 li⁴ hai⁴"，厉害的，可怕的。

424. 害 hai⁴，伤害；危害。又，遭受伤害，等等；如：害病 hai⁴ ping⁴，害怕 hai⁴ p'a⁴。

425. 举例：

你快去追他。 ni³ k'uai⁴ ch'ü⁴ chui¹ t'a¹.

赶车的。赶牛的。 kan³ ch'ê¹ ti. kan³ niu² ti.

偺们赶快些儿。 tsa² mên² kan³ k'uai⁴ hsieh¹-'rh.

谁在那儿叫唤？ shui² tsai⁴ na⁴-'rh chiao⁴ huan⁴?

天热的利害。 t'ien¹ jê⁴ tê li⁴ hai⁴.

他这错是无心的。 t'a¹ chê⁴ ts'o⁴ shih⁴ wu² hsin¹ ti.

万里无云。 wan⁴ li³ wu² yün².

426. 再学习下列各词：

春 ch'un¹ 春天　　　　秋 ch'iu¹ 秋天

夏 hsia⁴ 夏天　　　　冬 tung¹ 冬天

427. 举例：

春天暖和。 ch'un¹ t'ien¹ nuan³ huo.

夏天热。 hsia⁴ t'ien¹ jê⁴.

秋天的时候飐起凉风来。ch'iu¹ t'ien¹ ti shih² hou⁴ kua¹ ch'i³ liang² fêng¹ lai².

冬天冷。 tung¹ t'ien¹ lêng³.

去年夏天。 ch'ü⁴ nien² hsia⁴ t'ien¹.

明年冬天。 ming² nien² tung¹ t'ien¹.

练习十五答案
(EXERCISE XV KEY)

1 刻下 k'ê⁴ hsia⁴ 京城在北边儿就叫北京 *Peking*。幾百年前南边也有个京城，就是目下说的南京 Nanking。

2 我和他进城去。我走的是直道儿很近，他绕着道儿走的，就 chiu 很远。

3 河有大小的不同。海比河大。河没有海深。

4 河边儿 ho² pie-'rh¹、海边儿 hai³ pie-'rh¹，那都是说河海边儿上的地。边儿上的水浅，中间的水可都很深。（译按：河边儿 ho² pie-'rh¹ 海边儿 hai³ pie-'rh¹ 二词标音反映儿化对韵母的影响）

5 人走水路得'坐船。海面坐的船大，河裹走的都是小船儿。

6 坐船不用住店，坐车可得'天天儿住店花的钱多。算计盘费还是坐船花的钱少，价值也比车价儿便宜。

7 掌柜的 chang³ kuei⁴-ti 是舖子裏管事的人。客店裏也有掌柜的。

8 在我说，坐船坐车都好。坐船就是怕①颳大风，坐车怕下大雨，那可都要受累。有一年我们坐车，道儿上下起雨来。一路连个卖吃儿的都没有，很苦，乏的了不得。後来到店裹，歇了一夜就好了。

注：① 就是怕 chiu shih p'a，注意"就 chiu"的这个新用法。

练习十六
(EXERCISE XVI)

16.1 那驮子太重，一个牲口驼不了。这些东西不好带。这是甚么话？装在箱子裹就好带了。

16.2 行李 hsing-li 是走道儿的客人带的东西。箱子有皮子做的，有木头做的，甚么都装得。

16.3 "包上包儿 pao¹ shang pao¹-'rh" 是把东西用甚么包起来。他是拏毡子把那小箱子包起来了。

16.4 那口袋你带了来做甚么？是装零碎东西的。道儿上到店裹就①得'餧牲口。

注：① 注意"就 chiu"的确切含义，相当于英语 *as soon as*；一到旅店必须随即（就）餧牲口。

16.5 骆驼都是口外来的。你小心着行李，驮子都齐了①就走。要不快点儿起身②，怕赶不了城了③。

注：① 都齐了：如果行李都到齐ch'i（部首210）了，完整了。

② 起身：动身，出发。

③ 赶不了城了：赶不及在城门关门之前进城了。

16.6 "跟班 kên¹-pan¹ 的"①是使唤的人。他叫跟班的把箱子装在车上，车走了，他赶不上了。

注：① 南方官话(southern "mandarin")管单个儿的仆从叫"跟班 kên-pan"，北京叫"跟班的 kên-pan-ti"，更多的是"跟班儿的 kên-pa-'rh-ti"。

16.7 牲口身上驮的东西就叫"驮子 to⁴-tzǔ"。驴驮子，骡驮子，都说得，马驮子可不大说。

16.8 我出门去，他的跟班的在後头追我，追了半天①也没赶上，我老远②的看见他跑，可不知道他是追我呢。

注：① 半天：好一会儿；字面上是"半日"。

② 老远：好长的一段距离。老 lao，年纪大，有时用如表强度的副词 (an adverb of intensity)；如"很早"也可以说"老早的 lao³ tsao³ ti"。

16.9 那个人在那'儿呢？他出去了，你快跑可以赶得上他。他早走了，怕赶不上罢。无论赶得上赶不上，你快跑着追他就是了①。

注：① 尽你所能，尽量快跑，也许还能赶上他。

428. 脑 nao³，脑子 nao³-tzǔ，脑髓；脑袋 nao³-tai⁴，即"头"，但人头例外；"脑袋"，只用于那些名字不止一个字的动物，例如老虎 lao² hu³，等等。

429. 辫 pien⁴，中国人蓄的辫子。

430. 朵 to³，萌芽；耳垂。

431. 眼 yen³，目；经常跟下面的"睛"连用；井的量词。

432. 睛 ching¹，眼的瞳仁部分。

433. 嘴 tsui³，口。

434. 唇 ch'un²，嘴唇。

435. 鬍 hu², 鬍鬚，鬍髭。

436. 举例：

大脑袋。 ta⁴ nao³-tai⁴.

梳好了头髮打一条辫子。 shu¹ hao³ liao t'ou² fa ta³ i⁴ t'iao² pien⁴-tzǔ.

他的耳朵听不真。 t'a¹ ti êrh³ to³ t'ing¹ pu⁴ chên¹.

一隻眼睛。 i⁴ chih¹ yen³ ching¹.

打辫子。 ta³ pien⁴-tzǔ.

嘴唇上的鬍子短。 tsui³ ch'un² shang⁴ ti hu²-tzǔ tuan³.

他嘴裡说好话。 t'a¹ tsui³ li³ shuo¹ hao³ hua⁴.

满嘴的饭不要说话。 man³ tsui³ ti fan⁴ pu² yao⁴ shuo¹ hua⁴.

437. 胳 ko¹, kê¹, 本指腋窝；不单用。

438. 臂 pei⁴, 统指手臂。

439. 指 chih³, 手指；指向；指出；指着。指头 chih²-t'ou, 手指或脚趾。注意声调的变换。

440. 甲 chia³, 指甲。指甲 chih¹-chia³, 手上的脚上的都叫"指甲"。注意"指"的声调，而且必须重读。

441. 腰 yao¹, 腰，腰部。

442. 腿 t'ui³, 大腿；小腿。

443. 举例：

那个人的胳臂粗。 na⁴ ko⁴ jên² ti ko¹ pei⁴ ts'u¹.

你的指甲快。 ni³ ti chih¹-chia³ k'uai⁴.

用指头指给我看。 yung⁴ chih²-t'ou² chih³ kei³ wo³ k'an⁴.

腰裡有钱没有①？ yao¹ li³ yu³ ch'ien² mei² yu³?

两条腿都走乏了。 liang³ t'iao² t'ui³ tou¹ tsou³ fa² liao.

我的胳臂短拿不著他。 wo³ ti ko¹ pei⁴ tuan³ na² pu⁴ chao² t'a¹.

注：① 中国男人的钱袋都系在腰带上。

444. 结 chieh², 打结；捆绑，系到一起；引申为缔结，了结。跟下面的字结合成"结实",就成了形容词,是坚固的、强壮的,或精力充沛的意思,发音是 chieh¹-shih¹。

注意:"结实"的"结 chieh"必须读重音。

445. **实** shih²,真实的;壮实的;实心儿的,跟"中空的"相对。实在 shih²-tsai⁴,实际上;真实的;的确。

446. **輭**(软)juan³,柔软。

447. **弱** jo⁴,虚弱。

448. **抓** chua¹,逮住,抓住;例如,一个人用手,或一隻鸟用爪子抓住。

449. **拉** la¹,拖,拉,牵引。

450. **拽** chuai⁴,拖,拉。字典给的音不同(译按:《集韵》羊列切),但口语发音如上。

451. 举例:

我的身子今年輭弱没有去年那么结实。 wo³ ti shên¹-tzǔ chin¹ nien² juan³ jo⁴ mei² yu³ ch'ü⁴ nien² na⁴ mo chieh¹-shih¹.

马要跑把他拽住罢。 ma³ yao⁴ p'ao³ pa³ t'a¹ chuai⁴ chu⁴ pa⁴.

把桌子拉过来。 pa³ cho¹-tzǔ la¹ kuo⁴ lai².

不要拉他怕拉破了衣裳。 pu² yao⁴ la¹ t'a¹ p'a⁴ la¹ p'o⁴ liao i¹-shang¹.

他抓住我的手了。 t'a¹ chua¹ chu⁴ wo³ ti shou³ liao.

452. **病** ping⁴,疾病;病害。

453. **疼** t'êng²,痛,不论来自创伤还是患病;强烈的仁慈的感受。疼爱 t'êng² ai⁴,温柔的爱,或温柔地爱着。

454. **奇** ch'i²,奇怪的(褒义)。

455. **怪** kuai⁴,怪异的,奇怪的(贬义)。前面经常加"奇"连用。"怪"也可以用作动词,表"生气""感到惊讶"的意思。

456. **怎** tsên³,如何?什么?在北京口语里总是随个"么 mo¹"(23.)说"怎么",而且韵母里的 n 听不到了,双音节的发音变成了 tsêm³-mo,重音在第一个音节。

457. 举例:

我病得利害。 wo³ ping⁴ tê li⁴ hai⁴.
疼的了不得。 t'êng² ti liao³ pu⁴ tê².
怪不得①你头疼嘴乾。 kuai⁴ pu⁴ tê² ni³ t'ou² t'êng² tsui³ kan¹.
你说奇怪不奇怪？ ni³ shuo¹ ch'i² kuai⁴ pu⁴ ch'i² kuai⁴?
这是怎么了？ chê⁴ shih⁴ tsên³-mo liao?
注：① 怪不得：没有什么可惊讶可奇怪的。

练习十六答案
(EXERCISE XVI KEY)

1 无论甚么人出外，都得'带行李。
2 车快来了，你先打点①行李箱子。衣包和口袋还得'收拾收拾。
   注：① 打点 ta³ tien³，整理，清点。点 tien³，是"点数儿 tien³ shu-'rh"的缩略。
3 这屋裏的地毯有了土了①，得'拿出去打一打，桌子上铺的布也很腌脏，得'洗了。
   注：① 有了土了 yu liao t'u liao，着了灰尘。注意，反复出现的"了 liao"，在这里不表过去时，而只是表结果的语助词（*but is simly a final expletivc*）。
4 叫马夫把牲口鞴上①。一会儿我要出门，不用人跟着，告诉我跟班的，把我带的东西给装好了。
   注：① 把牲口鞴上 pa shêng-k'ou wei shang，上 shang，意味着一个完成的动作。说"鞴牲口 wei shêng-k'ou"同样正确。
5 北边地方带东西都是用牲口，叫驮子 to⁴-tzǔ。有驴驮子、骡驮子、骆驼驮的也叫驮子。驮轿 to⁴-chiao⁴ 是骡子驮的轿子 chiao⁴-tzǔ。
6 你走的这样快，我跟不上。
7 他出去工夫儿不大，你快追着告诉他，我还有东西给他带呢。
8 我有点儿事使唤你，你到他那儿给借俩钱儿 lia ch'ien-'rh，无论他说是有无，一定得'借点儿来①。
   注：① 借点儿来，用"来 lai（*to come*）"，表明这是"为我""给我"。

9 他那个人好①利害。

注：① 好 hao, good, 经常用来替代 "很 hên (very)"。

10 夏天热的利害，冬天冷的利害，那都是很热很冷的话头儿①。不冷不热的时候儿就是春秋天儿。

注：① 话头儿 hua t'ou-'rh, 话题 (heads of talk)。

练习十七
(EXERCISE XVII)

17.1 人的头 t'ou² 裹头有脑子 nao³-tzǔ, 就叫脑袋 nao³-tai⁴。你这个辫子得 'tei³ (must be) 梳了。人老了耳朵听不真，眼睛看不真。

17.2 那个人鼻子眼睛长 chang³ 得很奇怪。我心疼这个马，不肯叫他走乏了。

17.3 这个人很结实①，那个人輭弱得很。本地的布结实。这个坐儿②很輭和③。

注：① 结实：注意 "结 chieh¹" 必须重读。
② 注意 "坐儿 tso⁴-'rh" 还有另一个写法：座儿。
③ 輭和 juan³-huo：柔软舒适。比较：暖和 nuan³-huo。

17.4 你的身子有病么？没有病，不过是身子輭弱。这一件事我实在管不了。我怎么管得了那么些个人？

17.5 这一匹马很老实①，你买他罢。看着是老实，你餧他幾天儿瞧罢，骑着怕拉不住。

注：① 老实：表里如一的，诚实正直的；这个词儿用于人用于动物都可以。

17.6 偺们这五六年没有见，你的鬍子都白了。是我这幾年病得利害，连家裹的人都不认得我。

17.7 道儿上躺着的那个人，两腿都破了。腰上有病，直不起来。我的指头疼。

17.8 你这么慢走是身上有病么？不是，是人老了，腰腿都輭了。这个事我实在做不来。

17.9 他的舌头有病，连嘴唇子都破了。那女人的指甲那么长，把他的胳臂抓破了。

17.10 你这么拽着我，是有甚么事么？要没事①这么拉拉拽拽是甚么样子呢？有话直说就是了②。

注：① 要没事：若(jo)是没有事情（理由）。
　　② 要是有事，你直接说出来，我会考虑的。

458. 眉 mei²，眉毛。

459. 鬓 pin⁴，鬓角。

460. 腮 sai¹，颚部；大概包括面颊。通常跟下面的"颊"结合。

461. 颊 chia⁴, chieh⁴，颚部；大约指面颊的外缘。

462. 巴 pa¹，某一特定部位的名称；口语里，讹用于双音词"下巴 hsia⁴-pa¹"。

463. 颏 k'o¹，脸下方的部位；口语中，只跟在"下巴"的后面，意思仍一样。

464. 举例：

眉毛。鬓角儿。mei² mao². pin⁴ chiao³-'rh.

腮颊。脸蛋子。sai¹ chieh⁴. lien³ tan⁴-tzǔ.

下巴。下巴颏儿。hsia⁴-pa¹. hsia⁴-pa¹ k'o¹-'rh.

连鬓胡子。眉毛长得很。lien² pin⁴ hu²-tzǔ. mei² mao² ch'ang² tê hên³.

看他两腮就知道他喝了酒了。k'an⁴ t'a¹ liang³ sai¹ chiu⁴ chih¹ tao⁴ t'a¹ ho¹ liao chiu³ liao.

465. 脖 po²，脖子。

466. 嗓 sang³，喉咙，不论内外，都叫嗓子。

467. 节 chieh²，关节，骨头节，竹节，等等。

468. 剃 t'i⁴，用刀剃刮；剃，只用于剃头。

469. 刮 kua¹，用刀子剃刮；刮掉动物皮子上的毛。刮脸 kua¹ lien³。

470. 举例：

他的脖子长。t'a¹ ti po²-tzǔ ch'ang².

嗓子疼。sang³-tzǔ t'êng².

说话嗓子不要这么大①。shuo¹ hua⁴ sang³-tzǔ pu² yao⁴ chê⁴ mo ta⁴.

骨头节儿。ku² t'ou² chieh²-'rh.

这一桿竹子有多少节儿②？chê⁴ i⁴ kan³ chu²-tzǔ yu³ to¹ shao³ chieh²-'rh?

你一个月剃幾回头③？ni³ i² ko⁴ yüeh⁴ t'i⁴ chi³ hui² t'ou²?

刮脸。kua¹ lien³.

注：①"不要这么大嗓子说话 pu yao chê mo ta sang-tzǔ shuo hua"也同样正确。

②"竹 chu"的另一个量词"根 kên¹"，稍后会见到。

③注意：剃 t'i⁴，只能用于"剃头"。

471. 胸 hsiung¹，胸部；北京一般说"胸脯子 hsiung¹ p'u²-tzǔ"。"脯 p'u²"是不被承认的字（译按：《康熙字典》"脯"下无"胸脯"义），但是下一个"脯"则常用，不过它的本音是 fu³。

472. 脯 fu³, p'u².

473. 背 pei⁴, 后背。读 pei¹ 的时候，是背 pei⁴ 上背 pei¹ 着。

474. 脊 chi³, 脊背。

475. 梁 niang²，脊背；正音（*properly read*）是 liang²，本义是横梁。注意，"脊梁 chi²-niang²"的重音是"脊 chi²"。

476. 膀 pang³，肩膀；很少单用。

477. 肚 tu⁴，腹。读 tu³，指内脏；只用于指动物的内脏。

478. 举例：

胸脯子疼。hsiung¹ p'u²-tzǔ t'êng².

不要站在我的背後。pu² yao⁴ chan⁴ tsai⁴ wo³ ti pei⁴ hou⁴.

你背上背著甚么东西？ni³ pei⁴ shang⁴ pei¹ cho¹ shê^n2 mo tung¹ hsi¹?

椅背儿。i³ pei⁴-'rh.

脊梁。脊梁背儿。chi²-niang². chi²-niang² pei⁴-'rh.

肩膀儿。肚子。chien¹ pang³-'rh. tu⁴-tzǔ.

腿肚子①。指头肚儿。t'ui³ tu⁴-tzǔ. chih² t'ou² tu⁴-'rh.

注：①原注 thigh 是大腿 ta⁴-t'ui³。（译按："腿肚子"对译为 *the calf of the leg*. 故有此补充。）

479. 波 po¹，波浪。水波 shui³ po¹，水上的波纹。

480. 棱，楞，lêng²，边缘，棱角。两个字形均可用。

481. 脚，腳，chiao³，足；前一个字形更通用些。

482. 踝 huai²，踝骨；口语里只说"踝子骨 huai²-tzǔ ku³"。

483. 體 t'i³，身体。加上"面"（部首176），体面 t'i³-mien⁴，是有身份的，正派的，可尊敬的意思；用于说一个人或一样东西外表好看，也很普遍。

484. 斩 chan³，杀头。

485. 贼 tsei²，强盗；反叛者；任何犯罪分子。

486. 级 chi²，等级；被斩下来的罪犯的脑袋。

487. 举例：

波棱盖儿。踝子骨。po¹ lêng² kai⁴-'rh. huai²-tzǔ ku³.

两脚都走疼了。liang³ chiao³ tou¹ tsou³ t'êng² liao.

他是个很體面的人。t'a¹ shih⁴ ko⁴ hên³ t'i³-mien⁴ ti jên².

首级是斩下来的贼脑袋。shou³ chi² shih⁴ chan³ hsia⁴ lai² ti tsei² nao³ tai⁴.

长毛贼。老贼。ch'ang² mao² tsei². lao³ tsei².

练习十七答案
(EXERCISE XVII KEY)

1 这事叫人怎么去和他说？你怎么这么软弱？他那个人也不过是一个脑袋罢，你怕他做甚么①？

注：① 做甚么 tso shêⁿ-mo，为什么。

2 人到老来的时候儿，样样儿都不行①，耳朵听不明，眼睛也看不真，说话连嘴唇子都不中用②了。

注：① 样样儿都不行 yang yang-'rh tou pu hsing，注意：样样儿 yang yang-'rh，是每一种或任何一类；人人儿 jên jên-'rh，是每个人或任何人。

② 不中用 pu chung yung，无用；不顶事儿，或不能完成，不好用。参见302.（译按：原本误作303.）。

3 春天的时候儿天气太乾，我的嘴唇儿爱①破。

注：① 爱 ai, 易于……(liable)。

4 这么点儿头髮就要打辫子，我看还没有人的鬍子长呢。

5 你看他的鬍子多么长！

6 你不要那么拉拽着我，你的指甲长，弄坏你的指甲也不好，抓了我的胳臂也不好。

7 他腿上有病，走道儿拉着很疼。

8 我看他正在有力气的时候儿①，身子怎么这么软弱。

注：正在有力气 li⁴ ch'i⁴ 的时候儿，一个男人年富力强的时候。

9 这样儿软弱人，你连拉带拽①还怕不把他拉躺下？

注：① 连 lien……带 tai……。注意"连"和"带"作为连词(conjunction)的用法。

10 今儿我看见一个人，面目 mien mu 长的很奇怪。

练习十八
(EXERCISE XVIII)

18.1 年轻的人多爱刮脸①，人到了四十多就有鬍子了。叫个剃头的来，我要打辫子。女人们梳头②。

注：① 注意：多 to, 不是"全部"，但是"大部分"。

② 梳头 shu t'ou: 只用于女人把头梳成某种式样。

18.2 剃头，剃的是那辫子以外①的短头髮。前些年不剃头的那贼就叫"长髮贼"。

注：① 以外：之外。"以"的一个意思是"沿着……往前 (to follow)"，所以加上表处所的词就指示方位，如：以东，以外。

18.3 说人體面 t'i³-mien⁴ 是说他是个好人，说他长得體面 chang³ tê t'i³-mien⁴ 是说他长得好看。剃头铺。

18.4 "他那屋子盖 kai⁴ 得體面 t'i³-mien⁴"也说得。剃头刮脸都是用剃头刀 t'i³-t'ou²-tao¹①。

注：① 不能说"刮脸刀 kua-lien-tao"。（译按：现在可以了。何时开始的呢？）

18.5 我们本地人剃头不使温和水儿，也不用胰子。你乏了我背你罢。他肚子裏有学问①。他上了吊了②。

注：① 注意：学问 hsio²-wên，学识；学 hsio² 必须读重音。中国人把肚子当作存放知识的地方。

② 上吊 shang tiao(322.)，只能用于吊颈自杀者。

18.6 明天那地方官要斩幾个贼，听见说斩贼的那一把刀不很快，不过重就是了。

18.7 你鼻梁儿上怎么这么黄？那是我昨儿叫人家打了一下儿①。

注：① 被某人击中一次。下 hsia：落下；一下儿，就是手掌落下一次。

18.8 四方的东西有四个楞 lêng² 儿，有四个角 chiao³ 儿，刀楞儿 tao¹ lêng²-'rh 可不说。

488. 君 chün¹，君王。

489. 民 min²，民人，从统治者的角度说。

490. 主 chu³，主子。君主 chün¹ chu³，英联邦用于称呼其女王陛下。

491. 爵 chio²，chüeh²，chiao²，高级贵族的封号，不论是官封的还是世袭的。

492. 位 wei⁴，本义是人所处的位置，指站或坐的地方。特指高级职位；引申为绅士、学者、官员以及大炮的量词。

493. 参 ts'an¹，商议，劝说。加上"人 jên²"，"参"改读 shên¹，即：人参 jên²-shên¹。又读 ts'ên¹（见 576.）。

494. 赞 tsan⁴，帮助；如：参赞 ts'an¹ tsan⁴，参与商议和提供意见。也是个官衔。见下面的举例。

495. 尊 tsun¹，尊贵的。

496. 举例：

君上。小民。chün¹ shang⁴. hsiao³ min².

他是个民人①。t'a¹ shih⁴ ko⁴ min² jên².

那是个民房②。na⁴ shih⁴ ko⁴ min² fang².

主子。家主儿。chu³-tzǔ. chia¹ chu³-'rh.

船主。ch'uan² chu³.

他的爵位尊贵。t'a¹ ti chio² wei⁴ tsun¹ kuei⁴.

他是个甚么爵位③？ t'a¹ shih⁴ ko⁴ shêⁿ² mo chio² wei⁴?

参赞④。ts'an¹ tsan⁴.

他是个尊重⑤人。t'a¹ shih⁴ ko⁴ tsun¹ chung⁴ jên².

这一位是谁？ chê⁴ i² wei⁴ shih⁴ shui²?

注：① 民人 min jên, 一般说话时给中国人的称呼，以区别于鞑靼人 (Tartars)。在那些没有鞑靼人聚居的省份和地方，"民人"可以指没有官阶或地位的平民；在北京，这样的人叫作"白人儿 pai² jên²-'rh"。（译按：比较"白丁儿"。）

② 民房 min fang, 在北京指平民的房产，跟属政府财产的"官房 kuan fang"相对。

③ 本句中的"位 wei"若省略，那所说的爵位就只能理解为世袭的。

④ 某些华侨居地驻扎官的助理（我们用以称呼"外交秘书"）。

⑤ 尊重：可尊敬的和重要的。

497. 文 wên²（部首 67），文职，跟下面的"武"相对。

498. 武 wu³, 军职。

499. 兵 ping¹, 士兵。

500. 缺 ch'üeh¹, 解除（职位）；空缺，空额；进而指一定情况下的官府职位。也表示短缺，欠缺。

501. 额 ^{ng}ê², ^{ng}o², 本义是额头；口语中，用同一个字表示规定的数额。

502. 捐 chüan¹, 为公众目的捐钱。

503. 充 ch'ung¹, 代表；取代某个位置；担当；扮演某个角色。经常跟"当 tang¹"（342.）合用。又，补足，如"充数"。

504. 举例：

文官。武官。wên² kuan¹. wu³ kuan¹.

当兵。充兵。出兵。tang¹ ping¹. ch'ung¹ ping¹. ch'u¹ ping¹.

你出过兵没有？ ni³ ch'u¹ kuo⁴ ping¹ mei² yu³?

开缺。补缺。k'ai¹ ch'üeh¹. pu³ ch'üeh¹.

额数。捐官。 ⁿo² shu⁴. chüan¹ kuan¹.

505. **杀** sha¹，杀死；又，作副词性的加强语意的词 (adverbially, an intensive)。

506. **退** t'ui⁴，后退；使后退。

507. **勒** lo⁴，捆绑；迫使。在复合词里读 lê²，如勒索 lê²-so³，压榨；敲诈钱财。读 lei¹，是约束，控制的意思，如"勒马"；又，在复合词中，"勒死"，不久即可见到。

508. **索** so³，寻求；敲诈。

509. 举例：

店主儿杀了两个客人。 tien⁴ chu³-'rh sha¹ liao liang³ ko⁴ k'o⁴ jên².

贼都杀退了。 tsei² tou¹ sha¹ t'ui⁴ liao.

把贼退①出城去。 pa³ tsei² t'ui⁴ ch'u¹ ch'êng² ch'ü⁴.

那关上的人勒索了我五两银子。 na⁴ kuan¹ shang⁴ ti jên² lê²-so³ liao wo³ wu³ liang³ yin²-tzǔ.

那个官勒令人家捐②出银子来。 na⁴ ko⁴ kuan¹ lê² ling⁴ jên² chia¹ chüan¹ ch'u¹ yin²-tzǔ lai².

勒住③马。 lei¹ chu⁴ ma³.

把马勒著点儿。 pa³ ma³ lei¹ cho tien³-'rh.

注：① "退 t'ui" 不能随便用。例如，你不能说"把狗退出去"。

② 捐 chüan" 一般不用于私人事务的赞助。

③ 住 chu：使停顿一下。

510. **底** ti³，底部；在下面。

511. **全** ch'üan²，全部；完整的。

512. **姓** hsing⁴，一个家庭或宗族的姓。

513. **名** ming²，名字，或别号，跟姓相区别。

514. 举例：

楼底下。 lou² ti³ hsia⁴.

底下人。管事的。ti³ hsia⁴ jên². kuan³ shih⁴ ti.

河底下全是石头。 ho² ti³ hsia⁴ ch'üan² shih⁴ shih²-t'ou².

桌子底下①。　cho¹-tzǔ ti³ hsia⁴.

他辛苦全是用的人不好。　t'a¹ hsing¹ k'u³ ch'üan² shih⁴ yung⁴ ti jên² pu⁴ hao³.

百姓②。　po² hsing⁴.

你姓甚么？　ni³ hsing⁴ shê^{n2} mo?

贵姓？　kuei⁴ hsing⁴?

名子。　ming²-tzǔ.

这块儿地名叫甚么？　chê⁴ k'uai⁴-'rh ti⁴ ming² chiao⁴ shê^{n2} mo?

注：① 这应该也有"在桌面底下"的意思；不过，在这种情况下，更准确的说法是"桌面儿底下 cho¹ mien⁴-'rh ti³ hsia⁴"。

② 注意"百 pai³"的发音与声调都有变化。

练习十八答案
(EXERCISE XVIII KEY)

1 李家那个小千金①长得多么好看！你瞧见没有？

注：① 女孩儿通常称"千金 ch'ien chin"，尤其是当着她们父母的面儿。

2 我瞧见了。重眉毛、大眼睛、高鼻梁儿、俩鬓角儿头髮又黑又亮，腮颊的肉皮儿也很细，小下巴颏儿、长脖、细腰儿，嗓子说话儿很真，脚儿也不大，身體 shên¹ t'i³ 也不粗，果真①不错。

注：① 果真 kuo³ chên¹，确实；非常真实。

3 他满身①骨头疼 ku t'ou t'êng，是身子有病么？不是，是他老了，气血②不足了。

注：① 满身 man³ shên¹，全身。

② 气血 ch'i hsüeh，气息与血液；生命力 (vitality)。

4 刮脸剃头，都得'找剃头的。

5 人的胸前 hsiung¹-ch'ien² 背後 pei⁴- hou⁴，也说前心 ch'ien²-hsin¹ 後心 hou⁴-hsin¹。

6 口袋装很重的东西，得'背在脊梁背儿上，也可以搁在肩膀儿上。

7 你怎么了①？脸上气色②不好。在那儿躺着是肚子疼么？

注：① 你怎么了 ni tsêm³-mo liao (译按：tsêm³-mo，原书如此),你怎么回事儿？什么

情况？

② 气色 ch'i⁴ sê⁴，颜色；面色。参见 232.。

8 不是肚子疼，是我这隻脚的踝子骨叫个小人儿①拿石头打了一下儿。连波稜盖儿都疼的了不得。

注：① 小人儿，小男孩儿。

9 城门外头吊着好些个人脑袋。有人告诉我说，都是斩下来的贼首级。

练习十九
(EXERCISE XIX)

19.1 这一匹马走的这么慢，全是你没餧足。

19.2 君上 chün¹-shang⁴ 是百官万民的主子①。家生子儿 chia¹ shêng¹-tzǔ³-'rh 是买的底下人生的儿女。

注：①"万"经常用来表示无限的分量或数量。满洲人更特定称他们的皇帝为他们的"主子 chu-tzǔ"。

19.3 爵位尊，是说人做的官大，小官算不了有爵位。

19.4 管民的是文官 wên² kuan¹，带兵的是武官 wu³ kuan¹。

19.5 文武官的衣裳怎么分？不大好分，不过是他们带的补子 pu³-tzǔ①不同。

注：① 补子 pu³-tzǔ 是指绣在官员朝服前胸和后背的装饰方片：文官绘的是鸟，不同级别绘的是不同的鸟；武官绘的是各种动物。最高级别的亲王显贵的补子是圆的。

19.6 各地方的官兵额数是有一定的，不过是不足的时候儿多，赶到月底要点名①，就找些个人充数儿。

注：① 赶到：当……时候。注意：月底 yüeh ti，月末，月尾。点名 tien ming，把人员召集起来按花名册清点核对。

19.7 山东那块儿出了个好缺，不知道是谁得。谁该着补就是谁①。

注：① 轮到谁、注定该是谁，就由谁去补那个缺。该着 kai-cho，时常用在这种场合；如果略掉"着 cho"，"该"就只有"应该 (ought)"的意思了。

19.8 拿银钱买官，那就叫"捐官 chüan¹ kuan¹"。他那官是捐的么？不是捐的，是出兵得的。

19.9 那带兵的大官①一点儿本事都没有，前些日子，那贼都跑到山裏头去，没吃的了②，他要当时追他们，很可以把他们杀退了。

注：① 大官 ta kuan，既可以是单数，也可以是复数。

② 没吃的了：没 mei，即"没有"（"有 yu"从略）；吃的 ch'ih ti, 食物 (eatables)。

19.10 贵姓？贱姓马。

515. 国 kuo², 国家；国务；政府。

516. 章 chang¹, 规则；法则。用的时候常加"程 ch'êng²"（519.）。

517. 律 lü⁴, 法令法规。

518. 例 li⁴, 某一特定领域的法规；修正条款。

519. 程 ch'êng², 一个历程的一段。

520. 举例：

那律例是国家定出来的①。　na⁴ lü⁴ li⁴ shih⁴ kuo² chia¹ ting⁴ ch'u¹ lai² ti.

各关都有一定的章程。　ko⁴ kuan¹ tou¹ yu³ i² ting⁴ ti chang¹ ch'êng².

这路程②你知道不知道？　chê⁴ lu⁴ ch'êng² ni³ chih¹ tao⁴ pu⁴ chih¹ tao⁴?

中国律例。　chung¹ kuo² lü⁴ li⁴.

这些章程不行。　chê⁴ hsieh¹ chang¹ ch'êng² pu⁴ hsing².

各国的律例不同。　ko⁴ kuo² ti lü⁴ li⁴ pu⁴ t'ung².

注：① 这样说是对的，不过，简单地说"律例是国家定的 lü li shih kuo chia ting ti"也许更对。"出来 ch'u lai"，在这句话里表示动作的完成：制定并予以颁布。

② 路程 lu ch'êng，只能用于表示划分为阶段的长距离。

521. 巡 hsün², 巡逻。

522. 察 ch'a², 查问。

523. 搜 sou¹, 搜查，如对人对行李等。

524. 动 tung⁴, 移动；被移动（不常见）。

525. 种 chung⁴, 播种；栽培。读 chung³-'rh（种儿），是种子。种 chung³（口

语音 tsung¹），指一类或一组。（译按："口语音 tsung¹"所指的应该是"宗"：大～贸易。一～心事。《康熙》尚无此量词用法。）

526. 举例：

看①街的是巡察地方的人。 k'an¹-chieh¹-ti shih⁴ hsün² ch'a² ti⁴ fang¹ ti jên².

搜察行李。 sou¹ ch'a² hsing² li³.

不要动那东西。 pu² yao⁴ tung⁴ na⁴ tung¹ hsi¹.

你幾点钟动身？ ni³ chi³ tien³ chung¹ tung⁴ shên¹?

种地的 (A farmer. Or, farm labourer)。chung⁴-ti⁴-ti.

种菜。 chung⁴ ts'ai⁴.

种种儿②。 chung⁴ chung³ -'rh.

我不要这种样儿的东西。wo³ pu² yao⁴ chê⁴ tsung¹ yang⁴-'rh ti tung¹ hsi¹.

注：① 注意"看 k'an¹"在这里的意思是注视并警戒，并且读第一声。参见91。
　　② 种儿 chung³-'rh，又叫"籽儿 tzǔ³-'rh"。

527. **治** chih⁴，管理；改良；恢复秩序；好政府，用以区别于混乱。又，求医疗病，如"治好 chih⁴ hao³"。

528. **理** li³，管理的原则或力量。又，管理；调整。读 lü³，整理；建立秩序。理会（129.）li³ hui⁴，给予注意；遵守；注意。

529. **暴** pao⁴，暴躁；凶猛。反义为"和 ho²"，温柔；文雅；宽容（210.）。

530. **乱** lan⁴, luan⁴，混乱。

531. **急** chi²，动作和情绪反应过快。

532. **性** hsing⁴，性情；天生的气质。

533. 举例：

百姓乱得很地方官一点儿不治理。po² hsing⁴ luan⁴ tê hên³ ti⁴ fang¹ kuan¹ i⁴ tien³-'rh pu² chih⁴ li³.

治乱。 chih⁴ luan⁴.

这个道理①不错。 chê⁴ ko⁴ tao⁴ li³ pu² ts'o⁴.

这个官性子过於暴。 chê⁴ ko⁴ kuan¹ hsing⁴-tzǔ kuo⁴ yü² pao⁴.

那个人说话太急。 na⁴ ko⁴ jên² shuo¹ hua⁴ t'ai⁴ chi².

不用著急②。 pu² yung⁴ chao² chi².

注：① 道 tao，本义是路；理 li，是传授给人的原则，如果他能予以遵照实行，他就能走上正道。因此，道理 tao-li，就是正确的原则；其次，遵奉了这些能造就规范的人或事的原理，基本原理和逻辑就使所有事情处于良好状态。跟"道理"对立的第一件事，就是偷窃；但是，一个贼的"道理"就是偷，因为他若不偷就不成其为贼：中国人常说"没这个道理 mei chê ko tao-li"，意思是这不合逻辑，一个人要做贼又不能偷，这个命题没法成立。最后，这些"道理"作为原则的总集，作为哲学体系，被所有老师采用。儒学，就是孔夫子的"道理"。

② 注意"著 chao"的特殊用法，在这里，它是"用出"或"付出"的意思；跟它在"著凉 chao² liang²"中解释为出乎意料的"遭受"或"遇到"不同。

534. **普** p'u³，普遍的。

535. **群** ch'ün²，群体；一群；大群。

536. **耕** kêng¹，耕作；又读 ching¹，如耕地 ching¹ ti⁴。

537. **总** tsung³，集聚；聚总的。这里是指在任何情况下；从来；绝对地；经常的。

538. **之** chih¹，书面语作第三人称代词和所有格的标志；又，在某些情况下用于口语，但用得很少。

539. 举例：

普天下的人种地的多。 p'u³ t'ien¹ hsia⁴ ti jên² chung⁴-ti⁴ ti to¹.

要种种儿先得'耕地。 yao⁴ chung⁴ chung³-'rh hsien¹ tei³ ching¹ ti⁴.

我总没看见过外国人。 wo³ tsung³ mei² k'an⁴ chien⁴ kuo⁴ wai⁴ kuo² jên².

你总得'去。 ni³ tsung³ tei³ ch'ü⁴.

总而言之①。 tsung³ êrh² yen² chih¹.

国家之②大官。 kuo² chia¹ chih¹ ta⁴ kuan¹.

把那一群羊赶到山上去。 pa³ na⁴ i⁴ ch'ün² yang² kan³ tao⁴ shan¹ shang⁴ ch'ü⁴.

把书理一理。 pa³ shu¹ li³ i⁴ li³.

注：① 严格地说，这不是口语，虽然这个短语在谈话中经常使用；之，在这里只是个后缀，没有特别的意义。（译按：之，代词，指代所"言"的内容。）

② 口语在这种地方更常用的是"的 ti"，而不是"之 chih"；不过"之"经常被插入所有格结构中以显示其作用。

练习十九答案
(EXERCISE XIX KEY)

1 天下①最大的就是君上，最多的就是民人 mien² jên²。君上又叫主子，民人又说百姓 po² hsing⁴。

  注：① 天下 tien¹ hsia⁴，就是"帝国"。中华帝国的子民有个观念，即"普天之下，莫非王土"，天下所有的东西都是君王的。

2 我的一个同学①在西下②做参赞 ts'an¹-tsan⁴，听见说那样儿官的爵位很尊贵。

  注：① 同学 t'ung² hsüo²，校友。学 hsüo²，学房 hsüo²-fang²（学校）的缩略。
  ② 西下 hsi¹ hsia⁴，这是对西藏和长城内外大西北中国领土的笼统称呼。

3 他很懂得事，还用你给他参赞①么？

  注：① 参赞 ts'an¹-tsan⁴，参见494。。重音在"赞 tsan"上。

4 做武官是打当兵起来①的多。

  注：① 从当兵逐渐提拔起来。打，从……，介词。

5 带兵的官有定额。有缺就得'补。有缺无人就是空 k'ung¹ 缺。

6 额外 ⁿgo² wai⁴ 的官是正 chêng⁴ 额以外的官。

7 我打算找点儿事，没找着，请你来 ch'ing ni lai 给我找个门路 mên² lu⁴。

8 不管有钱没钱，一定和人家要 i² ting⁴ han⁴ jên² chia¹ yao⁴，是勒索。

9 我定 ting⁴ 东西的时候儿，说住了 shuo¹ chu⁴ liao 都要好的，怎么你弄好些个不好的搁在里头充数儿？你要不给换好的，我全退回去 t'ui⁴ hui² chü⁴。

10 叫你把桌子搁在屋子当中间儿，怎么给搁在一边儿了？底下 ti³ hsia⁴ 我再告诉你话，可得'记着罢。

11 百家姓 Po Chia Hsing 儿那一本书，是人的姓都有么？

12 那'儿能全有？不过是听熟了的那些姓就是了。

13 你给我杀一只小鸡子。

练习二十
(EXERCISE XX)

20.1 城门上的官兵是盘查出入人的。

20.2 国家定的律例是治理百姓的。

20.3 种地是小民的本分①，夏天人人儿种地。

注：① 本分：本身的职责。本 pên³，原本的；分 fên⁴，份额内的，该分担的；小民 hsiao min，卑贱的下层族群。

20.4 秋天种的麦子夏天收，就叫"秋麦 ch'iu¹ mai⁴"；春天种的麦子夏天收，就叫"春麦"。

20.5 那么着，秋麦和春麦是一样的么？不能算一样，秋麦总收的多。

20.6 近年天下大乱是官长治理的不好①，普天下百姓都知道②。

注：① 官长 kuan chang³：官方，官吏级别高的为"长 chang³"；"官长"只用来指称整个官吏阶级，跟"小民 hsiao min"相对。治理：管理；的 ti=tê，表完成。

② 注意全句结构：近年国家大乱（的事实）是官长管理的（结果），整个帝国的人民都知道。

20.7 你那个儿子太不说理①，告诉他甚么话总不理会，不论甚么事全爱说嘴②。

注：① 不说理，不讲道理。

② 说嘴 shuo tsui，经常指夸口与自我炫耀。

20.8 去年来了一群贼，把那一片房子都烧了。那住着的人怎么样呢？他们早都跑了。

20.9 那些个人在一块儿那叫"一群 ch'ün²"，马牛羊数儿多了也说"一群"。

20.10 你把我的名片拏到他那儿去①，告诉他我晚半晌儿本人儿过去见他，有话说。

注：① 注意"名片 ming-p'ien"，造访前递送的写有名字的卡片。片（部首91）。参见1025.。

540. **抢** ch'iang³，凭借暴力取得。

541. **夺** to²，抢去。

542. 偷 t'ou¹，盗；窃。又，偷偷儿地。

543. 股 ku³，古语指腿或大腿。口语用于贼匪等；一伙儿或一帮。

544. 逃 t'ao²，逃跑，如亡命徒般。

545. 竄（窜）ts'uan⁴，逃跑，匆忙急速地逃走，像老鼠一样（鼠窜）；也用于小偷盗贼的逃跑。

546. 散 san³ ⁴，分散，散开。读 san³，粉末状药品。

547. 混 hun³ ⁴，混浊，像奔泻下来的洪水。读 hun² 时，指愚笨；愚蠢；鲁莽。又指水，有浑浊义，然而说话时常用的是另一个同音字。

548. 举例：

他们把行李抢了去了。 t'a¹ mên² pa³ hsing² li³ ch'iang³ liao ch'ü⁴ liao.

他把我的笔夺了去了。 t'a¹ pa³ wo³ ti pi³ to² liao ch'ü⁴ liao.

偷东西。 t'ou¹ tung¹ hsi¹.

偷偷儿的走。 t'ou¹ t'ou¹-'rh ti tsou³.

他逃走了。 t'a¹ t'ao² tsou³ liao.

四川那一股贼散了一个个儿窜到雲南去了。 Ssǔ⁴ ch'uan¹ na⁴ i⁴ ku³ tsei² san⁴ liao i² ko⁴ ko⁴-'rh ts'uan⁴ tao⁴ Yün²nan² ch'ü⁴ liao.

混水。 hun² shui³.

混说。 hun² shuo¹.

混和在一块儿。 hun³ ho² tsai⁴ i² k'uai⁴-'rh.

他是个混小子。 t'a¹ shih⁴ ko⁴ hun² hsiao³-tzǔ.

549. 懒 lan³，后面通常跟着"惰"，懒惰。

550. 惰 to⁴，懒惰 lan³-to⁴。

551. 棍 kun⁴，棒子。

552. 扔 jêng¹，投掷；抛弃。又读作 jêng³。

553. 放 fang⁴，解开；释放，放走。

554. 枪 ch'iang¹，长矛；步枪。步枪的量词是"桿 kan³"或"根 kên¹"；长矛的量词是"桿""根"或"条 t'iao²"。

555. 举例：

那个人懒惰不爱上衙门。na⁴ ko⁴ jên² lan³-to⁴ pu² ai⁴ shang⁴ ya² mên².

他放了一枪就打着①了一个鸟儿。t'a¹ fang⁴ liao i⁴ ch'iang¹ chiu⁴ ta³ chao² liao i² ko⁴ niao³-'rh.

那一条棍子用不着了扔在一边儿罢②。na⁴ i⁴ t'iao² kun⁴-tzǔ yung⁴ pu⁴ chao² liao jêng¹ tsai⁴ i⁴ pien¹-'rh pa⁴.

放了他罢③。fang⁴ liao t'a¹ pa⁴.

放他么？放他罢。fang⁴ t'a¹ mo? fang⁴ t'a¹ pa⁴.

注：① 注意"着 chao"，它的特殊词义随后会看到。

② 罢 pa，说于事前，也可以表示祈使性的提议。

③ 注意："了 liao"只是个语助词，而且可以省略，虽然它有确切的词义；这从下面的句子即可看出。

556. 恰 ch'ia⁴，刚好相符。

557. 巧 ch'iao³，熟练的，精巧的；又，不前不后正合适。

558. 特 t'ê⁴，专门的；特别的。

559. 意 i⁴，意思；目的。

560. 偶 ou³, ⁿᵍou³，意外的，不期然的。

561. 然 jan²，自然；本然；确切地。作好多词和词语的后缀，带副词意味；如：然而 jan² êrh²（部首 126）。

562. 举例：

他恰巧来了。t'a¹ ch'ia⁴ ch'iao³ lai² liao.

你来的狠巧。ni³ lai² ti hên³ ch'iao³.

我特意①的来看你。wo³ t'ê⁴ i⁴ ti lai² k'an⁴ ni³.

我偶然错了自然不是特意做的。wo³ ou³ jan² ts'o⁴ liao tzǔ³ jan² pu² shih⁴ t'ê⁴ i⁴ tso⁴ ti.

那是自然的②。na⁴ shih⁴ tzǔ³ jan² ti.

这个人巧得很。chê⁴ ko⁴ jên² ch'iao³ tê hên³.

注：①特意 t'ê i：特地，带着特别的意图。
　　②自然 tzǔ jan：当然，本来就是这样的。

练习二十答案
(EXERCISE XX KEY)

1 普天下都有中国人。各国都有律例。律例是国家定出来治理百姓的。章程是各官立 li 的。
2 昨儿有人把一群羊赶到我地裏头，把我种的麦子都给喫了。
3 看街的 k'an¹-chieh¹-ti 就是巡察各地面儿的官人。
4 我那些个书，不知是谁都给拉乱 la luan 了，你给理一理罢。
5 那个人性子暴的利害，你理 li³ 他做甚么？
6 万里长城（*the Great Wall, 10,000 li long wall*）是普天下七大奇裏的第一奇。听见说是一位君上勒令百姓做的。
7 不错。那君上无道之至，治理百姓过於刻苦。做完了城，没有幾年天下就大乱了。
8 会生客 shêng k'o 之时，先得'穿官衣。

练习二十一
(EXERCISE XXI)

21.1 你的主意①怎么样，是去好，还是不去好呢？自然是去好。
　　注：①主意：主导的或支配的想法。
21.2 把我那一个小棍儿拿来。我要出门。把我那一桿枪装上，我要打鸟儿，可不定打的着打不着①。
　　注：①注意：打 ta，开火或射击；"打着 ta chao"或"打了 ta liao"，击中。放（见 21.3），开枪。
21.3 我昨儿把那桿枪拿起来，不知道是装得了的，偶然放了一下儿。四面儿①

都有人，恰巧没打着谁，要是打着了可了不得了。

注：① 四面儿：周围；字面上是，四边儿。

21.4 背地裏①拿东西不叫人知道，就是"偷 t'ou¹"。把人家的东西硬拿了去，是"夺 to²"。好些个贼，夜裏明火②拿着刀枪到人家硬拿东西，就是"抢 ch'iang³"。

注：① 背地裏：背后，指没人看见的地方。
② 明火：点上火把照得通明；说到盗窃行为，经常简单地称之为"明火 ming-huo"，而且这个词从来不用在其他场合。

21.5 说话没有理，那算是"混说 hun⁴ shuo¹"。

21.6 我的洗澡水怎么这么混？打了不大的工夫儿，过一会儿就好了。

21.7 我那个学生过於懒惰，不爱用功。打他两下儿看罢。

21.8 那一天有俩贼，一个拏着一条长枪①，一个拏着一根大棍子，四下裏②混打，恰巧来了一个人，拏著一桿枪。看见了那俩贼混打，赶着装上枪就打。那贼呢？那拏枪的扔下枪就跑了，那拏棍子的叫枪子儿③打著腿，跑不了咯。放枪的那个人是特意来的，还是偶然来的？怕是偶然来的，可也不定。

注：① 注意"枪 ch'iang¹"的量词。长枪（长矛）可以说"桿 kan""根 kên"或"条 t'iao"，而步枪总是说"桿"或"根"（644.）。
② 下裏 hsia li, 指方向。四下 ssǔ hsia：四个方向；本指罗盘的四个点。跟21.3的"四面儿 ssǔ mien-'rh"同义。
③ 注意：枪子儿 ch'iang-tzǔ³-'rh, 子弹。译注："儿 -'rh"似不可无。径补。

563. 凡 fan²，无论什么所有的都在内。又，平庸；普通；随后可见到。

564. 揣 ch'uai³，试探，或摸索，用手去感触；跟下一个字结合成"揣摩"，猜测。

565. 摩 mo¹，用手指去感知。

566. 约 yo¹, yüeh¹，最基本的意思是：使受约束；协议。"条约 t'iao² yo¹"（181.）是谈判达成协议的表达方式（约 yo¹, 协议；条 t'iao², 款, 项, 或条款）。

567. 准 chun³，允许，认可；情况真实。

568. 否 fou³，不，不是。口语罕用。
569. 举例：
凡事总要小心。 fan² shih⁴ tsung³ yao⁴ hsiao³ hsin¹.
揣摩。 ch'uai³ mo¹.
不知道他准不准。 pu⁴ chih¹ tao⁴ t'a¹ chun³ pu⁴ chun³.
我揣摩不着。 wo³ ch'uai³ mo¹ pu⁴ chao².
"准否"就是"准不准"，话裏可不大长说。chun³ fou³ chiu⁴ shih⁴ chun³ pu⁴ chun³, hua⁴ li³ k'o³ pu² ta⁴ ch'ang² shuo¹.
约我同他去。 yo¹ wo³ t'ung² t'a¹ chü⁴.
大约。 ta⁴ yo¹.
570. 更 kêng¹，改；更 kêng⁴，更加，是比较的标志（参见 238.）。
571. 改 kai³，更改。
572. 妥 t'o³，安稳可靠的；令人满意的。经常跟"当 tang¹"(342.) 一起用。
573. 专 chuan¹，专一的；特别的。
574. 失 shih¹，丢失；失去。
575. 神 shên²，精神，指神的或人的；肉体的精神。
576. 参 ts'ên¹，跟下面的"差 tz'ǔ¹"构词，不规则，不整齐；不匀不均衡。又读 ts'an¹ 和 shên¹（参见 493.）。
577. 差 tz'ǔ¹，参差 ts'ên¹ tz'ǔ¹，不齐。
578. 举例：
这章程妥当不用更改。 chê⁴ chang¹ ch'êng² t'o³ tang¹ pu² yung⁴ kêng¹ kai³.
他专心念书。 t'a¹ chuan¹ hsin¹ nien⁴ shu¹.
做事一失神就有参差了。 tso⁴ shih⁴ i⁴ shih¹ shên² chiu⁴ yu³ ts'ên¹ tz'ǔ¹ liao.
骆驼是专驮东西的。 lo⁴ t'o shih⁴ chuan¹ t'o² tung¹ hsi¹ ti.
那更不行。 na⁴ kêng⁴ pu⁴ hsing².
579. 忙 mang²，赶紧；繁忙。
580. 向 hsiang⁴，面对；朝着；方向。

581. 规 kuei¹，规定；惯例。

582. 幹 kan⁴，处理事务；事务。它经常占据"做 tso⁴"的位置。

583. 办 pan⁴，执行；口语中有许多意思，如购置东西，惩治罪犯，等等。pan⁴-tsui³（433.），是吵架拌嘴。

584. 法 fa²³，方法；法式。读 fa³，是法律的法。法国 fa⁴ kuo²；注意声调。

585. 举例：

我们向来①不大很忙。 wo³ mên² hsiang⁴ lai² pu² ta⁴ hên³ mang²。

我定规②了明年出远门儿。 wo³ ting⁴ kuei¹ liao ming² nien² ch'u¹ yüan³ mên²-'rh.

你们幹甚么来了？ ni³ mên² kan⁴ shê^n2 mo lai² liao?

这个法子是办不来的。 chê⁴ ko⁴ fa²-tzǔ shih⁴ pan⁴ pu⁴ lai² ti.

他真会办事。 t'a¹ chên¹ hui⁴ pan⁴ shih⁴.

忙甚么？ mang² shê^n2 mo?

注：① 向来 hsiang lai，后面跟一个否定词，可以相当于"从不"。
② 定规 ting kuei，定，已经决定或规定；规 kuei，作为行动的明确的方式。

586. 胡 hu²，无控制地；盲目地。

587. 闹 nao⁴，大发脾气；事件不该发生时想法儿让它发生。

588. 抡 lun¹, lün¹，旋转挥动，如棍子等；挥舞，如拳头等。

589. 催 ts'ui¹，驱策。

590. 举例：

不要胡闹了。 pu² yao⁴ hu² nao⁴ liao.

百姓闹了大乱子①。 po² hsing⁴ nao⁴ liao ta⁴ lan⁴-tzǔ.

成天家②拏着桿枪混抡。 ch'êng² t'ien¹ chia¹ na² cho kan³ ch'iang¹ hun⁴ lun¹.

催他赶忙去办。 ts'ui¹ t'a¹ kan³ mang² ch'ü⁴ pan⁴.

他们家闹嗓子了。 t'a¹ mên² chia¹ nao⁴ sang³-tzǔ liao.

今儿闹了个乱儿。 chin¹-'rh nao⁴ liao ko⁴ lan⁴-'rh.

注：① 注意：乱子 lan⁴-tzǔ，是骚乱；luan⁴，是国家动乱。闹 nao，可以用于瘟疫的突然流行蔓延（参见下面一句）。

② 成天家：整天。"家 chia"在这方面的用法，老师们无法给予解释。我们在口语中发现一个同的音"家 chia"：不家 pu¹ chia，不是这样；不。译按：这两个"家"，今北京读轻声的 jie，即 chieh。

练习二十一答案
(EXERCISE XXI KEY)

1 去年有十幾个贼，拏着枪刀进城来了，把我铺子裏的东西抢的乾乾净净儿的了。一点钟前，我那懒惰的底下人回家去了①，他走的时候儿，没把门关上。怕也是特意做的。

注：① 回家去了 hui chia ch'ü liao，还有几种说法：家去了 chia ch'ü liao；上家去了 shang chia ch'ü liao。

2 那些贼裏头有一个把我砍了一下儿，我就请了个外国大夫①给治好了。还有一个贼，拿着我装好了的鸟枪，偶然给放了。

注：① 医生，一般称"大夫 tai-fu"。注意：tai⁴，不是 t'ai⁴。

3 看街的 k'an¹-chieh¹-ti 听见那枪的声儿就来瞧一瞧是甚么事。他看见贼害了怕 hai liao p'a，一直的跑了。在道儿上看见个做官的，也不知同那个官混说些甚么话。

4 那做官的说，你不用说这些个，我就带我的兵去拿那贼去。那些贼听说快有兵来，都四散了。

5 这时候儿我那个底下人回来了，说他的事做完了。那做官的和他说，怕你和他们是一气儿罢。他回的话都不真，就叫人拿棍子把他打了幾下儿。

6 你年轻的时候儿，要这么懒惰，不爱念书，赶到长大了的时候，那'儿还成得了人么？不成人，就没有过日子的路儿；没路儿，自然得'做贼找饭吃。昨儿个你把书扔下，同那客人们放枪去。他们散了以後你还不念书。

练习二十二
(EXERCISE XXII)

22.1 那人幹的事总不叫人知道。大约不是甚么好事，不然他怎么背人①？可不是么？人家常说，好话不背人，背人没好话。

    注：① 不然 pu jan，不是这样。背人 pei⁴ jên：躲在背后。比较：背地裏 pei ti li。

22.2 那一件事还没办妥当了。章程得'改，可不知道李大人 Li ta-jên 准不准①。大约没甚么更改的。

    注：① 大人 ta-jên，可以译为"阁下"，不过必须记住，"大人"这个称呼是给三品和三品以上的任何官员的。

22.3 要幹甚么事，先得'定规个准主意。

22.4 幹事的时候儿，心不搁在①事上，那就叫"失神 shih¹ shên²"。

    注：① 心不搁在：注意力不放在、不奉献给……

22.5 定妥了办事的法子总在他身上①。

    注：① 办事方法的最后决定权在于他。在他身上：他负有责任。

22.6 那个人有一件要事①，得'赶着办，他一点儿不忙，同人②催他快着些儿，他不肯听。

    注：① 要事：重要事务。要 yao，是"要紧 yao chin³"的缩略式。稍后会见到一个复合词。

       ② 同人 t'ung jên，"同事的人 t'ung shih⁴ ti jên"的缩略式。

22.7 他在那儿䒰俩胳膊混抡是幹什么？怕是喝酒喝多了。

22.8 条约 t'iao²-yo¹ 是各国和中国立定两下裏往来①的章程。

    注：① 往来 wang lai，去和来，引申为交往，包括礼遇，通信，贸易等。

22.9 这样儿菜是厨子专给你弄的，你倒不吃。

22.10 大凡①帐目都是一条一条的那么开。你这写的全是参差不齐②。

    注：① 大凡 ta fan，大多数。

       ② 参差 ts'ên tz'ǔ，不规则，不整齐；在这里表示写得不整齐均衡；不齐，也是不整齐，虽然在这个上下文环境中，与其说不完善，不如说是不准确，这早由"参差"准备好了。在人数相当多的场合，我们可以说"来齐了 lai ch'i liao"，全都到了，也许这是掩饰"不齐 pu ch'i"的一句模棱两可的说法。

练习二十二答案
(EXERCISE XX II KEY)

1 凡念书的时候儿，偶然有不懂得的话，若是用心揣摩，大约那意思就明白了。
2 昨儿我约他上西山去，他说先得'回家去问一问准否。怕是不准他往远处去。
3 写信、写文书，有写错了的地方儿，得'拿一块纸补在那错字上，这就叫打补子 ta² pu³-tzǔ。
4 你这么失神，甚么事都办不妥当。
5 那花盆是我专心专意给你带来的。你不要，这是瞧不起①我罢。

注：① 瞧不起 ch'iao pu ch'i。反义词是：瞧得起 ch'iao tê ch'i。

6 这话说的真胡闹。我不要，是我不好意思白 pai² 要你的东西。
7 这屋裏的傢伙都参差不齐 ts'ên- tzǔ pu ch'i，你给理一理（参见 528.）罢。
8 你忙甚么，客来还得'一会子呢。
9 你幹甚么去了？我一错眼儿①你就跑了。又得'我拿棍子抡 lun（参见 588.）你幾下儿了。

① 译按：一错眼儿，原注音 i ts'o yên-'rh，而 "眼" 本音 yen。当是 i ts'o yen-'rh 之讹。参见 30.6 注① "字眼儿 tzǔ-yen-'rh"。

10 他们向来定规的办法，是不好更改的。

591. **语** yü³，语言；言语。
592. **句** chü⁴，从句；句子。
593. **吵** ch'ao¹, ch'ao³，口角（两个或多人）。
594. **嚷** jang³，说话声音太大。读 jang¹，喋喋不休地大声说话；大声说一些应该小声说的事儿；泄露秘密。
595. 举例：
各国的言语不同。 ko⁴ kuo² ti yen² yü³ pu⁴ t'ung²。
一句话①。 i² chü⁴ hua⁴。

他们俩不和说不到两句话就吵闹②起来了。 t'a¹ mên² lia³ pu⁴ ho² shuo¹ pu² tao⁴ liang³ chü⁴ hua⁴ chiu⁴ ch'ao³ nao⁴ ch'i³ lai² liao.

少嚷些。 shao³ jang³ hsieh¹.

你嚷甚么？ ni³ jang³ shê^{n2} mo?

嚷嚷。 jang¹ jang¹.

注：① 译按：原书此处未加注。一句话 i chü hua，英语课文对译有二：(1) *A sentence.* (2) *Once and for all.* 可见，今日"一句话"的义项当时已备。

② 注意：这里的"吵闹 ch'ao nao"是动词非谓语形式（参见583.）。（译注：此话是就英语译文而言，"吵闹"用了不定式 *they begin to quarrel.* 故有此说。）

596. 阿 a¹，喊声；有时作疑问语气词。

597. 讹 ^{ng}ê²,^{ng}o²，错误的；不真实的。口语一般指谎言诈骗；用欺诈手段勒索钱财；还有诬告。

598. 笑 hsiao⁴，发笑；笑声。

599. 举例：

你笑甚么？ ni³ hsiao⁴ shê^{n2} mo?

有甚么可笑的阿？ yu³ shê^{n2} mo k'o³ hsiao⁴ ti a¹?

硬和人家要不该的钱就是讹人。 ying⁴ han⁴ jên² chia¹ yao⁴ pu⁴ kai¹ ti ch'ien² chiu⁴ shih⁴ ^{ng}o² jên².

600. 衰 shuai¹，衰退；衰竭的。

601. 困 k'un⁴, k'uen⁴，围困；围住了的；疲劳的。

602. 極 chi²，极端；过度，超量的。

603. 梦 mêng⁴，一个梦。

604. 举例：

他气血衰了。 t'a¹ ch'i⁴ hsüeh³ shuai¹ liao.

做梦。 tso⁴ mêng⁴.

他那个人困极了躺在炕上说了一夜的梦话。 t'a¹ na⁴ ko⁴ jên² k'un⁴ chi² liao t'ang³ tsai⁴ k'ang⁴ shang⁴ shuo¹ liao i² yeh⁴ ti mêng⁴ hua⁴.

热極了。 jê⁴ chi² liao.

我梦见①一件奇事。 wo³ mêng⁴ chien⁴ i² chien⁴ ch'i² shih⁴.

冷笑。 lêng³ hsiao⁴.

极好的事。 chi² hao³ ti shih⁴.

注：① 梦见 mêng chien，在梦里见一件奇事。（译按：原文"一件"标音 i¹ chien⁴，乃 i² chien⁴ 之误，因不符前文已阐明的变调规律，且原书下一页再出"一件"，即标为 i² chien⁴。故此径改。）

605. **貌** mao⁴，个人的外表长相。

606. **相** hsiang⁴，容貌，外观。这个字的另一个声调将在后面见到。

607. **醜** ch'ou³，丑陋难看的（既指精神的也指物质的）。

608. **摔** shuai¹，shuai³，扔；猛然掷下使破损。

609. **掉** tiao⁴，悬挂（neuter 不及物的）；跌落。

610. **擉** ch'o¹, ch'uo¹，因跌落而受伤。

611. **㩴**（译按：今写作"攥"）tsuan⁴，用手抓紧。

612. 举例：

相貌长得好看。 hsiang⁴ mao⁴ chang³ tê hao³ k'an⁴.

长得醜①。 chang³ tê ch'ou³.

一件醜事。 i² chien⁴ ch'ou³ shih⁴.

掉下来。 tiao⁴ hsia⁴ lai².

掉下去②。 tiao⁴ hsia⁴ ch'ü⁴.

他掉到河裏去了③很可笑。 t'a¹ tiao⁴ tao⁴ ho² li³ ch'ü⁴ liao hên³ k'o³ hsiao⁴.

他把瓶子摔破了。 t'a¹ pa³ p'ing²-tzǔ shuai¹ p'o⁴ liao.

把胳膊擉了。 pa³ ko¹ pei⁴ ch'o¹ liao.

他㩴住我的手了。 t'a¹ tsuan⁴ chu⁴ wo³ ti shou³ liao.

注：① "相貌 hsiang⁴ mao⁴"同样也可以放在"醜 ch'ou³"的前面；不论"相貌好看"还是"相貌醜"，"长得 chang tê"最好不翻译出来。

② "来 lai"和"去 ch'ü"的用法，全看说话者的位置跟掉下的东西之间的关系。例如，一个人在地上，他会说一个骑在马背上的人"他掉下来了 t'a tiao hsia lai liao"；而说话者若是坐在马背上，他就会说"他掉下去了 t'a tiao hsia ch'ü liao"。

③ 掉到河裏去了，也可以说"掉在河裏 tiao tsai ho li"。

613. 窄 chai³，狭窄。

614. 则 tsê²，那么；结果是，因此。

615. 况 k'uang⁴，此外，而且。

616. 且 ch'ieh³，而且；其次。又，在适当环境中是"暂且 (temporarily)"的意思。

617. 举例：

一则。二则。 i¹ tsê². êrh⁴ tsê².

况且。 k'uang⁴ ch'ieh³.

那一件褂子我不穿，一则袖口儿窄，二则太长，况且又弄脏了。 na⁴ i² chien⁴ kua⁴-tzǔ wo³ pu⁴ ch'uan¹ i¹ tsê² hsiu⁴ k'ou³-'rh chai³ êrh⁴ tsê² t'ai⁴ ch'ang² k'uang⁴ ch'ieh³ yu⁴ nung⁴ tsang¹ liao.

地方儿窄。 ti⁴ fang¹-'rh chai³.

那一件事我且不问。 na⁴ i² chien⁴ shih⁴ wo³ ch'ieh³ pu² wên⁴.

练习二十三
(EXERCISE XXIII)

23.1 城门口儿的地方儿窄，来往的车马多。

23.2 外头是甚么人嚷？底下人和赶车的那儿吵呢。你出去告诉他们不要嚷嚷①，看闹出事来②。

注：① 注意"嚷嚷 jang¹ jang¹"，是几个人大声说话出的声音；一个人说话弄出的声音不能用"嚷嚷"。

② 惹麻烦。

23.3 你看那两个小人儿，一个很好看，一个长的真丑。

23.4 那好看的笑话那长的丑的，那丑的生了气①，把茶碗摔碎了。有人说②了他两句，他害怕起来了，就说茶碗是掉下去的。

注：① 气 ch'i：空气，气息；汉语生理学词语常常无法翻译；最好补充点儿材料；比如本句就补充"愤怒"；生了气：产生了愤怒，即勃然大怒。

② 说 shuo：挑剔，批评。"说"后面跟一个指人的名词或代词，是责备的意思；如果出现的是别的名词或代词，就是我们所说的与格，"说"就是"说到"的意思。

23.5 揝住他的辫子要拉了他去，他躺在地下把胳膊搉了。

23.6 晚饭吃多了，夜里爱做梦。他叫马摔了。

23.7 我告诉你一个笑话儿。昨儿我困的利害，在椅子上坐着就着了①。同人把墨水儿倒在我嘴里，我都不知道。

注：① 着了 chao² liao："睡着了 shui⁴ chao² liao"的缩略式；"睡"这个字随后会见到。

23.8 街道儿窄，那么大的车拉不过去。

练习二十三答案
(EXERCISE XXIII KEY)

1 昨儿个有两个人在城上那个窄的地方儿吵嚷，一个长得好看，一个是很醜的。那个好看的和那醜的说：没二句话，这件事你到底①做不做？

注：① 英译文注①作"到了儿 tao liao³-'rh"。

2 那醜的说：我一则怕言语，二则乏的了不得。你自己去做罢。若是你不做，我怎么能做呢？（译按：英译文注中有：言语一声儿 yen-yü i shêng-'rh，即让我知道。在北京，说 yen-yü 更接近 yüan-i。）

3 那一个大笑起来了，就说：你这话说错了。怎么怕言语？怕是做不了罢。还不快去呢？这明明儿的 ming² ming²-'rh ti 是叫我把你摔下去①。这话没说完，那醜的就跑下去了。

注：① 注意：摔，是 shuai³，不是 shuai¹；下去 hsia chü，不是下来 hsia lai，说话的人也在墙上。

4 你准是做梦罢？昨儿城上没有人。

5 我前儿个，在前门 ch'ien² mên² 大街那儿骑着马，不知道甚么人在後头吵嚷，叫我那个马开腿 k'ai t'ui 跑了去。不大会儿我就掉下去了，把踝子骨搉了一下儿。还好 hai hao，搉的不大重，歇了一歇儿可就好了。那马不知道跑到那'儿去了，这会儿（参见 129.）还没找着呢。

6 我今儿走了一天，困极了。没法子，最好是歇一夜，明儿就歇过乏儿来了 hsieh kuo fa-'rh lai liao。

618. 兆 chao⁴，预示；预兆。

619. 吉 chi²，吉祥顺利的。

620. 凶 hsiung¹，不祥的。又，残忍的；恶毒的；进而用于指暴力或谋杀行为。

621. 祥 hsiang²，好运气；好运的兆头。

622. 瑞 jui⁴，与上面的"祥"同义。

623. 举例：

吉兆。凶兆。 chi² chao⁴. hsiung¹ chao⁴.

我们家里出了一个吉兆。 wo³ mên² chia¹ li³ ch'u¹ liao i² ko⁴ chi² chao⁴.

去年出兵很吉祥。 ch'ü⁴ nien² ch'u¹ ping¹ hên³ chi² hsiang².

祥瑞①。 hsiang² jui⁴.

性情凶暴。 hsing⁴ ch'ing² hsiung¹ pao⁴.

注：① 这个短语在谈话中难得遇到。这两个字常见于店铺招牌。

624. 安 ⁿgan¹，宁静。

625. 宁，寗，ning²，平静；第二个字是现在常用的，本字给道光（Tao Kuang，清宣宗旻宁）皇帝的名 ming² 用了，为避讳而改用第二个字。读 ning⁴ 后面跟否定词，它就变成了一个表比较的词。

626. 顺 shun⁴，顺从的；引申为跟随。

627. 宽 k'uan¹，广阔的；引申为自由的。

628. 绰 ch'o⁴，超越限度（指处所、财产等）；在口语里它不能跟"宽 k'uan¹"分开。

629. 举例：

安寗。 ⁿgan¹ ning².

天下乱百姓就不安寗了。 t'ien¹ hsia⁴ luan⁴ po² hsing⁴ chiu⁴ pu⁴ ⁿgan¹ ning² liao.

顺水顺风。shun⁴ shui³ shun⁴ fêng¹.

他家裡宽绰。t'a¹ chia¹ li³ k'uan¹ ch'o⁴.

他们的事都顺当。t'a¹ mên² ti shih⁴ tou¹ shun⁴ tang¹.

630. **贫** p'in²，贫穷。

631. **穷** ch'iung²，绝境；引申为贫穷。

632. **窘** chiung³，狭窄紧迫（指处所或财产）；北京口语里不常用。

633. **产** ch'an³，出产，例如地上长出水果；生产制作；财产。

634. **业** yeh⁴，职业，行业；工作；由此而获得财产。业，也是过去时态的一个标志。

635. 举例：

他真不是个贫穷的人。t'a¹ chên¹ pu² shih⁴ ko⁴ p'in² ch'iung² ti jên².

他家裏很窘。t'a¹ chia¹ li³ hên³ chiung³.

连一点儿产业也没有。lien² i⁴ tien³-'rh ch'an³ yeh⁴ yeh³ mei² yu³.

这儿有甚么出产？chê⁴-'rh yu³ shê^{n2} mo ch'u¹ ch'an³？

636. **朋** p'êng²，朋友或伙伴；保持持久交往的人。口语里不单用。

637. **友** yu³，朋友；有着宗亲感受或感情的人。

638. **赏** shang³，赠与；又，在适当场合指欣赏，如欣赏美景。

639. **相** hsiang¹，彼此的；交互的；但也表示人、事彼此之间的非交互关系。参见 606。

640. **帮** pang¹，援助，帮忙。

641. 举例：

这些花盆是我一个朋友赏的。chê⁴ hsieh¹ hua¹ p'ên² shih⁴ wo³ i² ko⁴ p'êng² yu³ shang³ ti.

地方官赏①给百姓银子。ti⁴ fang¹ kuan¹ shang³ kei³ po² hsing⁴ yin²-tzǔ.

请你来帮著我。ch'ing³ ni³ lai² pang¹ cho¹ wo³.

我们俩多年的相好。wo³ mên² lia³ to¹ nien² ti hsiang¹ hao³.

注：① 注意：赏 shang，在绝大多数情况下都是上级官吏把礼品赏给下级官吏；上面

的例子是文学性的。

642. 留 liu², 保持，留住；拘留。

643. 丢 tiu¹, 扔掉。

644. 根 kên¹, 树根；量词，用于棍棒，长矛，绳索等。

645. 现 hsien⁴, 而今；当前。

646. 别 pieh², 不要；"不要 pu² yao⁴"一词的缩略形式。一会儿就会见到准确意义上的"别"。

647. 举例：

留他吃饭。　　liu² t'a¹ ch'ih¹ fan⁴.

费心费心①，今天怕不能。　fei⁴ hsin¹ fei⁴ hsin¹, chin¹ t'ien¹ p'a⁴ pu⁴ nêng².

别给丢那一根棍子②。　pieh² kei³ tiu¹ na⁴ i⁴ kên¹ kun⁴-tzǔ.

丢不了。　tiu¹ pu⁴ liao³.

底根③儿。　ti⁴ kên¹-'rh.

到底丢了。　tao⁴ ti³ tiu¹ liao.

手疼现在不能写字。　shou³ t'êng² hsien⁴ tsai⁴ pu⁴ nêng² hsieh³ tzǔ⁴.

注：① 费心费心：字面上是，你已经花费了心思；有许多表达谢意的用语，这是其中一种。
　　② 我们也可以说"别丢那根棍子 pieh tiu na kên kun-tzǔ"(*don't lose that stick*, 别遗失了那根棍子)，但是，在南方官话里，这句话的意思就是"不要扔它(*don't throw it away*, 别丢弃它)"。
　　③ 注意："底"是 ti⁴，不是 ti³。

练习二十四
(EXERCISE XXIV)

24.1 昨儿晚上那儿有人行凶①。凶手②拏住了，後来怕是要正法的③。就地正法。

注：① 注意："行凶 hsing hsiung"虽然经常是凶杀，但不一定就是凶杀。
　　② 凶手 hsiung shou: 行凶犯。手 shou, 经常用于指人 jên。
　　③ 正 chêng: 法律用语，惩罚；正法 chêng fa: 依法惩治，或是说在法的指导和制

约下惩罚罪犯。

24.2 事情没来之先①，看见甚么能知道日后的祥瑞，那就叫"吉兆 chi² chao⁴"。

注：① 之 chih：在这里近于"的 ti"，能使出现在它前面的几个词语聚合，并作跟随它（之）的那个词（在本句是"先"）的谓语（predicate）。

24.3 家里日用的钱足了是"宽绰 k'uan¹-ch'o⁴"。钱太少，过日子不足，就是"贫穷 p'in² ch'iung²"。

24.4 过日子有准进的钱，那就叫"产业 ch'an³ yeh⁴"。

24.5 那时候儿我甚么都没了，就找了一个朋友说，偺们这些年的相好，你帮我几个钱，肯不肯？他说，没甚么不肯，真是不能。我们底根儿本有几个钱，你是知道的，现在产业也没了，连弄一个大钱也很费事。

24.6 你们这车，要是当天儿赶进城去，我多多儿的赏你们酒钱。

24.7 你多咱起身？我要没丢那银子今儿就走，总在这三五天可就要动身。那么着我们这就分手了①。一路平安罢。

注：① 分手 fên shou：再见。当人们要长久离别的时候，拉着手并且不停摇动，这是中国人的习俗，虽然跟欧洲方式不完全相同；这样告别之后，拉着的手松开了，就是"分手 fên shou"。

24.8 你们那铺子怎么不开了？我们去年就分手①了。

注：① 英译文作 dissolved partnership（解除合伙关系）。注意：这是另一种意义上的"分手 fên shou"。

24.9 八月十五，中秋节①，正好赏月。

注：① 节 chieh：节日。中国的一年分为三个主要时段或三个节日，不算新年元旦（春节），每一个都有特定的名字；第一个是正月十五（灯节），第二个是五月初五，第三个就是上面说的八月十五。

24.10 请你帮个忙儿，不然这件事今儿个完不了。

练习二十四答案
(EXERCISE XXIV KEY)

1 他那个人的事情，真不吉祥。

2 底根儿他有产业，过日子还很宽绰。有一年连月的不下雨，种的地全不收成，他家裏的事情就不顺当了。本钱慢慢的都花完了，现在穷得很。他相好的朋友们，偶然还帮他幾个钱。

3 是他一个人儿丢了钱了，还是连累 lien lei 了人家了呢？

4 那些种地的人，多一半也丢了钱了，近来 chin lai 那个地方就很不安寧，我倒 tao（参见 182.）没受甚么累。怎么？是这么着。在我说，事情不论吉凶，都有个先兆儿。有一天我做了一个梦。梦见有一个人来，把我地裏的麦子都给烧了，这么着，我就把麦子都生卖了。後来短了雨，我的钱倒是早已先得了。

5 请大人把这个瓶 p'ing 留下罢，我穷的很。朋友们不肯帮，把家裏的傢伙不是当就是卖，现在就有这一个了。

6 你不是姓张 Chang 么？怎么窮 chiung³ 成 ch'êng² 这个样儿？前两三年我记得你还有产业，日子还过得下去呢。

7 大人说的不错，後来我丢了钱了，现在我就是个要饭儿的人①了。

注：① 乞丐。要饭儿的人，"人"字可以不说。

648. 您 nin²，更普遍的是说：你纳 ni-na，这又是你老人家 ni lao jên chia 的缩略形式；文雅的说法，"你纳我的老人家"，对先生或女士都可以用。

649. 喳 cha¹，与其说是 cha¹ 不如说是 dja¹，满洲话的一个音，相当于：是，先生，或太太。

650. 亲 ch'in¹，亲密关系。

651. 旁 p'ang²，旁边。

652. 母 mu³，母亲。

653. 举例：

来。喳。您要甚么①？　lai². cha¹. nin² yao⁴ shê^{n2} mo?

父亲。母亲。旁边儿的人。　fu⁴ ch'in¹. mu³ ch'in¹. p'ang² pien¹-'rh ti jên².

那一条大道中间儿走车②辆两旁边儿走人。　na⁴ i⁴ t'iao² ta⁴ tao⁴ chung¹ chien⁴-'rh tsou³ ch'ê¹ liang⁴ liang³ p'ang² pien¹-'rh tsou³ jên².

我亲自③做的。我亲笔写的。　wo³ ch'in¹ tzǔ⁴ tso⁴ ti. wo³ ch'in¹ pi³ hsieh³ ti.

注：① 注意第一句"甚么 shê^{n2} mo"的标音。

② 注意这个"车 ch'ê"被随后的量词一般化了，"车辆"取代了量词前面的"车"。

③ 我亲自：也可以说"我本人儿 wo pên jên-'rh"。

654. 祖 tsu³，祖先。

655. 翁 wêng¹，老人。一般用来跟个人的"号 hao⁴"或文人雅号的首字合用；例如，一个人姓王，他的号是"雅亭 Ya³-T'ing²"，那么就可以称说他为"雅翁 Ya³- wêng¹"。

656. 兄 hsiung¹，兄弟中年长的。

657. 孙 sun¹，孙子。

658. 舍 shê⁴，村舍，小屋。

659. 弟 ti⁴，兄弟中年少的。

660. 举例：

我的祖上。　wo³ ti tsu³ shang⁴.

家祖父。家祖母①。　chia¹ tsu³ fu⁴. chia¹ tsu³ mu³.

这位老翁。　chê⁴ wei⁴ lao³ wêng¹.

我们弟兄②七个。　wo³ mên² ti⁴ hsiung¹ ch'i² ko⁴.

家兄。舍弟。　chia¹ hsiung¹. shê⁴ ti⁴.

儿子。孙子。孙女。　êrh² tzǔ. sun¹ tzǔ. sun¹ nü³.

您跟前幾位令孙③？　nin² kên¹ ch'ien² chi³ wei⁴ ling⁴ sun¹?

有五个小孙。　yu³ wu³ ko⁴ hsiao³ sun¹.

注：① 家 chia，等于说"我的"，只用于自己的亲属。也可以说"家祖 chia tsu"，即我的祖父。

② 注意：是复数的时候，"弟 ti"出现在"兄 hsiung"前面，而说"兄弟 hsiung ti"时是指弟弟。

③ 注意："令孙 ling sun"是称呼别人的孙子；"小孙 hsiao sun"是说自己的孙子。参见208.。跟前 kên ch'ien：指身边，眼前；这里是"存在，拥有"的意思。

661. 奴 nu²，奴隶；但也用作并非奴隶的下级的贱称。

662. 才 ts'ai², 天资，才干，人才；但是，一跟"奴 nu²"配对儿，"才"就没了这些意思了。

663. 迎 ying², 出门去迎接同级或上级。

664. 接 chieh¹, 接受；欢迎宾客。可与上述"迎"结合使用。

665. 举例：

奴才。 nu² ts'ai².

迎接。 ying² chieh¹.

家父快回来我得'去迎接。 chia¹ fu⁴ k'uai⁴ hui² lai² wo³ tei³ ch'ü⁴ ying² chieh¹.

我那坏心的奴才们走错了道儿赶不上迎接您。 wo³ na⁴ huai⁴ hsin¹ ti nu² ts'ai² mên² tsou³ ts'o⁴ liao tao⁴-'rh kan³ pu² shang⁴ ying² chieh¹ nin².

666. 葬，塟，tsang⁴, 埋葬；第一个字形更常见常用。

667. 丝 ssǔ¹, 蚕丝，尚未经纺织成为成卷的织品。

668. 团 t'uan², 球，圆团儿，例如一团丝，一团棉花，等等。

669. 绒 jung², 毛织布；丝绒；精纺毛织品；非常粗劣的丝。

670. 尺 ch'ih³, 中国尺，每尺 10 寸。

671. 举例：

下葬。 hsia⁴ tsang⁴.

一团丝。 i⁴ t'uan² ssǔ¹.

那绒三尺宽。 na⁴ jung² san¹ ch'ih³ k'uan¹.

一根丝线。 i⁴ kên¹ ssǔ¹ hsien⁴.

绒是论尺卖的。 jung² shih⁴ lun⁴ ch'ih³ mai⁴ ti.

长三尺二寸五。 ch'ang⁴ san¹ ch'ih³ êrh⁴ ts'un⁴ wu³.

尺寸①过长。 ch'ih² ts'un⁴ kuo⁴ ch'ang².

注：① 注意：复合词"尺寸"的"尺"，是 ch'ih² 而不是 ch'ih³。

672. 货 huo⁴, 货物；商品。

673. 昂 ang², 上涨；上升的。很少单用。

674. 替 t'i⁴，代替；为；取代。

675. 挑 t'iao¹，用肩膀承担；挑选。

676. 举例：

买土货出口①。 mai³ t'u³ huo⁴ ch'u¹ k'ou³.

昂贵。 ang² kuei⁴.

丝货的价钱"现在昂贵""现在长了"都说得。 ssŭ¹ huo⁴ ti chia⁴ ch'ien² hsien⁴ tsai⁴ ang² kuei⁴ hsien⁴ tsai⁴ chang³ liao tou¹ shuo¹ tê.

我打算请您替我挑一个好的。 wo³ ta³ suan⁴ ch'ing³ nin² t'i⁴ wo³ t'iao¹ i² ko⁴ hao³ ti.

把菜挑了来。 pa³ ts'ai⁴ t'iao¹ liao lai².

注：① 注意：口 k'ou，码头，海边或江边的；又，关口，边境的或其他地方的。

练习二十五
(EXERCISE XXV)

25.1 称人"您 nin²"，是有点儿尊重人的意思。

25.2 "家祖 chia¹ tsu³"就是我父亲的老子。旁人的父亲就称人家"老翁 lao³ wêng¹"①。

注：① 旁人：他人。虽说"老翁 lao wêng"是尊称，你跟一个人说话的时候却不能当他面称他的父亲为"老翁"。

25.3 "令祖好阿""令尊好阿"①，是问人家的祖、人家父亲的安。

注：① 注意疑问词"阿 a"。

25.4 向人说自己的弟兄，说的是"家兄 chia¹ hsiung¹""舍弟 shê⁴ ti⁴"。称人家的弟兄，是说"令兄""令弟"。

25.5 "奴才 nu²-ts'ai²"就是使唤的人，有是买的，有不是买的，还是说"底下人 ti³ hsia⁴ jên²"的多①。

注：① 还是说……的多：仍然是说……的更普遍。

25.6 今儿家祖回来，我得'去迎接。後儿他们老翁下葬①，我得'去帮帮他们去。

注：① 俊儿，後天；下葬 hsia tsang，是两个动词的联合，不是一个动词加它的宾语。在这里，宾语"老翁 lao wêng"出现在动词前面，按我们的语言习惯，就让"老翁"作主语而用被动语态。这种情况很多。

25.7 生丝不是你们这儿的土货么？可不是么，那绒可不是土货，请您替我挑一点儿好的。

25.8 我兄弟①给大人请安，他说他明儿怕不能来，找了个替工儿②替他幾天。

　　注：① 注意这个"兄弟 hsiung-ti"，是指弟弟或弟弟们，而"弟兄"则不论哥哥弟弟都在内。请安 ch'ing an：表示问候。

　　　② 替工儿：替人顶班干活的人。

25.9 我挑出来的那瓦盆总得'挑着①，搁在车上不行。

　　注：① 挑 t'iao：挑选；挑着 t'iao cho：用扁担挑着。

25.10 他把纸弄成①团儿，往我脸上扔。

　　注：① 成 ch'êng：经常作单纯语助词表示动作完成。

25.11 牲口驼的东西叫"驮子 to⁴-tzǔ"，那是头裹说过的；人肩膀儿上挑的东西叫"挑子 t'iao¹-tzǔ"；人背上背的东西叫"背子 pei¹-tzǔ"。

练习二十五答案
(EXERCISE XXV KEY)

1 大前儿个我们家兄回家来了，带着有二百多团丝五十多疋绒。我父亲叫我接他去，就手儿帮着他，把货拏进来。

2 那么着令兄是个卖布的么？

3 可不是么？家父跟先祖，从前也是做那样的买卖。您问这个话，有甚么高见呢？

4 我们舍弟要买些个细丝，请您令兄给他挑点儿好的，行不行？

5 那有甚么不行的？挑是一定给令弟挑，就是有一样儿，价钱可怕长了，现在很贵呢。

6 您请 nin ch'ing 罢，回来见。

7 昨儿个他们令祖下葬。我叫我的底下人去帮帮他们，这奴才们不肯听我的话，到了儿 tao liao-'rh 没去。旁人说那儿有鬼 kuei³（部首194），他们害了怕了说不去。後来我的孙子叫了他们一个来。他喳的一声，慢慢儿的走过来，我那孙子就拏棍子，把他打 ta³ 了几下儿。

8 您的底下人说的话有一点真呢。那一天夜裏我打那儿过，看见一个鬼混跑。头髮是红的，脸是黄的，我一瞧见怕的我了不得 p'a ti wo liao pu tê（注意：怕 p'a, 作为行为动词）。

9 这是那'儿的话？准是你又喝多了。

677. **想** hsiang³，思；关心，想起。

678. **却** ch'io⁴, ch'üeh⁴，本义是拒绝别人的礼物；强烈的转折语气，有时表示"但是"，有时只是强调。

679. **睡** shui⁴，睡觉。

680. **觉** chiao⁴, chio², chüeh²。chiao⁴，本义觉察，领悟，感觉，这种情况下有时发音 chio² 和 chüeh²；有 shui⁴ 加入时，就是"睡觉"（679.），音 chiao⁴；而"睡觉"的词义似乎不受"觉"的任何影响。

681. 举例：

我想他明儿可以到。 wo³ hsiang³ t'a¹ ming²-'rh k'o³ i³ tao⁴.

我常常儿①的想你。 wo³ ch'ang² ch'ang¹-'rh ti hsiang³ ni³.

你想他怎么样？ ni³ hsiang³ t'a¹ tsên³ mo yang⁴?

他昨儿来过，他们说我没在家，我却睡觉②来著。 t'a¹ tso²-'rh lai² kuo⁴, t'a¹ mên² shuo¹ wo³ mei² tsai⁴ chia¹, wo³ ch'io⁴ shui⁴ chiao⁴ lai² cho.

我睡不著身上觉著冷。 wo³ shui⁴ pu⁴ chao² shên¹ shang⁴ chio² cho lêng³.

注：① 常 ch'ang²，参见 688.。译按：常常儿 ch'ang² ch'ang¹-'rh，原文第二个"常"字标第二声，勘误表改为第一声。

② 睡觉 shui-chiao：不一定就是"睡着了"，但一定要有睡眠的意图；参见下一个例子。

682. **对** tui⁴，对立的；响应，适合；一双。有时也作介词（相当于 *to*），或作与格的标志。

683. 赛 sai⁴，比赛。

684. 啬 sê⁴，小气，吝啬；从不单用。

685. 吞 t'un¹，吞咽；吞下。较多用于比喻侵吞或贪婪。

686. 叠 tieh²，折叠或层叠；折叠起来；屡屡，屡次地。

687. 增 tsêng¹，增加。

688. 常 ch'ang²，经常的，持久的；不断的，频繁的。

689. 举例：

对面。 tui⁴ mien⁴.

软是硬的对面。 juan³ shih⁴ ying⁴ ti tui⁴ mien⁴.

我们赛过两回马，那青马跑得快。 wo³ mên² sai⁴ kuo⁴ liang³ hui² ma³, na⁴ ch'ing¹ ma³ p'ao³ tê² k'uai⁴.

啬刻人不好①花钱。 sê⁴ k'ê⁴ jên² pu² hao⁴ hua¹ ch'ien².

吞人家的钱。 t'un¹ jên² chia¹ ti ch'ien².

把衣裳叠起来②。 pa³ i¹ shang¹ tieh² ch'ih³ lai².

增多。 tsêng¹ to¹.

却是平常③的事。 ch'io⁴ shih⁴ p'ing² ch'ang² ti shih⁴.

注：① 好，音 hao⁴。

② 起来 ch'ih lai：动词"叠 tieh"的助动词，不一定表示有向上的运动。

③ 平常 p'ing-ch'ang：也可以有不同的意思，如说某人的名声平常。

690. 葱 ts'ung¹，大葱小葱。

691. 苗 miao²，新芽；任何草木最初冒出地面的部分。

692. 嫩 nên⁴, nun⁴，柔嫩的，新鲜的，或年幼的，跟"老"相对。

693. 桑 sang¹，桑树，桑叶。

694. 树 shu⁴，树木。

695. 林 lin²，园林；树林；森林。

696. 举例：

一斤葱。 i⁴ chin¹ ts'ung¹.

嫩苗儿。 nên⁴ miao²-'rh.

豆苗儿上来了①。 tou⁴ miao²-'rh shang⁴ lai² liao.

树林子。 shu⁴ lin²-tzǔ.

桑树。 sang¹ shu⁴.

山背後有桑树林子。 shan¹ pei⁴ hou⁴ yu³ sang¹ shu⁴ lin²-tzǔ.

我要嫩鸡子儿不要老的。 wo³ yao⁴ nên⁴ chi¹-tzǔ³-'rh pu² yao⁴ lao³ ti.

注：① 重音在"上 shang"，注意"上"使"苗 miao"动词化了。

697. **森** sên¹，稠密，犹如簇叶。

698. **绿** lü⁴，绿色；文读音 (the literary pronunciation) lu⁴.

699. **草** ts'ao³，青草；非木本植物。

700. **濕，溼**，shih¹，湿的；潮的。前一个字形更通用。

701. **曬，晒**，shai⁴，描写太阳光线照射的一个动词；不一定到烤焦的程度。晒，俗体。

702. 举例：

葱苗儿是绿的。 ts'ung¹ miao²-'rh shih⁴ lü⁴ ti.

那个竹林子绿森森的。 na⁴ ko⁴ chu² lin²-tzǔ lü⁴ sên¹ sên¹ ti.

草鞋。草帽儿。 ts'ao³ hsieh². ts'ao³ mao⁴-'rh.

我一身的衣裳都湿了，拏出去曬一晒①。wo³ i⁴ shên¹ ti i¹ shang¹ tou¹ shih¹ liao, na² ch'u¹ ch'ü⁴ shai⁴ i shai⁴.

注：① 译按：曬一晒，原书标音 shai⁴ i⁴ shai⁴，勘误改 i⁴ 为 i，即依例读轻声。

练习二十六
(EXERCISE XXVI)

26.1 我们明儿上西山去罢。到那儿，就找个树林子，在青草①地裏坐着，又凉快，又没土。你说好不好？

注：① 青草：绿草。青 ch'ing, 除了代表绿色, 还能指其他好些颜色, 例如：乌黑（铁青）, 蓝色, 还用于指三原色中的黑色。

26.2 去倒没甚么不能去的, 我却想着还是在太阳地裏曬暖儿好, 树林子坐着时候儿还不对呢。

26.3 偺们俩人赛着跑罢。正对我的心①, 你的腿却比我的长, 怕跑不过你。

注：① 正合我意：正是我所希望的。

26.4 他那俩兄弟利害得很, 都是过於峇刻, 不肯花钱, 他们的钱一天比一天增的多。

26.5 那葱这两天贵, 不分老嫩, 都是二百钱一斤。

26.6 "草木 ts'ao³mu⁴" 是花草树木的总名①。麦子出了苗儿了。"火苗儿 huo³ miao²-'rh" 也说得。

注：① 总名：统称。

26.7 "苗子 Miaotzǔ" 是四川 Szechwan 东南的人, 分生的熟的①。

注：① 生熟, 指开化的与未开化的。

26.8 树多叫 "树林子 shu⁴ lin²-tzǔ"。那桑树林子绿森森的。

26.9 要把湿衣裳弄乾了①, 得'铺在日头地裏曬一曬②。曬乾了就叠起来。

注：① 弄乾：使干燥。弄 nung, 在此以及经常出现的其他场合, 发音 nou, 并使形容词 "乾 kan" 动词化。

② 必须把它们铺到阳光照到的地方去晒。注意：日头 jih-t'ou, 太阳。

26.10 听见说, 对过儿住的那个人叠次吞了人家好些个银子①。天有八下鐘了, 小人儿们该睡觉了。

注：① 对过儿：（路）对面儿。叠次：一次又一次, 重复多次。

练习二十六答案
(EXERCISE XXVI KEY)

1 那一天我们两个人在树林子裏赛拉弓 la kung(弓, 部首 57) 来着。天气很好, 日头曬的还暖和, 那一带 i tai（参见 416.）树林子绿森森得好看。拉完了弓,我告诉他一个笑话儿。

2 我就说，从前有一个姓马的，是个卖葱的。有一天他在桑树林子裏头就地儿睡，他起来的时候儿，看见有一个人在他跟前站着，大声的笑。

3 他生了气说：这儿有甚么笑头儿啊！那个人对他说 tui t'a shuo（注意：对 tui，介词）：这个地方很湿，你瞧你的衣裳，都弄湿了，得'铺在太阳地裏曬一曬，而且你带的货也丢了。

4 那老头儿瞧了一瞧，真是口袋都空了。就说：不是你吃了我的嫩葱却是谁？他说：我没白吃，给的价钱在那儿，说着就把幾个大钱扔在草裏。

5 那姓马的想着真是钱，向前拿去，一错眼儿，那个人就没了。钱也找不着了，这姓马的知道不是人，却是个鬼。

6 那个人嗇刻的利害。他是打雲南那地方儿来的。我想他本是一个苗子，前幾年他做乾草的生意 shêng¹ i⁴。他的银钱，一个月比一个月增的多了，他叠次吞人家的钱，自己却不爱花。

703. **某** mou³，一定的；如某人，某个人。

704. **乍** cha⁴，忽然；意想不到地。

705. **和** hai⁴, ho²，同……在一起；跟……有关系。又，参见 210.。

706. **别** pieh²，区分；告别；引申：别的，其他的。又，参见 646.。

707. **素** su⁴，无装饰不着色的；引申：素常，素来，向来，在此以前。又指蔬菜食品，跟肉类食品相对。

708. 举例：

某人。 mou³ jên².

我和某人开起当铺来。 wo³ hai⁴ mou³ jên² k'ai¹ ch'i³ tang⁴ p'u⁴ lai².

你别告诉人。别人都不知道。 ni³ pieh² kao⁴ su⁴ jên². pieh² jên² tou¹ pu⁴ chih¹ tao⁴.

乍见我分不出来。 cha⁴ chien⁴ wo³ fên¹ pu⁴ ch'u¹ lai².

"平素""素常"是"向来"的意思。 p'ing² su⁴ su⁴ ch'ang² shih⁴ hsiang⁴

lai² ti i⁴ ssǔ¹.

709. 原 yüan², 初始；开始；原本，实际上。

710. 待 tai⁴, 对；等待；对待。

711. 厚 hou⁴, 厚度大的；厚道；宽厚仁慈。

712. 薄 pao², po², 与"厚"相对。

713. 举例：

我们俩原来亲热。 wo³ mên² lia³ yüan² lai² ch'in¹ jê⁴.

那是原来的毛病①。 na⁴ shih⁴ yüan² lai² ti mao² ping⁴.

他待我好。 t'a¹ tai⁴ wo³ hao³.

他原是个厚道人。 t'a¹ yüan² shih⁴ ko⁴ hou⁴ tao⁴ jên².

这一张纸太薄，我要厚一点儿的。 chê⁴ i⁴ chang¹ chih³ t'ai⁴ pao², wo³ yao⁴ hou⁴ i⁴ tien³ -'rh ti.

注：① 注意"毛病 mao-ping"：小的缺点或不足；毛 mao，本是毛发，引申为任何微小的东西；毛病，可以指道德上的，身体上的，物质上的瑕疵。

714. 傲 ⁿgao⁴, 骄傲。

715. 嫉 chi⁴, 讲话时不带"妒"不能说，二字同义。

716. 妒 tu⁴, 妒忌；好猜疑。（译按：本书亦用异体"妬"，练习 27.6 即可见到）

717. 惭 ts'an², 难为情；一般跟下面的"愧"合用。

718. 愧 k'uei⁴, 惭愧；惭愧的。

719. 举例：

他嫉妒①我做了官。 t'a¹ chi⁴ tu⁴ wo³ tso⁴ liao kuan¹.

背地裏说我待人傲慢②。 pei⁴ ti⁴ li³ shuo¹ wo³ tai⁴ jên² ⁿgao⁴ man⁴.

真是叫我心裏惭愧。 chên¹ shih⁴ chiao⁴ wo³ hsin¹ li³ ts'an² k'uei⁴.

注：① "嫉妒 chi-tu" 不能用于情爱方面，这方面有个文雅的说法：吃醋 ch'ih ts'u (to eat vinegar)。

② 慢 man⁴：它最初的一个意思是"冷漠""无礼"。

720. 绝 chüeh², 切断，中断，例如河流、供应、交往被切断。

721. 交 chiao¹, 交换；交往；移交。交情 chiao¹-ch'ing²，友谊。

722. **凭** p'ing², 倚靠；依靠；依赖。又，让；允许。随后还将遇到作"凭据"或"证据"讲的用法。

723. 举例：

凭他们说甚么，连一句实话也没有。 p'ing² t'a¹ mên shuo¹ shê^n² mo, lien² i² chü⁴ shih² hua⁴ yeh³ mei² yu³.

我们是多年的交情，总没绝交。 wo³ mên² shih⁴ to¹ nien² ti chiao¹-ch'ing², tsung³ mei² chüeh² chiao¹.

这件事情交给我办罢。 chê⁴ chien⁴ shih⁴ ch'ing² chiao¹ kei³ wo³ pan⁴ pa.

724. **宾** pin¹, 宾客，生客，相对"主 chu³"而言，从主人的立场来说。

725. **拜** pai⁴, 行礼；拜访；表示敬意。

726. **应** ying¹, 凡属正确即与相谐；应该。

727. **陪** p'ei², 充当第二角色，如后备候选人；做陪客。

728. 举例：

有宾客来拜会①。 yu³ pin¹ k'o⁴ lai² pai⁴ hui⁴.

那么著我应该见他。 na⁴ mo cho² wo³ ying¹ kai¹ chien⁴ t'a¹.

你来得巧请你陪客。 ni³ lai² tê ch'iao³ ch'ing³ ni³ p'ei² k'o⁴.

我要喝茶，你陪著我喝一杯儿罢。 wo³ yao⁴ ho¹ ch'a², ni³ p'ei² cho wo³ ho¹ i⁴ pei¹-'rh pa.

注：① 拜 pai, 很简单，留下名片即可；拜会 pai hui, 是指要跟主人会面的。

练习二十七
(EXERCISE XXVII)

27.1 我们俩人起初很亲热，後来他待我傲慢，这么着，我就和他绝了交了。

27.2 我昨儿到你那儿去拜会，怎么不见？你这话有点儿不可凭罢，怕是你留下名片就走了。

27.3 你待我这么傲慢，回来告诉你父亲。凭你爱告诉谁就告诉谁①，我都不怕。

注：① 随你高兴，爱告诉谁就告诉谁。

27.4 某人告诉我说，你那一笔①账的银子还没交出来，你不惭愧么？

注：① 注意"笔 pi"，账或账单中项目的量词。

27.5 那俩瓶，乍见的时候儿，好相（译按：今作"好像"）是一对儿，细细儿的一瞧，尺寸就不一样①。

注：① 注意"细细儿的一瞧"中"一"，是"一……就……"的意思；"尺寸 ch'ih ts'un"可用于小物件，也同样可用于大的物件。

27.6 有人嫉妒我这个好儿，然而这也是件平常的事，而且也是我应当①得的。

注：① 应当 ying tang：跟"应该"同义。参见练习 19.7 注。

27.7 "应当 ying tang"俩字的意思怎么分别？没有别的法子，总得'看上下文就知道了①。

注：① 上下文（文，部首 67）：看前面怎么说，后面怎么说，就懂了。

27.8 会客的时候儿，主人在东边儿坐，宾客在西边儿坐，陪著的人在下边儿坐，对不对？那总是看屋子的方向①。

注：① 方向 fang hsiang：指任何东西面对的朝向。

27.9 我素常不爱拜客。冬天得'穿厚衣裳，夏天穿薄的。

27.10 宽厚 k'uan¹-hou⁴ 是刻薄 k'ê⁴-po² 的对面儿。

练习二十七答案
(EXERCISE XXVII KEY)

1 某人你们见过面 chien kuo mien 么？没见过。我们也是今儿初次见。人很好，乍见就和他很熟。

2 听见别人说，他原是厚道人，素日待人很好，行事 hsing shih 也不刻薄。

3 要是和我认得的那个人比起来，我认得的那人可 k'o³ 不是这么样。

4 凭他是谁，都待的傲慢。看见人有好事，他就嫉妒。拿人的东西不懂得还，和他要，他也不惭愧。这样儿的人，怎么能不和他绝交呢？

5 我实在没工夫儿办，凭你办去罢。

6 请客是请人吃饭。客应坐在上面,主人旁边儿陪著。

7 你那个小鸟儿要他幹甚么 kan shên-mo？交给我罢。得了 tê liao，得了 tê liao。你怎么见人家的东西就要。

8 你一个人不肯去,我陪着你去,好不好？

729. 裱 piao³，把两张纸裱贴到一起；裱画儿。

730. 糊 hu²，用糨糊粘贴纸、布等等,贴到另外一个东西上。

731. 匠 chiang⁴，工人；技工（匠人）。

732. 染 jan³，把……染上颜色。

733. 颜 yen²，颜色。

734. 红 hung²，红色。

735. 蓝 lan²，蓝色。

736. 画 hua⁴，作画；画儿。

737. 举例：

裱糊匠。 piao³ hu² chiang⁴.

这张画儿你给我裱一裱。 chê⁴ chang¹ hua⁴-'rh ni³ kei³ wo³ piao³ i⁴ piao³.

门缝儿①得'糊上。 mên² fêng⁴-'rh tei³ hu² shang⁴.

染店。 jan³ tien⁴.

红颜色。蓝颜色②。 hung² yen² sê⁴. lan² yen² sê⁴.

这一块布染不上红的③。 chê⁴ i² k'uai⁴ pu⁴ jan³ pu² shang⁴ hung² ti.

注：① 缝儿 fêng⁴-'rh：缝隙。参见 287.。

② 色 sê（部首 139）；又读 shai³ 或 shê⁴。

③ 我们也可以说"染不出红的来 jan pu ch'u hung ti lai"。译按：原书"染不上"的"不"标第四声,误,未出校,今依例改第二声。"裱一裱"中的"一"也有问题,依例该读轻声,参见 702. 注①。书中大部分"V 一 V"中的"一"未标轻声,现均原貌保留。

738. 淡 tan⁴，淡薄（如茶水）；浅淡（如颜色）。

739. 新 hsin¹，新的。

740. 旧 chiu⁴，旧的，老的。

741. 纱 sha¹，绉纱。

742. 举例：

这疋纱是新的是旧的？ chê⁴ p'i³ sha¹ shih⁴ hsin¹ ti shih⁴ chiu⁴ ti?

这个地毯颜色淡了。 chê⁴ ko⁴ ti⁴ t'an³ yen² sê⁴ tan⁴ liao.

743. 必 pi⁴，必要地；必须。

744. 须 hsü¹，必须。

745. 光 kuang¹，光线。

746. 润 jun⁴，潮湿的；使之潮湿。

747. 玻 po¹，见下面。

748. 璃 li²，玻璃（估计来自梵语），指各种玻璃。

749. 料 liao⁴，材料；经常用来指玻璃质器皿。又，预料；估量。参见谈论篇百章之三注⑧（译按：今本注 7.）；谈论篇百章之五十注④（译按：今本注 3.）。

750. 举例：

这颜色不很光润，必须染深些儿。 chê⁴ yen² sê⁴ pu⁴ hên³ kuang¹ jun⁴, pi⁴ hsü¹ jan³ shên¹ hsieh¹-'rh.

日光很大。 jih⁴ kuang¹ hên³ ta⁴.

你把玻璃瓶的水摔①出去做甚么？ ni³ pa³ po¹-li² p'ing² ti shui³ shuai³ ch'u¹ ch'ü⁴ tso⁴ shê ⁿ² mo?

盖房子必得'用好木料。 kai⁴ fang²-tzǔ pi⁴ tei³ yung⁴ hao³ mu⁴ liao⁴.

料货。 liao⁴ huo⁴.

注：① 译按：摔 shuai³，今字形作"甩"。

751. 擦 ts'a¹，用手或布擦拭。

752. 碰 p'êng⁴，撞；猛烈的接触。

753. 裂 lieh⁴，自己裂开，如木头或纸张。

754. 行 hang²，"行 hsing²/ hang²"（部首 144）的一个俗体异体字；商铺或行业；做生意的地方；商行。又，写字的行列。

755. 举例：

擦一擦。ts'a¹ i⁴ ts'a¹.

小心别碰人。hsiao³ hsin¹ pieh² p'êng⁴ jên².

那窗户的纸都裂了。na⁴ ch'uang¹ hu⁴ ti chih³ tou¹ lieh⁴ liao.

开行。k'ai¹ hang².

一行字。i⁴ hang² tzǔ⁴.

你们行裡几位东家①？ni³ mên² hang² li³ chi³ wei⁴ tung¹ chia¹?

我不在行②问别人。wo³ pu² tsai⁴ hang² wên⁴ pieh² jên².

注：① 东家：合股人，股东。东 tung，东方，老板、主人的同义词；按老习惯东边儿的位置是主人房，西边儿是客人房；因此，东家 tung-chia，就是主人或业主，"家 chia" 的意思很接近 "人家 jên-chia"。要注意的是，在北京，"东家 tung-chia" 是中国佣人用来称呼他们的外国雇主的，而本地房产主很少被这么称呼。比较：房东 fang-tung，即房产主。

② 我不在行：我不在那个行当里。这句话可以用来应付说话者不熟悉的任何话题。

练习二十八
(EXERCISE XXVIII)

28.1 那桌面儿不很光润，把他擦一擦罢。

28.2 玻璃 po¹-li² 是外国来的东西不是？当初 tang¹-ch'u¹ 是外国货，近来我们这儿也会做。料货 liao⁴-huo⁴ 和玻璃有点儿分别。

28.3 那玻璃瓶子怎么破了？不是碰破了的，是烧的时候儿就裂了①。

注：① 注意 "破 p'o" 和 "裂 lieh" 的区别：破，是因碰撞而破碎；裂，是指非人为的破裂。因碰撞而破碎，从来不说 "裂"。

28.4 窗户纸裂了，叫裱糊匠来糊上①。单张儿纸糊在甚么上头是 "糊 hu²"，双张儿纸糊在一块儿是 "裱 piao³"。

注：① 糊上：上 shang，表示动作的完成，不是向上的运动。

28.5 各行①的手工人叫 "匠人" 的多，木匠 mu⁴-chiang⁴、瓦匠 wa³-chiang⁴、铁匠

t'ieh³-chiang⁴，都说得。

注：① "行 hang" 字（译按：带点儿的）不被字典所承认；由于这个字的本字本义（即：行走、街衢或与之相关的运动、行进的序列）没有那个点儿，最终用这个带点儿的"行"表示行业、商行等。

28.6 布是棉花做的，纱是丝做的。

28.7 那一块纱颜色儿淡了，必须染别的颜色儿。原旧的①颜色是红的，还可以染红的；您要别的颜色儿，也可以染蓝的。

注：① 原旧的：原来的，本来的。

28.8 你瞧那一疋红纱颜色儿光润 kuang¹ jun⁴ 不光润？怎么是"光润"呢？那纱原来是好纱，又是新的，染的颜色又好看。这"光润"不止於①说纱，说别的也行。

注：① 不止於：不限于。

28.9 我拿那个玻璃瓶来要擦一擦，碰在桌子上碰破了，收拾不收拾？不必收拾了。

28.10 他是甚么行当儿①？必是当厨子。你行②几？我们弟兄五个，我行二。

注：① 本例三个"行"字都不带"、"了。行当儿 hang²-tang⁴-'rh：手艺，职业，行业。这里指有手艺的职业 (craft)。

② 行 hang²：系列；在系列中；我行二，我排在第二（在我那一辈分里）。注意：姊妹不计在内；比如，一个人有两个姐姐一个哥哥，他还是"行二"；一个女孩儿，要确定她在家庭中的位置，就只有在姊妹中按同一种方式去排了。

练习二十八答案
(EXERCISE XXVIII KEY)

1 这屋裏糊的纸腌脏，叫个裱糊匠来给糊新的。

2 这一张画儿你找个人给裱一裱，裱的可别太厚了。

3 窗户破了进①风，拿张纸给糊上。

注：① 进 chin，进来，进入。在这个结构里，进 chin，其地位重于它的宾语（风）。

4 这纱你怎么给染成这个颜色儿？我不是告诉你染蓝的么？你倒 tao 给染出红的来了。颜色儿又淡又不光润。
5 我这褂子太旧了，穿不得了。
6 窗户上的玻璃有了土了，必得'拿布擦一擦，屋裏就不这么黑了。
7 染东西的颜色在那'儿买？颜料铺裏就卖。
8 你小心拿著那玻璃盃，别给碰了。
9 总没下雨，天乾的利害。你瞧这桌面子都乾裂了。
10 买卖都分行。京城裏各行，最大的就是银、酒、茶、布四行。

756. 刚 kang^1，本义坚硬，这个义项在一些复合词语中仍保留；跟下面的"纔"在一起，它有加强语意的作用。

757. 纔 ts'ai^2，现在 (just now)；只过去一小会儿，前不久 (but a moment ago)。又，仅仅 (only just)；然后 (then)；随即 (thereupon)。

758. 再 tsai^4，又 (again)；第二次 (the second time)；然后 (then)。

759. 等 têng^3，等级或级别；又，等待。

760. 举例：

他刚纔回来了。 t'a^1 kang^1 ts'ai^2 hui^2 lai^2 liao.

等一会儿再说罢①。 têng^3 i^4 hui^3-'rh tsai^4 shuo^1 pa.

等一等。我再不能等了。 têng^3 i^4 têng^3. wo^3 tsai^4 pu^4 nêng^2 têng^3 liao.

他纔刚②打我来著。 t'a^1 ts'ai^2 kang^1 ta^3 wo^3 lai^2 cho.

刚刚儿③装得下。 kang^1 kang^2-'rh chuang^1 tê^2 hsia^4.

注：①"再说"也可以按字面翻译。译按：原例译作 *Wait a bit and we will see about it.*

② 注意"纔刚 ts'ai-kang"和"刚纔 kang-ts'ai"是可互换的，不过，"刚纔"似乎用于时间更接近于当前的场合。

③ 注意第二个"刚 kang^2"的声调。

761. 取 ch'ü^3，拿（去）；来拿；自己去拿。

762. 送 sung^4，运送；赠送；送（客）。

763. 落 la^4, lao^4, lo^4，降下；下降；走路掉在别人后面；遗漏。

764. 永 yung³，无尽的。

765. 举例：

顺便①取幾吊钱来。 shun⁴ pien⁴ ch'ü³ chi³ tiao⁴ ch'ien² lai².

这一本书我给你送回去。 chê⁴ i⁴ pên³ shu¹ wo³ kei³ ni³ sung⁴ hui² ch'ü⁴.

一个大钱都没有落下。 i² ko⁴ ta⁴ ch'ien² tou¹ mei² yu³ la⁴ hsia⁴.

鸟儿落在树上。 niao³-'rh lao⁴ tsai⁴ shu⁴ shang⁴.

不知道他的下落。 pu⁴ chih¹ tao⁴ t'a¹ ti hsia⁴ lo⁴.

他没落儿了②。 t'a¹ mei² lao⁴-'rh liao.

他永远不回来。 t'a¹ yung³ yüan³ pu⁴ hui² lai².

不送不送③。 pu² sung⁴ pu² sung⁴.

注：① 顺便 shun pien：在同一时间里。比较：就手儿 chiu⁴ shou³-'rh（就手儿，趁机，趁着做某事的机会做另一件事）见练习二十五答案1。

② 译按：英文课文意思是：他无家可归（或，他没有可以求得帮助或庇护的人和地方），被抛弃在世界上。

③ 这是临别分手时极常用的客套话，客人见主人走到门口时很有礼貌地说的。另一个说法是"留步 liu² pu⁴"。

766. 凑 ts'ou⁴，增添（人或数）；聚集（人或东西）；这个词的语态是积极的或中性的。

767. 挪 no²，从一处转移到另一处。

768. 拴 shuan¹，系上，用于牲口或东西。

769. 套 t'ao⁴，一般指套子（箱套或封套）。一般作衣裳的量词，如：一套衣裳。

770. 举例：

我们凑了五两银子。 wo³ mên² ts'ou⁴ liao wu³ liang³ yin²-tzǔ.

把床挪在那边儿。 pa³ ch'uang² no² tsai⁴ na⁴ pien¹-'rh.

把马拴上。 pa³ ma³ shuan¹ shang⁴.

这个书是四套①。 chê⁴ ko⁴ shu¹ shih⁴ ssǔ⁴ t'ao⁴.

一套书。一个书套。 i² t'ao⁴ shu¹. i² ko⁴ shu¹ t'ao⁴.

把车套上②。 pa³ ch'ê¹ t'ao⁴ shang⁴.

今儿套骡子套马③？ chin¹-'rh t'ao⁴ lo²-tzǔ t'ao⁴ ma³?

一套套杯④。 i² t'ao⁴ t'ao⁴ pei¹.

注：① 套 t'ao：函，套子，装多本多卷书的封套。

② 指套车。汉语没有惯例说套骡子还是套马，但下面这话可以说。

③ "套马"还有一个词，将在后面课程里出现。

④ 套杯（*a set of cups*），大小、形状、用途等搭配好的成套的杯子。

771. 商 shang¹，商人；商量。

772. 量 liang²，liang⁴，计算；测量。

773. 彀，够，kou⁴，足够；第二个字是正体。

774. 斟 chên¹，本义斟酒；口语里已没有这个意思，用的时候要加上下一个字"酌 cho²"。

775. 酌 cho²，跟上面的"斟 chên¹"结合，意思是仔细考虑、商议，无论是跟别人还是自己一个人；它也有斟酒的意思，但不是口语。

776. 举例：

那一天我们商量著出城赛马去。 na⁴ i⁴ t'ien¹ wo³ mên shang¹ liang² cho ch'u¹ ch'êng² sai⁴ ma³ ch'ü⁴.

今儿能彀去不能①？ chin¹-'rh nêng² kou⁴ ch'ü⁴ pu⁴ nêng²?

你们去斟酌罢。 ni³ mên² ch'ü⁴ chên¹ cho² pa⁴.

彀不彀？ kou⁴ pu² kou⁴?

量米。 liang² mi³.

分量不轻②。 fên⁴ liang⁴ pu⁴ ch'ing¹.

注：① "彀 kou"在这里对"能 nêng"的意思似无影响。

② 分量 fên⁴ liang⁴：容积，容量；注意"量 liang⁴"是指容量的量度。我们可以说一个箱子没有"量儿 liang⁴-'rh"去装一定量的东西；也可以说一个人的"酒量 chiu³ liang⁴"是大是小。

777. 疑 i²，疑问；怀疑。

778. 惑 huo⁴，怀疑；迷惑。口语中不单用。

779. 喊 han³，喊叫；呼唤（人、狗等）。

780. **答** ta¹, 回应。

781. **应** ying⁴, 回声；发出回声；响应。不要跟"应 ying¹"（726.）混淆了。

782. **从** ts'ung², 发自 (proceeding from)；出自 (forth from)。

783. **末** mo⁴, 终端，末尾；字面意思是，任何事物的末端都趋于一个点。读 mo⁴-'rh, 是"次"或"回"，如：san¹ mo⁴-'rh, 三次。

784. 举例：

你这话我疑惑不是真的。 ni³ chê⁴ hua⁴ wo³ i² huo⁴ pu² shih⁴ chên¹ ti.

我喊他半天他也不答应①。 wo³ han³ t'a¹ pan⁴ t'ien¹ t'a¹ yeh³ pu⁴ ta¹ ying⁴.

你答应了没有？ ni³ ta¹ ying⁴ liao mei² yu³?

我从前在外头做官末末了儿告病回来②。 wo³ ts'ung² ch'ien² tsai⁴ wai⁴-t'ou tso⁴ kuan¹ mo⁴ mo⁴ liao³-'rh kao⁴ ping⁴ hui² lai².

注：① "也 yeh³"暗示结果与预期的或事物正常次序刚好相反。答应 ta¹ ying⁴,（肯定地）回答；重读 ta¹。

② 告病 kao⁴ ping⁴：从官位上退职；另一个说法是"告退 kao t'ui"（506.）。注意：外头 wai⁴-t'ou, 作为惯例，在北京被人雇用的话，那么，首都之外，帝国任何地方都是"外头"。末末了儿 mo⁴ mo⁴ liao³-'rh, 最终；重叠的"末 mo"，也许略微重读；我们也可以说"末了儿 mo liao-'rh"或"末後 mo hou⁴"。

练习二十九
(EXERCISE XXIX)

29.1 刚纔我们在这儿商量这件事情，再三的①喊他过来，等了半天他不答应。我疑惑他没听见。

注：① 再三：一次又一次；的 ti：副词性，在这里表方式 (adverbial, standing for fashion)。

29.2 再三再四的请他把那个旧书套送给我，他总不答应，末末了儿，还 hai 是我买了个新的。

29.3 我们十个人从前定得凑钱①做买卖。後来落下了两个人②，还有把本钱取回去的，我瞧这个，我也不肯再往裏入钱了③。

注：① 定得 ting tê：商定；tê，多数北京人都会写作"的"，说成 ti。凑 ts'ou：本字见部首 159，意思是汇聚，就像车轮辐条向轴心凑集一样；这里是凑钱做生意。

② 落下：退出，离队。落，音 la⁴。

③ 不肯 pu k'ên：不愿意。注意"入 ju"，送入，像一个行为动词。

29.4 我兄弟送我的①那个箱子，叫你挪开点儿，怎么挪那么远？

注：①"的 ti"经常可以译作 which。译按：英文课文用 which 连接一个定语从句（我兄弟送我的）修饰"那个箱子"，故有此说。

29.5 这米我量了不觳五石，一个单套儿车①足拉的了。

注：① 单套儿车：一匹马拉的车。足：足够（拉得动）。注意"了 liao"，在本句和下句，表可能：拉得了 la tê liao，拉不了 la pu liao。足 tsu，重读。

29.6 在我说，这么些 chê mo hsieh 个不止五石，不是二套车怕拉不了罢？

29.7 我是从南边儿来的，向来没坐过车，我们一到店里，那赶车的①就要钱。我疑惑著从来没这个理，叫他等一等儿再来罢。

注：① 那 na 赶车的，那个车老板，即刚说的那辆车的车主。

29.8 我永远再不到他那儿去了。这是怎么话说①！你再斟酌斟酌罢，等一会儿没了气②，就改了主意了。

注：①"这是怎么话说！"是一句北京常用俗语，无法评说，然而许多情况下，因遗憾、惊讶或愤慨，往往脱口而出：佣人让一个玻璃杯摔到地上摔碎了，主人即刻的反应就是一句"这是怎么话说 chê shih tsêm mo hua shuo！"（译按：注意"怎么"的标音。）

② 注意：mei liao ch'i liao 不是 mei liao ch'i-'rh liao，"没了气儿了"是"死了"；因此，用与不用"儿 êrh"一定要小心。

29.9 那马还不好好儿的拴上他？你看他把门碰坏了。那倒没甚么，叫个木匠来收拾收拾，就得了。

29.10 昨儿我叫他们买一百个鸡子儿送上山来①。谁想他们道儿上，连丢带碰，赶到了山上就没甚么了②。

注：① 注意：来 lai，显示说话者自己在山上。

② 没甚么 mei shêm mo（译按：注意"甚么"的标音）：不是说"全没了""一个也没有了"，只是说损失不可估量。注意连词"连""带"；无论是说还是写，汉语都很少在同一句话里使用相同的两个连词。

练习二十九答案
(EXERCISE XXIX KEY)

1 我纔出门刚要走的时候儿，有人来找你。我说你不在家，叫他等一会儿再来。
2 借人家的傢伙，用完了不给送回去，还等著人家来取，使得么？
3 从我到这儿来，总没见东西落价儿。
4 这个钱缺少 ch'üeh shao（参见 500.）的利害。我各处去凑，纔凑了这么点儿 ts'ai ts'ou liao chê-mo i tien-'rh（注文中衍出"一 i"：纔凑了这么一点儿）。不彀我用的 pu kou wo yung ti，给你罢。
5 他过日子，永远是东挪西凑，老不彀花的。
6 把牲口拴上，一会儿就要套车。
7 我买了一套书。带的钱不彀了，和你商量，要是身上有，借给我一点儿，行不行 hsing pu hsing？
8 我疑惑他说的话不实，你到那儿给打听打听 ta t'ing（参见 241.）。
9 你背著我做事不叫我知道，你可 k'o 小心著。日後要是叫我打听出来，我可不答应 ta ying。
10 外头有人喊，你答应一声儿，出去看看是谁。
11 阿，原来 yüan lai 又是他来了。从那天我说他以後他总没有来。
12 他来了两末儿 liang mo-'rh（说"回 hui²"也行），都赶上我在家，你说巧 ch'iao³ 不巧？
13 我们办这件事，想出两个办法来，请你给斟酌使那'个好。

785. 臺 t'ai²，台地。
786. 湾 wan¹，弯儿；弄弯，绕弯儿；（译按：以上二义，今作"弯"）海湾海岸线凹入处。
787. 江 chiang¹，大江；参见"河 ho²"（377.）。"江"从不用于指小河流，虽说"河"也用于大的（未必都比江小）。

788. 湖 hu², 湖泊。

789. 流 liu², 流动；不要跟"溜 liu⁴"(*a current*) 混淆了。

790. 浪 lang⁴, 波浪, 比"波 po¹"（479.）大。

791. 阔，濶，k'uo⁴, 宽敞；引申为富有。两个写法都可以。

792. 举例：

臺湾。 t'ai² wan¹.

一个湾子。 i² ko⁴ wan¹-tzǔ.

湾一湾。 wan¹ i⁴ wan¹.

再绕一个湾儿就到了。 tsai⁴ jao⁴ i² ko⁴ wan¹-'rh chiu⁴ tao⁴ liao.

大江宽阔。 ta⁴ chiang¹ k'uan¹ k'uo⁴.

风大，海裡的波浪就起来。 fêng¹ ta⁴, hai³ li³ ti po¹ lang⁴ chiu⁴ ch'i³ lai².

太湖裡没有甚么波浪。 t'ai⁴ hu² li³ mei² yu³ shê n² mo¹ po¹ lang⁴.

流得快。 liu² tê k'uai⁴.

顺流①。 shun⁴ liu².

顶流。 ting³ liu².

注：① shun⁴ liu, 重音在"shun⁴", 意思是平滑光溜，就如猫狗的毛好的时候刷起来的感觉。要牢记，shun⁴ liu 不是靠着动力随波逐流，也不是一条欢畅可爱的急流；那个 liu⁴ 字，随后会遇到。比较：顺风 shun fêng, 顶风 ting fêng（参见 72.）。

793. 浮 fou², fu², 漂浮；浮动。浮水 fu⁴ shui³, 游泳。

794. 桥 ch'iao², 桥梁。

795. 井 ching³, 水井。

796. 坑 k'êng¹, 深洼，天然的或人工的；又，诈骗（参见问答章之三，113）。

797. 衚 hu², 见下面。

798. 衕 t'ung², 小街小巷。一般发音 hu²-t'ung⁴-'rh.

799. 巷 hsiang⁴, 小街, 弄堂。用得不如上面的"衚衕"普遍。

800. 举例：

水面儿上浮著。 shui³ mien⁴-'rh shang⁴ fou² cho.

那边儿有个石头桥。 na⁴ pien¹-'rh yu³ ko⁴ shih²-t'ou² ch'iao².

井水好喝。 ching³ shui³ hao³ ho¹.

那一条衕衕儿裡头有个深坑。 na⁴ i⁴ t'iao² hu²-t'ung⁴-'rh li³ t'ou² yu³ ko⁴ shên¹ k'êng¹.

颳风走小巷好。 kua¹ fêng¹ tsou³ hsiao³ hsiang⁴ hao³.

801. 野 yeh³，本义是无人居住的地方，但经常指乡村，跟城镇相对。引申为不驯服的；粗暴的。

802. 乡 hsiang¹，乡村；一级行政区。後面经常跟着"村"。

803. 村 ts'un¹，乡村；小村子。比"乡 hsiang¹"小。

804. 坟 fên²，坟墓；土冢。土丘或墓碑在坟上面，但不是有头像铭文的碑匾。

805. 墓 mu⁴，坟墓；土冢。很少不跟"坟"一道用的。

806. 峰 fêng¹，山的顶端。

807. 岭 ling³，高地但未到巅峰。

808. 尖 chien¹，凸出的点，如刀尖，山尖，等等。

809. 举例：

那一片野地①全是坟墓。 na⁴ i² p'ien⁴ yeh³ ti⁴ ch'üan² shih⁴ fên² mu⁴.

这儿没野鸡。 chê⁴-'rh mei² yeh³ chi¹.

野花。野草。 yeh³ hua¹. yeh³ ts'ao³.

乡村儿②。 hsiang¹ ts'un¹-'rh.

这个山岭冬天过不去。 chê⁴ ko⁴ shan¹ ling³ tung¹ t'ien¹ kuo⁴ pu² ch'ü⁴.

前边儿的山峰很尖。 ch'ien² pien¹-'rh ti shan¹ fêng¹ hên³ chien¹.

他是乡下人从门头村③来的。 t'a¹ shih⁴ hsiang¹ hsia⁴ jên² ts'ung² mên²-t'ou² ts'un¹ lai² ti.

那是个坟地。 na⁴ shih⁴ ko⁴ fên² ti⁴.

注：① 片 p'ien，是整块地的量词，一般是比较大的；一 i，表示"全部"。野 yeh，只能特指那些远离人烟的地方。

② 这个名称可用于任何房屋聚集的地方，不管大小，没有衙门驻在那儿。
③ 门头村 mên-t'ou ts'un，叫"门头 mên-t'ou"的村子。

练习三十
(EXERCISE XXX)

30.1 臺湾是中国东南海裏的地方儿，南北两头儿山岭儿又多、又大，那山峰长得也很好看。

30.2 江河湖海 chiang¹ ho² hu² hai³，是天下大水的总名儿。

30.3 偺们这儿的小河儿很窄，有浮桥就可以过去。那长江的江面有地方儿宽下裏和湖相同①。

注：① 江面 chiang mien，长江的水面；宽下裏 k'uan hsia li："宽 k'uan"的方向，宽度。比较：四下裏 ssǔ hsia li，各个方向。我们也可以颠倒过来说，如：长裏下 ch'ang li hsia，宽裏下 k'uan li hsia，而意思完全相同。

30.4 那长江之流打西到东，湖北 (Hupeh) 来的船到江西 (Kiangsi) 去，一路都是顺流。到了江西那儿的山水也可以①。

注：① 也可以：还好，过得去。

30.5 那山峰 shan¹-fêng¹ 的尖儿是个个不同。山峰是高而尖的，山岭 shan¹-ling³ 也高①，就是没有那尖的样子。

注：① 山岭也高：结构有所省略；就是说：山岭也高（像山峰，但因为是山岭）就不是那么尖。

30.6 "尖儿 chien¹-êrh"那个字眼儿①，甚么"刀尖儿""笔尖儿"都说得②。

注：① 字眼儿：术语，措词。字面上是，字的眼睛。要解释这个词，无论怎样努力都极其困难；但是，通过下面的例子，一下子就能明白了：红 hung，这是个"字 tzǔ⁴"，表示"红"，而"红"就是个"字眼儿 tzǔ-yen-'rh"，代表一种特殊的颜色 yen-shê。

② 要这么理解：在"笔尖儿 pi chien¹-êrh"之后，有"这种样子的 chê tsung (525.) yang-tzǔ ti 东西"。假使把"刀尖儿"和"笔尖儿"省略掉，句子仍有效——可以指任何东西。注意"甚么 shêⁿ-mo"，任何，任何东西。

30.7 京城裏没有甚么河水，喝的都是井水。

30.8 京城的买卖大半在大街上开铺子，衚衕小巷都是住家儿的多。

30.9 城外头没有甚么人家儿的地方，就叫野地 yeh³ ti⁴，连有坟墓的也算①。

注：① 连有坟墓的（地方）也算（野地 yeh³ ti⁴）。

30.10 他是个乡村儿的人，野的利害。那坟地很大，必是阔人家儿的。

30.11 你会浮水么①？会是会，很远了可不行。这道河浮的过去、浮不过去？河面儿太宽，浮不过去。

注：① 浮，游泳；音 fu⁴，这个字，备受纯粹主义语言学家争议，说是应该写作"凫"。

译按：据音节总表 91 fu，此注的 fu⁴，乃 fu² 之误。

练习三十答案
(EXERCISE XXX KEY)

1 臺湾是中国的地方有二百多年了。南北下裏有峰岭，裏头有幾个顶高的山峰。地方不很宽阔，却有幾道小河儿，河边两面的田地，出产 ch'u ch'an（参见 635.）的东西很多。乡村和城都有，裏头住的人同民人 min² jên² 一样。我听见说有幾个地方儿，住著野人 yeh jên，多一半儿是做贼过日子。他们都是散著住 san³ cho chu，不成乡村。也有人说那些野人吃人。那儿做买卖的，大半和民人做，近来却 ch'io 有太西各国 *European countries* 的船来往，外国人也有在那儿住著做买卖的。

2 中国有幾道江，也大也深，很可以走得大船。长水的时候儿，流得很快，往上走的船觉著很慢。往下流的水，在船上看著，觉得更快了。那小河儿又窄又湾，都是河船来往的，走道儿的人，可以打浮桥上过去。

3 那一国有幾个大湖，湖面很宽阔，大裏下 ta li hsia（参见练习 30.3）和海一样。湖裏头也有山峰，大小船都可以走得。一有大风那浪真利害。

4 有地方儿要做井很费事 hên fei shih，那土太硬。

5 我有一位朋友，他住在一个小巷裏头。那一天我去找他，我进错了衚衕儿，没找著他的家。

810. **男** nan², 男性。

811. **爷** yeh², 本指父亲；但是常作一些尊称构词成分，也作其他词语的构词成分。

812. **娘** niang², 本指母亲；但也用于某些女性复合词语中。

813. **幼** yu⁴, 未成年。

814. **辈** pei⁴, 等级；种类；代，世代。

815. 举例：

男女。 nan² nü³.

女人①。 nü³ jên².

那是我的男人。 na⁴ shih⁴ wo³ ti nan² jên².

老爷②。 lao³ yeh².

你们少爷好③？ ni³ mên² shao⁴ yeh² hao³?

爷们。 yeh² mên.

娘儿们④。 niang²-'rh mên.

娘家。 niang² chia¹.

老幼。老少⑤。 lao³ yu⁴. lao³ shao⁴.

一辈子。 i² pei⁴-tzǔ.

比我晚一辈。 pi³ wo³ wan³ i² pei⁴.

比他长一辈。 pi³ t'a¹ chang³ i² pei⁴.

注：① 女人 nü jên, 只能是说话者用来说自己的妻子。

② 老爷 lao yeh, 原本是给"举人 chü jên"（秀才上面的一等）的称号，而现在已经包括了州官以下任何一级官吏，或者确切地说，包括了任何受过教育的和有社会地位的人；它跟我们的"先生 (Esquire)"十分相当。

③ 少，是 shao⁴ 不是 shao³。注意：本句的"你们"，礼貌语言，既可以指复数，也可以指单数。

④ "娘儿们"发音：nia²-'rh mên。（译按：注意儿化对"娘"韵母的影响）

⑤ 注意：少，音 shao⁴。

816. 玩 wan², 闲混；游戏。
817. 耍 shua³, 挥舞，如耍刀；游戏 (to play)。
818. 蠢 ch'un³, 举止或头脑像小丑般的，或两方面都像。
819. 笨 pên⁴, 东西笨重；为人愚蠢。
820. 獃 tai¹, 糊涂；愚蠢；心不在焉的；丢了魂儿似的。
821. 举例：

年轻的人好玩耍。 nien² ch'ing¹ ti jên² hao⁴ wan² shua³.

他闹著玩儿。 t'a¹ nao⁴ cho wan²-'rh .

这个法子笨。 chê⁴ ko⁴ fa²-tzǔ pên⁴.

他是个蠢笨人。 t'a¹ shih⁴ ko⁴ ch'un³ pên⁴ jên².

獃头獃脑的。 tai¹ t'ou² tai¹ nao³ ti.

这事情不是玩儿的。 chê⁴ shih⁴ ch'ing² pu² shih⁴ wan²-'rh ti.

他是个书獃子。 t'a¹ shih⁴ ko⁴ shu¹ tai¹-tzǔ.

耍钱。 shua³ ch'ien².

别耍笑我。 pieh² shua³ hsiao⁴ wo³.

822. 冒 mao⁴, 本指头上的遮盖物；这是反映莽撞冒失的一个词，谁要鲁莽行事，就让他独自去幹好了，发生的事都是不合时宜的；从裏往外从下往上……

823. 爽 shuang³, 天气晴朗令人愉快；人活泼什么都不计较也算"爽"。另外，失约、毁约，叫爽约。

824. 静 ching⁴, 安静，动荡不安的反义词。

825. 舒 shu¹, 本义是开；铺开的，展开的。经常跟下面的"服"连用。

826. 服 fu², 服从；顺从的。它还有其他许多意思。

827. 艰 chien¹, 非常困难；但在跟下面的"难"构成的词裏它的意思并未加强。

828. 难 nan², 困难。读 nan⁴, 是困境，不幸，灾难的意思。

829. 哈 ha¹, 大笑发出的声音。

830. 举例：

冒著雨儿走。 mao⁴ cho² yü³-'rh tsou³.

他是个冒失鬼。 t'a¹ shih⁴ ko⁴ mao⁴ shih¹ kuei³.

身子爽快。 shên¹-tzǔ shuang³ k'uai⁴.

天气爽快。 t'ien¹ ch'i⁴ shuang³ k'uai⁴.

他是个爽快人。 t'a¹ shih⁴ ko⁴ shuang³ k'uai⁴ jên².

安静人。 an¹ ching⁴ jên².

这房子住著舒服①。 chê⁴ fang²-tzǔ chu⁴ cho shu¹ fu.

你这话我不服。 ni³ chê⁴ hua⁴ wo³ pu⁴ fu².

连走道儿都是艰难的。 lien² tsou³ tao⁴-'rh tou¹ shih⁴ chien¹ nan² ti.

难道说你不舒服②？ nan² tao⁴ shuo¹ ni³ pu⁴ shu¹ fu?

他爽了约了。 t'a¹ shuang³ liao yo¹ liao.

他哈哈的大笑。 t'a¹ ha¹ ha¹ ti ta⁴ hsiao⁴.

你别打哈哈③。 ni³ pieh² ta³ ha¹ ha¹.

注：① 说"这是个舒服房子 chê shih ko shu fu fang-tzǔ"不算不对，但前一种说法更好；在许多情况下，"舒服 shu fu"不能作为一个简单的限制性形容词使用；例如：我们不能说"舒服马 shu fu ma"，或"舒服椅子 shu fu i-tzǔ"，除非像上面的例子那样，分别插入动词"骑"和"坐"。

② 原英译文：*You don't mean to say (lit., it is hard to say, you cannot say with truth) that you are not comfortable.* 注文：道 tao，即"说"（参见 48.）。"说 shuo"可以省略。

③ 原英译文：*Don't humbug me; or, don't "stuff me up."* 别哄我；或，别愚弄我。

831. 耐 nai⁴，忍受，包括容忍和持久。

832. 羞 hsiu¹，惭愧；受辱。

833. 辱 ju⁴, ju³，凌侮。

834. 讨 t'ao³，强求；要求；惹，诱发。

835. 嫌 hsien²，厌恶。

836. 举例：

耐过这两天就好了。 nai⁴ kuo⁴ chê⁴ liang³ t'ien¹ chiu⁴ hao³ liao.

这个不耐长①。　chê⁴ ko⁴ pu² nai⁴ ch'ang².

那个人也没羞辱他们。　na⁴ ko⁴ jên² yeh³ mei² hsiu¹ ju⁴ t'a¹ mên.

好吃懒做的讨人嫌。　hao⁴ ch'ih¹ lan³ tso⁴ ti t'ao³ jên² hsien².

我嫌他不乾净。　wo³ hsien² t'a¹ pu⁴ kan¹ ching⁴.

他是来讨账的。　t'a¹ shih⁴ lai² t'ao³ chang⁴ ti.

你不害②羞么？　ni³ pu² hai⁴ hsiu¹ mo?

讨饭的。　t'ao³ fan⁴ ti.

他嫌少了。　t'a¹ hsien² shao³ liao.

注：① 译按：不耐长，不耐用。英译：*This won't last long (or, wear well)*. 现在不这么说了。
　　② 害，参见424.

练习三十一
(EXERCISE XXXI)

31.1 我们两人刚纔闹著玩儿，他把棍子在我脑袋上打了一下儿。安静点儿罢，别太粗了，总得'想着你兄弟年幼，那么重的手脚①，他耐不得。

注：① 那么重的手脚：粗野的对待。

31.2 听见说老爷欠安①。没有甚么，不过身上有点儿不舒服。

注：① 欠安，不舒服；安，参见624.。这是个礼貌说法，专用于地位相当或较高的人。

31.3 我这件新褂子怕耐不得长。那可难说，要穿着常冒雨，自然坏的快。獃一獃儿①。

注：① 獃 tai，放松一下自己；即把注意力从那令人着迷的工作中转移一下。

31.4 他那羞辱人的样子真讨人嫌。

31.5 "男女 nan² nü³"，就是爷们娘儿们。贼把男女老少都杀了。

31.6 "他一家子老幼 lao³ yu⁴ 都病了"，是不分年高年轻的全不舒服。

31.7 和祖、父①一辈儿的是长辈 chang³ pei⁴，和儿、孙一辈儿的是晚辈 wan³ pei⁴。

注：① 祖父，参见660.，那里 tsu fu 是连在一起的单词；在这里它们是分开的。译按：当时书面上只有句读两种点号，是"祖父"还是"祖、父"，无法标明，故有此注。

31.8 你怎么这么冒失？碰着了我了！真是讨人嫌！我错了，我错了①，实在是没留神。

注：① 道歉认错的说法还有一些，如"有罪有罪 yu tsui"（852.）等等。

31.9 你过於笨的利害，爽快些儿办罢。管我呢，你这么獃头獃脑的还要管人①！

注：① 管你自己的事儿罢（或，关你甚么事儿？）。"管我呢"强重音必须落在"管"上，原调第三声，现在自然是第二声 (Great emphasis must be laid on kuan, which, preceding a character in the third tone, is of course in the second.)。表情一定要非常谨慎，因为这句话非常不礼貌。重读最后的"人"。

31.10 我们过日子真艰难。耐着些儿罢，你这么能耐①人，难道一辈子不出头② 么？

注：① 能耐 nêng nai，有才干的，能力。比较：能干 nêng kan，有能力的，有才干的，或能力，才能（582.）。

② 出头：引人注目，变得明显；使自己突出，出名；又，为首，带头。

练习三十一答案
(EXERCISE XXXI KEY)

1 街上那儿有一个耍玩意儿 shua wan i êrh 的。男女老幼好些个人在那儿看。你听见说么？

2 你还说呢 ni hai shuo ni。我纔刚上街的时候儿，看见好些个爷们娘儿们在那儿站着，我想着必是有甚么玩意儿，不然 pu jan 那些人在那儿獃着脸儿看 tai-cho lien-'rh k'an 甚么呢。我正要去看，恰巧有个人冒冒失失的问了我一句话，说：你不舒服？大好了。我一看，不是别人，是一家儿裏的一个平辈，长得又蠢又笨，也不知道说的都是那'儿的事。实在是讨人嫌。

3 你说的不是某人么？他父亲我认得，人很安静，说话行事 hsing shih 也极爽快。前幾年他不大宽绰，近来看他那个样儿倒很舒服。想是日子比原先 yüan hsien 好过一点儿咯。

4 你受人家的羞辱，就是耐着点儿也不难，为甚么生气呢？

837. **皇** huang², 威严的；皇帝的。

838. **宫** kung¹, 皇帝的宫殿。

839. **朝** ch'ao², 本义是在宫廷上觐见皇帝；中国的朝代。读 chao¹, 是早晨；口语不用。

840. **廷** t'ing², 本义是会议厅；特指皇上的龙廷。

841. 举例：

皇上住的地方就是皇宫。huang² shang⁴ chu⁴ ti ti⁴ fang¹ chiu⁴ shih⁴ huang² kung¹.

皇城。 huang² ch'êng².

明朝的时候。 ming² ch'ao² ti shih² hou⁴.

朝廷。 ch'ao² t'ing².

上朝去应该穿朝衣戴朝帽。 shang⁴ ch'ao² ch'ü⁴ ying¹ kai¹ ch'uan¹ ch'ao² i¹ tai⁴ ch'ao² mao⁴.

842. **建** chien⁴, 设立；建立。

843. **临** lin², 降临；面对。口语里，除了"临时"之外很少用。

844. **强** ch'iang², 有力的。经常作：强有力的，强烈的；又，优越的。读 ch'iang³, 违背他人意愿而坚决要求。读 chiang⁴, 固执，任性。

845. **良** liang², 善良的；好的。

846. **禁** chin⁴, 禁止。

847. 举例：

各衙门是朝廷建立的。 ko⁴ ya² mên² shih⁴ ch'ao² t'ing² chien⁴ li⁴ ti.

他临走的时候强要我的钱。 t'a¹ lin² tsou³ ti shih² hou⁴ ch'iang³ yao⁴ wo³ ti ch'ien².

他比别人强。 t'a¹ pi³ pieh² jên² ch'iang².

强暴的利害。 ch'iang² pao⁴ ti li⁴ hai⁴.

没有良心①。 mei² yu³ liang² hsin¹.

强嘴。 chiang⁴ tsui³.

耍钱是禁止的。 shua³ ch'ien² shih⁴ chin⁴ chih³ ti.

良民。 liang² min².

临民的官。 lin² min² ti kuan¹.

注：① 良心 liang hsin，字面上是，善良的心，是人的天良，按照中国的伦理学，人之初，性本善。

848. 为 wei²，做；是。

849. 匪 fei³，严重的坏事；做坏事的人。

850. 反 fan³，颠倒过来；正相反；引申为造反。

851. 犯 fan⁴，犯错误；犯罪；招致惩罚。

852. 罪 tsui⁴，本义是惩罚；又，或大或小的罪过。参见练习 31.8 注。

853. 死 ssǔ³，死亡。

854. 党 tang³，一伙儿；一帮；政党；族类。

855. 举例：

那地方的土匪①反了。 na⁴ ti⁴ fang¹ ti t'u³ fei³ fan³ liao.

难为②你们了。 nan² wei² ni³ mên² liao.

犯法的人总得'治罪③。 fan⁴ fa³ ti jên² tsung³ tei³ chih⁴ tsui⁴.

死了④。 ssǔ³ liao.

这些贼匪⑤都是一党的。 chê⁴ hsieh¹ tsei² fei³ tou¹ shih⁴ i⁴ tang³ ti.

应该甚么罪名？ ying¹ kai¹ shê^{n2} mo tsui⁴ ming²?

应该死罪。 ying¹ kai¹ ssǔ³ tsui⁴.

他叫人勒⑥死了。 t'a¹ chiao⁴ jên² lei¹ ssǔ³ liao.

注：① 土匪 t'u fei：必定是当地人。匪 fei，可以包括任何犯有轻重罪行的人，但一般是把它理解为强盗或造反者。

② 难为 nan wei：常用于很礼貌地表示"麻烦你了"，"非常抱歉"，都是用来博得好感和表示感谢的话。注意区别"为难 wei² nan²"，陷入困难；很难。

③ 治罪 chih tsui：处理犯法行为，即施以刑罚。"治病 chih ping"，治疗疾病，则用药。

④ 人们普遍使用委婉语"过去了 kuo ch'ü liao""不在了 pu tsai liao"。

⑤ 贼 tsei，匪 fei：必是强盗或造反者。

⑥ 注意：因罪被勒死有另一个说法。勒 lei，见 507.。

856. 争 chêng¹，竞争；口角；鬪争。

857. 鬪 tou⁴，打仗，不管用不用武器；但不用于指战争。

858. 号 hao⁴，信号，看得见的，如旗帜；听得见的，如吹喇叭；口头命令；符号，称号，数字。又，呼叫，或一个人被朋友叫的跟他自己的"名 ming²"很不同的绰号，或者某人的家人都知道的他的小名儿。

859. 靖 ching⁴，平静，一个国家摆脱了混乱。

860. 举例：

土匪同百姓两下裡争鬪起来了。 t'u³ fei³ t'ung² po² hsing⁴ liang³ hsia⁴ li³ chêng¹ tou⁴ ch'i³ lai² liao.

贵行是甚么字号？ kuei⁴ hang² shih⁴ shê n² mo tzǔ⁴ hao⁴?

地方不安靖。 ti⁴ fang¹ pu⁴ an¹ ching⁴.

年号①。 nien² hao⁴.

甚么号头儿②？ shê n² mo hao⁴ t'ou²-'rh?

口号③。 k'ou³ hao⁴.

号衣④。 hao⁴ i¹.

注：① 皇上的称号，即跟年代一起称说的那个号，例如，道光五年 TAO KUANG wu nien。

② 号头儿 hao t'ou-'rh：号码，即头上、前胸或顶上的号码或区别符号。也指公文号码，街道上的门牌号，等等。

③ （军队上用的通过警戒线的）口令(*password*)。

④ 士兵的制服。之所以从"号 hao"称起，是因为每个士兵的夹克衫的前胸后背上，都缝着圆的补片儿，上有区别性的号码或军种名称。

861. 恩 ⁿên¹，恩赐；赏赐给下级的好东西。

862. 赦 shê⁴，赦免；大赦。限于指皇上发出的赦免。

863. 免 mien³，避免；使避免；免除；放弃。又引申指一定情况下的饶恕与赦免。

864. 随 sui²，随后；遵从。

865. 举例：

皇上的恩典①。　huang² shang⁴ ti ⁿên¹ tien³.

他是打黑龙江②赦回来的。　t'a¹ shih⁴ ta³ hei¹ lung² chiang¹ shê⁴ hui² lai² ti.

随便坐下免得费事。　sui² pien⁴ tso⁴ hsia⁴ mien³ tê fei² shih⁴.

随口乱说。　sui² k'ou³ luan⁴ shuo¹.

难免③费钱。　nan² mien³ fei⁴ ch'ien².

随时来。　sui² shih² lai².

随时随事。　sui² shih² sui² shih⁴.

随你的便④。　sui² ni³ ti pien⁴.

注：① 恩典 ⁿên tien：典，标准，法规，或指奖励赏赐之法。"恩典"这个词儿现在虽说普遍用于上级对下级的仁慈的行为，但当初是限于皇上的赏赐，并成为随后其他人受赏的标准，法规，就成了"典 tien"了。

② 黑龙江地区，获罪官吏和军人通常都被流放到这个地方。

③ "难 nan"在这里几乎是一个否定词了，"难免"，不免。这是常说的礼貌用语。

④ 这句话既可作礼貌用语，也可以用于其他场合。

练习三十二
(EXERCISE XXXII)

32.1 他临死的时候儿，他的儿孙们都争起家产来咯。

32.2 良民 liang² min² 是不犯国法的人①。

注：① 英语课文：liang² min² (*good subjects; or, virtuous people*)（好的国民；或善良的人）是那些不触犯法律的人。

32.3 大臣上朝的时候儿，不是进皇宫 huang² kung¹ 么？不是进皇宫，皇宫是皇上住的地方儿，就是禁地，向例连大臣们都不准到的①。

注：① 向例……不准到：在此以前已订立法例未经允许不准进入。

32.4 你把这幾件文书给号上，打儘头裏的日子号起①。

注：① 从最前面的日子开始编号。

32.5 我们大人出了号令，禁止底下人耍钱，要是犯了禁，必要治罪的①。

注：① 犯禁 fan chin：违犯了禁令；必要：一定要 (certainly will be)。

32.6 幹这没良心的事难免犯法。做良民比为匪①不强么？反倒不爱做，真是怪事。

注：① 注意：为匪 wei fei，可以指当了强盗的，也可以指成了造反者的，虽然这个"头衔"可以因任何出于本性的、有意违法的行为而被"授予"，例如，走私，聚殴，赌博，等等；凡属此类，都叫"为匪"。

32.7 随①你们俩人鬭嘴儿，就是别打起来；要是打起来，那可不是玩意儿。

注：① 随 sui，"随便 sui pien"的缩略式，随你们便，高兴怎样就怎样 (as much as you please)。

32.8 大赦①天下。宽免犯人②的罪名，总出於皇上的恩典。

注：① 注意：赦 shê，只能用于皇上的宽恕或减刑命令。而属私下里触犯了私人的可用"宽免 k'uan mien"；更普遍的说法是"饶 jao²"。

② 犯人 fan jên，罪犯，犯罪的人；应该说：犯法的人。

32.9 你别在太阳地裏走，免得受热①。他那个病随你怎么治，早晚总是要死的。

注：① 受热 shou jê，可以用于因日晒而得的任何病痛，不论是直接的还是间接的。

32.10 朝廷随地酌情建立地方官为临民的官。地方官治理的好，自然就能安靖了。①

注：① 随地酌情：按照地方上的情况决定。地方官 ti-fang kuan，不包括司法的，财政的，或教育的主管，以及在京的中央政府各部的行政长官。"靖 ching(859.)"跟"静 ching(824.)"一定不要混淆了；前者指地方形势，而后者指个人的性格或状态。

练习三十二答案
(EXERCISE XXXII KEY)

1 好些年前，有一个人姓林，要做皇上。没反以前，他先把他的死党 ssǔ³ tang³ 布散 pu san(406.) 的各处都有，连皇宫禁地也有他的人。後来事情破了，他自己也叫人拿住了。他的死党还在山东、河南反了好幾个月。

2 百姓反了，皇上就令大臣平定 p'ing ting 那不安靖的地方儿。那大臣临走的时候儿，得'上朝去见皇上。

3 那文书是第幾号？还没号上呢。

4 北京城建立的年分 nien fên 不远 yüan³。从前朝廷建立在南边儿，皇上住的地方就说得是京，那城就叫南京 Nan-ching。

译按：本题文字，可以反映当时人们对南京、北京历史地位的看法。英文原文如下：*The date of the establishment of the northern capital (the city of Peking) is not far back* (yüan³). *The Court was formerly established in the South; the place where the Emperor resides is called* ching¹ *(the capital), and so that city was called Nan-king (the "southern capital").* [北方首都（北京城）建立的年份不远。早先朝廷建在南方；皇上住的地方叫"京"（首都），所以那个城就叫南京（南方首都）。]

5 鬭鸡是良民不耍的玩意儿。那是最不體面的事，也是应该例禁的。

6 我听见说那姓李的犯了大罪，有人说他必是定死罪了。也是应该的，人要是明火 (burglars 参见练习 21.4 注②)，免不了死罪。那样儿的人若不杀他，良民怎么能豰过安靖日子呢？

7 这话是不错的，然而那个姓李的，谁还想到他做贼呢？

8 你随时来见我罢。我虽然不是有钱的，总能给你一碗饭吃一杯茶喝。

9 那就是我的好朋友了，我最怕的是叫人家费事。你若是真这么样儿叫我来见你，你瞧我还常来不常来呢。

866. 古 ku³，古代。

867. 世 shih⁴，时代，时期；一世，世代。

868. 孔 k'ung³，本义是洞；孔夫子的姓。

869. 圣 shêng⁴，极高的德行；成为圣徒的；成为典范的。

870. 儒 ju²，一般指学者；特指儒家 *(Confucianist)*，跟道家 *(Taoist)*、释家 *(Buddhist)* 相对。

871. 举例：

从古至今都是尊重孔子称他为圣人称他的教为儒教。ts'ung² ku³ chih⁴ chin¹

tou¹ shih⁴ tsun¹ chung⁴ k'ung³-tzǔ³ ch'êng¹ t'a¹ wei² shêng⁴ jên² ch'êng¹ t'a¹ ti chiao⁴ wei² ju² chiao⁴.

後世。 hou⁴ shih⁴.

孔夫子①。 k'ung³ fu¹- tzǔ³.

古玩铺②。 ku³ wan² p'u⁴.

注：① 伟大的儒家学者；夫子 fu-tzǔ：哲人，贤人，德高望重的人，杰出的人。重音在"子 tzǔ"。

② 古玩商店。古玩 ku wan (curio)：字面上是，古代珍宝；指任何古董 (vertu)，绝对不是当今的东西。

872. 佛 fo²，佛 (Buddha)。

873. 庙 miao⁴，庙宇，寺院。

874. 座 tso⁴，本指位置或宝座；又，城市、庙宇等的量词。

875. 僧 sêng¹，佛教和尚。

876. 俗 su²，本义是普通的；本地习惯；在一定条件下，指俗人。又，俗家 su²-chia¹，即儒家。

877. 尚 shang⁴，本指杰出的，高尚的；但最普通的是作连词，口语不大常用。跟"和 ho²"(210.) 连用时，它只是一个音：和尚 ho²-shang⁴，僧人。

878. 举例：

拜佛爷。 pai⁴ fo² yeh .

和尚庙。 ho²-shang⁴ miao⁴.

这一座庙有幾位和尚？ chê⁴ i² tso⁴ miao⁴ yu³ chi³ wei⁴ ho²-shang⁴?

三个僧人一个老道①。 san¹ ko⁴ sêng¹ jên² i² ko⁴ lao³-tao⁴.

地方的风俗②。 ti⁴ fang¹ ti fêng¹ su².

各城有文庙③。 ko⁴ ch'êng² yu³ wên² miao⁴.

俗家④。 su²-chia¹.

尚古。 shang⁴ ku³.

尚且。 shang⁴-ch'ieh³.

回教⑤。 hui² chiao⁴.

注：① 庙里的仆人称老道 lao³-tao⁴，不过后一个字只是一个音而已；也许两个都是。
注意：道家的道士也叫"老道 lao³-tao⁴"。
② 风 fêng，飓风；除了本义而外，又指规矩，风度，或风格；故"风俗 fêng su"即民间规矩、本地习惯。
③ 文庙 wên miao：字面上是，"文学之庙 (temples of literature)"，跟"武庙 wu miao"相对；武庙，则是"军事之庙 (military temples)"，奉"关帝 Kuan Ti"或"老爷 Lao-yeh"，即战神 (the God of War)。
④ 和尚放弃其誓约而变回俗人，被称为"还俗 huan su"(105.)，做回俗人。
⑤ 穆斯林教徒被称为"回回 hui-hui"或"回子 hui-tzu"，后者带点儿蔑称的意味。"回回"这个词来自土耳其语。

879. 传 ch'uan²，靠传统而传递；经说教而传播；传播消息；做传播媒介。传 chuan⁴，一部记载或编年史。

880. 经 ching¹，圣经或佛经；又，通过或经过。在上下文中，是过去时态的标志 (the past tense)。

881. 楷 ch'iai³, k'ai³，本指谷类植物的主茎；适用于文牍书写的一种字体，类似我们的圆黑体字 (round text)。

882. 率 shuai⁴，由着性子，率性，率直；本义是个好词儿，但在下面给的例子里，却是粗心的意思。

883. 更 kêng⁴，用于形容词前，更加。区别于"更 kêng¹"，改换 (570)。

884. 浓 nung²，液体的黏稠状态。

885. 举例：

传教的。 ch'uan² chiao⁴ ti.

五经是古时传流下来的。 wu³ ching¹ shih⁴ ku³ shih² ch'uan² liu² hsia⁴ lai² ti.

传话。 ch'uan² hua⁴.

名①臣传。 ming² ch'ên² chuan⁴.

他经过好些难。 t'a¹ ching¹ kuo⁴ hao³ hsieh¹ nan⁴.

他昨儿写楷书写得草率②今儿更不好了。 t'a¹ tso²-'rh hsieh³ ch'iai³/k'ai³ shu¹ hsieh³ tê ts'ao³ shuai⁴ chin¹-'rh kêng⁴ pu⁴ hao³ liao.

浓是淡③的对面儿。 nung² shih⁴ tan⁴ ti tui⁴ mien⁴-'rh.

注：① 名 ming：从"出名 ch'u ming"缩略而来，成名。
　　② 草 ts'ao，它的义项中有"草率"，因此可与"率"构成复合词。
　　③ 淡 tan(733.)，淡薄，像水的，稀薄的。

886. 贴 t'ieh¹，粘贴；贴上，例如一张布告贴在墙上。

887. 墙 ch'iang²，墙壁。

888. 层 ts'êng²，各种事物从前往后或从上向下的层次或断面。

889. 挂 kua⁴，吊起来；被吊起来。

890. 示 shih⁴（部首 113），宣告；告示。

891. 举例：

各城的门口儿有告示①贴著。　ko⁴ ch'êng² ti mên² k'ou³-'rh yu³ kao⁴ shih⁴ t'ieh¹ cho.

弄个套儿挂在墙上。　nung⁴ ko⁴ t'ao⁴-'rh kua⁴ tsai⁴ ch'iang² shang⁴.

这事裡头有两层道理。　chê⁴ shih⁴ li³ t'ou² yu³ liang³ ts'êng² tao⁴ li³.

一层一层的搁起来②。　i⁴ ts'êng² i⁴ ts'êng² ti ko¹ ch'i³ lai².

注：① 告示：告知，公告。示 shih，口语里不单用。
　　② 一层压一层地，这个意思是由"起来 ch'i lai"表明的。

892. 唱 ch'ang⁴，唱歌。

893. 曲 ch'ü³，歌的一种。又，弯曲的；曲折的。

894. 抽 ch'ou¹，从许多之中拉出一个，例如从一捆柴里拉出一条树枝。

895. 举例：

他唱得好听。　t'a¹ ch'ang⁴ tê hao³ t'ing¹.

唱曲儿。　ch'ang⁴ ch'ü³-'rh.

唱一唱罢我们听。　ch'ang⁴ i² ch'ang⁴ pa⁴ wo³ mên t'ing¹.

把线抽出来。　pa⁴ hsien⁴ ch'ou¹ ch'u¹ lai².

他有事不能抽身。　t'a¹ yu³ shih⁴ pu⁴ nêng² ch'ou¹ shên¹.

曲曲湾湾的往东流①。　ch'ü¹ ch'ü¹ wan¹ wan¹ ti wang³ tung¹ liu².

注：① 我们也可以说"湾湾曲曲 wan¹ wan¹ ch'ü³ ch'ü³"。注意："曲曲"的声调，在两种说法中不同：wan wan ch'ü³ ch'ü³，ch'ü¹ ch'ü¹ wan wan.

练习三十三
(EXERCISE XXXIII)

33.1 那座庙门口儿墙上贴着告示，禁止娘儿们上庙烧香。

33.2 他们令祖死了，今儿个和尚去念经。和尚吃素①。

　　注：① 吃素（参见 707.）：吃斋，吃蔬菜。

33.3 俗语儿说："今日且①吃今日饭，明天有事明天办"。刚刚儿②和你的性情相对。

　　注：① 且 ch'ieh(616.)：就。
　　　　② 刚刚儿 kang-kang²-'rh：恰好。参见 760.。

33.4 老爷庙 Lao³-yeh miao⁴ 是和尚庙么？不错，是和尚庙。关夫子 Kuan¹ Fu¹-tzǔ³，俗叫"老爷 Lao-yeh"。"关夫子 Kuan Fu-tzǔ"是文话 wên² hua⁴，俗话就是"老爷 Lao-yeh"。

33.5 这文书 wên²-shu¹ 得'tei³ 写楷书，行书 *(running hand)* 草字 *(grass characters)* 都不行。墨又得'tei³ 浓。

33.6 那山上庙里头的房子一层比一层高。

33.7 你抽空儿给我画一张画儿，行不行？早已过去的时候儿就是"往古 wang³ ku³"。

33.8 古来有位圣人姓孔 K'UNG。他的教後世叫做圣教 shêng⁴ chiao⁴（圣人的教诲）。为中国最尊重的①。同时还有老子 Lao³-tzǔ³ 的教，叫做道 tao⁴ 教（理性，或道理）。佛教是西方僧家（和尚）传来的。尊佛爷出家（离开自己的家）的是僧家 sêng¹-chia，俗说就叫和尚 ho²-shang⁴。尊老子出家的是道士（"道 tao"的信徒）。圣教（孔子的教诲）又名②儒教 ju² chiao⁴。儒教的人叫俗家 su²-chia。三教的总名就叫僧道儒 sêng¹ tao⁴ ju² *(Buddhism, Taoism, and Confucianism)*③。

　　注：① 最尊重的：的 ti，代表"教 chiao"（ti representing chiao），"中国最尊重的"即"中国最尊重的教"。
　　　　② 又名：也叫；另一个名字。

③ 总名：总合起来的名称。注意：在主语"总名"后面的"就 chiu"，要重读，但无法对译为英语。

33.9 京城的庙多，有的是和尚庙，有的是道士庙。在那儿念①经的声儿和人家唱曲儿一个样。

注：① 念 nien，吟诵。见 122.。

33.10 我屋裏墙上挂的那张古画儿①，今儿拿新纸裱上一层②。

注：① 画儿，也可以是书法卷轴。
② 新纸必须在下，或者说，裱在画儿的背面儿。

练习三十三答案
(EXERCISE XXXIII KEY)

1 古来，二千四百三十多年前的时候，中国有一位姓孔的，人人都称他为圣人。他平日说的话成了一本书，人看这个书就知道学 hsiao² 好。好怎么学 hsiao² 呢？是这么着。做官呢，替君上办事总得'用心；在家呢，还得'尊重爷娘，待弟兄该当疼爱，就是自己的女人，也要和 ho 和气 ch'i 气儿的，交 chiao(721.) 朋友的心必须 pi hsü 实在 shih tsai。能彀照着这么行，就是儒教中的好人了。

2 写字有真 chên¹ 字草 ts'ao³ 字之分。真字也叫楷书 ch'iai³(或 k'ai³) shu¹。写楷书的时候，墨要浓纔好看。草字也叫草书 ts'ao³ shu¹。

3 怎么叫草字。有人说是字写出来和草一样，就叫草字，这话可不知道对不对。

4 念书写字都得'专心，不可空念和唱曲儿一个样。

5 佛是西方的圣人。传他的教的书就叫佛经。佛经的道理，不过 pu kuo 叫人静心就是了。俗人不知，说是念了那个经，就能彀免罪 mien tsui，真是胡说。

6 和尚 ho²-shang⁴ 是念佛经的人。他们的别名又说僧人 sêng¹ jên²。

7 前儿我看见了一张告示在墙上贴着，上边儿的字笔画看不真，下边儿又有擦坏了的地方儿，也不知道是甚么事。

第三章 散语章（四十练习） 211

896. 仓 ts'ang¹，穀仓。

897. 库 k'u⁴，仓库，贮藏室。

898. 宗 tsung¹，种类；又，作集合名词，复指前面出现的名词。

899. 考 k'ao³，比较；竞争式的考试。

900. 举例：

管仓的。 kuan³ ts'ang¹ ti.

库裡没有银子。 k'u⁴ li³ mei² yu³ yin²-tzǔ.

这宗事情我万不能做。 chê⁴ tsung¹ shih⁴ ch'ing² wo³ wan⁴ pu⁴ nêng² tso⁴.

祖宗。 tsu³ tsung¹.

我们的学生是一年考三回的。 wo³ mên ti hsio² shêng² shih⁴ i⁴ nien² k'ao³ san¹ hui² ti.

901. 如 ju²，如果；如同。

902. 若 jo⁴，如果。

903. 杂 tsa²，混杂的；没有秩序。

904. 另 ling⁴，附加的，另外的。

905. 派 p'ai⁴，本指河川的支流支脉。引申为分发，分配；派定；派遣。

906. 举例：

这件事情如果①不派人办理就杂乱了。 chê⁴ chien⁴ shih⁴ ch'ing² ju² kuo³ pu² p'ai⁴ jên² pan⁴ li³ chiu⁴ tsa² luan⁴ liao.

若是②另派人我倒有一点儿边儿。 jo⁴ shih⁴ ling⁴ p'ai⁴ jên² wo³ tao⁴ yu³ i⁴ tien³-'rhpien¹-'rh.

杂货铺③。 tsa² huo⁴ p'u⁴.

那饭钱是另外的。 na⁴ fan⁴ ch'ien² shih⁴ ling⁴ wai⁴ ti.

另外还有。 ling⁴ wai⁴ hai² yu³.

如同。 ju² t'ung².

如今④。 ju² chin¹.

注：① 如果 ju kuo：假使确实（参见364.）。说"如若 ju jo"也没什么不对的。

②若是 jo shih,普遍发音为"要是 yao shih",而且也经常是这么写的。边儿：边缘，边界，即希望。

③这个词儿北京说得不多。

④如今：现在。这种表达方式来历不太清楚。

907. **盼** p'an⁴，焦虑地期待着。

908. **望** wang⁴，期待；希望；往前看；往前。

909. **列** lieh⁴，分置于适当序列。

910. **众** chung⁴，众人；全体；每个。

911. **渴** k'o³，口渴的；热望。

912. 举例：

他们列位正盼望着你来可巧你就来了。 t'a¹ mên lieh⁴ wei⁴ chêng⁴ p'an⁴ wang⁴ cho ni³ lai² k'o³ ch'iao³ ni³ chiu⁴ lai² liao.

众位老爷们好。 chung⁴ wei⁴ lao³ yeh² mên hao³.

没有指望①了。 mei² yu³ chih³ wang⁴ liao.

明儿去望看②你。 ming²-'rh ch'ü⁴ wang⁴ k'an⁴ ni³.

渴了别喝凉水。 k'o³ liao pieh² ho¹ liang² shui³.

一个打杂儿的③。 i¹ ko⁴ ta³ tsa²-'rh ti.

注：①没有指望：字面上是，没有迹象，没有表示，没有什么指向（或托起）希望。

②望看 wang k'an，比"拜 pai"或"拜会 pai hui"更无拘束些，而且只能用于同辈亲近朋友之间的交往，或上级对下级的关系。

③打杂儿的：干杂务的人。打 ta，行为动词；杂 tsa，杂务（工作）。译按：英语课文对译为 a coolie，即"苦力 k'u³ li⁴（重体力劳动）"。原注：这个词北京人不知道，除非当作一个英式汉语的词 (an Anglo-Chinese term)。

913. **依** i¹，把某物靠在另一物上；挨得很近 (closely following)。引申为依照；依从，同意；遵照。因此，"不依 pu⁴ i¹"，就是反对；不赞同。参见问答章之七，37。

914. **恋** lien⁴, lüan⁴，喜爱、爱慕某个人或地方。

915. **跨** k'ua⁴，跨骑着；一条腿悬空地坐着。

916. 辕 yüan², 车辕；衙门 yamên 外院的侧门叫"辕门"。

917. 捨 shê³, 捨弃；放弃；不留不阻。

918. 礙，碍，ᵑgai⁴, 阻碍；妨碍。碍，只是"礙"的简体。北京话说这个字，鼻音 ng, 如果不说全没了，也几乎是听不到了 (In Peking the ng is hardly sounded, if at all.)。

919. 举例：

人出远门难免依恋①父母。 jên² ch'u¹ yüan³ mên² nan² mien³ i¹ lien⁴ fu⁴ mu³.

跨车辕儿②。 k'ua⁴ ch'ê¹ yên²-'rh.

辕门。 yüan² mên².

他是捨不得银子。 t'a¹ shih⁴ shê³ pu⁴ tê² yin²-tzǔ.

别怕不礙不碍。 pieh² p'a⁴ pu² ai⁴ pu² ai⁴.

你去罢碍手碍脚儿的。 ni³ ch'ü⁴ pa⁴ ai⁴ shou³ ai⁴ chiao³-'rh ti.

依我说。 i¹ wo³ shuo¹.

注：① 依恋 i lien：一般用于热爱父母或老人的关系，而不用于爱孩子的关系，对孩子单用"恋 lien"一个字，或是"捨不得 shê pu tê"。"恋 lien"还被用于沉溺于某种恶癖，例如一个男人离不了鸦片枪。

② 注意"辕儿 yê-'rh²", 不是 yüa-'rh²。译按：这里提醒的是"辕"儿化后前鼻音韵尾 -n 在口语里弱化、消失了，而且撮口呼变齐齿呼了。但原注 yê-'rh² 是 ye-'rh² 之误。威式拼音有 yen 无 yên。

920. 彼 pi³, 那，跟"此（这）"相对。

921. 此 tz'ǔ³, 这。

922. 处 ch'u⁴, 一处地方；但读 ch'u³ 的时候，表示"住在一个地方"。又，处理；处罚。引申为"处分 ch'u³ fên⁴", 官府的处罚（参见下文 925.）。

923. 偏 p'ien¹, 倾斜。引申为偏袒；特别地；格外。

924. 或 huo⁴, 表示不确定；如果；也许；要么；或者。

925. 举例：

彼此总要商量。 pi³ tz'ǔ³ tsung³ yao⁴ shang¹ liang⁴.

他不分彼此总是一样儿相待。 t'a¹ pu⁴ fên¹ pi³ tz'ǔ³ tsung³ shih⁴ i² yang⁴-'rh hsiang¹ tai⁴.

各处。处处。到处。 ko⁴ ch'u⁴. ch'u⁴ ch'u⁴. tao⁴ ch'u⁴.

这有甚么好处？ chê⁴ yu³ shên² mo hao³ ch'u⁴?

或待兄弟或待朋友他没甚么偏向的地方儿。 huo⁴ tai⁴ hsiung¹ ti⁴ huo⁴ tai⁴ p'êng² you³ t'a¹ mei² shên² mo p'ien¹ hsiang⁴ ti ti⁴ fang¹-'rh.

我偏不去①。 wo³ p'ien¹ pu² ch'ü⁴.

处分②。 ch'u³ fên⁴.

注： ① 在这个句子中的"偏 p'ien"，很难确定它确切的意义；我应该这么做，必须这么做（或，你要我这么做），但是，我"偏 p'ien"要背道而驰，做些恰恰相反的事情。

② 处罚，或轻或重，施于玩忽职守的官员。

练习三十四
(EXERCISE XXXIV)

34.1 这么些日子纔回来，渴想渴想①。彼此彼此。

注： ① 渴想 k'o hsiang，朋友分别多日重逢时，都这么打招呼。

34.2 打这块儿往东一望，直到天边儿上，都是水。

34.3 众人都说皇上新近专派了一位大官察考仓库裏头银米的数儿对不对①。或银或米若有短少，列位怕要得处分。依我说，他来不来碍不着②偺们的事。

注： ① 新近 hsin chin：最近（指时间）。对不对 tui pu tui：相符不相符（跟账上的数额）。

② 碍不着 ai pu chao：不涉及，着 chao，表动作完成的词缀（参见45.；及练习四十答案之6注①）。

34.4 这一个打杂儿的有甚么好处，你这么恋恋不捨的①？

注： ① 你对他（一个打杂儿的）这么恋恋不捨。

34.5 你们年中进的钱甚么是大宗儿？就是祖宗留下的产业阿。

34.6 老不下雨，乡下人盼望的利害。昨儿刚长点儿雲彩，偏偏①儿的又叫风颳散了。

注：① 偏偏 p'ien p'ien：最令人生气地；在这里可以直接用"该死的"表示。

34.7 另找一辆车罢，若是跨着辕儿必要弄一身土①。

注：① 弄一身土：弄(163.)得全身是尘土；一身(的)土，"的 ti"省略了。

34.8 京城是五方杂处的地方儿①。

注：① 字面上是，京城是五个方向来的人混杂居住的地方。注意："处"音 ch'u³ 而非 ch'u⁴。第五"方"就是中心。

练习三十四答案
(EXERCISE XXXIV KEY)

1 中国各城裏头都有仓有库。仓是装米的，库是搁银子的。这仓库都有官人 kuan jên 管理，银子米若是丢了，都为（译按："唯"之讹）官人是问。仓库裡头收着的银子和米，年年总得'查一回。那一年我有一个朋友是管银库的，夜裡来了些个贼，打开库门，把裏头的银子都抢了去了。那大官就叫我那朋友把丢了的银子按原数儿补还，我那朋友那'儿有那么些个现银子呢？斟酌些日子，没有法子，就跑了。

2 那有甚么用处。就是跑到天边儿上去，那官人还能拿不到么？就是拿不到，也不能回家；就是回家，也不能常住阿。

3 依我看，还是等着 têng cho 听 t'ing(131.) 处分 ch'u fên，倒比满地方儿跑强 ch'iang 多了。

4 赶车的，你瞧阿，有个人坐在车後头了，你还不往後抽 wang hou ch'ou (894.) 么？

5 去年我和你要那毛毡子你捨不得给我。如今你要送我，我偏不要咯。

926. 捏 nieh¹，两指夹住，如捏一朵花儿；捏合起来，如捏泥人儿。

927. 灑，洒，sa³，洒水；第二个字是简体。

928. 扫 sao³，扫除；跟随后的"帚"结合时读 sao⁴，扫帚，指大扫帚。

929. 帚 chou³，扫帚。

930. 砌 ch'i⁴，堆砌起来；如砌墙。

931. 硪，夯 hang¹，为了盖房子，在砌砖或石头之前先要把地基夯实。依照某些权威的意见，这个字应该写作"夯"。

932. 举例：

捏着笔。 nieh¹ cho² pi³.

捏了一个小牛儿当玩意儿。 nieh¹ liao i² ko⁴ hsiao³ niu²-'rh tang¹ wan² i⁴-'rh.

灑了满地的水。 sa³ liao man³ ti⁴ ti shui³.

拏个扫帚扫雪扫出个道儿来。 na² ko⁴ sao⁴ chou³ sao³ hsüeh³ sao³ ch'u¹ ko⁴ tao⁴-'rh lai².

要盖房子先得'打硪後再砌墙。 yao⁴ kai⁴ fang²-tzǔ hsien¹ tei³ ta³ hang¹ hou⁴ tsai⁴ ch'i⁴ ch'iang².

933. 狗 kou³，一条狗。

934. 修 hsiu¹，修理或修整；修补；修正。

935. 圆 yüan²，圆的。

936. 扁 pien³，平而薄的；匾额，悬挂在房间或房子门楣之上的。注意："平 p'ing²"（137.）指的是面儿平但不一定薄。

937. 幌 huang³，店铺招牌，不论是不是木头做的，也不管设计如何，总之是标明卖什么或做什么生意的。

938. 表 piao³，本义指在外的。引申为表明；再引申指鐘表。

939. 举例：

一条①狗。 i⁴ t'iao² kou³.

修理鐘表。 hsiu¹ li³ chung¹ piao³.

修房子。 hsiu¹ fang²-tzǔ.

画道儿的尺②有圆的有扁的。 hua⁴ tao⁴-'rh ti ch'ih³ yu³ yüan² ti yu³ pien³ ti.

大夫挂匾了③。 tai⁴ fu¹ kua⁴ pien³ liao.

酒铺子的幌子是布做的。 chiu³ p'u⁴-tzǔ ti huang³-tzǔ shih⁴ pu⁴ tso⁴ ti.

注：① 注意量词"条 t'iao"。
② 尺 ch'ih，又有英尺公尺之分。
③ 医生挂起了他的招牌。注意：匾 pien 只可以挂在门的上方，或者跟门取平；有例外，但这样的叫"立匾 li pien"，竖式匾额。更常见的说法是：挂了牌了 kua liao p'ai² liao。

940. 冤 yüan¹，受委屈。

941. 枉 wang³，本义是不直；引申为不公正。

942. 逬（译按：今作"蹦"）pêng⁴，双腿离地跳起；跳跃。本词条尚未被字典承认。

943. 跳 t'iao⁴，离地跳起；一般是单腿跳。

944. 嚇 hsia⁴，恐吓；受惊。在复合词中读 ho⁴。

945. 举例：
那不是冤枉他么？ na⁴ pu² shih⁴ yüan¹ wang³ t'a¹ mo?
你逬上墙去。 ni³ pêng⁴ shang⁴ ch'iang² ch'ü⁴.
有人跳下井去了。 yu³ jên² t'iao⁴ hsia⁴ ching³ ch'ü⁴ liao.
嚇了我一跳①。 hsia⁴ liao wo³ i² t'iao⁴.
注：① 这里的"跳 t'iao"，是心跳而不是身子跳。

946. 造 tsao⁴，制造，建造。

947. 报 pao⁴，宣布；通知。引申为报纸；公报；回报。

948. 彷 fang³，类似，相像。

949. 彿 fu²，只能跟在"彷 fang³"之后：彷彿 fang³-fu²，相像，类似。

950. 笤 t'iao²，笤帚，小扫帚。

951. 举例：
要造①房子先得'报官。 yao⁴ tsao⁴ fang²-tzŭ hsien¹ tei³ pao⁴ kuan¹.
他捏造了一张银票。 t'a¹ nieh¹ tsao⁴ liao i⁴ chang¹ yin² p'iao⁴.
有个人拏著把笤帚彷彿要扫地的样子。 yu³ ko⁴ jên² na² cho pa³ t'iao² chou³ fang³-fu² yao⁴ sao³ ti⁴ ti yang⁴-tzŭ.
京报②。 ching¹ pao⁴.

注：① 造 tsao，建造房屋通用的词不是"造"，而是"盖 kai⁴"。
②译按：京报，英语课文对译作：Peking Gazette（《北京公报》）。

练习三十五
(EXERCISE XXXV)

35.1 我那个时辰表①给鐘表铺裏送去，叫他们给修理修理。就手儿问他们我那个风雨表②收什得了没有。

注：① 时辰表：指示时间即"时辰 shih ch'ên"的机械；时辰，指时间，或时期；一天24小时有12个"时辰"。时辰表，也可以简称"表 piao"，但是千万小心别附加词缀"子 tzǔ"。

② 风雨表：这个词儿自然是很摩登的。又可以叫"寒暑表 han² shu³ piao³"。

35.2 他手裏捏着管笔，彷彿要写甚么。瓦盆儿是盆儿匠捏的。

35.3 那贼捏造告示，作为官出的①。

注：① 作为 tso wei：两个都是动词，充作 (to pass as)，在这里都有"扮演 (to play a part)""假裝 (to act as)"的意思。出 ch'u：在这里是行为动词，而"官 kuan"，官吏或政府，是主语；全句是：假装当作是官府发布的。

35.4 他带的货物捏报是行李，叫关上查出来①，全都入了官了②。

注：① 被海关发现。叫 chiao，遭受。汉语里没有任何动词原本就是被动语态，其被动结构是靠动词如"受""被"参与构成，或是通过对所说动词是"受"是"被"的陈述来体现的；一种行为由一个行为动词表现，而主语不管是动因还是事件，人们都是理解的。

② 入官：没收充公。

35.5 先灑水後扫地，不然那土就飞起来咯。

35.6 你那个小狗儿真好看。毛儿也长，腿儿也短，耳朵也不小，就是嘴头儿有点儿尖。

35.7 他们那儿打砟，别就是要盖房子罢①。

注：① 我猜他们要盖房子了，除此而外，不会是别的事儿。别就是 pieh chiu shih：一定是。别 pieh，区别，在这里就是在二者之间作出确定：除了盖房子不会是别的。就 chiu，可以省去。

35.8 若论圆 yüan² 扁 pien³ 的不同①：西瓜是圆的，扁豆就是扁的，钱是又圆又扁的。

注：① 若论：至于，关于；字面上是，如果（要）讨论"圆 yüan"和"扁 pien"的不同。

35.9 我没犯法，人告我做贼①，那不是我的冤枉么？

注：① 注意：做贼 tso tsei，当窃贼。

35.10 他近来的事情不好，那都是他的报应①。我实在想不出甚么法子来报答他待我的恩典。

注：① 报应 pao ying：只能表述为"对所做坏事的回报 (reward of evil-doing)""对不端行为或罪行的回应 (reward of misdeeds)"。

练习三十五答案
(EXERCISE XXXV KEY)

1 我看你那儿使唤的那个打杂儿的很好，做事很快当①，屋子裏灑扫的很乾净，我去了永远见他拿着笤帚，在那儿扫地。我那个底下人野的利害，那么大身量 shên liang 儿，走道儿老是前进 pêng 後跳 t'iao 的。成天家，不是打鸡就是鬪狗，很彷彿小人儿的样子。

注：① 快当 k'uai⁴ tang¹ (342.)；参见：顺当 shun tang (626.)；便当 pien tang (333.)。

2 还有一样儿，没开过眼。有一天，我的时辰表坏了，打算着要找人修理，搁在桌儿上了。他看见了，拿在手裏说：这是个甚么呢？又圆又扁的。没捏住 nieh chu，一失手 shih shou 掉的地下了。我问他表怎么摔了，他捏报是狗跳在桌子上，往下一进，碰下来的。还说要是讹他弄坏的，那可冤枉了他了。这样儿的人我还怎么用呢。

3 我看你用的那个人也不错。本来是乡下的人，粗率点儿也是有的，那样儿人一定有力气，往後要是砌墙，叫他帮著打碎做小工儿①，倒也罢了。

注：① 做小工儿 tso hsiao kung-'rh，辅助工，做些琐碎的活儿，特别是辅助砌墙之类的壮工，被称为"小工子 hsiao kung-tzǔ"；而泥瓦匠或石匠师傅，则是"大工子 ta kung-tzǔ"。

952. 岁，歲，sui⁴，年；但使用范围比"年 nien²"窄。第二个字是正体。

953. 纪 chi⁴，老式纪年，十二年为一纪；引申为以年为单位的任何时段 (any period of years)。又作动词，纪年。

954. 寿 shou⁴，高龄。

955. 举例：

岁数儿。 sui⁴ shu⁴-'rh.

万岁爷①。 wan⁴ sui⁴ yeh².

多大年纪②？ to² ta⁴ nien² chi⁴?

有了年纪的人③。 yu³ liao nien² chi⁴ ti jên².

您高寿④？ nin² kao¹ shou⁴?

注：① 皇上；字面上是，万岁之主。
② 这不是一个非常礼貌的问法，通常用的是"贵庚 kuei⁴ kêng¹"，稍后会遇到这个说法。
③ 不用于指六十岁以下的人。
④ 这个问法，只用于问五十岁以上的人的年纪，界限一般是看胡子，因为不大允许在那个年纪之前蓄胡子，至少是在相当级别的官员中是这样。

956. 因 yin¹，原因；因为。

957. 为 wei⁴，因为。注意不要跟"为 wei²"（848.）混淆了。

958. 缘 yüan²，起源；线索；缘故。

959. 故 ku⁴，古旧的；所以。

960. 耽，躭 tan¹，消磨时光；延误。第二个字形是通用形式。

961. 举例：

为甚么？ wei⁴ shê^n² mo?

因为有病不能去。 yin¹ wei⁴ yu³ ping⁴ pu⁴ nêng² ch'ü⁴.

你耽搁①到这会儿纔来因为甚么缘故？ ni³ tan¹ ko¹ tao⁴ chê⁴ hui⁴-'rh ts'ai² lai² yin¹ wei⁴ shê^n² mo yüan² ku⁴?

那缘故难说。 na⁴ yüan² ku⁴ nan² shuo¹.

注：① 耽 tan，在口语里从不单说，一般跟"搁 ko"连用，"耽"在前，或者后面跟"误 wu"（962.），耽误。

962. **悮，误**，wu⁴，该做而未做；做而未成功；弄错了；阻碍。两个字形都通用。

963. **容** jung²,yung²，单说时，是接受、容纳、容忍、允许；又，容貌。但后面跟个"易 i⁴"，就是"容易"(easy)。

964. **易** yi⁴,i⁴，单说，是"更换"；但跟"容 jung²"在一起，是"容易"(easy)。

965. 举例：

怎么耽悮了半天？ tsê^{n3} mo tan¹ wu⁴ liao pan⁴ t'ien¹?

我悮会①他的意思了。 wo³ wu⁴ hui⁴ t'a¹ ti i⁴ ssǔ¹ liao.

别耽悮工夫。 pieh² tan¹ wu⁴ kung¹ fu¹.

那不容易办。 na⁴ pu⁴ jung² i⁴ pan⁴.

这桌子尺寸太大屋裡容不下。 chê⁴ cho¹-tzǔ ch'ih² ts'un⁴ t'ai⁴ ta⁴ wu¹ li³ jung² pu² hsia⁴.

他过於讨人嫌没人能容他。 t'a¹ kuo⁴ yü² t'ao³ jên² hsien² mei² jên² nêng² jung² t'a¹.

从从容容儿的。 ts'ung¹ ts'ung¹ jung¹ jung¹-'rh ti.

注：① 悮会：误解。参见 129.。

966. **劲** chin⁴，强健有力；又，在复合词中，表示爱好。

967. **塗** t'u²,tu⁴，本义泥淖；但在"糊塗 hu²-tu⁴"中读 tu⁴。

968. **喜** hsi³，欢乐；讨人喜欢；喜爱。

969. **欢** huan¹，欣喜；显得高兴。

970. **惜** hsi¹，怜惜；同情；喜爱；吝惜；节约（经济上的）。

971. 举例：

这两天身上没有劲儿。 chê⁴ liang³ t'ien¹ shên¹ shang⁴ mei² yu³ chin⁴-'rh.

他那个人糊塗極了，我实在不喜欢他。 t'a¹ na⁴ ko⁴ jên² hu²-tu⁴ chi² liao, wo³ shih² tsai⁴ pu⁴ hsi³ huan¹ t'a¹.

喜事①。 hsi³ shih⁴.

我给你道喜。 wo³ kei³ ni³ tao⁴ hsi³.

他的少爷可惜②得很。 t'a¹ ti shao⁴ yeh² k'o³ hsi¹ tê hên³.

爱惜。 ai⁴ hsi¹.

他们俩很对劲儿③。 t'a¹ mên lia³ hên³ tui⁴ chin⁴-'rh.

注：① 一般指婚嫁，生日，等等；任何值得庆贺的事情。

② 可惜：可怜。可爱。得：tê=ti。

③ 他俩相处得（融洽，和谐）非常好。字面上是：他们俩力气相当。最初这种说法据说是这么发现的：他们的力气既然相当，不分彼此，于是就不必想着向对方吹牛，就能相处融洽了。

972. 欺 ch'i¹，诓骗。

973. 哄 hung³，欺诈。

974. 诓，诳，k'uang¹，企图用谎言、虚假的承诺等等达到目的。

975. 骗 p'ien⁴，欺骗。

976. 屉 t'i⁴，抽屉；书桌上的公文格。

977. 举例：

那个人老实，没有欺哄人的地方儿。 na⁴ ko⁴ jên² lao³ shih²，mei² yu³ ch'i¹ hung³ jên² ti ti⁴ fang¹-'rh.

你别哄我。 ni³ pieh² hung³ wo³.

他把人家的表诓骗了去。 t'a¹ pa³ jên² chia¹ ti piao³ k'uang¹ p'ien⁴ liao ch'ü⁴.

把这个抽屉抽出来把那个关上罢。 pa³ chê⁴ ko⁴ ch'ou¹ t'i⁴ ch'ou¹ ch'u¹ lai² pa³ na⁴ ko⁴ kuan¹ shang⁴ pa⁴.

练习三十六
(EXERCISE XXXVI)

36.1 这柜子裏的抽屉拉不出来。你使劲一抽，就拉出来了。

36.2 那一件事耽悮了是甚么缘故？那缘故太多，不容易说。

36.3 您这位少爷今年多大岁数儿？小儿今年十八岁了，他的生日是六月初八，过年就要给他办事①咯。赶到您那儿办喜事的日子我必要去道喜去。

注：① 办事：办喜事，即娶妻结婚。"要 yao"是将来时态的标志 (*sign of the future tense*)。注意：父亲说到自己儿子的婚事，只简单地说"办事 pan shih"，而不说"喜事 hsi shih"。

36.4 你别打算欺哄我，我告诉你，那不是件容易事。我很是你的硬对儿，若论诓骗人，你可不是个儿①。

注：① 不是个儿 pu shih ko-'rh：不是对手；赶上（我的）状态；（与……）一致的，（与……）同性质的。这是一句俚语。

36.5 可惜那个人过於糊涂①，说不明白。耽悮了我半天的工夫。

注：① 过於糊涂：过分愚蠢。参见343.。

36.6 我们俩彼此很对劲。可惜他那个兄弟很会欺哄人①，去年还诓骗了我幾两银子呢。

注：① 很能（懂得如何）欺骗别人。

36.7 我最不喜欢他待有年纪儿人的那个样子。我告诉你①，那都是小的时候儿，老家儿②不管他的缘故。

注：① 我告诉你这个缘故……，把"缘故 yüan ku"放在"原因"的前头，也不算错。

② 老家儿 lao chia-'rh：家庭内的年长者，包括亲戚，诸如叔叔舅舅，姑姑阿姨，等等。

36.8 他是个安静人，不论甚么事都是从从容容儿的办。

练习三十六答案
(EXERCISE XXXVI KEY)

1 过了新年又长了一岁①了。

注：① 中国人以"年"计算年龄，一出生即开始算一岁，这一年剩下的日子就算赐给孩子的；于是，一个出生10个月的孩子，满月之后便是两岁了。

2 你们老人家今年多大年纪？家父现在八十二岁了。这样儿年纪也算得是有寿数儿的人了。

3 昨儿我等了你一天，你为甚么不找我去？有个缘故。我正要走，恰巧有个远亲来了，我没法子，陪 p'ei 他坐着说话儿，耽误住了 tan wu chu liao。过了半天他纔 ts'ai 走了，天也不早了，我就没找你去。

4 你们住的那地方儿上大街很近，买甚么东西实在是便当。我们住的这小衚衕儿很不方便，买点儿甚么真不容易。

5 他那个人一点儿劲儿没有，还想要学武。心裏有多么糊涂。

6 你喜欢吃这菜不是？可惜没了。

7 你别欺哄我，纔刚我看见了那抽屉裏头还有好些个呢。

8 在铺子裏买东西不欺哄人，街上买东西可得'留神，多有卖不好的东西诓骗人银钱的。

978. 屡 lü³，频繁的。

979. 公 kung¹，公家的；公正的；无私的。又，绅士，随后就会见到。

980. 私 ssǔ¹，个人的；违禁的；自私的。

981. 务 wu⁴，事务；动词" 必须 (must)"。①

注：① 译按：现代汉语"必须"是副词；古英语 must 有动词用法。这里当指"将军所仗，必须良材"(《东观汉记》)这类用法。

982. 举例：

屡次。 lü³ tz'ǔ⁴.

我屡次的说他。 wo³ lü³ tz'ǔ⁴ ti shuo¹ t'a¹.

办公事务必①用心。 pan⁴ kung¹-shih⁴ wu⁴-pi²⁴ yung⁴ hsin¹.

私事。 ssǔ¹ shih⁴.

家务。 chia¹ wu⁴.

买卖人不准走私②。 mai³ mai⁴ jên² pu⁴ chun³ tsou³ ssǔ¹.

他是个公道人。 t'a¹ shih⁴ ko⁴ kung¹ tao⁴ jên².

私情。 ssǔ¹ ch'ing².

注：① 注意："务必"的力量比单用"必 pi""得'tei"都大。既可以说 wu⁴-pi²，也可以说 wu⁴-pi⁴。

② 走私：字面上是"秘密地行事 (walk secretly)"。

983. 閒 hsien², 空的；空闲的；悠闲。

984. 闷 mên⁴, 悲哀的；情绪低落。

985. 慌 huang¹, 加强描写不如意感觉的形容词语意的词缀。又, 惊慌；焦虑的。

986. 乐 lê⁴, lo⁴, 心里高兴；喜形于色。又, 笑了。

987. 烦 fan², 麻烦, 或沾上麻烦。

988. 急 chi², 动作快或脾气躁；水流急速。前面加"著 chao²"(45.), 表示"焦急"；渴望的；急切的。

989. 举例：

我没有閒空儿。 wo³ mei² yu³ hsien² k'ung⁴-'rh.

闷的慌。 mên⁴ ti huang¹.

我闷死了。 wo³ mên⁴ ssǔ³ liao.

我要请客乐一乐散散闷。 wo³ yao⁴ ch'ing³ k'o⁴ lo⁴ i¹ lo⁴ san⁴ san⁴ mên⁴.

这包儿烦你带了去。 chê⁴ pao¹-'rh fan² ni³ tai⁴ liao ch'ü⁴.

慌慌忙忙的。 huang¹ huang¹ mang² mang² ti.

别著急。 pieh² chao² chi².

我告诉他那话他乐了。wo³ kao⁴ su⁴ t'a¹ na⁴ hua⁴ t'a¹ lo⁴ liao.

990. 奉 fêng⁴, 本义是进献礼物时双手高高捧起送上；接受诸如命令、委派等等。

991. 求 ch'iu², 请求；渴望；追求。

992. 託 t'o¹, 委托；请求某人代理做某事。

993. 發 fa¹, 發出；使發出；传递。

994. 信 hsin⁴, 真诚；相信；信件。又, 随心所欲。

995. 举例：

我有件事奉求您。 wo³ yu³ chien⁴ shih⁴ fêng⁴ ch'iu² nin².

求老爷的恩。 ch'iu² lao³ yeh² ti ⁿgên¹.

託您替我打發个人送信①去。 t'o¹ nin² t'i⁴ wo³ ta³ fa¹ ko⁴ jên² sung⁴ hsin⁴ ch'ü⁴.

你的话我不信。 ni³ ti hua⁴ wo³ pu² hsin⁴.

信不得的。 hsin⁴ pu⁴ tê² ti.

信口说。 hsin⁴ k'ou³ shuo¹.

注：① 注意：送信 sung hsin，是送一封信；送信儿 sung hsin-'rh，是送个消息去。

996. **雇** ku⁴，雇用、租用，对象可以是佣人、马匹、车辆；房子，家具等等不能说"雇"。

997. **孩** hai²，小孩儿。

998. **撒** sa¹，从手上播撒出去，如种子，等等。（译按：此处标调有误，应是 sa³。据谈论篇百章之八注③，~谎，音 sa¹；~种，音 sa³）

999. **谎** huang³，谎言。

1000. **赚** chuan⁴，获得，如金钱。

1001. **星** hsing¹，星星。

1002. **所** so³，本义指一个地方；作关系代词（相当于英语 that which）。跟动词"有 yu³"结合，表示"全部的"。跟"以 i³"(125.) 结合，意思是"因此"，"因而"（参见 125.）。

1003. 举例：

雇一个小孩子①送信。 ku⁴ i² ko⁴ hsiao³ hai²-tzǔ sung⁴ hsin⁴.

雇船。 ku⁴ ch'uan².

好孩子去玩儿去罢。 hao³ hai²-tzǔ ch'ü⁴ wan²-'rh ch'ü⁴ pa⁴.

他常撒谎所以没人信他。 t'a¹ ch'ang² sa¹ huang³ so³ i³ mei² jên² hsin⁴ t'a¹.

说谎话。 shuo¹ huang³ hua⁴.

扫帚星。流星。 sao⁴ chou³ hsing¹. liu³ hsing¹.

虽然他的本事大也不能赚钱②。 sui¹ jan² t'a¹ ti pên³ shih⁴ ta⁴ yeh³ pu⁴ nêng² chuan⁴ ch'ien².

所有的书全好③。 so³ yu³ ti shu¹ ch'üan² hao³.

注：① 注意：孩子，可以是男孩儿，也可以是女孩儿。

② 同样可以说：他的本事虽然大 t'a ti pên shih sui jan ta。

③ 注意:"所有"后面一定要跟有表示"全部"的诸如"都 tou""全 ch'üan"的词，因为"所有 so yu"只表示强调，只起加强语意的作用。

练习三十七
(EXERCISE XXXVII)

37.1 您公事忙不忙？也不算很忙，天天儿总有闲着的时候儿。

37.2 我有一件事情奉求。李老爷该我的那一笔账我屢次上他那儿去要，他们的人总说没空儿，不见我。您多儧闲着，託您替我要一要纔好①。

注：① 纔好 ts'ai hao：英译时从略，因为它对于句子的完整似乎是没有必要的。

37.3 昨儿我一个相好的，因为孩子病，心裏烦闷，急要發信到乡下问一问，託我替他雇一个人送信。我雇了一个人，打發他去了，到後半天他回来，说没有找着①。我知道他是撒谎，所以我不肯给他钱。

注：① 到 tao 後半天：（时间）到了下午。没有找着：没找到地方。参见练习四十答案注①关于"着 chao"的注。

37.4 小价钱买来的①，大价儿卖，那就是赚钱 chuan⁴ ch'ien²。货是一两银子一斤买的，还是一两银子卖的，所以不能赚钱。

注：①（买来）的 ti：表示货物，或其他任何类似的词 (ti representing the goods, or any like word.)。

37.5 他带着一车子①私货进城，门上的官人过来查问，他慌慌忙忙的说是行李。官人不信，把箱子打开一看，果然②装的都是私货，所以全入了官了。

注：① 注意：车子 ch'ê-tzǔ，又叫"小车子 hsiao ch'ê-tzǔ"，一种手推独轮车。
② 果然 kuo jan：确实，千真万确的。

37.6 天上的星星虽多，扫帚星可不大常见。

37.7 我乡下买了个所在①，赶到夏天在那儿住着，小孩子们必是乐极了。

注：① 所在 so tsai：处所，地方。很难解释"在"在这个复合结构中的作用，虽然口语中讲到处所时很少只用"所"不带"在"的。

练习三十七答案
(EXERCISE XXXVII KEY)

1 你平常做甚么？怎么我屡次的上你那儿去，你家裏的人，老答应说是你不在家？你想，我那'有工夫儿①？不是公事，就是私事，家务又多。那'一样儿不得'我办？所以永远没閒空儿。

 注：① 工夫 kung fu, 闲工夫 hsien kung fu 的缩略。

2 人若是闷得慌，到街上走一走最好。看见点儿可乐的事，心裏自然就不烦了。要是碰见下雨的日子，不能出去，可叫人急得慌。

3 有一件急事，得烦个人给他送个信儿去。你闲着没事，就奉求你给他个信儿。不行，我没閒空儿，请另託别位罢。我想不论打發谁去都行。

4 那孩子爱撒谎。我打發他雇车去，他回来告诉我街上没车。我不信，打發别人去雇去了。不大的工夫儿就雇来了，我纔知道是那孩子要赚钱，赶车的不肯跟着他撒谎，所以没雇成。

5 他的买卖很赚钱，所有各样儿零碎货物都卖，所以不能不赚钱。虽然是个杂货铺儿，买卖倒不错。

   1004. 承 ch'êng², 接受或被委托；作为承受者，如承受恩惠等。
   1005. 差 ch'ai¹, 派遣，无论是作为使节，还是日常事务，均属官方事务。读 ch'a¹, 不同的，有差别；读 ch'a⁴, 有差错、错误。
   1006. 任 jên⁴, 担任公职；所任职务。又，责任或负担；跟"凭 p'ing²"在一起，任凭，表示"允许"。
   1007. 署 shu³, 办公署。音 shu⁴, 指临时性的官职。
   1008. 习 hsi², 学习过程中的练习。
   1009. 举例：
  这事情没有人应承①了。 chê⁴ shih⁴ ch'ing² mei² yu³ jên² ying¹ ch'êng² liao.
  承情。 ch'êng² ch'ing².

承问。ch'êng² wên⁴.

听差。t'ing¹ ch'ai¹.

差人②。ch'ai¹ jên².

都说有差使③。tou¹ shuo¹ yu³ ch'ai¹ shih³.

三年任满了。san¹ nien² jên⁴ man³ liao.

他不是实任不过是署理。t'a¹ pu² shih⁴ shih² jên⁴ pu² kuo⁴ shih⁴ shu⁴ li³.

学习一年。hsio² hsi² i⁴ nien².

差不多。ch'a¹ pu⁴ to¹.

不差甚么④。pu⁴ ch'a¹ shê^n² mo.

注：① 应 ying¹，虽然读第一声，而意思是第四声 ying⁴ (781.) 的，却不是 ying¹ (726.) 的意思。译按："应承"现在是用第四声 ying⁴ ch'êng²。

② 译按：英语课文对译为：衙门里跑腿儿的；或，派一个人，即派个听差的 (A yamên "runner"; or, to send a person, q.d., on an errand) 表明"差人"有歧义：前者是名词，后者是个述宾结构。

③ 差使 ch'ai shih：官府里委派的工作；受雇任官府的一个职位。

④ 不差甚么：跟上面的"差不多"，都是常用短语，也许就是"差不远了 ch'a pu yüan³ liao(371.)""差不了多少 ch'a pu liao to shao"等的变体。

1010. 部 pu⁴，任何大的种类、部属；法庭或政府机关的部门；书的量词。

1011. 堂 t'ang²，大厅；国家的某一个部门，机关首长集中办公的地方。

1012. 司 ssŭ¹，管理；指导；在一个大机构中管理某一部门；负责管理的部门。

1013. 委 wei³，委派，例如一位高官委派一位下级官吏。

1014. 员 yüan²，任何文武官员。

1015. 吏 li⁴，本指对他人行使权力，习惯上用在有关文官的各种名目上；又，文书，办事员。

1016. 役 i⁴, yi⁴，本指受雇者；特指那些作衙役（警察）的以及诸如此类的人。

1017. 皂 tsao⁴，本义黑色；"肥皂 fei-tsao"的"皂"（参见 279.）。

1018. 隶 li⁴，本指在他人权力支配下的人。

1019. 举例：

六部的堂官①。 liu⁴ pu⁴ ti t'ang² kuan¹.

上司派委员②。 shang⁴ ssǔ¹ p'ai⁴ wei³ yüan².

那些衙役坏極了。 na⁴ hsieh¹ ya² yi⁴ huai⁴ chi² liao.

书吏同书办不差甚么③。 shu¹ li⁴ t'ung² shu¹ pan¹ pu⁴ ch'a¹ shêⁿ² mo.

一班皂隶④。 i⁴ pan¹ tsao⁴ li⁴.

几位官员。 chi³ wei⁴ kuan¹ yüan² (. / ?)⑤

注：① 京城六部的正副首长都叫"堂官"，也包括其他各部的首长。

② 译按：英译文：上级主管（或，各部首长）委派的委员（或代表）。原注："委员"一词已中国化了 (has become anglicised in China)。

③ 书吏 shu li，地方衙门的秘书；书办 shu¹ pan¹，大城市政府机构的秘书。注意声调。

④ 皂隶 tsao li：这样的称呼，大约起于他们所穿制服的颜色；在北京，不要求都着黑色上装。班 pan，参见 414.。

⑤ 译按：英译文表明可以用陈述或疑问两种语气。

1020. **供** kung⁴，本义"供应"，满足需求。供 kung¹，作供，作证，证词。

1021. **禀** ping³，向上级报告；草拟请示或公文。本字归部首 115（禾），查字典在禾部才能找到这个字。

1022. **帖** t'ieh³，一种绢片或纸片，写的有字；又，某种情况下读 t'ieh⁴。

1023. **存** ts'un²，收藏；留住。

1024. **稿** kao³，文件的草稿。

1025. 举例：

我写了一个禀帖告他。 wo³ hsieh³ liao i² ko⁴ ping³ t'ieh³ kao⁴ t'a¹.

"供他"也说得。 kung¹ t'a¹ yeh³ shuo¹ tê.

口供。 k'ou³ kung¹.

禀报地方官。 ping³ pao⁴ ti⁴ fang¹ kuan¹.

起稿子。 ch'i³ kao³-tzǔ.

把稿子存在抽屉裡。 pa³ kao³-tzǔ ts'un² tsai⁴ ch'ou¹ t'i⁴ li³.

上供。 shang⁴ kung⁴.

名帖①。 ming² t'ieh³.

注：① 又叫"名片 ming-p'ien"（见练习 20.10 注）。名帖与名片的不同，是技术性的，每个老师都能解释它们的不同。

1026. 陈 ch'ên²，陈列；引申为陈述。在本练习中，也是最普通的用法，表示陈旧的；用过的。

1027. 案 ⁿgan⁴，法律或官式用语，指案件或问题。又，有关某案件的卷宗；引申为记录。

1028. 照 chao⁴，本指光的映照；引申为遵照。

1029. 式 shih⁴，式样；风尚。

1030. 举例：

不论谁起稿子都是照着陈案①办的。 pu² lun⁴ shui² ch'i³ kao³-tzŭ tou¹ shih⁴ chao⁴ cho ch'ên² ⁿgan⁴ pan⁴ ti.

我喜欢吃陈米。 wo³ hsi³ huan¹ ch'ih¹ ch'ên² mi³.

按照公道办。 ⁿgan⁴ chao⁴ kung¹ tao⁴ pan⁴.

照着现在的式样。 chao⁴ cho hsien⁴ tsai⁴ ti shih⁴ yang⁴.

这一案还没了咯。 chê⁴ i² ⁿgan⁴ hai² mei² liao³ lo.

照会②。 chao⁴ hui⁴.

注：① 陈案：先例，字面上是，旧案子。
② 这个词，几乎只用于外国跟中国官方往来的文件。

练习三十八
(EXERCISE XXXVIII)

38.1 小儿得了在工部裏帖写的差使①，都是承您的情。

注：① 帖写的差使：文书的职位。注意：帖，读 t'ieh⁴，不是 t'ieh³；也可以写作"贴 t'ieh¹"（886.），不过声调要如上，第四声。

38.2 现任的官出了缺①，上司就派员署理，赶到新派实任的来了，那署理的差使就完了。

注：① 出了缺：出现空额、空缺；官府宣布某一在位官员亡故，采用这种说法。译按：英译文便直接用 dead。

38.3 六部的上司都称"堂官 t'ang² kuan¹"，堂官以下就是"司官 ssǔ¹ kuan¹"。新到衙门候补①的司官，为"学习行走"②。

注：① 候补：等待填补空缺；候 hou，在这里是动词，等待。
② 学习行走：见习；学习那里的实际运作。

38.4 京城的衙门办稿，不是司官就是书班 shu¹ pan¹ ①。供事 kung⁴ shih⁴ 是有顶戴的书班，当的差使可就和书班一样。

注：① 译按：书班，乃"书办"之讹。参见 1019. 注③：书办 shu¹ pan¹，大城市政府机构的秘书。注意声调。但在随后的中文课文里"书办"因同音关系全误作"书班"（英文课文则不误），除了本条（38.4）之外，还有练习三十八答案之5、6、9等，所见径改，不再出注。

38.5 文书發了之後，存起来的稿子就叫陈案 ch'ên² ng an⁴。

38.6 他偷了我们坟上的树，我写了一个禀帖，上衙门去告他。那衙役 ya yi 们不给送进去，说先得'给他们多少钱。你还不知道那衙门人的习气①么？就是他老子去打官司②，也是一样儿的要钱。

注：① 习气 hsi-ch'i：习惯或风俗；气 ch'i，模样、神气，或脾气；习 hsi，已成习惯的。"习气"只用于贬义。
② 打官司：打 ta，动作动词，采取，着手做；官司 kuan ssǔ，法律行动。"打官司"的词源不很清楚。

38.7 新来的那位官员是做甚么的？是上司派来的委员 wei-yüan，问那明火案儿的口供。

练习三十八答案
(EXERCISE XXXVIII KEY)

1 人要是办错了事，有了不是，得'承当 ch'êng² tang¹。这件事是甚么人承办？
2 无论差使大小，都得'给国家出力。实任署任，都是一样。

3 当官差 Tang¹ kuan¹ ch'ai¹ 就是当差使 tang¹ ch'ai¹ shih³。办私事不能说差使 ch'ai¹ shih³。

4 候补的官先得'学习行走,那就是初到衙门的时候儿,学着当差。有缺就可以派着署。

5 最大的衙门是六部 (*Six Boards*),部裡最大的官就是堂官 t'ang² kuan¹(*chiefs*),又说上司 shang⁴ ssǔ¹。一部分多少司 ssǔ¹(*departments*),管各司的官儿叫司官 ssǔ¹ kuan¹(*chiefs of departments*),又说司员 ssǔ¹ yüan²。稿子都是他们办,也有交给书办 shu¹ pan¹(*clerks*) 办的。

6 书办 shu¹ pan¹ 是书吏 shu¹ li¹ 的俗名儿。事情办妥了,稿子写好了,给堂官看。那叫回堂画稿 hui² t'ang² hua⁴ kao³。

7 凡各衙门有外差,得'派委员去办。

8 衙役 ya² yi⁴、皂隶 tsao⁴ li⁴,是各衙门裡使唤作零碎事的官人。

9 供事 kung⁴ shih⁴ 是考来的,中 chung⁴(302.) 了就有顶戴。比书办 shu¹ pan¹ 尊贵些。

10 办过了的官事文件,收存起来叫存稿 ts'un² kao³(*archived drafts*)。存稿裡有准过的,有不准的,可都是陈案 (*archives*)。

1031. 脾 p'i²,胃的一部分,提供消化力的。(译按:这种解释受当时生理知识所限。)

1032. 祸 huo⁴,不幸;灾难。

1033. 福 fu²,幸运。

1034. 命 ming⁴,判决,或属天意,或由上司;加上"性 hsing⁴"(532.),有时也不用加,表示"生命"。

1035. 运 yün⁴,运送;实行。

1036. 举例:

脾气①。P'i² ch'i⁴.

他脾气太暴。t'a¹ p'i² ch'i⁴ t'ai⁴ pao⁴.

性儿又急。hsing⁴-'rh yu⁴ chi².

他很有福气。t'a¹ hên³ yu³ fu² ch'i⁴.

这不是大祸么？chê⁴ pu² shih⁴ ta⁴ huo⁴ mo?

天命。t'ien¹ ming⁴.

运气好。yün⁴ ch'i⁴ hao³.

运货。yün⁴ huo⁴.

注：① 关于"气 ch'i"，参见练习 38.6 注①。

1037. 志 chih⁴，志向。

1038. 益 yi², yi⁴，增加；好处，利益。口语里更经常说的是 yi² 而不是 yi⁴。

1039. 活 huo²，活着的；有生气的。

1040. 聪 ts'ung¹，对所听到的事领悟快。

1041. 愿 yüan⁴，希望；愿意，乐于。

1042. 功 kung¹，在一件好事中尽了力。

1043. 举例：

他很有志气。t'a¹ hên³ yu³ chih⁴ ch'i⁴.

无志空活百岁。wu² chih⁴ k'ung¹ huo² pai³ sui⁴.

实在没有益处。shih² tsai⁴ mei² yu³ yi² ch'u⁴.

我看他外面儿很聪明。wo³ k'an⁴ t'a¹ wai⁴ mien⁴-'rh hên³ ts'ung¹ ming².

他不愿意用功。t'a¹ pu² yüan⁴ yi⁴ yung⁴ kung¹.

怕活不了。p'a⁴ huo² pu⁴ liao³.

1044 亏 k'uei¹，欠缺，不足。

1045. 辜 ku¹，本指过错；特指忘恩负义；不领情的。

1046. 负 fu⁴，背信弃义；背负，背着。

1047. 抱 pao⁴，搂在怀里或臂弯中；引申为怀有，抱有。

1048. 怨 yüan⁴，忿恨。

1049. 举例：

他本钱亏空了。t'a¹ pên³ ch'ien² k'uei¹ k'ung¹ liao.

吃亏①。ch'ih¹ k'uei¹.

这件事多亏你办结了②。 chê⁴ chien⁴ shih⁴ to¹ k'uei¹ ni³ pan⁴ chieh² liao.

从前我很要叫他念书他不愿意抱怨着我辜负③了我的好心了。 ts'ung² ch'ien² wo³ hên³ yao⁴ chiao⁴ t'a¹ nien⁴ shu¹ t'a¹ pu⁴ yüan⁴ i⁴ pao⁴ yüan⁴ cho wo³ ku¹ fu⁴ liao wo³ ti hao³ hsin¹ liao.

把孩子抱进来。 pa³ hai²-tzǔ pao⁴ chin⁴ lai².

注：① 吃亏：蒙受损失。
② 这件事情能办得这么妥当，大部分应归功于您哪。结 chieh，完结，圆满；本义是打结（参见 444.）。多亏 to k'uei，可以表示非常感谢，万分感激。
③ 在北京"辜负 ku fu"跟"亏 (1044.) 负 k'uei fu"一样常用。

1050. **寒** han²，冷。

1051. **悔** hui³，悔悟，对善恶方面。

1052. **善** shan⁴，善良的，有德行的。

1053. **恶** ⁿgo⁴，ⁿgê⁴，邪恶的。

1054. 举例：

他们如今寒苦了。 t'a¹ mên ju² chin¹ han² k'u³ liao.

我当初多花了钱如今後悔①了。 wo³ tang¹ ch'u¹ to¹ hua¹ liao ch'ien² ju² chin¹ hou⁴ hui³ liao.

善人恶人。 shan⁴ jên² ⁿgo⁴ jên².

人不能都算善也不能都算是恶。 jên² pu⁴ nêng² tou¹ suan⁴ shan⁴ yeh³ pu⁴ nêng² tou¹ suan⁴ shih⁴ ⁿgo⁴.

注：① 後悔：悔恨（名词）。动词化之后，表示懊悔。

1055. **其** ch'i²，在特殊惯用语中相当于定冠词 the，指人或事物：其人其事。

1056. **馀** yü²，过剩；剩馀的。

1057. **灵** ling²，精神上的；聪明。

1058. 举例：

那孩子很灵其馀的比不上他①。 na⁴ hai²-tzǔ hên³ ling² ch'i² yü² ti pi³ pu shang⁴ t'a¹.

他心裡很灵便甚么玩意儿②都拏得起来。 t'a¹ hsin¹ li³ hên³ ling² pien⁴ shêⁿ²

mo wan² i⁴-'rh tou¹ na² tê ch'i³ lai².

　　注：① 其馀的比不上他：剩下的那些孩子都不如他。其馀：那些剩下的。

　　　　② 注意：玩意儿 wan i-'rh，指各种才艺技能，诸如音乐，射箭，等等。

练习三十九
(EXERCISE XXXIX)

39.1 他那一件事情成了，是他的命运好。在我说，不关运气①，都是他有志气，肯用功的好处。

　　注：① 不关：不把……归因于。不关运气：跟运气没有关系。参见"关 kuan"（63.），涉及。

39.2 作善得福，作恶得祸，这都是天命所定自然之理。

39.3 他打直隶 Chihli 运来的米没赚钱，连本儿都①亏空了。

　　注：① 注意"都 tou"，在这里不是表"全部"，而是表"两者"：该得的利润和投入的本金。

39.4 可惜那个人虽然聪明，到底脾气不行①。任凭②待他怎么好，总是抱怨。

　　注：① 脾气 p'i-ch'i 不行：脾气坏，让人受不了。注意：可以说"某人脾气好"，或"没脾气"，即完全没有怪僻的特征或倾向。

　　　　② 任凭 jên p'ing：无论怎样。

39.5 天气寒冷的时候儿，人得'活动活动，身子纔不吃亏，不然，赶①有了病，就後悔不来②了。

　　注：① 注意：赶 kan³，"赶到 kan tao"的略语式，到……时候。

　　　　② 後悔不来 hou hui pu lai：后悔也不会有结果。代替这个"来"的只有"行 hsing"，表成功，有好结果或其他近似的词。（译按：其实有个更好的替代"及"，后悔不及。）

39.6 你专在这不相干的事情上用功，有甚么益处？你们老人家花了若干①的银子给你捐了官，你不正经②当差使，这不是辜负老家儿的恩典么？真叫人家寒心③阿。疼的要命。

　　注：① 若干 jo kan：本地字典解释，在"若干"中，干（部首51）相当于"个 ko"；而且毋须经过扩展过程，这两个汉字就既可以表示复数的"这些"也可以表示单

数的"这个"。口语一般用法，也许与此同样准确，例如"若干人 jo kan jên"，一批人。

②正经 chêng ching：应该的，正当的。引申为规矩的，正确的道路；有道义地，正直地，体面地。比较：正经人 chêng ching jên，可敬的体面的人。

③寒心：让人心里感到寒冷。寒心，一颗寒冷的心，好意被辜负所感到的寒冷。

39.7 这个学生极灵，又愿意用功。其馀那些个孩子真是不中用。

39.8 你脸上发了福了①。旧年②这个时候儿，看你那个样儿就活不了。

注：① 发福：长胖了。

② 旧年：去年；"旧 chiu"常常取代"去 ch'ü"的位置。

39.9 把窗户开开罢。那窗户不是活的①，开不开。

注：① 活 huo，可用以指任何活动的或拼合的东西；例如：枪托，是活的 huo ti，可拆卸。反义词是"死的 ssŭ ti"，例如：一个固定的东西或人形靶，就是"死的"。

练习三十九答案
(EXERCISE XXXIX KEY)

1 他的性情很好，一点儿脾气都没有，怎么能得祸？况且长得也是很有福气的样儿。

2 人生来的命有好有歹，就是运气 yün⁴ chi⁴，也不能一个样儿。

3 无论做甚么事，总得'有志气，自然成得了事。若一点儿志气都没有，一辈子也不用想有进益 chin yi⁴（注意声调。译按：参见 1038.）。

4 他那个人你别错瞧 ch'iao 了。说话行事倒很活动 huo tung，一点儿也不死样 ssŭ yang。人也极聪明，很有志气。老在家裏，那'儿也不愿意去，最爱用功。

5 你借别人的钱，他怕你出利钱吃亏，替你还上。这是你的益处，你倒抱怨他多事 to shih。这不是辜负人家的好意么？叫人寒心不寒心？日後他知道，和你要钱，准是要後悔的 chun shih yao hou hui ti。

6 行善做恶那都在人。作恶的人悔改 hui³ kai³ 了，一样也是善人。

7 这幾样儿很好。给我留下。其馀的拿了去，我不要。

8 这小狗儿很有灵性 hên yu ling hsing, 我说甚么他都懂得。

1059. **紧** chin³, 牢固的；紧迫的。又，极度的；引申，加"要 yao⁴"——前加成"要紧"后加成"紧要"，同是"重要"的意思。

1060. **预** yü⁴, 事先。使用时一般配以"先 hsien¹"成"预先"；预，还可以跟下一个字构成复合词。

1061. **备** pei⁴, 预备；准备好的。

1062. **通** t'ung¹, 从此一点往彼一点通行无障碍；懂得，理解。

1063. **共** kung⁴, 总共；和，连同。

1064. **合** ho², 联合的；适合。

1065. **举例：**

不要紧。 pu² yao⁴ chin³.

赶紧送信去。 kan³ chin³ sung⁴ hsin⁴ ch'ü⁴.

屋子预备好了没有？ wu¹-tzǔ yü⁴ pei⁴ hao³ liao mei² yu³?

预先告诉我备马。 yü⁴ hsien¹ kao⁴ su⁴ wo³ pei⁴ ma³.

预备下马①。 yü⁴ pei⁴ hsia ma³.

这个道儿通不通？ chê⁴ ko⁴ tao⁴-'rh t'ung¹ pu⁴ t'ung¹?

路不通。 lu⁴ pu⁴ t'ung¹.

通共三十个。 t'ung¹ kung⁴ san¹ shih² ko⁴.

很合意②。 hên³ ho² i⁴.

正合式③。 chêng⁴ ho² shih⁴.

注：① 注意"预备下马"跟"备马"之不同；"下 hsia"在这里表示已处于听候待命状态。

② 我们也可以说"合我的意 ho wo ti i"。

③ 译按：合式，同"合适"。

1066. **除** ch'u², 使离去；去掉。加"非 fei¹"（部首175）成"除非"。

1067. **剩**，**賸**，shêng⁴, 剩馀，例如一个总数的剩余部分。虽然"剩"是常用字体，但"賸"是正体。

1068. 盈 ying², 过量的；超出的数量。

1069. 像 hsiang⁴, 本义为图像；类似；似乎。

1070. 似 ssŭ⁴, shih⁴（不同场合发音不同），相类。

1071. 举例：

除了花费下剩一千银子。 ch'u² liao hua¹ fei⁴ hsia⁴ shêng⁴ i⁴ ch'ien¹ yin²-tzŭ.

没有盈馀。 mei² yu³ ying² yü².

花钱好像流水似的①。 hua¹ ch'ien² hao³ hsiang⁴ liu² shui³ shih⁴ ti.

这孩子长得很像他的老子。 chê⁴ hai²-tzŭ chang³ tê hên³ hsiang⁴ t'a¹ ti lao³-tzŭ.

照像。 chao⁴ hsiang⁴.

除非他去不行。 ch'u² fei¹ t'a¹ ch'ü⁴ pu⁴ hsing².

注：① 注意："似"后面跟"的 ti"的时候，总是发音 shih。

1072. 横 hêng², 水平的，跟"垂直的"相对。

1073. 豎，竖, shu⁴, 垂直的，跟"水平的"相对。

1074. 伤 shang¹, 人的身体或感情受到伤害；伤害。此外，也用于有生命的和无生命的许多东西。

1075. 棚 p'êng², 席棚；棚屋；遮篷。

1076. 搭 ta¹, 放置；堆积；搭建。又，加入，如"搭伙儿"；附加。

1077. 举例：

把这一根木头竖起来，横在道儿上人家过不去。 pa³ chê⁴ i⁴ kên¹ mu⁴ t'ou² shu⁴ ch'i³ lai², hêng² tsai¹ tao⁴-'rh shang⁴ jên² chia¹ kuo⁴ pu⁴ ch'ü⁴.

我打伤了他的牛。 wo³ ta³ shang¹ liao t'a¹ ti niu².

受伤。 shou⁴ shang¹.

我很伤心。 wo³ hên³ shang¹ hsin¹.

夏天搭一个凉棚好。 hsia⁴ t'ien¹ ta¹ i² ko⁴ liang² p'êng² hao³.

搭船。 ta¹ ch'uan².

1078. 準 chun³，对准；使相等。引申为准则；准确的；精确度；确凿的；必定的。字形上可与"准 chun³"（567）互换，而"准"用得更普遍些。

1079. 势 shih⁴，性能；势力；权力；引申为力量的改变。又，气势；外表；形势。

1080. 举例：

他的天平①没有我的準，一两银子总差二分。 t'a¹ ti t'ien¹ p'ing² mei² yu³ wo³ ti chun³, i⁴ liang³ yin²-tzŭ ts'ung³ ch'a⁴ êrh⁴ fên¹.

随势。 sui² shih⁴.

这一座庙的势派儿②不小呢。 chê⁴ i² tso⁴ miao⁴ ti shih⁴ p'ai⁴-'rh pu⁴ hsiao³ ni.

注：① 天平 t'ien p'ing：称银子的秤（参见 326.）。注意：差 ch'a⁴（参见 1005.）。
② 势派儿 shih p'ai-'rh：可以用来说人，也可以用于任何庆典或队伍，诸如出大殡，婚礼，等等。

练习四十
(EXERCISE XL)

40.1 你天天儿来不来都不要紧。若有紧急的事情，横竖①得'叫你去②。

注：① 横竖：指任何情况下。hêng shu 在这里读 hêng² shih。
② 注意"来 lai"和"去 ch'ü"的意思，显示说话人当时所处位置，正是有请时要到达的地方。重音在"叫 chiao"。

40.2 可惜他盖的那房子不像房子的式样。好像马棚似的①，住着很不像样儿②。

注：① 好像：好 hao= 很 hên。注意：夹在"像 hsiang"和"似 shih"中间的相似的对象，这两个词合起来相当于英语的动词 *resemble*；后者译为一个名词更好些，就是说译成"更像马棚的样子"。马厩，通常叫"马号 ma hao (858.)"；马棚 ma p'êng，严格说来，指单坡屋顶的小房子，没有门或窗。
② 不像样儿：不像（他应该享用的房屋的）样子，或气势。

40.3 那一所儿房子①，通共有多少间 chien¹②？通共有一百多间，除了人住的，下賸还有四五十间③。

注：① 房子：注意"一所房子 i so fang-tzŭ"，指的是包括所有的房间或分隔的建筑构

成的一个居住群落，有一个或几个院子；"一座房子 i tso fang-tzǔ"得是一座建筑，例如，在院子旁边的一座建筑，不过"一座房子"这种说法不太普遍。

② 间 chien：严格地说，"间"不是房间或房子的量词，而是量度一定场所空间的名词。中国的房子不说有多少"寓所 (rooms)"，而是说多少"间"；间，指任何用四根柱子支撑着屋顶的空间；例如，如果说"四间屋子 ssǔ chien wu-tzǔ"或"四间房子 ssǔ chien fang-tzǔ"，指的就是，在这个寓所或房屋里，有四个这样的空间，或者，换言之，屋顶被十根柱子支撑着，每边五根；一所房子若有100间，那么它就是包含了这样的100个空间，不考虑有多少"寓所 (rooms)"。要求学生根据以上解释修正第47条关于"间"的表述："一间房子"不是一所房子，一所房子意味着包含若干"间"，(这也就是"一座房子")，而并非一所房子只有一间。

③ 下賸（剩）：在……之外。

40.4 我合算起来，有一万两银子的外欠①，除了还账之外②，下賸还有一二千两银子的盈馀。

注：① 外欠 wai ch'ien：外面欠（我）的，即，我该得的。反义词是"欠外 ch'ien wai"。
② 还账之後。还：支付，偿还；读 huan^2，而不读 han 或 hai。

40.5 我月月儿进的钱总不彀，没有盈馀，反倒賸下些个账目不能还。过这种样儿的日子真叫我伤心。

40.6 有人放枪，把他那小孩子打着了，伤的很重。

40.7 门旁边儿的木头是竖的，门上下的木头是横的。

40.8 在地下平搁的东西，说"横"说"竖"，那都是随势酌情的活动话①，若是在面前直着的为"竖"，在旁面的人就以为是"横"②。

注：① 随势酌情的活动话：视情况而定的、可变动的表达方式。
② 以为：认为；"以 i"（用 to use）加在动词"为 wei"之前，在这里作名词即"为"的对象处于宾位的标志 (here acting as the sign of the objective case of a noun)；为，认为。把"以为"当作一个动词对待，记住，宾语既可以放在"以为"的前面，也可以插在"以"和"为"之间。说"这个以为是横 chê ko i wei shih hêng"和说"以这个为横 i chê ko wei hêng"是同样正确的。

练习四十答案
(EXERCISE XL KEY)

1 我纔刚告诉你有件紧急的事，预先把马备好了等着，到这时候儿你还没预备呢。我不说你罢，你真叫我着急；说你，倒像我脾气不好似的。

2 俗们这账得'通长①了算一算。我借过你幾次合在一块儿，通共有多少钱。除去我还你的，下剩我算计着还有一点儿盈馀。

注：① 通长 tʻung chʻang，从头至尾。

3 你借的钱多，还的钱少。那'儿还有盈馀呢？

4 我瞧你外面倒像很明白，你怎么连横竖都不知道？叫你把画儿挂上，竖的是在门两旁挂的，横的是在门上头挂的。你都给挂错了。

5 这件事，你交给我办。横竖我给你办好了。

6 你不要说了。那一件事，你办的好叫我伤心。上次我打算搭个天棚，託你给买蓆。谁想你一点儿準儿没有。东西也没买来，连你的面儿都见不着①了。

注：① cho² 或 chao²，汉字有两个不同的写法：著、着（参见 45.），而第二个用得更普遍，除了 cho 表示命令的时候。特别是最近一段时间，在皇帝颁发诏书表示皇帝意愿的情况下用"着 cho"。有形容词或副词前导的时候，它是 cho 和 chao 两读。我们已经讲过的例子：着实 cho shih，表示"真的""真实的"（拉丁文 *bona fide*）；着落 cho lo，表示疑问已得到解决、澄清、探究等等；但着急 chao chi，则表示忧虑、渴望、或焦急，以及由此而来的烦躁不安。在动词后边，如果没有其他东西介入，就是最普遍的，几乎是万能的：着 cho，例如，走着 tsou cho，跑着 pʻao cho；可是如果将助词 tê（得）、或是 pu（不）表示 pu tê（不得），加在"着"与动词中间，它便总是读 chao，例如：找得着 chao tê chao，表示已找到或能找到；找不着 chao pu chao，表示不能找到。在以上两种情况下，"着"在动词后面，不论读 chao 还是 cho，中间插入的"得 tê"，又经常讹变为 ti，而意思几乎完全相同。现在所用的"得 ti"，很可能是我们所谓的"屈折变化"，它原本是 tê，而且是可还原的，在几乎每一种有它的句法关系中，对应的就是 tê，除非把它看作状语性的；或许，这个"得 ti"可以被描写为我们的词尾（*termination*），有如 like 之于 *sailorlike*, wise 之于 *crosswise*。这些"得 tê"所起的作用，甚至可以看作跟古代汉语的"然 jan"是一

种平行的句法关系,那么,在"然 jan"的本义跟"得 ti"的本义之间,存在某种近似关系,对于这些"得 ti"的较早的、未讹变的形态来说,这样讲也许更稳妥些。这是鲜明的,明显的,有如靶子上的白点;因此,这是显而易见的。"然 jan",本义是燃烧的火,变到表示"这样,如此,这般"(thus),显然是经过了一个小小的过程。

中国的度量衡
(CHINESE WEIGHTS AND MEASURES*)

长度——正如我们英国的长度单位始于大麦粒一样,中国本土的长度单位也始于一定数量的穀粒;所争论的仅在于是竖着摆还是横着摆。将一颗穀粒作为1"分 fên¹";10 分为 1ts'un⁴,即汉语的"寸 (the Chinese inch)";10 寸为 1"尺 ch'ih³",即汉语的"肘尺 (the Chinese cubit)""? (covid)"[译按:原文如此。Covid 未详其义,待查]或"呎 (foot)";而 10 尺即 1"丈 chang⁴"。尺 ch'ih,《撮要》(chrestomathy) 说,经北京的数学委员会 (Mathematical Board) 确定,合 13.125 英寸 (English inches),但是在广州的商人,则习惯于定在 14.625 至 14.81 英寸之间,而市政工程师则用为 12.7 英寸,同时,用于计算距离的时候,却通常计算为约 12.1 英寸。里 li³,或哩 (mile),合 1,897.5 英尺;而用于计算经度或纬度的时候,则 1 度通常是 192.5 里。但是,北京城里的欧洲数学家,背离他们的前辈,把 1 度定为 250 里,即把每里减少到 1,826 英尺,或十分之一法国里格 (French leage);眼下,这是确认的计量标准。相应地,1 华里就略小于三分之一英里。

分 fên,也许可以说约略地等于十二分之一英寸;1 分(1 尺 ch'ih 算作 14.625 英寸),精确地说,是十二分之 1.015625 英寸。在广州,1 寸等于 1.21875 英寸,或一又 1/5 英寸。丈 chang,常被木匠或其他手艺人干活的时候使用;它的长度当然依所用的"尺 ch'ih"的长度而定,不过通常大约是 14.35 步。

注意:1858 年的外贸关税表 (Foreign Trade Tariff) 定为 1 丈 chang 等于 141

---

* 摘自《广州方言撮要》(A Chinese Chrestomathy in the Canton Dialect,1841。简称《撮要》),编撰这部杰出著作的是已故的裨治文博士 (Dr. Bridgman)。

英寸；1 尺 ch'ih 等于 14.1 英寸。

土地丈量：五尺 ch'ih 为中国的一步 pu⁴；240 步为一亩 mou³ 或 mu³；1 亩，约等于六分之一英亩；100 亩就是 1 顷 ch'ing³。

重量：脑子里一定要想到，除了铜钱之外，中国没有其他硬币，因此，在不使用外国硬币的地方，全都是支付白银，其计算就是参照重量。钱的最高重量单位是"两 liang³"，大约相当于 1 盎司（ounce），普遍称之为"唡（tael）"，其下级单位是"钱 ch'ien²"或 mace（十分之一两），"分 fên¹"，毫 (candarin 百分之一两）；厘 li²，相当于一个小铜钱；最后三个单位，分别等于"两 liang"的十分之一、百分之一、千分之一。铜钱，严格说来，一千个值一两（银子），称之为"铜钱 t'ung² ch'ien²"或"钱 ch'ien"，而后者"钱 ch'ien"又是货币的总称，即如我们所谓的"现金 (cash)"。

我们所谓的"常衡（avoirdupois）"，重量方面应该记住的，除了上面所说的，还有"斤（或"觔"）chin¹"(catty)，或"中国磅 (Chinese pound)"，为 16"两 liang"或"盎司 (ounces)"，盎司再细分，就作为钱的重量单位。斤 chin，相当于英国的 1 又 1/3 磅，100 斤就是 1"擔 tan⁴"，或写作"石 shih²"，即我们所知道的"担 (picul)"，合英国的 133 又 1/3 磅。"擔 tan⁴"或"石 shih²"，两个字在北京可交替使用，但是，用"石 shih"的时候，却从不用它的本音，而是说"tan⁴"，而且几乎一律写作"石"。

第四章　问答章
(THE TEN DIALOGUES)

问答章之一
(Dialogue I)

1. 您贵处是那'儿？
2. 敝处是天津 T'ien-ching(*Tientsin*)，没领教。
3. 我也是直隶 Chihli 人。
4. 阿！原来是同乡。
5. 他那一位是那'儿的人？
6. 他是外国人。
7. 到这儿来做甚么？您知道不知道？
8. 我不知道，您问他本人儿就知道了。
9. 请问尊驾到我们这儿做甚么？
10. 我是个做买卖的。
11. 您带了来的都是甚么货？
12. 都是东洋的油漆碎货。
13. 阿，您贵国是日本国么？
14. 不错，是日本国。
15. 怎么呢？我听见说过贵处出入很难。
16. 头裡却难，近来开了禁咯，就好些儿咯。

17. 我们的商民也有上那儿去的没有？
18. 贵国的商民也有。
19. 我们的人在那儿是那'一省的人多？
20. 他们多一半儿是打广东 Kwangtung 福建 Fukien 去的。
21. 他们的买卖大小呢？
22. 只怕没甚么很大的罢。
23. 为甚么呢？没有本钱么？
24. 他们的本钱大概不很多。
25. 没钱往东洋去幹甚么？
26. 他们多一半儿是跟太西各国的人去的。
27. 太西国的人带他们去有甚么益处儿？
28. 是用他们管行作经手的。
29. 他们合日本国的人对劲儿不对劲儿？
30. 彼此怕都有点儿不相信罢。

    2. 敝 pi^4 2. 津 chin^1, ching^1 2. 领 ling^3 9. 驾 chia^4 12. 洋 yang^2
12. 漆 ch'i^1, ch'ü^4 19. 省 shêng^3 20. 广 kuang^3 22. 只 chi^3 28. 作 tso^4
30. 异 i^4（译按：本句未见"异"字）

注：（译按：原著中注释词分别标号，今译本以句子为单位整合在一起，注释号码随原句顺序号码。今译本第四、五、六章均按此处理。）

1. 贵处：贵 kuei，可尊敬的，用于第二人称物主代词 (for the possessive pronoun of the second person)。
2. 敝 pi^4，卑下的，情况糟的，用于第一人称物主代词 (for the possessive of the first person)；天津，T'ien-chin 或 T'ien-ching。领 ling^3 教，请问。
4. 同乡：乡 hsiang，严格地说是"乡村"；说话的人同是直隶（Chihli）省的人。
8. 他本人儿：他自己。
9. 尊驾 tsun chia^4：先生；字面上是，尊贵的座驾。
12. 东洋 tung yang：日本，字面上是东方的海洋。海或洋，引申为外国的。漆 ch'i 货：漆器。
15. 难 nan，困难，常用如"不可能"。

16. 头裡 t'ou li: 开始的时候，从前；却 ch'io: 虽然。开禁 k'ai chin: 开放禁令；引申为，国家的情况好些儿 hao hsieh-'rh 了。
19. 省 shêng: 中国有 18 个省份。
20. 广东 Kwangtung: 广 kuang，辽阔，广大。
22. 只怕 chih p'a: 我想，我认为；字面上是，我只是害怕。
28. 作 tso⁴: 担当；tso 还有一个写法 "做"（第三章 50.）。经手 ching shou: 经纪人，代理人。
30. 相信 hsiang hsin: 信任；相互信赖，或彼此 pi tz'ŭ（互相）信任。

问答章之二
(Dialogue II)

1. 您纳骑的不是我们这儿的马么？
2. 不错，是在贵处买的马。
3. 是谁替你买的？
4. 店裡那些人替我挑的。
5. 他们合你要了多少钱？
6. 他们要了三十两银子。
7. 你给了没给呢？
8. 我看着价钱多一点儿没给。
9. 你到底给了多少银子？
10. 我跟他们定规是二十二两银子。
11. 这匹马从前是我的。
12. 阿，你为甚么卖了？
13. 因为家裡没钱纔卖了。
14. 不是因为有甚么毛病阿。
15. 一点儿毛病都没有。
16. 你底跟儿多少钱买的？
17. 那时候儿有钱，买的贵。

18. 你那时候儿是有差使不是？
19. 我头裡是当衙门，到先父去世的时候儿搁下了，回去料理家务。
20. 哎呀，令尊病的日子久么？
21. 可不是么？病了十来年呢。
22. 他纳这些年的病谁照应家裡呢？
23. 我父亲虽不能出门，还可以管家裡的事。
24. 令尊若是在世，你的差使还可以当么？
25. 可以当不可以当，还不定。
26. 怎么不定呢？
27. 差使的得项若是多些儿，我还愿意当。
28. 你从前当着还得'赔垫么？
29. 倒没那个，总得'能多点儿纔宽绰。
30. 你别怪我说，你搁下的不当。
31. 那么，依您纳主意当时叫我怎么办呢？
32. 那王大人不是你们亲戚么？
33. 那是我们本家。
34. 更好了，他新近不是放了巡抚了么？
35. 是阿，放的是河南 Honan 巡抚。你纳还有什么高见？
36. 我想你若还当着差使，那老大人必肯提拔你。
37. 这是错想了，你不知道，他向来不喜欢我。
38. 你不过这么想，甚么是个对证儿？
39. 他上次出外我求他带我来着。
40. 他怎么回答你的？
41. 他说的就是天底下没有人，我也不要你。
42. 阿，他说的这么言重，有甚么缘故么？
43. 他恨我年轻的时候儿不勤俭。
44. 唉，你放心罢。既往不咎。老大人那'儿还那么恨你？

45. 你不知道，他还有别的话呢。
46. 那'儿有总不肯宽宥的话么？
47. 他说过，我无论到甚么分儿上再不能照应你。
48. 可惜！有这个好机会，你得不着益处儿。
49. 没法子，谁教我底根儿没出息呢。
50. 令尊留下的家产，专归你一个人儿了，是还分给一家儿了呢？
51. 还有我们家兄舍弟，一个人分了一分儿。
52. 分的还是令兄的多呀。
53. 不是，是三个人均分的。
54. 留下的是银子钱哪，是产业呀？
55. 有现银子，也有房子，买卖。
56. 身底下住房，你又不是长子，为甚么归你？
57. 从前先父在的时候儿，家兄就管买卖。
58. 阿，就是你在家裡伺候令堂。
59. 原是阿，因为舍弟也是在外头作幕。

  1. 纳 na^4 20. 哎 ai^1 20. 呀 ya^1 20. 久 chiu^3 27. 项 hsing^4 27. 赔 p'ei^2
28. 垫 tien^4 31. 依 i^1 32. 王 wang^2 32. 威 ch'i^4 34. 抚 fu^3 36. 提 t'i^2
36. 拔 pa^2 38. 证 chêng^4 43. 恨 hên^4 43. 勤 ch'in^2 43. 俭 chien^2 44. 唉 ai^1
44. 既 chi^4 44. 咎 chiu^{14} 46. 宥 yu^4 48. 機 chi^1 49. 息 hsi^{12} 50. 归 guei^2
53. 均 chün^1 54. 哪 na^1 58. 伺 tz'ǔ^4（译按：原误作阴平，今据音节总表径改）
59. 幕 mu^4

注：
1. 您纳 ni-na：先生。纳 na^4。参见上文"您 nin"（第三章 648.）。
9. 虽然你没照他们要的给，但到底 tao ti，即最后给了多少。
19. 先父 hsien fu：已去世的父亲；去世 ch'ü shih，离开了这个世界。搁下 ko hsia：放下，放弃职务。料理 liao li：照料，管理；料，计算，打算，预测；理，管理。家务 chia wu：家庭事务。

20. 哎呀 ai¹ ya¹: 呵！令尊 ling tsun: 您的父亲；这两个字都表示尊敬。日子久 jih-tzǔ chiu³: 时间持续长久。

22. 他纳 tʻa-na: 如"你纳 ni-na"，尊称；發音作 tʻan-na。照应 chao ying: 负责，看管，关照每件事，满足各项需求。

23. 我父亲: 注意，儿子称呼他父亲不能说"他"（英译则作 He）。

24. 当 tang¹: 留任公职，这里是执行的意思。

25. 多少钱 to-shao chʻien: 北京话经常说成"多儿钱 to-'rh chʻien"。

27. 项 hsiang⁴: 本义是脖子；项目；细目。得项 tê hsiang⁴: 项目，金额，所得；特指收益或官俸。

28. 赔垫 pʻei² tien⁴: 赔了垫款。赔 pʻei: 弥补亏损，不过一般指亏钱；垫 tien: 预付钱款。

29. 倒 tao: [虽然没能得更多些]，却 [也没赔垫]。

30. 怪 kuai: 认为古怪，生（我的）气。不当 pu tang¹: 不正确，错了。

31. 依你纳主意: 您认为。依 i¹: 跟随，倚靠，按照；字面上是，在这种情况下，按照您的想法，[您打算] 叫 chiao，让我做甚么呢。

32. 王大人 Wang² ta-jên: "大人"作为一种尊称适用于大多数官员，然而在我们却不能统称"阁下"。亲戚 chʻin chʻi⁴: 姻亲。重读"亲 chʻin"。

34. 放了巡抚: 放 fang, 放开（委任更高级别的官职）；巡抚 hsün fu³: 巡, 巡视；抚, 安慰, 安抚。在现今朝代，巡抚的权限，除少数例外，不限于某一个省份。

35. 高见: 字面上是，您有甚么高明的见解，更聪明的意见。

36. 提拔 tʻi² pa²: 帮忙提升。提 tʻi, 提升，或加速；又，说起，提及（见问答章之四，81）。提拔 tʻi pa, 帮某人优先于他人；赐予优先权。

37. 他向来不喜欢我: 他到现在为止没有喜欢过我。

38. 对证儿: 证据。字面上是，对证 tui chêng⁴ 是甚么？证 chêng, 证据；对 tui, 跟你所提出的相符，一致。

39. 上次 shang tzʻǔ: 上回，此前的最后一次。出外: 字面上是，到外面去；指任何人为生意或任务等到有一定距离的地方去。

43. 恨 hên⁴, 嫌恶, 生……的气；勤 chʻin², 勤勉；俭 chien³, 节俭。不勤俭，懒散。

44. 唉 ai¹, 叹词 (an interjection)。既 chi⁴, 过去的时间；以前。既往 chi wang, 指过去的事情, 或, 自从事情过后；不咎 pu chiu¹, 没有责任 [归罪于]。

46. 宥 yu⁴, 原谅；宽宥 kʻuan yu, 宽宏大量地原谅。

47. 无论到甚么分儿上: 字面上是，不论地位、财富等等的份额，他能达到的水平。

48. 機会: 机 chi¹, 动力；会 hui, 会见, 偶遇；机会正好促成期待中的事。

49. 息 hsi¹·², 严格地讲是, 休息；得益, 利益, 放債得利。出息 chʻu hsi, 获利, 或利得；口语少用, 论及道德除外。重读"出 chʻu"。

50. 专 zhuan, 独占；归 guei¹, 归属。

53. 均 chün, 平均的份儿。

54. 哪 na¹, 疑问语气词 (interrogative particle)。产业 ch'an yeh, 可以表示土地, 房屋, 或生意。

56. 身底下住房, 字面上是, 你亲自居住的住宅。长 chang³, 年龄最大的; 比较: 长辈 chang pei, 年纪大的前辈人。

57. 在 tsai, 活着, 在世。

58. 伺候 tz'ǔ⁴ hou, 照料, 服侍; 伺、候, 二字都是等、等待的意思。令堂 ling t'ang, 您的母亲; 堂, 严格地讲是"厅堂"的意思, 是"萱堂 hsüan t'ang"的省略, 对母亲的尊称。

59. 作幕：私人秘书；幕 mu, 本指帘或屏幕, 秘书坐在幕后, 他的雇主在庭上。这个称呼源自古语。

问答章之三
(Dialogue III)

1. 来。
2. 喳！（进来问）老爷要甚么？
3. 你是甚么人？
4. 小的叫来福 Lai-fu。
5. 你姓甚么？
6. 小的姓张 Chang。
7. 你在这儿干甚么？
8. 小的是替哥哥来替工。
9. 你哥哥是谁？
10. 小的哥哥叫来顺 Lai-shun。
11. 阿, 就是给我看书房的那个来顺儿么？
12. 不错, 就是那个来顺。
13. 他没告假, 怎么走了呢？
14. 因为老爷欠安, 他不便告假。
15. 怎么不等我好了呢？

16. 家裡有件很要紧的事。
17. 有甚么要紧的事情呢？
18. 小的母亲病的利害。
19. 既是这么着，怎么他走了，你来了呢？
20. 他回去是小的的父亲叫他，小的来是怕耽悮老爷这儿的工夫。
21. 阿，别的先勿论，底下人出门到底应当告假。
22. 请老爷饶他罢小的哥哥也快来了。
23. 你家裡离这儿远近？
24. 不算很远。
25. 怎么不很远？
26. 至多有四里地，还是在东城呢。
27. 是了，你这个人先回去罢。
28. 小的哥哥就得'回来么？
29. 到晚晌来也可以。
30. 阿，那不是来顺来了么？
31. 阿，叫他进来。你去罢。
32. 老爷没有甚么别的事使唤小的？
33. 没事，你去罢。来顺！
34. 小的糊涂，请老爷宽恕。
35. 你真糊涂！出去为甚么不言语？
36. 老爷欠安，他们是急於合我要钱。
37. 他们是谁？要的是甚么钱？
38. 那天替老爷买的桌子，铺子裡要钱。
39. 那铺子不是在西城么？
40. 不是，铺子是在城外头。
41. 城外么？离那'个门近？
42. 小的城外的道儿不大熟。

43. 这铺子在北边儿在南边儿，还不知道么？
44. 阿，小的想起来了，在安定门外。
45. 这裡头我有点儿不大明白的地方儿。
46. 老爷不明白甚么？
47. 你这个人总得'说实话。
48. 小的不敢撒谎。
49. 阿，院子裹甚么人吵嚷呢？
50. 小的出去看一看罢。
51. 不用去。放窗户罢。
52. 唉，有个人闯进来，是甚么事情？
53. 你不是赶车的么？闯进来幹甚么？
54. 嗳哎！小的给老爷磕头，求老爷作主！
55. 作甚么主呢？
56. 嗳哎！丢了钱、挨了打，求老爷伸冤。
57. 你丢钱挨打，与我何干？
58. 不关老爷的事，却关老爷的底下人。
59. 我那'个底下人？可是那个来顺么？
60. 阿！不错，就是他！我头裹没理会他。
61. 他合你怎么了？
62. 我的车钱他那'儿给了么？
63. 是北城来的那个车么？
64. 甚么北城阿？我是马驹桥店裹的。
65. 咳！这个还得'说详细，你可小心细说罢。
66. 小的若有一句谎，老爷要了我的腿都使得。
67. 你们今儿是甚么时候儿起的身？
68. 鸡叫的时候儿纔套车。
69. 是单套？是二套？

70. 是二套车，为走的快。

71. 车上就是这来顺一个坐儿么？

72. 还有他一个同伴儿。

73. 要快是那'个的主意？

74. 来顺雇车来的时候儿，说若快，可以多加幾个钱。

75. 你们说明白了是多少钱？

76. 说定了的是五吊钱。

77. 连他要给加的钱都在裏头么？

78. 都说在一块儿了，小的不讹人。

79. 车价还罢了，是因为这个打架来着么？

80. 总没合他打架。

81. 怎么了？你不是纔说挨了打了么？

82. 小的说挨打，可不是他打的。

83. 不是他，是谁？

84. 有好些个人，小的不认得都是谁。

85. 都是来顺带了来的伴儿么？

86. 不是，一个也不是来顺带来的。

87. 他们是抢东西的么？

88. 也不然。嗳哟！说起来话长。

89. 就是话长，你也得'说了。

90. 请老爷补还我的钱，我就走了。

91. 别忙！别忙！这件事我还得'分晰明白。

92. 不值得耽悞老爷的工夫。

93. 那你不用管，只要我问你甚么你说甚么。

94. 老爷还问甚么呢？

95. 这个张来顺是马驹桥的人么？

96. 他父亲在村儿外头种个菜园子。

97. 这么著这来顺儿必是你素来认得的。
98. 他小时候儿在街上玩儿，我常看见他。
99. 他小时候儿是老实阿，是琉璃呢？
100. 小的不肯说人的短处。
101. 不要你偏说短处，他有好处你不能毂说么？
102. 请老爷补还我的车钱，我就走了。
103. 就是，殴打你的是那'儿的人呢？
104. 是道儿上茶馆儿裡的人。
105. 离城门有多远儿？
106. 不远儿，就在沙窝门儿 Sha-wo Gate 外头。
107. 是来顺儿在那儿喝茶来著么？
108. 不是喝茶，是喝酒、吃东西。
109. 你合他一块儿吃么？
110. 没有，我出去拴鞭子去了。
111. 拴好了鞭子就回茶馆儿了么？
112. 赶我回来，他们先跑了。
113. 跑了？就是坑你的车钱么？
114. 不但车钱，连茶馆儿的饭钱都没给？
115. 阿！他们跑了，茶馆儿就是合你要这个钱么？
116. 可不是么？我不肯给，他们就打了我了。
117. 茶馆儿打你这一层，我有甚么法子？
118. 打不打没甚么要紧，请老爷找补我的车钱，我就走了。
119. 车钱还容易，把他的工钱折给你就是了。
120. 老爷可以这就赏罢？叫小的回去。
121. 车钱你放心罢，这个茶馆儿裡的事情你合他没话么？
122. 没话、没话。请老爷给了钱，小的就回去。

123. 你实在是个忠厚人哪，肯担待人家的不是。可是你回村儿裡，要告诉来顺他老子，他两个儿子没有一个是材料儿的，这宗样儿的人我决不要他们咯。

8. 哥 ko^1	13. 假 chia^4	21. 勿 wu^{24}	22. 饶 jao^2	23. 离 li^2
34. 恕 shu^4	48. 敢 kan^3	49. 院 yüan^4	52. 闯 ch'uang^{34}	54. 嗳 ai^1
54. 磕 k'o^1	56. 挨 ai^2, ^{ng}ai^2	56. 伸 shên^1	57. 与 yü^3	57. 何 ho^2
64. 驹 chü^1	65. 咳 hai^1	65. 详 hsiang^2	72. 伴 pan^4	74. 加 chia^1
79. 架 chia^4	88. 哟 yo^1	91. 晰 hsi^1	96. 园 yüan^2	103. 殴 ou^1
104. 馆 kuan^3	106. 沙 sha^1	106. 窝 wo^1	110. 鞭 pien^1	114. 但 tan^4
119. 折 chê^2	123. 忠 chung^1	123. 担 tan^1	123. 材 ts'ai^2	123. 决 chüeh^2

注：

4. 小的 hsiao ti，仆人在主人面前称自己；在法庭上，犯人和证人也这样称自己。下文百章之八十七中的用法不同。

8. 哥哥 ko^1-ko^1，兄长，满语借词。注意句中的"替 t'i"，前一个作为介词 (preposition) 的"代替"，后一个作为动词 (verb) 的"接替"，或"作为代替"。

13. 告假 kao chia^4，预先通知要离开。假 chia^4，休息，休假；不要跟"虚假"的"假 chia^3"混淆。

14. 不便 pu pien，不方便，不合适，不恰当，(他觉得)。

19. 这么着 chê-mo cho，这样，如此。既这么着：要是这样，既然如此。

21. 勿 wu^4，否定的祈使语气词 (negative imperative particle)；口语音 wu^2。

22. 饶 jao^2，克制，宽恕，原谅。参见第三章练习 32.8 注①。

23. 离 li^2，分离；引申为"距离"；你家离这儿是远是近？

27. 先 hsien，在此期间，你哥回来之前。

28. 就 jiu，立即，当下。

34. 宽恕 k'uan shu^4，原谅。恕 shu，严格地讲是，容忍他人所做的而非他本人所想做的事；引申为，表示怜悯。

36. 於 yü，在(某事)上：他们急着在此事上(於 yü)——向我要钱。

48. 敢 kan^3，敢于，冒……的危险。

49. 院 yüan^4，院子，院墙所包围的空间；中国人家里两座房子之间的空地就叫"院子"。

52. 嗳 ai^1，在这里是个叹词，表示惊讶或遗憾。闯 ch'uang^3，冲出一条路进来；说人或动物。

在北京话里，"闯"读 ch'uang⁴。

54. 嗳 ai¹，一个纯粹的叹词。磕 k'o¹，碰；头 t'ou，脑袋；行磕头礼。谦恭之礼。作主 tso chu，作我的支持者，作我的主人，为我处理此事。

56. 挨了打：挨 ai² 或 ⁿᵍai²，本义是"打击"；更常用的是"一个挨一个"（靠近）。在北方官话 (northern mandarin) 里是，忍受，领受；引申为，后面跟有其他动词时，就成了我们所谓的被动语态。伸 shên，伸张正义，别叫我受冤 yüan 屈。

57. 与 yü³，跟，同；你丢了钱等等，与我"何干 ho² kan"，跟我有甚么关系？

64. 马驹桥：驹 chü¹，未完全长成的马，驴，或骡子。马驹桥 Ma chü Ch'iao，北京东边几里远的一个村子。

65. 咳 hai¹，叹词 (an interjection)。还 hai²，更，还要；详细 hsiang hsi，清楚细致。

70. 为 wei⁴，为了（走得快）。

72. 同伴 pan⁴ 儿，伙伴，搭挡，同事。

74. 加 chia¹，增加；字面上是，他说如果我把车赶得快些他愿意多加些钱。

78. 讹 ⁿᵍo，欺骗（第三章 597.）。

79. 打架，动手互殴。架 chia⁴，严格地讲是，构架；挡住免被殴打；加上"打 ta"，争斗，动手或不动手，都叫"打架"。

88. 嗳哟 ai yo¹，叹词 (an interjection)。

91. 分晰明白：懂得。晰 hsi¹，明亮，清楚；我必须"分晰 fên hsi"，把甲跟乙区别开来，明白 ming-pai，清楚地。

93. 只 chih，仅仅；我只要求：我问甚么你就回答甚么。

96. 菜园 ts'ai yüan²：种蔬菜的园地，园 yüan，园地；他父亲经营着（字面上是"开"）一个"菜园"，不同于"花园 hua yüan"，"果木园 kuo mu yüan"。

99. 琉璃 liu li，滑头，不老实，躲躲闪闪、难以捉摸，不正直的，靠不住的。琉璃 liu li，字面上是"琉璃球儿"（参见问答章之七，72）；引申为，隐喻滑头的家伙，通常叫"琉璃球儿 liu li ch'iu²-'rh"。

100. 短处 tuan ch'u，缺点，过失；长处 ch'ang ch'u，一个人的特别的优点。

103. 殴打，殴 ⁿᵍou¹，或 ou¹，连续击打，不论用还是不用武器。

104. 茶馆儿，茶室。馆 kuan³，看情况作不同翻译，可以是学校，酒店，临时驻扎执行公务的流动办公处，等等。

106. 沙窝门儿：关口。沙窝 Sha¹-wo¹，一般发音 Sha-hou；字面上是，尘土的，或沙子的巢穴。窝 wo，鸟兽的巢或穴。

110. 鞭 pien¹，鞭子；拴 shuan，修理，原义是捆扎，或缠绕。

112. 赶 kan，当……时候；原义是追赶，达到。他们先跑了：在所说的时间之前，他们已经跑掉了。
113. 坑 k'êng，讹骗（第三章 796.）。
114. 不但 tan⁴，不只是。但，仅止。不只是车费，连 lien，也，又，等等。
117. 茶馆儿打你这一层：至于茶馆儿打你的事。层 ts'êng，字面上是，阶层，层次；引申为，事项进展中的一个阶段，某个枝节。
119. 折 chê²，扣留。折，严格讲是，折断；这里是，从某人帐上扣除并划给另一人。又读 shê²（见百章之二十七，13）。
123. 忠厚，正直好心。忠 chung¹，正直，忠诚；厚 hou，厚密的（道义上的，忠实可靠的胸怀宽大的，自私卑鄙的对立面）。担待 tan¹ tai，容忍。担 tan¹，用肩膀承受，但用作名词的时候读 tan⁴；担待 tan tai，表现为容忍他人的"不是 pu shih"，即过失、毛病，自己承担起来。材料 ts'ai² liao，字面上是，物料儿；他们两个没有一个是好的、有用的材料做的，就是说，不是忠诚的人。决 chüeh²，字面上是，切断；绝对地，坚决地。（译按：今写作"绝"。）

问答章之四

(Dialogue IV)

1. 龙田 LUNG-T'IEN！
2. 大人叫我作甚么？
3. 院子裡那个人是谁？
4. 那个人是姓徐 Hsü 的。
5. 阿，是你认识的么？
6. 是我陈认识的。
7. 你们俩是在那'儿遇见的？
8. 是在上海 Shanghai 会过的。
9. 是多喒呢？
10. 好些年了。
11. 你合他很有交情么？
12. 可以，我们本是个远亲。

13. 你们是亲戚么？他作甚么来了？你知道不知道？
14. 不知道，大人要我问他么？
15. 问问他也好。
16. 他说是来要见大人。
17. 来见我作甚么？
18. 他说是他父亲打發他来，给大人请安的。
19. 他父亲是作甚么的呢？
20. 从前是作买卖，现在闲着呢。
21. 这人我所 so 不记得，是个作甚么买卖的？
22. 西城那个大布铺，大人那'儿不记得？
23. 阿，那徐福庆 Hsü Fu-ch'ing 阿！他我还记得。来的是他儿子么？
24. 不错，是他的儿子。
25. 让他进来。
26. 大人让你哪。
27. 大人好。
28. 请坐、请坐。
29. 大人请坐。
30. 请坐、请坐。来。
31. 喳 Dja！
32. 沏茶来。贵姓是徐么？
33. 贱姓徐。
34. 徐福庆是你父亲么？
35. 不错，家父的名字是徐福庆。
36. 前幾年我们就认识，他好阿？
37. 托大人的福，打發我来给大人请安。
38. 叫他惦记着，着寔劳你的驾咯。
39. 该当的。

40. 我糢糢糊糊的记得他眼睛不大好，如今好了没有？
41. 年纪这么大，眼睛还算可以。
42. 那'儿说到年纪？岁数合我差不多儿。
43. 家父今年六十九。
44. 我七十一，比他大两岁。
45. 我父亲要能彀像大人这么硬朗，那是求之不得的了。
46. 怎么不能呢？他没有我受的累多。
47. 大人是为国家当重任，办事受的累多，我老子为家业心裡也有他的辛苦。
48. 那是从前做买卖时候儿累的，如今是回家歇着了？
49. 回家，是回家，也是无可奈何。
50. 怎么呢？买卖不好么？
51. 也不尽是那么样。
52. 怎么呢？莫不是银钱被了窃？
53. 比丢了还可恶，所挣的钱差不多儿叫人家都骗净了。
54. 可惜了儿的，是怎么呢？欠主儿彌了么？
55. 大人，不是那么样，我父亲保的那个朋友跑了。
56. 可恶！令尊的精神就是因为这个受伤，是不是？
57. 自然是，家裡人口多，没力量养活，不免着急。
58. 你父亲跟前你们幾个？
59. 我们兄弟四个，还有三个姐妹。
60. 这么多呢！未必都在家裡罢？
61. 个个儿都在家裡。
62. 我想那姑娘都是出嫁的。
63. 本有两个出了门子，给的都是武官，上回西路出兵都阵亡了。
64. 阿！他们俩孀妇就回家来么？
65. 是，都回家来了，一个带着两个孩子，一个带着六个孩子。
66. 嗳！那人口真真的不少！还有一个姑娘没出门子么？

67. 那倒是岁数还小呢，常爱病。
68. 常爱病么？是甚么病？
69. 打我母亲死了他缺奶，後来不很足壮。
70. 这实在可怜，还有你们弟兄们，量必可以帮着过日子。
71. 我却很愿意，可惜没个道路。
72. 你是长房的不是？
73. 我排二。
74. 可是，你大哥作甚么呢？
75. 他腿脚儿有残疾，甚么都不能幹。
76. 嗳，这个光景可了不得，还有你的兄弟可怎么样呢？
77. 我父亲收买卖的时候儿，他们还小呢，不能栽培他们念书，他们学的还算不深。
78. 说来说去，你的意思是要託我给你找个事情，对不对？
79. 大人肯这么疼爱我，我感激的心一言难尽了。
80. 就是，你今儿个来意实在是因为这个不是？
81. 不是大人先提起来，我实在是不敢开口。
82. 也罢，等我给你打算打算，请你过了十天前後儿来，再说。
83. 真是承大人的提拔，我过幾天再来请安。
84. 偺们过两天见，请。
85. 大人请坐。

4. 徐 hsü²	6. 识 shih²⁴	7. 遇 yü⁴	23. 庆 ch'ing⁴	25. 让 jang⁴
32. 沏 ch'i¹	37. 托 t'o¹	38. 恬 tien⁴	38. 劳 lao²	40. 糢 mo¹
45. 躴 lang²⁴	49. 奈 nai⁴	51. 竟 ching⁴	52. 莫 mo⁴	52. 被 pei⁴
52. 窃 ch'ieh⁴	53. 恶 wu⁴	53. 挣 chêng⁴	54. 繃 pêng¹①	55. 保 pao³
56. 精 ching¹	57. 养 yang³	59. 姐 chieh³	59. 妹 mei⁴	60. 未 wei⁴
62. 姑 ku¹	62. 嫁 chia⁴	63. 阵 chên⁴	63. 亡 wang²	64. 孀 shuang¹⁴
64. 妇 fu⁴	70. 怜 lien²	73. 排 p'ai²	75. 残 ts'an²	75. 疾 chi²

76. 景 ching³   77. 栽 tsai¹   77. 培 p'ei²   79. 感 kan³   79. 激 chi¹
79. 尽 chin⁴

注：① 中文课文作"骦"，英译文字表54作"繃"。

注：

1. 龙田 LUNG-T'IEN，人的名字，不是姓氏；在亲朋交往中，尤其是对辈分低的年少的，称呼的时候，姓氏都从略。姓儿，都放在名字的上面，见上文问答章之三，95。

4. 徐 Hsü²，姓氏。全中国大约有540个单姓，30个复姓。

5. 认识，知道。识 shih²⁴，晓得，认识。

6. 陈 ch'ên 认识，老相识。陈 ch'ên，老，旧，东西用得时间长了；又，陈腐，不新鲜（参见第三章1026.）。

7. 遇 yü⁴，偶然相会。

18. 请安 ch'ing an，问候：派来"请 ch'ing"，为了"请问 ch'ing wên"，请求允许问候您的"安 an"，即健康，安逸。

21. 这人我所不记得：这个人是这么一个人，是我不记得的一个人；加"所 so"有加强肯定语气的作用。

23. 徐福庆 Hsü Fu-ch'ing，庆 ch'ing，成功，祝贺成功；在这里，是人名中的一个字。

25. 让 jang⁴，严格讲是，让与，让步；引申为，试图、邀请来受益。常用于邀请来吃饭、喝酒或抽烟。

32. 沏茶：沏 ch'i¹，往茶里倒开水。

33. 贱 chien，便宜的，地位低的；类似"敝 pi"（见问答章之一，2），作第一人称代词。

37. 托大人的福：感谢您。托 t'o¹，与"託 t'o¹"同（参见第三章992.），受惠于，福 fu，幸运，是人们所祈求的。

38. 叫 chiao，使，让，加上动词表示被动。惦 tien⁴，对某些人或事表示忧虑；此义项亦未被字典所承认。着寔 chao shih，确实。劳驾 lao² chia，劳烦您的车马，劳烦您时的礼貌用语；也经常用于要说"谢谢您"的情况。劳 lao²，麻烦，劳烦。

40. 糢糢糊糊的记得：仿佛记得。糢 mo¹，是一个用起来跟"糊 hu"不能分离的词；它们的结合含有景象或印象不明亮、不清楚的意思；记忆朦胧。本地字典不承认"糢"字，该字也许是"摸"的讹变，也许是同音的从日（部首72）从目（部首109）的字。（译按：今作"模糊"。）

42. 差不多：很相近。差 ch'a¹，严格地讲是"岔开"的意思；不要跟读作 ch'ai¹ 的同形字"差"（参见第三章1005.），或读作 tz'ǔ¹ 的同形字"差"（参见577.）相混。差不多 ch'a pu to，没有多大不同，非常相近。

45. 硬躴 ying lang⁴，健康。硬 ying，坚固；躴 lang⁴，经常读作 lang²，高。严格地讲，没有字去写后面这个音。求之不得：太满意了，超过了所要求的，所不能获得的，所得的东西太好了（超出所期望的）。
49. 无可奈何 wu k'o nai ho，与"无奈何 wu nai ho"，都表示情况已到了无可救药的地步；无可补救。奈 nai⁴，本是一种水果，但用在这个短语，无可翻译。
51. 竟 ching⁴，强烈语气转折连词：那么，但是，只是，只不过；后随否定词时表示，决不。（译按：中文课文是"也不尽是那么样。"用的是"尽"字，然音 ching⁴，与"竟"同音，词表便作"竟"；下边各部分，当写"尽"处多作"竟"；今某些方言，仍多用 ching⁴。）
52. 莫 mo⁴，一般是否定的祈使词；莫不 mo pu，若非如此，难道是……；若不是那样，就是被抢劫了？被 pei⁴，覆盖（引申为，遭受；再引申为，表被动的符号）；窃 ch'ieh⁴，偷，小偷小摸。
53. 可恶 k'o wu⁴，应受怨恨；可憎；令人厌恶的；恶 wu，怨恨。挣钱 chêng⁴ ch'ien，通过劳作获得入息；挣 chêng，作出努力，例如尽力从债务中解脱出来。
54. 欠主儿弸了么：欠主 ch'ien chu，欠债的人；弸 pêng¹，（用手指）轻弹，钱就没了么？弸 pêng¹，是个未被承认的汉字，用于指弓弦的动作，或如一块木片儿被任何东西冲击，像飞弹一样冲出去。译按：《康熙》有：弸，《篇海》音崩，弓也。又，绷，《广韵》北萌切，《说文》束也。但无"轻弹"义。
55. 保 pao³，在任何意义上的作保，担保，作担保人。原书中"跑了"在"56"之后，今径改。
56. 精神 ching¹ shên，健康。精 ching，严格讲是精密，精妙；精 ching，人的内在灵魂，区别于"神 shên"，神，是外在的表象；精神 ching¹ shên，指有生气、活泼轻快的精神，指健康。
57. 没力量养活：字面上是，他没有力量 li liang，即没有资源去养活 yang³ huo，即让他们得以维生；养 yang，喂养，抚养人或动物。
59. 姐妹：比说话人年龄大的是"姐 chieh³"，年龄小的是"妹 mei⁴"。
60. 未必 wei⁴ pi：那不是必然的结果；未 wei，不，还没有。
61. 个个儿 ko ko-'rh：全体，每个人。
62. 姑娘 ku¹-niang，未婚女子。嫁 chia⁴，女子结婚，离开家里。
63. 出了门子：出嫁；嫁给了武官。阵亡 chên⁴ wang²：死于战斗；阵 chên，队列，军队；亡 wang，死亡；上一次西路战事中被杀死，字面上是，在西路（属于边境）有一次出兵 ch'u ping，奔赴战场。
64. 孀妇 shuang¹⁴ fu⁴：寡妇。孀 shuang¹，丧夫守寡（北京话读 shuang⁴）；妇 fu，妻子。妇人 fu-jên，可用于任何女人。
67. 常爱病：经常生病。爱，喜爱；这里，也是常见的，用于表示"惯常"的情形。

69. 打 ta, 与……同时, 从……开始; 引申为, 与此同时。缺奶 ch'üeh nai, 她奶水不够, 缺乏母乳。足壮 tsu chuang, 茁壮成长, 精力充沛。

70. 实在可怜: 非常可怜。怜 lien², 同情, 怜悯; 可怜 k'o lien, 确实可以、值得怜悯; 但通常只用作表示怜悯。量 liang, 请参见第三章 772.。

71. 却 ch'üeh, 但是; 可惜 k'o hsi, 可悲地, 令人痛惜地。道路 tao-lu, 译按, 即出路。

72. 长房 chang³ fang, 最大的儿子。字面上是, 序列中的第一间房。一家几个儿子, 小时候儿住在一处儿, 结婚之后, 就各自有了自己的房子; 大儿子是第一个成家。

73. 排二 p'ai² êrh, 在儿子中排第二; 女孩儿应该照她在姐妹中的位置来说。排 p'ai², 排序。请比较"行 hang", 见第三章练习 28.10。

75. 残疾 ts'an² chi², 跛足, 残废; 腿和脚有严重疾病。残 ts'an, 毁坏, 严重受伤(引申为, 残酷的); 疾 chi, 一般的病。

76. 这个光景可了不得: 情形可怕。光景 kuang ching³, 情况, 环境; "景"单用, 更精确地说, 可适用于指风景, 景色。可 k'o, 大大地, 完全可以说是"了不得 liao pu tê", 极其巨大的, 无限的, 即情况极恶劣。

77. 收(买卖): 放弃。收 shou, 在这里指收摊停业, 例如一个小贩儿收起他的货品不卖了。栽培 tsai¹ p'ei¹, 本指植树; 栽 tsai, 种植; 培 p'ei, 在根部周围加土; 在这里是说不能照顾他们[所以不能供他们]读书。还, 读 hai 或 han, 尽管如此, 未能让他们受到良好的教育。

79. 疼爱 t'êng ai, 关心, 亲切的关爱。感激 kan chi, 感谢; 感 kan, 心动, 感动于心; 激 chi, 内心感情的爆发。尽 chin⁴, 耗尽; 不尽: 无法形容, 言语难以穷尽的。

81. 提 t'i, 提及; 常见的是"提拔"(参见问答章之二, 36)。

83. 提拔 t'i pa, 偏爱, 优先; "提"与上文 81 句中的相同, 从一堆里拽出一个。提拔 t'i pa, 帮助某人优先于其他人(参见问答章之二, 36)。

问答章之五
(Dialogue V)

1. 龙田,那徐永再来的时候儿你告诉他我出城去了。
2. 嗳,可惜!叫他白喜欢了,他怎么得罪了大人了?
3. 甚么得罪呢?他那些个话通身都是假的!
4. 怎么呢?他不是徐福庆的儿子么?

5. 这徐福庆的儿子那却是呵。

6. 他说他父亲赔本儿,不是真的么?

7. 赔本儿,原是赔本儿,可不像他说的那么赔本儿。

8. 不是像他说的赔本儿,还是怎么着呢?

9. 他赔本儿全是他自己糊涂,自己抛费了,没别的。

10. 到底家裡养活的人口多。

11. 他养活家口倒没有那件事。不用提别的,那徐福庆早就不在了。

12. 早去了世了么?他那些个儿女却是谁养活呢?

13. 他女儿在他没去世之前就都死了,儿子单生了一个,就是这个撒谎的。

14. 那怕大人是听错了罢。

15. 一点儿也没听错,我细细儿的考查过了。你不是说合徐家有亲么?

16. 不错,我说过。

17. 这四五年来你都没见过他们罢。

18. 不止四五年,有九年十年的光景没见了。

19. 就是了。那老徐在布铺作买卖,他的名声怎么样?

20. 那一时人就说他狂傲,没有甚么别的不好。

21. 他不是很爱吃烟么?

22. 吃烟是有的,也有一点儿贪酒。

23. 却原来。就是你在上海遇见那徐永他在那儿作甚么?

24. 他说是有人托他办土货出洋。

25. 甚么土货呢?是茶叶?是湖丝?

26. 有茶叶,有湖丝,有药材。

27. 这些土货是要运到那儿去呢?

28. 他说得是往北往南,我不记得。

29. 他没有提办洋货么?

30. 他巧来提过,我不记得咯。

31. 没提过办洋药么?

32. 办洋药原有的，大人提到，我纔想起来，办洋药的那一层，他还些微的有点儿难处。
33. 别是那洋药短了罢？
34. 短，是不短。价钱天天儿长，东西还足觳卖的。
35. 卖的还是公然卖么？
36. 也不算公然，都是趸船栈房裡藏的。
37. 吃的时候儿还是在洋行裡么？
38. 不是，徐永常去的是在窄衕衕儿裡头，一个小铺儿的後头。
39. 阿，这徐永也常上烟馆么？真是有甚么老子有甚么儿子！
40. 吃的也不大很利害。
41. 阿，自己不吃，尽是替人家办的罢？可是他那个难是甚么呢？
42. 那时候儿烟禁没开，他办得了要出洋，还耽悞了好些日子。
43. 底下怎么出的口呢？
44. 有装柴火的船，他把烟下在裡头，偷着出口。
45. 我以为上海的柴火都是进口的，出口是往那'儿去呢？
46. 去的地方儿大概不远。那船装的实在是柴火少洋药多。
47. 所以闹出事来了。
48. 闹出事来是这么著，那柴火船顺着水放下去，抽冷子有巡船来抓住了。
49. 抓住了就把这货封了么？
50. 还没有封，那些巡役们说你若不多多儿给我们钱，可就要搜你的船了。
51. 巡役们跟他要多少钱呢？
52. 他们没说数儿，尽是叫他从丰。
53. 这徐永他要给多少？
54. 他那人糊涂，说要给一百两。
55. 一百两！那寔在从丰了，巡役们也不觉多么？
56. 那'儿不觉多？看柴火船给一百两银子，是没有的事，说是若不给三百两是要全封了。

57. 这三百两他给不给呢？

58. 他没有这么些个钱。

59. 没有这么些个钱，他还有甚么法子办呢？

60. 他写了个字儿，叫他们跟上海洋行裡取钱。

61. 奇怪！他们也肯要这个字儿么？嗳，他出了这个虎口是个便宜。

62. 还有那，这不算所出了虎口。

63. 怎么呢？那巡役们要了这个字儿又有甚么反悔呢？

64. 不是那么样，他们大家没商量妥的时候儿，柴船和巡船一块儿往下走，撞了人家湾着的两隻船。

65. 又是两隻巡哨的船么？

66. 不是关上的船，是钦差刘大人的船，一隻是预备他自己坐的，一隻是他下人坐的。

67. 可笑！还是半夜的时候儿么？

68. 不到半夜，二更多天。

69. 二更多天，刘大人合底下人必都睡了罢？

70. 刘大人怕是在城裡头公馆裡，底下人们还在船上乐呀、唱阿的，闹呢。

71. 就是那些个底下人们到底与海关上无干。

72. 原是呀！竟是徐永那个柴船撞了他们的船先是一惊，後来心定了一定儿就合他要赔补的钱。

73. 要赔补甚么呢？

74. 赔补他们受惊，赔补官船的损坏，随便甚么都算应赔补的。

75. 他甘心受他们这个？我不明白。

76. 一则是寡不敌众，二则是他的胆虚。

77. 胆虚，是应该胆虚。到了儿怎么样呢？

78. 那巡哨船早躲开了，徐永他经过那样儿的事，就长了一个见识，不照前次从丰，只给十两银子罢了。

79. 他们依不依？

80. 那'儿不依呢？他们都喝的半醉了，要搜他的船也不能了，他给的不论怎么少都可以依得。

9. 抛 p'ao¹	15. 查 ch'a²	20. 狂 k'uang²	21. 烟 yen¹	22. 贪 t'an¹
25. 葉 yeh⁴	26. 湖 hu²	26. 药 yao⁴	26. 材 ts'ai²	32. 微 wei¹
36. 趸 tun³	36. 栈 chan⁴	36. 藏 ts'ang²	49. 封 fêng¹	52. 丰 fêng¹
61. 虎 hu³	64. 撞 chuang⁴	65. 哨 shao⁴	66. 钦 ch'in¹	66. 刘 liu²
72. 惊 ching¹	74. 损 sun³	76. 寡 kua³	76. 敌 ti²	76. 胆 tan³
76. 虚 hsü¹	78. 躲 to³	80. 醉 tsui⁴		

注：

1. 徐永 Hsü Yung：永 yung，永久的；这里是作为姓徐 Hsü 的人的名字。
2. 白喜欢 pai hsi huan：希望落空；字面上是，空欢喜，白高兴一场；书面语是"失望 shih wang"。得罪 tê tsui，冒犯，触怒，获罪于您；表示"从 (from)"或"自 (of)"的情况下，在"大人 ta-jên"之前省略了"於（于）yü"（第三章343.）。
3. 通身 t'ung shên：整个身子，从头至尾。
9. 抛费 p'ao¹ fei，浪费；无节制地花费。抛 p'ao¹，把抓在手里的东西突然扔出去。
15. 考查 k'ao³ ch'a²：仔细查询。"查"字在口语里跟"察 ch'a²"（第三章522.）完全相同。
20. 狂傲 k'uang² ao：高傲，难以抑制的骄傲，目空一切的。狂 k'uang，放肆激烈的脾气或怒气。
21. 吃烟 ch'ih yen¹：吸烟；烟 yen，指任何种类的烟。吃烟 ch'ih yen¹，眼下常特指鸦片烟，至少在外国人的谈话中是这样。鸦片，经常特称"大烟 ta yen"。
22. 贪酒：贪杯，过分喜好喝酒。贪 t'an¹，渴望，要求无度。
24. 土货 t'u huo：土产，本地或乡间所产的货物。
25. 茶叶 ch'a yeh⁴：茶的叶子，市场上的茶。叶 yeh⁴，一片叶子。
26. 湖丝 Hu ssŭ：本指湖州府 Hu-chou Fu 所产的蚕丝，在浙江 Chê-chiang (Chêkiang) 省，不过，"湖丝"一般已用于指较好的丝。药材 yao⁴ ts'ai²：药物；药 yao，药品；材 ts'ai，原料；材，特指木材。
27. 运 yün，运送（1035.）。
29. 洋货 yang huo，进口货，外国商品（参见问答章之一，12）。
30. 巧来 ch'iao lai，字面上是，来得偶然；巧 ch'iao，是"碰巧 p'êng ch'iao"的缩略（第三章752.），偶然地，偶然的。
31. 办 pan，经管，从事于，经营（这个义项即"买卖"，为常用义）。洋药 yang yao，外国药品，海上来的药；引申为，从国外来的药。

32. 些微的有点儿（译按：英文注释中作：些微一点 hsieh wei¹ i tien）：少许；这是一个极常用的指小词（*diminutive*）。微 wei¹，微小的。

34. 译按：卖，原书误作"买"，今径改。

35. 公然 kung jan，公开地；"然"字与第三章 561. 中的"然"同。

36. 趸船 tun³ ch'uan，无动力装置的矩形平底船，固定在岸边、码头，以供船舶停靠，上下旅客，装卸货物（*receiving ships*）；趸 tun，批发。栈房 chan⁴ fang，货栈，仓库。藏 ts'ang²，隐蔽起来，把……藏起来。

44. 偷 t'ou，窃取；偷着 t'ou-cho，偷运，走私，偷偷地驶离港口。

48. 抽冷子 ch'ou lêng-tzǔ,（像猛禽似的）猛扑过去，这是个描写表示完全出乎意外的词语；突然"抓住 chua chu"，被抓，被逮住，或船被拦住。冷 lêng，寒冷，可以解释为任何预料不到的突然事件，可是，抽 ch'ou，拉，拽，几乎无法说明。

49. 封 fêng¹，盖上公章（封存）。封 fêng¹，严格地讲，是塞住孔洞；这里是，某官方机构在门上或舱盖等处贴了封条。

50. 巡役，另一称呼是"外国海关雇员"。

52. 从丰 ts'ung fêng¹，越多越好。丰 fêng¹，丰富，丰硕。

60. 他写了个字儿 ko-tzǔ-'rh：即一张字条儿；适用于任何短笺，便函，等等。跟 kên，常用义是，跟随，在眼前；这里是，从或向；从外国洋行取钱 ch'ü ch'ien，取款。

61. 出了：脱离；虎 hu³：老虎；虎口：老虎嘴。脱离了这个虎口算是他的便宜 p'ien i，好处，实惠。

62. 还有那：可是他并没有立即摆脱掉。字面上是，可是还有别的事儿哪；还不能看作是彻底地（所 so）摆脱了虎口呢。

64. 撞 chuang⁴，意外地碰上；人或物相撞。湾 wan，参见第三章 786.；那里说的是海湾，而这里，也是常用义：抛锚停泊着。

65. 巡哨：巡逻的警察。哨 shao⁴，严格地讲是，吹哨，或弄出类似的声音；引申为，吹哨作为信号；巡哨船 hsün shao ch'uan，巡逻放哨的舰艇。

66. 不是关上的船：关 kuan，这里是"海关 hai kuan"的缩略语，海关的机关。钦差 ch'in¹ ch'ai，专员，政府特派员；钦 ch'in¹，皇帝的；差 ch'ai，大臣。刘 Liu，姓。

72. 惊 ching¹，惊恐；这是一个表示惊异的词，但也表示恐怖。

74. 损坏 sun³ huai：损害，毁坏，严重伤害；损 sun，损伤。

76. 寡不敌众：对于他来说，他们的人太多。寡 kua³，少，不能敌 ti²，顶得住，经受得了，众 chung，人多。胆虚 tan³ hsü¹：心虚，心里有鬼。胆 tan，肝（*liver*）；虚 hsü，其反义词是"实 shih",即真实,坚实,实在。中国人认为,肝脏是勇气、胆量的容器。比较我们的说法:white-livered(懦弱胆小)。

78. 早躲开了:已经(改变航向)避开了。早 tsao³,早早儿地,在此之前;躲 to³,撤退,转移;开 k'ai,离开原路。经过 ching kuo:经验,经过那次事件;长 chang,增多了一点儿"见识 chien shih",见闻知识。

80. 那'儿不依呢:字面上是,他们怎能不同意呢?他们都喝到半醉 pan tsui⁴ 的程度。

问答章之六

(Dialogue VI)

1. 那旁岔话儿算结了。他那年办洋药是甚么人託他的,他告诉了你没有?
2. 我不记得。
3. 他不是说是他父亲叫他去的么?
4. 那我实在是不记得咯。
5. 不论你记得不记得,实在是他父亲叫他买的,後来他父亲关闭买卖的缘故,就是因为这个。
6. 那'儿呢?是他打算的不好么!
7. 打算的不好那一句话也有的,那洋药出口是往天津去的。
8. 阿!在天津叫人搜出来了么?
9. 那船始终没到天津,走到山东海面儿上叫海贼把船扣住了。
10. 这么着,老徐的资本全丢了罢。
11. 不错,不但丢了资本,连顶戴也丢了。
12. 他原来有个功名么?那我却不知道。
13. 是,他就是头年捐的。
14. 是捐过阿。然而海贼那一案怎么会干涉着他的功名呢?难道说他与海贼通了么?
15. 那却不因为海贼,是因为走私。
16. 怎么?那个走私是叫官场中查着了?

17. 哎，您想一想，那官役勒索的钱多，官场中有不知道的理么？
18. 勒索了不过三百两银子，也不算很多。
19. 你说是不多，这数儿也是应当合他们同事的均分的，那巡船上的人不但没按着分儿分给同事的，他们自己留的也是彼此相争。
20. 大家为钱争闹，後来有个报了官的，是不是？
21. 就是了。官既知道这件事，便细究个水落石出，把老徐从重的罚了，连他的功名也革了。
22. 老徐像这么丢脸，也难怪徐永遮掩。
23. 遮掩，是该遮掩的，谁教他张扬来着？也不用编造他父亲因朋友受累的这些假话呀。
24. 那可也过逾虚诈咯。
25. 他说这个话儿的时候儿我就有一半儿不信。我记得那李永城合他父亲很熟和，我心裡打着合他打听打听这个人。
26. 大概那姓李的说他没有甚么好话罢。
27. 一句好话也没有。那徐永他是很认得，徐永头裡求他给找一个事情，他心软了，依了，没考过就保举了。
28. 是个甚么差使？
29. 是个贴写的事情，没有一个月就不要他了。
30. 不要他，是因为他行止不好，是因为他没本事呢？
31. 两样儿都不好，楷书所不能写，怎么能做贴写呢？而且说的话一句也靠不住。
32. 那个人奇怪呀！没有钱，穿的怎么那么體面呢？
33. 體面有甚么體面呢？那天穿的那褂子也不怎么样。
34. 怎么样不怎么样，也算是值钱的。他骑的那骡子也是很好的。
35. 我估摸他是坐车来的。
36. 不是坐车，骑着骡子来的。那骡子十分的膽壮。
37. 既然是这么着，你既知道他这么靠不住，又爱花钱，你还这么护着他，是个甚么道理？

38. 人家从前很享福，如今没有路儿了，我见了他，心裡怎么能不怜恤？
39. 嗳，怎么怜恤他是凭你，竟是有一句话，可不用託我给他找甚么事情。
40. 可惜了儿的，眼看着他这个人是要要饭的。
41. 等他要饭的时候儿，给他顿饭吃到可以，叫我保他作甚么我万也不能。
42. 按那天定的，约了他後儿来。
43. 後儿他来了，你可以把我起先说的那话告诉他。
44. 告诉他是大人一定不肯帮他么？
45. 不是那个话，是告诉他我出了城了。
46. 他若是问大人多嚐回来……
47. 你就说不知道多嚐回来。
48. 他若是天天儿来打听呢？
49. 凭他来多少回，总不许他进来。
50. 我想，不如简直的告诉他，若打算甚么事，你转託别人，不用倚靠大人咯，好不好？
51. 那却不行，若是简直的告诉他不肯相帮，必得把所以然的话细说明白了，那更不必了。
52. 哼？院子裡说话不是徐永的声儿么？
53. 若是他，随你用甚么话推辞，我是决不见他了。
54. 我是说着玩儿的呢，来的是刻字匠，要钱来了。
55. 叫他月底再来罢。
56. 他先来过两回了。
57. 不错，是有的，我应许了还钱，是得'给的。
58. 大人不必费事了，我替您开發了罢。

1. 岔 ch'a^4	9. 始 shih^3	9. 终 chung^1	9. 扣 k'ou^4	10. 资 tzǔ^1
14. 涉 shê^4	16. 场 ch'ang^3	21. 究 chiu^4	21. 罚 fa^2	22. 遮 chê^1
22. 掩 yen^3	23. 扬 yang^2	23. 编 pien^1	24. 逾 yü^4	24. 诈 cha^4

26. 概 kai⁴	27. 举 chü³	31. 靠 k'ao⁴	35. 估 ku¹	35. 摸 mo¹
36. 臕 piao¹	36. 壮 chuang⁴	37. 护 hu⁴	38. 享 hsiang³	38. 恤 hsü¹
41. 顿 tun⁴	49. 许 hsü³	50. 简 chien³	50. 转 chuan³	50. 倚 i³
52. 哼 hêng¹	53. 推 t'ui¹	53. 辞 tz'ǔ²		

注:

1. 旁岔话儿:枝节话,离题的话。岔 ch'a⁴,岔道歧路;旁岔 p'ang-ch'a,从旁边分出来的枝叉;结 chieh,打一个结子,结束一桩事务或一次谈话。

5. 关闭 kuan pi:破产;字面上是,关闭(一桩买卖),只用于失败;至于从生意中退出,参见问答章之四,77。

9. 始终 shih³ chung¹:从来没有,从未;从头至尾。始 shih³,开始;终 chung¹,结尾;被海贼扣住:被海盗掠走;扣住 k'ou⁴ chu,字面上是,紧紧抓住;扣 k'ou,本义是击,如一个人敲门。

10. 资本:投入的资金;资 tzǔ¹,本指货物;这里是,钱;资本 tzǔ pên。

11. 顶戴 ting tai:字面上是,佩戴在头顶上的花冠上的;但一般指官员的徽章,识别符号。

12. 功名 kung ming:省略语,指一个人获得的荣誉,留名于世;通常指官阶,无论是立功获授还是花钱捐的。

14. 然而 jan êrh:经常说成 jan'rh;然 jan,这样,而 êrh,可是(yet)。涉 shê⁴,本义涉水,干涉 kan shê⁴,带有成见的干预;逐字翻译即:此事"干 kan",冲击到我,我被"涉 shê⁴",把我牵连进去;即如一个人涉水过河被水打湿了。难道 nan tao(参见第三章 830.)。通 t'ung,穿过;这里是,交通往来,相互勾结。

15. 走私 tsou ssǔ:私运;私 ssǔ,指任何超越法律的行为;中国人省略了它后面的"货 huo",即商品,再留意"走 tsou",行走,一个行为动词。比较英语短语:*to run goods*(经营的商品)。

16. 官场 kuan ch'ang³ 中:官吏的活动范围,在官方范围内;场 ch'ang³,领地,范围。

19. 同事 t'ung shih,生意、事务上的伙伴;均分 chün fên,平均分享;同事 t'ung shih,适用于合法的企事业中的合伙人,他们以"同事"相称。

21. 究 chiu⁴,调查,追查;他们仔细调查[如此就查了个]水落石出,揭露真相。从重 ts'ung chung,在可能的范围内给予最重的(惩罚)(参见"从丰 ts'ung fêng",问答章之五,52)。罚 fa²,严格地讲指处罚;不过,口语里都指处以罚款。革 kê(部首 177),剥夺;字面上是,剥皮。

22. 丢脸 tiu lien,耻辱;丢掉、抛弃脸面。遮掩 chê¹ yen³,掩盖;遮 chê,全遮蔽;掩 yen,半遮蔽;遮掩 chê yen,可以照字面儿意义使用,但更多地用于比喻。

23. 张扬 chang yang², 公布，公开；张，散布；扬，使高高飞起。编造 pien¹ tsao，虚构捏造，瞎编故事；编 pien，编织。
24. 过逾虚诈 kuo yü⁴ hsü cha⁴：逾 yü，超过，越出；诈 cha，说谎，欺骗；过逾 kuo yü，超过了"虚诈 hsü cha"，虚伪与欺骗。
25. 熟和 shou ho, 熟悉且亲密；和 ho，自"和平 ho-p'ing"缩略而来。打着 ta-cho，决心（译按：原注 resolved，似不妥。打着，即"打算着"）。打听 ta t'ing，询问。
26. 大概 ta kai⁴，很可能，多半儿，十之八九，我猜。说 shuo，报道；这里不是责备，只是指谈到。
27. 保举 pao chü³，推荐，担保被保举人的品格；举 chü³，文言"使升高"。那个人以前恳求他"给找 kei chao"，为他谋求，一个工作；他心"软 juan"，软的，答应了；没有考察过他，就 chiu，便着手推荐他了。
29. 贴写 t'ieh hsieh, 抄写员；字面上是，把那些已经签署的文件，抄写成备忘录。贴 t'ieh，在文件上签字盖章；参见第三章练习 38.1，及其注，字有另一个写法。
30. 行止 hsing chih 不好，表现不好，行动和停留（=各种环境中的行为）不好。
31. 楷书所不能写：完全不能写楷书；字面上是，楷书 ch'iai shu，笔迹圆润的书体；所 so，正是他不能写的那种；这个"所 so"字，如上文见到的，有时被中国人看作加强语意的词（*intensive*）或要重读，而不是当作关系代词（*relative pronoun*）。靠 k'ao⁴，倚，依赖，相信；靠不住 k'ao⁴ pu chu，不可依靠，不可信赖的。
32. 奇怪：不可思议。
33. 体面有甚么体面呢：没甚么大不了的，也没甚么。
35. 估摸 ku¹ mo¹，估计，猜想；估 ku¹,（在北京读 ku³），估量，如数目或价值；摸 mo，用手指去感受。
36. 膘壮 piao¹ chuang⁴，毛光肉肥，健壮结实，状态良好；膘 piao，只用于形容动物。
37. 护 hu⁴，保护，袒护。
38. 从前很享福 hsiang³ fu，过过富裕日子；享 hsiang，享受；福 fu，幸福。怜恤 lien hsü，同情，怜悯；怜 lien，怜悯（参见问答章之四，70）；恤 hsü，与"怜 lien"同义。
40. 可惜了儿的 k'o-hsi-liao-'rh-ti，值得怜悯的人，可怜的家伙。眼看着 yen k'an-cho，眼睛看着他的时候儿。是要要饭的：他将会，或即将变成沿街讨饭的。
41. 顿 tun⁴，本义是点一次头，或顿一顿；引申为，一餐饭。保 pao，担保，替人作保（参见上文 27，保举）。
42. 约 yo，约定。他後儿来：他后天来这儿。
43. 起先 ch'i hsien，开始的时候儿。
49. 许 hsü³，允许。

50. 不如 pu ju，没有甚么像这么好的，更好的；表疑问，这不是最好的？简直 chien³ chih，源于"简 chien"，简约，和"直 chih"，垂直。打算 ta suan，考虑，设想；转 chuan³，转身，转变；转 chuan，如上例，经常用作转折连词；即：非但不任用你，正相反，要"转"用别人。倚靠大人：倚靠大人的支持；倚 i³，靠 k'ao，是两个近义词。
51. 那却不行：注意"却 ch'io"的确切意义。所以然的话 so i jan ti hua：解释"所以然"的话；所以然，为什么会如此，如此做的理由。
52. 哼 hêng¹，在这里，是个疑问词，相当于"呵？""什么？"又，突然受惊发出的喊声或低吟声。
53. 推辞 t'ui¹ tz'ǔ²，推托拒绝；辞，其词保存古义。告辞 kao tz'ǔ，离别时向人致意。作为一个动词，辞，意思是"拒绝"；又指遣散解雇。决 chüeh，明确地，坚决地；这是一个强烈的肯定词（*a strong affirmative*）。
54. 刻字匠 k'o tzǔ chiang：刻字师傅。刻 k'o¹，雕刻；不要跟字形相同、但读 k'o⁴ 的"刻"相混（参见第三章 223.）。
57. 应许 ying hsü，允诺；二字都是答应对所提议的、所承诺的事采取行动，起推动作用。
58. 开發 k'ai fa，支付欠款；开發 k'ai fa，严格说来适用于结算一大笔帐目。

问答章之七

(Dialogue VIII)

1. 是你叫门么？
2. 是我叫门。
3. 你是那'儿的？
4. 我是城外头来的。
5. 你找谁？
6. 找姓孟的。
7. 我就姓孟。
8. 阿，您纳就是孟爷？
9. 不错，我姓孟，找我作甚么？
10. 广文斋打發我来的。
11. 广文斋不是书铺么？

12. 不错，是书铺。
13. 叫你送甚么书来么？
14. 不是送书来了。
15. 怎么？手裡拏的不是书么？
16. 不是书，竟是个书套。
17. 没有书，竟送个空书套作甚么？
18. 这书套不是空的。
19. 不是空的还装着甚么？
20. 装着幾张画儿。
21. 画儿？怕不是送这儿来的罢。
22. 没错，是给这儿送来的。
23. 为甚么？我没有买画儿。
24. 我知道不是您纳买的。
25. 那么为甚么给我送了来？
26. 有别人给您纳这儿买的。
27. 给我买画是甚么意思？
28. 买的意思您纳倒不用打听。
29. 到底是谁给买的？
30. 那堂子衚衕住的张爷您纳认识不认识？
31. 张爷我认识，就是他买的么？
32. 还不是他。
33. 不是他，提他作甚么？
34. 我提他有个原故。
35. 有原故为甚么不说呢？
36. 您纳太急，回来就明白了。
37. 你这是要戏我的话，我不依。
38. 那'儿敢耍戏您纳？

39. 有正经话为甚么不说？
40. 提起来话儿长。
41. 就是，你不能说我进去了，你去罢。
42. 嗳！别忙、别忙，还有话说呢。
43. 有话就快说，我没空儿。
44. 那张爷您纳说是认得？
45. 那我先告诉你了。
46. 他们令姪您纳认得不认得？
47. 见过一次，不很熟。
48. 叫送这个画儿的就是他。
49. 他叫送来的。他多喒晚儿回来了？
50. 甚么回来呢？他出外来着么？
51. 他从前不是跟官出去么？
52. 那个我不知道，是那'年出去的？
53. 我记得是前年往江西去了。
54. 前年出去的？我从去年还见他在城裡头呢。
55. 那都不论，他给我送画儿是作甚么？
56. 本不是给您买的。
57. 不是给我买的，你拏来作甚么？我决不买这个。
58. 说甚么买呀！钱是他给过了。
59. 你这个来回话儿我始终不明白。
60. 等我告诉您幾句话。
61. 就快说，别儘着耽悞工夫儿。
62. 您纳的少爷不是在户部有差使么？
63. 你这个人竟是打听！小儿原是在户部。
64. 他不是单住么？
65. 他这会儿单搬出去了。

66. 请问他住在甚么地方儿？

67. 他在交民巷，西头儿路北。

68. 他是在交民巷住么？

69. 真的呵！你疑惑作甚么？

70. 我估摸是在城外头住的。

71. 离衙门那么远，不行，你怎么估摸着是城外头呢？

72. 昨儿日头落，碰见他的车，在琉璃厂。

73. 那'儿有这个话？他昨儿晚上在我这儿来着。

74. 车是他的，他却没在车上。

75. 他没在车上，你怎么知道车是他的？

76. 车上坐着个老婆子，他说是孟大爷的车。

77. 老婆子抱着个孩子么？

78. 不错，是个七八岁的小孩子。

79. 必是我那小孙子，嗳？那早晚儿那'儿去？

80. 老爷放心，有点儿事情。

81. 有点儿甚么事情呢？车惊了么？

82. 不是，本来道儿不好走。

83. 那么，是车翻了么？

84. 也不然，是合对头儿车碰了。

85. 碰了？老没说开么，怎么那早晚儿还在那儿呢？

86. 倒不是没说开。

87. 是小孩子受了伤了么？

88. 却没甚么很利害，他从车上跳下来的时候儿把腿扭了一下儿。

89. 可恶！知道那个车是谁的不知道？

90. 就是那张爷他侄儿的。

91. 还是他呀！那么送画儿是作甚么呢？

92. 这画儿是给您纳令孙的。

93. 特意买画儿压惊？是甚么意思呢？
94. 画儿是先买的，并不是特意买的。
95. 碰车的时候儿他手裡就拏着来著，是不是？
96. 可不是拏着呢？刚纔从我们那儿买的。
97. 是小孙子跟他要来着么？
98. 不是，令孙哭了，他说：你别哭，我送给你点儿玩意儿。
99. 就是这个画儿算玩意儿？为甚么不送到小儿那儿去呢？
100. 那张大爷的侄儿今儿早起到我们铺子裡来，打听令郎的住处。我们说知道您纳，不知道他，他叫我们把画儿送到府上就是了，过两天他还要亲自来呢。

    6. 孟 mêng^4 10. 斋 chai^1 37. 戏 hsi^4 46. 侄 chih^2 65. 搬 pan^1
  72. 琉 liu^2 72. 廠 ch'ang^3 76. 婆 p'o^2 83. 翻 fan^1 88. 扭 niu^3
  93. 压 ya^1 94. 并 ping^4 98. 哭 k'u^1 100. 郎 lang^2 100. 府 fu^3

注：

1. 叫门：敲门。即表示要人从里面出来。
6. 孟 Mêng, 姓；这是著名哲学家孟子（*Mencius*）的姓。
10. 广文斋 Kuang Wên Chai：斋 chai^1, 严格地讲，指燕子窝；筑有尖顶的小巧玲珑的建筑；适用于某些精致的店铺（参见第五章百章之八十，2）。
16. 书套：套 t'ao（见第三章 769.），这里是，用纸板和布制做的套儿，用来裹藏中国多卷本书籍的。
30. 堂子衚衕 T'ang-tzǔ Hu-t'ung：参见第三章 797.；堂 t'ang, 严格地讲，是厅堂；堂子 t'ang-tzǔ, 也可以指洗澡堂，但也是皇帝祭祖的庙堂的专名。
36. 回来 hui lai：过一会儿；不是"等到你回来的时候"。
37. 耍戏 shua hsi^4：戏弄；戏 hsi^4, 玩耍，戏剧性的或其他方式的；这是 shua hsi^4, 开玩笑的话（*joking language*）；我不依 pu i, 不能甘受（参见第三章 913.）。
39. 正经 chêng ching：严肃；字面上是，垂直的和端正的；其经常用法，如同我们英语词"regular"的通俗用法；这里，是"耍戏 shua hsi^4"（玩笑）的反义词。
46. 侄 chih^2, 兄弟的儿子，而不是姐妹的儿子。
61. 儘着 chin-cho, 完全地，绝对地，整天的。

62. 您纳的少爷：你的儿子。参见"少 shao"（第三章 815.）。户部 Hu Pu，负责税收的衙门；字面上是，人口（＝户口调查统计）部。

64. 单住 tan chu，单独居住，跟父母和兄弟分开住。

65. 单搬：搬 pan¹，从甲处迁移到乙处；不用于说小物件；特指居屋变迁；他现已一人单独搬出去了，即从他父亲的家搬出。

72. 日头落 jih-t'ou lao，日落时分，黄昏。琉璃廠 Liu²-li Ch'ang³，字面上是，玻璃制品工廠；远郊（中国人说"外城"）一条街的街名。琉 liu，玻璃制品；璃 li，与"玻璃 po-li"中的"璃 li"相同；廠 ch'ang，严格地讲，是大的货摊儿。

76. 老婆子，老年妇女；婆 p'o²，任何已婚妇女。

79. 那早晚儿 na tsao wan'rh，那么晚的时候儿；那早晚 na tsao wan ＝ 那个时候儿。

83. 翻 fan¹，倾覆；本义是，飞或其他忽前忽后的运动。

84. 合对头儿车 tui-t'ou-'rh ch'ê 碰了：相撞；他的车跟对面儿来的车撞上了。

85. 老没说开：仍在讨论；字面上是，撞车了，他们还"老 lao"，那么长久，没"说开 shuo k'ai"，说透，彻底解释清楚。

88. 扭 niu³，扭伤；这里是，扭伤了，扭了腿。

93. 压惊：抚慰，使镇静；压 ya¹，严格地讲是，压下，抑制；惊 ching，惊吓。

94. 并 ping⁴，是个连系连接词（*copulative particle*），表示"和"、"跟"；又，再者，加之；后随否定词，它就强化了否定。

98. 哭 k'u¹，哭泣，像人人都会的那样。

100. 令郎 ling lang²：您的儿子；郎 lang，严格地讲，指男性，男人。住处 chu ch'u，居住的地方。府上 fu³ shang：斯文说法，指您的住所；府 fu，严格地讲，指库房，宫殿；上 shang，也表明所说对象的尊贵。亲自 ch'in tzǔ，本人，他自己。

问答章之八
(Dialogue VIII)

1. 请老爷安。
2. 好阿。你是甚么人？
3. 我是英顺行打發来，给老爷带路进京的。老爷定规多喒走？
4. 明儿就要走。

5. 老爷要走的是水路，是旱路呢？
6. 是旱路好？是水路好？
7. 水路呢，这两天雨大，河水长了，上水的船拉着费事，再遇着北风，怕五六天到不了通州。
8. 哎，这么着那水路就不行。走旱路怎么样呢？
9. 若是老爷明儿一早动身，赶着走，第二天晚上就可以到京；慢着点儿，第三天足行了。
10. 这旱路你熟罢。
11. 哎，这十幾年常来往，怎么不熟呢？
12. 我不用人带道，你细细儿告诉我都是打那'么走，行不行？
13. 可以，没甚么不行的。老爷出了城，东边儿那个浮桥知道不知道？
14. 那个知道。
15. 您过了这一道桥，到热闹街儿那儿，再打听第二道桥；过了第二道桥，往西北就是进京的大道。
16. 听见说还有过河的地方儿，有没有？
17. 那是摆渡罢。摆渡是有。
18. 摆渡是有，那车马怎么样呢？
19. 车马没甚么，那都可以摆过去。
20. 往後怎么样呢？
21. 往後是这么着，离了摆渡口儿还是顺著大道走，到离天津三十多里的那个镇店，叫浦口，就是头段儿。
22. 那'儿呢？头一段儿不是河西务么？
23. 河西务远多了，那算是一天的道儿。过了浦口之後，先到杨村，後到南蔡村，挨晚儿的时候儿可以到河西务。这些地方儿相隔大约都是三十多里地。
24. 按道儿说，这河西务离京还有多远呢？
25. 按道儿说，就算是中间儿了。在那儿住一夜，明儿个就进得了京咯。
26. 住一夜是在那'儿呢？

27. 贵国的人向来有住店的有住庙的。
28. 是店裡好，是庙裡好呢？
29. 依我说，是店裡方便些儿。庙裡留客是格外的事情，一来，不定有房子没有；二来，如果赶车的多，和尚不愿意；再者，丢了东西，为谁是问呢？
30. 阿，店裡丢东西是店主人应管么？
31. 原是那么着。还有一说，吃的喝的店裡都能预备，庙裡连厨房都没有。
32. 没厨房，庙裡在那'儿弄饭呢？
33. 他们弄的都是素菜，荤的他们不能弄。
34. 阿，那们不如店裡好。河西务那儿还是那'个店好？
35. 那儿有一个富兴、一个顺来，两个都是大店，一个在街南头儿，一个在街北头儿。
36. 这两个是那'个方便呢？
37. 若论房子吃食，都差不多儿，南头儿方便，北头儿方便，那是随老爷的意。
38. 南的北的有甚么不同？相离的很远么？
39. 离的却不甚远，河西务没有这儿府城那么大地方，不过是个镇店，一条长街，两边儿有些个铺子甚么的。
40. 这么说起来，南的北的有甚么不一样的？
41. 没有甚么不一样的，是我向来给老爷们带道，总是一进街就住下的时候儿多。
42. 你说的，那是打天津去的，在南头儿住；打京裡来的，在北头儿住；是不是？
43. 不错，老爷明白。
44. 就是了。我到了店裡叫他们弄甚么菜好呢？
45. 老爷怕没吃过我们的菜罢。
46. 没吃过呢。
47. 阿，老爷还没吃过，不如从天津做一点儿好拿的菜带着。
48. 甚么？自己带着？到了店裡不吃他们的饭，他们愿意么？
49. 那倒没甚么，店裡还得他们的房钱。

50. 这房钱有一定的价儿么？
51. 我们人住店，差不多有一定的价儿；若是外国客人，怕那掌柜的他多要幾个钱。
52. 那掌柜的就是店东么？
53. 那都不定，有是店东做掌柜的，有是店东外请别人、替他照应买卖做掌柜的。
54. 就是。这个房钱大概合我要多少钱？
55. 那倒难说，老爷会说我们的话，可以先合他商量，看他要的价儿若很多，不妨驳他，再还他个价儿。
56. 那都行了。就是第二天进京，还得打'么走？
57. 早起离了河西务，还是往西北去，有二十多里是到安平，还有二十多里是马头，从马头还算有二十里地，到张家湾那个老城。
58. 没到张家湾，不是先有个小河儿么？
59. 不是，那城是南北下裡骑着河面儿的。老爷进了南门，顺着大街过了河，就出北门。那北门外头有两股岔道儿，往北的是上通州去，往西偏着点儿的那就是进京的了。
60. 接那儿到京还有多远呢？
61. 看老爷进那'个门。若是城外店裡住，进沙窝门儿，还算有五十多里路；若是到城裡头，走东便门，那是往北点儿，多个二三里地，也不算很远。
62. 上外国公馆是进那'个门好？
63. 那外国公馆都是在海岱门裡头，御河桥一带，在我说，是进东便门方便些儿。
64. 很好，如今我明白了。还有一件事，我走的这么快，我的行李怎么样呢？
65. 老爷的行李有多少？
66. 就是门外头搁着的那些东西。
67. 甚么？那些大箱子也是老爷的么？
68. 原是啊。

69. 老爷想两天进京，恐怕不能都带罢？不但用好些个大车费钱，还不能很快。
70. 那么，你说还有甚么好法子。
71. 依我说，老爷那些个铺盖甚么的，可以雇一辆小车儿装上，合老爷一块儿走，其馀上船，打通州那们走。
72. 按照那么着，我就坐装行李的那辆车么？
73. 老爷另雇一辆轿车儿坐，好罢？
74. 那车是单套？是二套呢？
75. 老爷要快，必得'用二套的；现在雨水大，道儿不好走，三套的也不妨。
76. 哎，道儿不好走，坐车不大对我的劲儿，在这儿雇马，行不行？
77. 骡子马都可以雇，只怕我们的鞍子老爷骑着不合式。
78. 我们那儿马身上的傢伙我都带着呢。
79. 也怕不行，那马鞍子我们的马还可以备，那嚼帽子怕不肯戴。
80. 嚼帽子是甚么呢？
81. 就是那马脑袋上预备着安嚼子拴扯手的那傢伙。恐怕我们的马戴不惯，要闹性子。不如买匹外国马，倒好。
82. 外国马在天津这儿那'儿可以买？
83. 行了，我们行裡有匹马，是我们行中伙计的，他要卖，那马很好，又老实又快，来往进京有三四回了。
84. 那么着，我就到行裡商量商量。还有那些个大箱子，运到通州的时候儿，雇甚么人送进京去？
85. 老爷就雇小的，好不好？
86. 好，倒没甚么不好的，只怕这么些日子你们行裡离不开你，不容你去。
87. 行了，离得开，今儿打發我来不是听老爷的吩咐来了么？

3. 英 ying¹	5. 旱 han⁴	7. 州 chou¹	17. 摆 pai³	17. 渡 tu⁴	21. 浦 p'u³
21. 段 tuan⁴	23. 杨 yang²	23. 蔡 ts'ai⁴	23. 隔 ko²	29. 格 ko²	33. 荤 hun¹
35. 富 fu⁴	35. 兴 hsing¹	39. 镇 chên⁴	55. 妨 fang¹	55. 驳 po²	63. 岱 tai⁴
63. 御 yü⁴	69. 恐 k'ung³	77. 鞍 an¹	79. 嚼 chiao²	81. 扯 ch'ê³	
81. 惯 kuan⁴	83. 伙 huo³	87. 吩 fên¹	87. 咐 fu⁴		

注：

3. 英顺行 Ying Shun Hong：英 ying¹，本指绽开的花朵；引申为，豪杰，英雄；顺 shun，顺从的，像流水没有阻滞。英顺 Ying shun，可以译作"繁荣畅顺"；行 hong，商行，其招牌是"英顺（繁荣畅顺）"。英 Ying，又表示 England，一般称"英国 ying kuo"。

5. 旱路：陆路；旱 han⁴，干旱。

7. 通州 T'ung Chou：州 chou¹，管辖权小于"府 fu"，府之下通常分为州。参见"县 hsien"，问答章之九，47。

9. 动身 tung shên：出發，人员移动；特指启程去旅行。

13. 浮桥：漂浮在水面上的桥梁，读 fou ch'iao 或 fu ch'iao。

15. 热闹街儿 jê nao chieh-'rh，喧闹的街道。

17. 摆渡 pai³-tu⁴，渡口；摆 pai，摇动某物，例如摆渡工人必备的渡船；渡 tu，渡过水面。

21. 摆渡口儿：摆渡码头，口 k'ou，嘴；对于海岸来说，"口"是港湾、港口；在这里，特指岸边被来来回回的渡船碰出来的凹地。浦口 P'u-k'ou，浦 p'u³，指河流岸边弯曲处；这里读 p'u²。段 tuan⁴，行程中的阶段，路段；严格地说，是片段，分段。

23. 杨村 Yang² Ts'un，字面是，杨氏家族的村庄。南蔡村 Nan Ts'ai⁴ ts'un：蔡氏家族南村。相隔 hsiang kê²，或 hsiang ko²，彼此之间分隔，相距。

24. 按道儿说……有多远呢：多少路；字面上是，按照、参考路程的长度。

25. 就算是中间儿了：大约一半的路程；中间 chung chien，中部。

29. 格外 ko² wai：偶尔；格，音 kê 或 ko，它的一个意思是表明某种界限或规则；格外 ko wai，超出规则；庙里"留客 liu k'o"，让旅客留宿，是破例的事情，不寻常的事情。译按："唯谁是问"，原书皆作"为谁是问"。

33. 素 su（参见第三章 707.），这里指不是用肉做的食物；荤 hun¹，严格地讲，是指含葱蒜味，但跟"素（菜）"相对的时候儿，就指肉或鱼。

35. 富兴 Fu Hsing：富 fu⁴，富裕；富兴 fu hsing¹，富有且昌盛；是"富有"的好兆头；顺来 Shun Lai：进这间旅店的客人来得"顺 shun"，源源不断，是"永远發达"的好兆头。

37. 吃食 ch'ih shih，进食，吃饭。

39. 镇 chên⁴：集镇；镇 chên，本义是控制；义项之一是集镇，其重要性小于区级城市。有些个铺子甚么的 p'u-tzǔ shê ⁿ-mo ti，有些商店，和你所见到的任何东西。

41. 一进街 i chin chieh：刚刚进入街市。

47. 不如 pu ju，没有甚么比这样更好的；从 ts'ung，在，天津 Tientsin[您动身的地方]，您应该"做 tso"，准备，一些儿便于携带的食物，带着 tai-cho，随身携带。

55. 不妨 pu fang¹，没有坏处，没有妨碍，不损害。驳 po²，反对；机敏地扭转；反驳。

59. 骑着 ch'i-cho 河面儿，横跨在河面儿之上。两股 ku 岔道儿，分叉儿的路；字面上是，分支，岔开的路。偏 p'ien，转弯离开正常路向，偏离垂直线，"往西偏着点儿"，这就是指往北去。

60. 接那儿：从那儿；接 chieh，在这里的用法同于"打 ta"，自，从。

63. 海岱 Ha-ta 门："海岱"本音 Hai Tai，前朝给这座大门起的名儿；岱 tai⁴，文言指山。御河桥：御河上的桥；御 yü⁴，本义是驾车；加到某些词的前头，就表示是皇帝的。

69. 恐怕 k'ung³ p'a：怕，大概；恐 k'ung，跟"怕 p'a"同义，同此而结合。

73. 轿车儿 chiao ch'ê-'rh：或，轿车子 chiao ch'ê-tzǔ，客车；带顶篷，相对于"大车 ta ch'ê"，或"敞车 ch'ang³ ch'ê"，即大的或敞篷车（参见问答章之七，72）；小车 hsiao ch'ê，也是客车；小车子 hsiao ch'ê-tzǔ，是独轮手推车。

77. 只怕 chih p'a，只担心，只是顾虑。鞍 an¹，马鞍。

79. 还可以备：字面上是，我们的马"还 hai"，尚且，可以"备 pei"，放到马背上。嚼帽子：马嚼子；嚼 chiao²，本指人或动物咬，咀嚼；这里，是"嚼子 chiao-tzǔ"的缩略式（参见问答章之八 81.）。

81. 扯手 ch'ê² shou：骑手用的缰绳；扯 ch'ê³，拉，拽。不惯，不习惯；惯 kuan⁴，使习惯于。闹性子 nao hsing-tzǔ：闹脾气不肯前进。

83. 伙计 huo³ chi，先生，在社交场合中一个人跟另一个人，有时是伙伴，但更常见的是受薪雇员；伙 huo³，本义指人或物数量众多；进而指在一起的有关成员。老实 lao-shih，诚实正直；引申为单纯朴素；形容动物的时候儿，指不伤害人。

86. 容 jung²：该字在第三章 963. 中读 yung，但这里的意思是允许，容忍；我怕你行裡 [的人们] 离不开 li pu k'ai，不能跟你分离，会不让你去。

87. 吩咐 fên¹ fu⁴，發布指令；字典对这个组合（ combination ）都没给出较好的解释。所说的这两个词（ the two words ），按有些教师的意思，应该没有部首"口"，也就是说，分配交付给各人不同的职责。

问答章之九

(Dialogue IX)

1. 有先生来要见老爷。
2. 请进来。
3. 进来了。
4. 先生请坐。
5. 请坐。

6. 先生贵姓？

7. 贱姓苏。

8. 先生到这儿来贵幹？

9. 昨儿听见一个相好的说起阁下要请先生。

10. 阿，必是那张先生说的。

11. 不错，是张先生说的。

12. 张先生他告诉您是我要找先生？是我替别人找先生？

13. 他没告诉我详细，可不是阁下要请么？

14. 不是我要请，是一个相好的託我请。

15. 令友还是贵国的人么？

16. 是本国的人，到贵处日子不多。

17. 既是新来的，我们的话恐怕不懂罢。

18. 不错，汉话一句都不懂，汉字一个也不认得。

19. 这么着，我怎么能教给他书呢？

20. 先生先得'教他说话。话能说些儿，那看书再说。

21. 他一字不懂，我从那'儿教起？

22. 先生是老手了，在贵国教过多少门生，怎么不能教他？

23. 我们的教学那是另有一说。说话是不学而会的，至於念书，是从小儿背念熟的，恐怕令友不能照着我们这儿的小孩子那么费事罢。

24. 那是自然的，也可以商量一个法子。先生从多大念书？

25. 我从七岁念起。

26. 先生一念是先念三字经、千字文么？

27. 不错，先念的是那个。

28. 贵国人都先念这两个小书儿，实在有甚么益处儿呢？

29. 三字经是三个字一句，为的是小孩子容易念；那千字文因为没有重字，小孩子念了，就可以认得一千字。

30. 念了这个之後，念甚么呢？

31. 常念的都是先念四书，後来念五经。
32. 您从念四书起，到念完了五经，有幾年的工夫儿？
33. 两头儿算起来有六七年的工夫。
34. 阿，那五经念完了，就是先生十四岁那一年？
35. 不错，还没到十四岁呢。
36. 先生从多大岁数儿上开讲？
37. 我从十二岁上纔开讲。
38. 开讲的时候儿，还是自己看註子？还是听先生的解说？
39. 我一开讲的时候儿是听先生的解说，讲过一年多，就自己看註子。後来作了二年多的诗合文章，纔进学。
40. 阿！十六岁中秀才，也就算早阿，是先生的天分高。
41. 那'儿的话呢！那也是徼倖。後来乡试下了多次场，七八年纔中了举人。
42. 先生今年贵庚？
43. 我今年三十岁。
44. 先生中举人之後，这六年裡头有甚么公幹？
45. 没有甚么事情，前二年在家裡教书，後幾年在外头作幕，帮朋友。
46. 请问令友荣任是甚么官？
47. 是山东的知县，他去年不在了，我纔回来的。
48. 先生作过幕那更好了。
49. 怎么更好呢？
50. 好处是这么样，我那朋友学话之後，还要学文书。
51. 可惜就是这个教话没头绪。
52. 那我倒有一个法子，今儿个忙些儿，没空儿细说，请先生明儿过来，喒们再商量，行不行？
53. 可以，没有甚么不行的，我就遵命了，明儿个几点鐘见？
54. 明儿个喒们申初见罢。
55. 那们我失陪了。

56. 您请。

57. 请。

7. 苏 su^1	9. 阁 ko^2	18. 汉 han^4	36. 讲 chiang^3	38. 註 chu^4	39. 诗 shih^1
40. 中 chung^4	40. 秀 hsiu^4	41. 徼 chiao^3	41. 倖 hsing^4	41. 试 shih^4	42. 庚 kêng^1
46. 荣 jung^2	47. 县 hsien^4	51. 绪 hsü^4	53. 遵 tsun^1	54. 申 shên^1	

注：

7. 苏 Su, 本义是复苏；这里是姓。

9. 阁下 ko^2-hsia：古时只能用以称呼一些大臣；现在，用法跟"先生"相同。阁 ko, 本指楼上。

13. 详细 hsiang hsi, 清楚的，详尽的。

18. 汉 han^4, 朝代名儿，始于大约公元前 200 年；现在一般指所有中国的人和物。

19. 教给 chiao kei 他书：这个"给 kei", 英语无法翻译；按照语法规则，我们得说这句话把"他 t'a"塞进了与格 (the dative case)。

22. 老手 lao shou, 有经验的人。门生 mên-shêng, 学生；"生 shêng"被视为"人"；他们都进了先生 hsien-shêng, 即老师的门 mên。

23. 不学而会：而 êrh, 可是，但；我们不用学，可是就会。背念 pei^4 nien, 用心学习，字面上是背诵；背 pei, 是"背着书 pei^4-cho shu"（背对着书本）的缩略，即，不看着书本。

29. 重字：出现两次；重 ch'ung^2(参见第三章 336.)。

31. 五经：经 ching(参见第三章 885.)；这里专指中国五部伟大的古代典籍。

36. 开讲 k'ai chiang^3: 开始讲解, 解释经文; 讲 chiang^3, 本指说, 告诉; 特指解释字或课文的含义。

38. 註子：注解；註 chu, 原本是指把……记下来 (to make a note of)；后来是作注解、写注释 (to annotate)。

39. 文章 wên chang, 字面上是，文学的体裁式样, 文学则遵循写作的规则章法；诗 shih^1, 诗歌, 不在其中。进学 chin hsio, 进入"学 hsio"——学院, 或文学机构, 只有取得第一阶段学位的毕业生才能成为它们的生员。

40. 中 chung^4(不要跟读 chung^1 的同一个汉字相混淆)秀才 hsiu^4 ts'ai, 获得文学士 (B.A.) 学位。中 chung^4, 本义是击中靶子；秀 hsiu^4, 美丽, 优雅。天分 t'ien fên, 上帝分配给你的才能的份额；高 kao, 很高程度。

41. 徼倖 chiao^3 hsing^4：幸运, 全靠运气, 一般指优点以外的成功；徼 chiao, 有许多义项, 其中有指偏僻小路；倖 hsing, 严格地讲是, 幸运。乡试 hsiang shih^4, 字面上是, 乡间考试；

暗喻在自己家乡所在地区举行的古代选拔考试，但现在专指在省会为第二级举行的考试。

42. 贵庚：您的年龄。庚 kêng¹，中国时间序列中的一个字；口语中，例如像这里，指人的岁数。
46. 荣任 jung jên：您的职守。荣 jung，严格讲是，草木繁茂；用在这里，表示敬意。
47. 县 hsien⁴，州属下的管辖权限较小的一级；重要性略次于州 chou；行政长官称知县 chih-hsien，而州行政长官则称知州 chih-chou。
50. 文书 wên-shu，官府文件的总称。
51. 头绪 t'ou-hsü⁴：理顺一团乱麻的思路；绪 hsü，一团麻或丝。
53. 遵 tsun¹，服从；我就遵从您的命令。
54. 申 shên¹，一天 24 小时分为 12 个时辰，"申"是第九个时辰；从下午 3 点到 5 点；申初 shên ch'u，申时的第一段。
55. 失陪 shih p'ei：告别；失 shih（参见第三章 574.），丢失，使自己丧失"陪"[的快乐]；陪 p'ei，作伴。

问答章之十
(Dialogue X)

1. 今儿早起有个朋友送了个帖儿来，是要请我在饭庄子上吃饭，我心裏有点儿犹豫，是为甚么呢？我想，贵国的一切见面儿应酬的礼节，我都不大很熟，倘若落了过节儿，倒教人家笑话。

2. 您别那么想阿，等我把那个俗套子告诉告诉您，您就明白了。您把那个帖儿给我瞧瞧。阿，原来是张大老爷请您在庆会堂吃饭阿！这个庄子好，地方又宽绰，屋子很凉快，我常去。他那个菜做的讲究，样样儿都得味儿，谁家也没有他那么好，您去罢，乐得的大家谈谈，散散闷儿呢。

3. 我听说贵国请客，那帖子上定的时刻不能算準成，彷彿罢，写的是午刻，必得'未刻去纔好。

4. 那看帖子是怎么写的，如果有个準字，就得'到了那时候儿就去，张大老爷这帖子上没有那準字，就写的是四点鐘，您就是六点鐘去，也不晚，去的太早咯，不但别位客不能到齐，碰巧了连主人还未必能毂到呢。

5. 我还要请教您，我若是领他这个情，似乎还得'写个回字儿罢？

6. 那倒不用，您既是把帖子留下了，那就是您一準要去的凭据。
7. 赶到要去的时候儿，还得'缴还那个帖子不是？
8. 不错，这规矩是这么着。您明儿去的时候儿，到了庄子的门口儿，先叫您的管家递了您的名片。那门口儿伺候的人接过片子来，就头裡带着道儿，让您进去，主人在那'屋裡，就让您到那'屋裡。您见了主人，不用说，先作个揖，回来把那个请帖儿双手递给他，嘴裡说：我又来讨扰，就抱愧的了不得，尊帖上下的字眼儿实在不敢当。主人一面接帖儿，一面也说两句谦虚话，大家就坐下喝茶。等别的客都来齐了，那纔让坐摆饭。
9. 有时候儿客不能都到，若只短一半位，就不儘等着了。赶到来了，就让在那空座儿上坐。为甚么呢？那座位都是主人早已算计定了的，到了入座的时候儿，虽然应该谦让，主人万不肯叫你们随便坐。所以後来的有给他留下的空座儿，他来了也不用很让，就坐下了。
10. 哎呀！阁下来了，失迎的很，您恕我。
11. 那'儿的话？我来晚了罢？叫诸公受等。
12. 不晚、不晚！也都刚到，喈们入席罢。
13. 这个座儿实在是有僭的很。
14. 理当、理当。诸位请酒，大家先乾一杯。
15. 请！请！
16. 请菜。我可不布，都没外人，自取罢。
17. 那最好！大家让起来，倒显着拘泥，还是随便的好。您瞧，刚说是不让，怎么又让起来了？我们也得回敬纔是。
18. 不是那么着。这幾样儿菜是我前两天就打發人到柜上告诉了，託他们灶上用心给做一做，似乎比现弄的好点儿。我看诸公都不动筷儿，我不能不布一布。您何妨嚐一嚐？
19. 诸位别住筷儿，总得'吃饱呀！
20. 我们都吃得饱了，酒也喝醉了，这样儿的盛设叫您费心。
21. 今儿没甚么可吃的，酒也不好，叫诸位屈量。

22. 您那'儿的话呢？今儿个也不说甚么了，车来了，天也不早了，得'回去了。过一天再到您府上道谢去。
23. 岂敢！岂敢！您请便罢，我也不敢奉留了。
24. 诸公还坐会儿，我先失陪。请了！请了！别送！别送！留步！留步！主人也不必送，请回去陪别位客罢！
25. 我就到这儿候乘。
26. 磕头！磕头！
27. 再见！再见！

1. 莊 chuang¹	1. 犹 yu²	1. 豫 yü⁴	1. 酬 ch'ou²	1. 礼 li³
1. 倘 t'ang³	2. 究 chiu¹	2. 味 wei⁴	3. 未 wei⁴	5. 领 ling³
5. 乎 hu¹	6. 据 chü⁴	7. 缴 chiao³	8. 矩 chü¹ ³ ①	8. 递 ti⁴
8. 挥 i¹	8. 扰 jao³	8. 谦 ch'ien¹	11. 诸 chu¹	12. 席 hsi²
13. 僭 chien⁴	17. 显 hsien³	17. 拘 chü¹	17. 泥 ni⁴ ²	17. 敬 ching⁴
18. 灶 tsao⁴	18. 筷 k'uai⁴	18. 嚐 ch'ang²	19. 饱 pao³	20. 盛 shêng⁴
21. 屈 ch'ü¹	22. 谢 hsieh⁴	23. 岂 ch'i³	25. 乘 ch'êng²	

① 译按：原书误作矩 chü¹ ⁴，今据音节总表 52 chü 改。后面注⑧ chü⁴ 亦径改 chü³。

注：

1. 帖儿 t'ie-'rh：请帖；便函形式的长纸片；超过一页纸的，一般不算"帖儿"了（参见第三章1022.）。说帖儿 shuo t'ie-'rh，一般指便函；请帖儿 ch'ing t'ie-'rh，邀请函。饭庄子：饭店；庄 chuang¹，字面上是，大商场，也指村子，只有如下情况下的饭店才是饭庄，即不提供寄宿设施。犹豫 yu² yü⁴，无判断力，拿不定主意；犹 yu，是一种猴子；豫 yü，一种大象，这两种动物都多疑；引申为多疑或优柔寡断。应酬的礼节 ying ch'ou² ti li chieh，字面上是，礼 li 的项目（节 chieh），仪礼（仪式或礼节），属于应酬 ying ch'ou，社交需要；应 ying 与酬 ch'ou，意思都是回转，表敬意，虽然"酬 ch'ou"字在别的词语组合中也有回报的意思。应酬 ying ch'ou，只表示令人愉快的社交活动；我们可以说"他的应酬大 t'a ti ying ch'ou ta"或"多 to"，即他的社交义务量大，或他有一大帮朋友。倘 t'ang³，口语里很少单说，一般都说"倘若 t'ang³ jo"。落 la，遗漏（参见第三章763.）。过节 kuo chieh 儿：礼节，惯例；节 chieh（"礼节 li chieh"的缩略，如上文）；过 kuo，被忽略过去。
2. 俗套子 su t'ao-tzǔ：通俗礼节；字面上是，通常的套套、套装或成套的；套 t'ao，封套或包装（参见第三章769.），在本句中，即如在短语"一套衣裳 i t'ao i-shang"中一样，也是诸如仪式、礼节等等词语的量词，不言自明，这个"套 t'ao"字代替它的内容；引申义附加词缀"子 tzǔ"。参见"量词"评述（第三章8.）。庆会堂 Ch'ing Hui T'ang：可能是"幸福聚会的大堂"的意思；庆 ch'ing，请参见问答章之四，23。讲究 chiang chiu：特别；字面上是，他们预备的菜肴都做很多解释与查问；他们发出特别指示[例如食物如何烹调]，而且亲自告知他们[例如以何种方式贯彻执行这些指示]；究 chiu¹，深入调查研究；下文将见到"究 chiu"出现在另一组合中。得味儿：美味可口；得 tê，获得（= 具有），味儿 wei-'rh（發音 we-'rh），气味儿；味 wei⁴，味道，香味儿，臭味儿；味儿 we-'rh，可以不加区别地任指。乐得 lo tê²（重音在 tê）：因……而高兴；字面上是，高兴地获得；略加强语意，表示太高兴了。散散闷儿，让自己从沉闷中解脱出来（参见第三章989.）。

3. 準成 chun ch'êng：绝对的；成 ch'êng，在这里没有特别的意义，準 chun，是重要的词，并且因此读重音。午刻 wu k'ê：正午；一个时辰 shih ch'ên，是八刻 k'ê（或刻度），或一个时段；午 wu（参见第三章247.），从上午11点到下午1点；午刻 wu k'ê，是无定数的，可以是11点到1点中的任何一刻。明确了这一层，就知道为甚么要附加些词；例如，午初 wu ch'u（参见问答章之九，54）二刻 êrh k'ê，是初入午时的第二刻，换种说法，就是11点半。未 wei⁴ 是午 wu 的下一个时段。

5. 领他的情：接受他的好意；领 ling³，在这里是，领受，接纳；如果我领他的情 ch'ing，盛意（友情的标志）。领 ling，也可以表示领取薪水，等等；还指脖颈子；引申为"领子 ling-tzǔ"，衣领。又，参见问答章之一，2。似乎：我觉得好像；乎 hu¹，在这里是表疑问的词缀；至于"似 ssǔ"，参见第三章1070.。

6. 凭据 p'ing chü⁴：证明；凭 p'ing，侧身倚靠（参见第三章581.）；据 chü⁴，握住，抓住，某些可靠的东西控制在手中；引申为，证明，证据。

7. 缴 chiao³，交付，交出。

8. 规矩 kuei chü³：习俗；规 kuei（参见581.），字面上是，一只圆规，一项规定习惯；矩 chü³，木匠的矩尺；引申为，一则规章或习惯；这两个字从未像上面那样分开来单说。明儿 ming-'rh：经常用来含糊地表示未来几天中的某一天，不会很远。递 ti⁴，交上，或交出；让 jang，邀请，参见问答章之四，25。作揖 tso i¹，行礼，双手合抱行中国鞠躬礼。讨扰，打扰；扰 jao³，烦扰，带来麻烦，使感不便；讨 t'ao，参见第三章834. 和836.。抱愧 pao k'uei，感到惭愧；字面上是，在我怀中抱有愧疚；参见第三章718.。不敢当：配不上；字面上是，我不敢充当（把自己当作）您把我夸奖成的那样儿的人（参见第三章342.，当 tang¹）；我可演不了您分配给我的角色；这是一句极为常用贬低自己的表达方式，几乎适用于回应任何赞美的或寒暄的客套话。当然，向主人致敬的方式还有许多，不止这里说的这一种。谦虚：贬低的；谦 ch'ien¹，谦卑的，谦恭的；虚 hsü，空的，指不足（参见问答章之五，76）。

9. 一半位 i pan wei：一位，这是纯粹的口语；"半 pan"绝对不要读重音。让 jang，邀请；在本句场合中，作为礼俗，这在谦让座位、避让道路的时候，是经常用到的。

10. 失迎 shih ying，没能迎接您；表示疏忽大意有失礼数的歉意，等等。

11. 诸公 chu¹ kung：各位先生；诸 chu，全体；公 kung，请参见第三章 979.。受等 shou têng，让你们久等。

12. 入席：吃饭；席 hsi²，便饭或宴会；让我们开始我们的宴会罢。

13. 有僭的很：僭越；僭 chien⁴，篡位，一个人占用了本不属于他的东西；[坐上] 这个座儿我深感僭越之内疚。

14. 乾杯：（乾杯时的）满杯；字面上是，让我们全体都饮一杯。

16. 不布：你们自取；布 pu，分发，分配（参见第三章 406.）。

17. 显着 hsien³-cho：显得好像是；引申为，显露出，看着像；显 hsien，明显，表面上。拘泥：拘谨，从俗；拘 chü¹，抓紧，黏附；泥 ni⁴，偏执，固执己见的；拘泥 chü¹ ni⁴，坚持认为自己所想的就是最合适的；泥，读 ni² 音，指湿土。回敬：回报敬意；敬 ching⁴，致敬，表示敬意。

18. 柜上 kuei shang：经理办公室；字面上是，柜台里，柜台上。灶上 tsao⁴ shang：厨房；炉子，做饭的炉灶，指一大套设备；上 shang，在上。筷儿：筷 k'uai⁴，又叫筷子 k'uai-tzǔ。嚐 ch'ang²，品尝；严格地讲，"嚐"字不用写"口"旁。

19. 吃饱 ch'ih pao³，吃好，吃到你满足。

20. 盛设，极好的宴会；盛 shêng⁴，最好的，极好的，精致的，等等；设 shê⁴，摆宴席，摆设，操办；引申为，十分排场的宴会。比较：我们的俚语"宴席（spread）"。

21. 屈量：没有大吃足喝一顿，等等；屈 ch'ü¹，字面上是，弯的，扭曲的，受委屈；又，冤屈，或冤情，使受委屈；量 liang，容量（参见第三章 776. 注②）；这里指酒量。

22. 道谢：表达我的谢意；道 tao，说，作出表述；谢 hsieh⁴，感谢；谢谢您 hsieh hsieh nin，谢谢你，先生。

23. 岂敢：不敢想象；字面上是，我怎么可以冒这个险（麻烦你，或类似的短语，因含义不言自明而省略）；岂 ch'i³，表疑问的"怎么"或"什么"的词缀，但只用于特定的短语中。"岂敢"是最常用的客套话，其使用频率跟"不敢当 pu kan tang"（参见上文 8.）不相上下。奉留 fêng liu，挽留，留住。这个短语中的"奉"，其确切含义很难说清楚；严格地讲，它的意思是：双手捧起要呈献的东西（参见第三章 990.）；作个动作表示尊敬或重视；引申为，这类动作所包含的敬意。

24. 留步 liu pu：字面上是，留住您的脚步；只用于客套。

25. 乘上 ch'êng² shang：骑上（马）或登上（车）；除了优雅场合，口语很少说。（译按：中文"我就到这儿候乘。"并没有"乘上"一词。这可能是二版对一版所作修改未能照应之痕迹。从二版英译文（[HOST.] I'll come no further; I'll see you into your cart.）看，一版中文原文"主人"的话，大概是：我不再往前送了，（但）我要看着您乘上车。而二版改为"客人"说的话。）

26. 磕头 k'o t'ou：多谢；磕头，是表示感谢的常用方式，但不对底下人用。